"十四五"时期国家重点出版物出版专项规划项目

第二次青藏高原综合科学考察研究丛书

川藏交通廊道
工程扰动灾害及风险防控对策

祁生文　郭松峰　刘春玲　郑博文　等　著

科学出版社
北京

内 容 简 介

本书是第二次青藏高原综合科学考察研究之川藏交通廊道工程扰动灾害及风险科学考察的研究成果总结。全书共 7 章，包括科考的背景、意义、目标及内容；介绍青藏高原区域自然地理和地质背景及川藏交通廊道工程地质条件和地应力特征；开展川藏交通廊道斜坡灾害及隧道工程扰动灾害考察，分别针对崩滑灾害、隧道工程扰动灾害、边坡工程扰动灾害进行分析，并给出灾变风险防控建议等。本书通过科考获得了第一手观测资料，为理解重大线状工程扰动灾害分布规律及灾变机制奠定基础，为科学评估工程扰动灾害风险提供数据支撑。

本书可供地质工程、地质灾害、岩土工程、构造地质等领域的科研、教学人员参考阅读，也可供相关生产建设单位的工程技术人员使用。

审图号：GS 京 (2024) 1169 号

图书在版编目（CIP）数据

川藏交通廊道工程扰动灾害及风险防控对策 / 祁生文等著. -- 北京：科学出版社, 2025. 3. -- （第二次青藏高原综合科学考察研究丛书）. -- ISBN 978-7-03-079347-8

Ⅰ. U418.5

中国国家版本馆CIP数据核字第2024LE0089号

责任编辑：朱　丽　谢婉蓉　赵晶雪 / 责任校对：郝甜甜
责任印制：徐晓晨 / 封面设计：吴霞暖

科 学 出 版 社 出版

北京东黄城根北街16号
邮政编码：100717
http://www.sciencep.com

北京建宏印刷有限公司印刷

科学出版社发行　各地新华书店经销

*

2025年3月第 一 版　开本：787×1092　1/16
2025年3月第一次印刷　印张：21 1/2
字数：507 000

定价：318.00元

（如有印装质量问题，我社负责调换）

《川藏交通廊道工程扰动灾害及风险防控对策》编写委员会

主　任　祁生文

副主任　郭松峰　刘春玲　郑博文

委　员　（按姓氏汉语拼音排序）

陈祖安　丛佳宁　郭松峰　郭忻怡　郝瑞鹏
贺建先　侯晓坤　黄晓林　李金轩　李师毓
李永超　梁　宁　刘春玲　刘方翠　鲁　晓
路　伟　罗光明　马丽娜　祁生文　宋帅华
台大平　唐凤娇　肖易东　熊　峰　杨　玥
姚翔龙　余　昕　张琳鑫　张晓辉　郑博文
朱梓方　邹　宇

第二次青藏高原综合科学考察队 川藏交通廊道工程扰动灾害及 风险科学考察分队队员名单

姓名	职务	工作单位
祁生文	分队长	中国科学院地质与地球物理研究所
李丽慧	队员	中国科学院地质与地球物理研究所
郭松峰	队员	中国科学院地质与地球物理研究所
黄晓林	队员	中国科学院地质与地球物理研究所
郑博文	队员	中国科学院地质与地球物理研究所
梁　宁	队员	中国科学院地质与地球物理研究所
邹　宇	队员	中国科学院地质与地球物理研究所
侯晓坤	队员	中国科学院地质与地球物理研究所
宋帅华	队员	中国科学院地质与地球物理研究所
熊　峰	队员	中国科学院地质与地球物理研究所
李金轩	队员	中国科学院地质与地球物理研究所
刘方翠	队员	中国科学院地质与地球物理研究所
张琳鑫	队员	中国科学院地质与地球物理研究所
台大平	队员	中国科学院地质与地球物理研究所
刘春玲	队员	中国地质调查局自然资源航空物探遥感中心

余江宽	队员	中国地质调查局自然资源航空物探遥感中心
杨国香	队员	中国地质大学（北京）
臧明东	队员	中国地质大学（北京）
樊垚江	队员	中国地质大学（北京）
刘昊礴	队员	中国地质大学（北京）
沙　鹏	队员	绍兴文理学院
王天佐	队员	绍兴文理学院
管圣功	队员	绍兴文理学院
李　萍	队员	山东科技大学
薛　媛	队员	山东科技大学
刘志豪	队员	天津城建大学

丛书序一

　　青藏高原是地球上最年轻、海拔最高、面积最大的高原,西起帕米尔高原和兴都库什、东到横断山脉、北起昆仑山和祁连山、南至喜马拉雅山区,高原面海拔 4500 米上下,是地球上最独特的地质-地理单元,是开展地球演化、圈层相互作用及人地关系研究的天然实验室。

　　鉴于青藏高原区位的特殊性和重要性,新中国成立以来,在我国重大科技规划中,青藏高原持续被列为重点关注区域。《1956—1967年科学技术发展远景规划》《1963—1972 年科学技术发展规划》《1978—1985 年全国科学技术发展规划纲要》等规划中都列入针对青藏高原的相关任务。1971 年,周恩来总理主持召开全国科学技术工作会议,制订了基础研究八年科技发展规划(1972—1980 年),青藏高原科学考察是五个核心内容之一,从而拉开了第一次大规模青藏高原综合科学考察研究的序幕。经过近 20 年的不懈努力,第一次青藏综合科考全面完成了 250 多万平方千米的考察,产出了近100 部专著和论文集,成果荣获了 1987 年国家自然科学奖一等奖,在推动区域经济建设和社会发展、巩固国防边防和国家西部大开发战略的实施中发挥了不可替代的作用。

　　自第一次青藏综合科考开展以来的近 50 年,青藏高原自然与社会环境发生了重大变化,气候变暖幅度是同期全球平均值的两倍,青藏高原生态环境和水循环格局发生了显著变化,如冰川退缩、冻土退化、冰湖溃决、冰崩、草地退化、泥石流频发,严重影响了人类生存环境和经济社会的发展。青藏高原还是“一带一路”环境变化的核心驱动区,将对“一带一路”20 多个共建国家和 30 多亿人口的生存与发展带来影响。

　　2017 年 8 月 19 日,第二次青藏高原综合科学考察研究启动,习近平总书记发来贺信,指出“青藏高原是世界屋脊、亚洲水塔,是地球第三极,是我国重要的生态安全屏障、战略资源储备基地,是中华民族特色文化的重要保护地"，要求第二次青藏高原综合科学考察研究要"聚焦水、生态、人类活动，着力解决青藏高原资源环境承载力、灾害风险、绿色发展途径等方面的问题，为守护好世界上最后一方净土、建设美丽的青藏高原作出新贡献，让青藏高原各族群众生活更加幸福安康"。习近平总书记的贺信传达了党中央对青藏高原可持续发展和建设国家生态保护屏障的战略方针。

第二次青藏综合科考将围绕青藏高原地球系统变化及其影响这一关键科学问题，开展西风–季风协同作用及其影响、亚洲水塔动态变化与影响、生态系统与生态安全、生态安全屏障功能与优化体系、生物多样性保护与可持续利用、人类活动与生存环境安全、高原生长与演化、资源能源现状与远景评估、地质环境与灾害、区域绿色发展途径等 10 大科学问题的研究，以服务国家战略需求和区域可持续发展。

"第二次青藏高原综合科学考察研究丛书"将系统展示科考成果，从多角度综合反映过去 50 年来青藏高原环境变化的过程、机制及其对人类社会的影响。相信第二次青藏综合科考将继续发扬老一辈科学家艰苦奋斗、团结奋进、勇攀高峰的精神，不忘初心，砥砺前行，为守护好世界上最后一方净土、建设美丽的青藏高原作出新的更大贡献！

孙鸿烈
第一次青藏科考队队长

丛书序二

　　青藏高原及其周边山地作为地球第三极矗立在北半球，同南极和北极一样既是全球变化的发动机，又是全球变化的放大器。2000年前人们就认识到青藏高原北缘昆仑山的重要性，公元18世纪人们就发现珠穆朗玛峰的存在，19世纪以来，人们对青藏高原的科考水平不断从一个高度推向另一个高度。随着人类远足能力的不断加强，逐梦三极的科考日益频繁。虽然青藏高原科考长期以来一直在通过不同的方式在不同的地区进行着，但对于整个青藏高原的综合科考迄今只有两次。第一次是20世纪70年代开始的第一次青藏科考。这次科考在地学与生物学等科学领域取得了一系列重大成果，奠定了青藏高原科学研究的基础，为推动社会发展、国防安全和西部大开发提供了重要科学依据。第二次是刚刚开始的第二次青藏科考。第二次青藏科考最初是从区域发展和国家需求层面提出来的，后来成为科学家的共同行动。中国科学院的A类先导专项率先支持启动了第二次青藏科考。刚刚启动的国家专项支持，使得第二次青藏科考有了广度和深度的提升。

　　习近平总书记高度关怀第二次青藏科考，在2017年8月19日第二次青藏科考启动之际，专门给科考队发来贺信，作出重要指示，以高屋建瓴的战略胸怀和俯瞰全球的国际视野，深刻阐述了青藏高原环境变化研究的重要性，希望第二次青藏科考队聚焦水、生态、人类活动，揭示青藏高原环境变化机理，为生态屏障优化和亚洲水塔安全、美丽青藏高原建设作出贡献。殷切期望广大科考人员发扬老一辈科学家艰苦奋斗、团结奋进、勇攀高峰的精神，为守护好世界上最后一方净土顽强拼搏。这充分体现了习近平生态文明思想和绿色发展理念，是第二次青藏科考的基本遵循。

　　第二次青藏科考的目标是阐明过去环境变化规律，预估未来变化与影响，服务区域经济社会高质量发展，引领国际青藏高原研究，促进全球生态环境保护。为此，第二次青藏科考组织了10大任务和 60 多个专题，在亚洲水塔区、喜马拉雅区、横断山高山峡谷区、祁连山－阿尔金区、天山－帕米尔区等 5 大综合考察研究区的 19 个关键区，开展综合科学考察研究，强化野外观测研究体系布局、科考数据集成、新技术融合和灾害预警体系建设，产出科学考察研究报告、国际科学前沿文章、服务国家需求评估和咨询报告、科学传播产品四大体系的科考成果。

两次青藏综合科考有其相同的地方。表现在两次科考都具有学科齐全的特点，两次科考都有全国不同部门科学家广泛参与，两次科考都是国家专项支持。两次青藏综合科考也有其不同的地方。第一，两次科考的目标不一样：第一次科考是以科学发现为目标；第二次科考是以摸清变化和影响为目标。第二，两次科考的基础不一样：第一次青藏科考时青藏高原交通整体落后、技术手段普遍缺乏；第二次青藏科考时青藏高原交通四通八达，新技术、新手段、新方法日新月异。第三，两次科考的理念不一样：第一次科考的理念是不同学科考察研究的平行推进；第二次科考的理念是实现多学科交叉与融合和地球系统多圈层作用考察研究新突破。

"第二次青藏高原综合科学考察研究丛书"是第二次青藏科考成果四大产出体系的重要组成部分，是系统阐述青藏高原环境变化过程与机理、评估环境变化影响、提出科学应对方案的综合文库。希望丛书的出版能全方位展示青藏高原科学考察研究的新成果和地球系统科学研究的新进展，能为推动青藏高原环境保护和可持续发展、推进国家生态文明建设、促进全球生态环境保护做出应有的贡献。

姚檀栋

第二次青藏科考队队长

序

　　青藏高原隆升与造山运动造就了世界海拔最高的高原，形成了独特的地质地理环境、气候格局和孕灾条件。青藏高原构造岩性复杂，新构造运动活跃，地势起伏巨大，河流下切剧烈，气候差异显著，冰雪与冻融活动强烈，生态环境脆弱，内外动力耦合致灾作用典型，自然灾害类型多样、分布广泛、暴发频繁，是自然灾害的天然博物馆。区内普遍发育地震、泥石流、崩塌、滑坡、冰湖溃决、山洪、冻胀融沉等多种自然灾害，呈现出多发群发，复合链生的显著特点，重大灾害对民生安全、区域社会经济高质量发展和重大工程建设运维安全构成巨大挑战。同时，青藏高原及周边也是当前及未来数十年国家战略与重大工程密集部署区，川藏滇藏与出疆入藏交通工程、系列水利水电工程、能源资源工程等陆续部署、建设与运行，灾害风险防控与工程安全保障尤为重要。为了贯彻落实习近平总书记致中国科学院青藏高原综合科学考察研究队的贺信中"着力解决青藏高原资源环境承载力、灾害风险、绿色发展途径等方面的问题"的指示精神，第二次青藏高原综合科学考察组织安排时统筹考虑高质量发展和高水平安全，将重大科学问题与青藏高原的社会经济发展战略紧密结合，设立了任务九——地质环境与灾害。

　　任务九旨在深入贯彻落实习近平总书记关于"灾害风险"的指示精神，全面查清青藏高原的孕灾环境与灾害本底，认识灾害分布规律，揭示灾害形成机理，预测灾害风险，研发有针对性的减灾技术，为保障区域内工程建设、人居环境与生态屏障安全提供科技支撑与解决方案。针对国家需求和科学问题，将灾害按内、外动力及其耦合作用的类别划分为地震灾害、滑坡灾害、泥石流灾害、山洪灾害、工程扰动灾害、冻土冻融灾害与工程病害、灾害链等多种类型，重点科考内容包括：①研究青藏高原主要活动断裂的地表活动特征，查明其第四纪活动习性和现今变形状态，厘清青藏高原地质环境背景；②研究各类灾害的活动特征、时空分布、形成运动与演化规律，分析其与气候、构造、地貌的关系；③研究各类灾害在多因素耦合作用下的致灾机理，揭示已建重大工程与区域地质环境的互馈机制，预测灾害演变趋势；④开展单灾种和多灾种复合风险分析预测，提出风险防范对策，研发有针对性的减灾技术；⑤研发区域综合灾害风险、灾害损失、社会影响评估的关键技术，提出风险调控方案，构建青藏高原地区多灾种综合灾害风险防御范式。

任务九通过空－天－地多源遥感调查与点－线－面综合科学考察，首次建立了青藏高原全域地质环境与多灾种灾害综合数据库；通过分析构造活动、地貌演化与气候变化耦合作用对自然灾害孕灾条件与形成过程的影响，阐明青藏高原自然灾害活动特征与分布规律，深化内外动力耦合致灾机制科学认知，揭示复杂介质多过程运动及其链生演化机理，提出基于动力过程的灾害风险精细评估与多灾种灾害风险综合评估方法；聚焦重大工程区灾害与工程结构影响，预测评估重大工程灾害风险，提出减灾对策；探索承灾体脆弱性调控措施、防范能力提升策略，增强综合减灾、应急救助和恢复重建一体化灾害防御能力，构建韧性社会方案。科考成果服务了一大批重大工程规划建设运维、突发重大灾害评估及应急救援、国防设施安全等，形成了国家不同层面的防灾减灾科学咨询建议。

第二次青藏高原综合科学考察研究任务九取得的系统性成果，囊括了青藏高原地质环境与灾害研究的新发现、新认识、新技术和新方法，形成《青藏高原自然灾害及其演变》等综合科考报告以及围绕川藏交通廊道等重大工程和横断山区、喜马拉雅山等典型区域的系列报告。希望系列成果的出版，有利于提升青藏高原防灾减灾科技支撑能力，服务青藏高原工程建设、人居环境和生态屏障的安全保障，助力青藏高原绿色安全高质量发展。同时，任务九科研人员也希望科考成果能在全国以及"一带一路"共建国家得到应用，为自然灾害风险防控和人类命运共同体建设做出第二次青藏科考的贡献。

崔　鹏　张培震　祁生文　葛永刚

第二次青藏科考任务九负责人

2024 年 10 月 1 日

前　言

　　川藏交通廊道是国家世纪工程。规划建设川藏交通廊道，是促进民族团结、维护国家统一、巩固边疆稳定的需要，是促进西藏经济社会发展的需要，是贯彻落实党中央治藏方略的重大举措。

　　第二次青藏高原综合科学考察研究之重大工程扰动灾害科学考察的开展，极大地推动了对板块碰撞区重大工程扰动灾害机理的深入研究。

　　本书分为 7 章，主要内容及分工如下。

　　第 1 章主要介绍了 2019 年至今川藏交通廊道重大工程扰动灾害的科考背景、意义、目标及内容等，主要由祁生文、刘春玲、郭松峰、郑博文等撰写。

　　第 2 章主要介绍了青藏高原区域自然地理和地质背景，基于文献调研与分析，阐明川藏交通廊道通过区域的自然地理环境、区域地质构造、新构造运动及地震，主要由祁生文等撰写。

　　第 3 章主要介绍了川藏交通廊道工程地质条件，阐明川藏交通廊道线路两侧分水岭内区域的自然地理、气象水文、地形地貌、地层岩性、地质构造、新构造运动及地震、物理地质现象、人类工程活动等特征，主要由祁生文、刘春玲等撰写。

　　第 4 章主要介绍了川藏交通廊道地应力特征，收集并分析了川藏交通廊道实测地应力数据，通过数值模拟方法反演川藏交通廊道的地应力和研究区内各活动断裂带的地应力，主要由祁生文、郭松峰等撰写。

　　第 5 章主要介绍了川藏交通廊道斜坡灾害，开展崩滑灾害的遥感与野外地质调查工作，阐明川藏交通廊道内的崩滑灾害分布及发育特征，并开展危险性分析和典型案例分析，主要由祁生文、刘春玲等撰写。

　　第 6 章主要介绍了川藏交通廊道隧道工程扰动灾害，基于文献调研与分析，阐明隧道岩爆和大变形的特征与类型，研判川藏交通廊道隧道开挖扰动致灾潜势并给出灾变防控建议，主要由祁生文、郭松峰、郑博文等撰写。

第 7 章主要介绍了川藏交通廊道隧道进出口边坡工程扰动灾害，开展野外和遥感调查工作，查明隧道进出口边坡结构特征并分析边坡工程地质条件，阐明边坡变形破坏形式，开展隧道进出口边坡稳定性及危险性定量评价，给出灾变防控建议，主要由祁生文、郑博文、郭松峰、余昕等撰写。

参与本书撰写工作的还有陈祖安、熊峰、李永超、宋帅华、郭忻怡、唐凤娇、鲁晓、肖易东、李金轩、朱梓方、杨玥、郝瑞鹏、黄晓林、梁宁、邹宇、侯晓坤、马丽娜、姚翔龙、贺建先、张琳鑫、罗光明、台大平、刘方翠、路伟、张晓辉、丛佳宁、李师毓等，全书由祁生文统稿、修改和定稿。本书撰写过程中得到了诸多专家的指导，在此表示衷心感谢。同时，感谢第二次青藏高原综合科学考察研究专题"重大工程扰动灾害及风险"（2019QZKK0904）和国家自然科学基金杰出青年科学基金项目"岩体工程地质力学"（41825018）的联合资助，感谢科考随行摄影师任晖老师在科考期间捕捉的精彩瞬间，感谢每次科考各个车队师傅的保驾护航。由于时间有限，书中难免有纰漏和不足，敬请读者和同行专家批评指正。

《川藏交通廊道工程扰动灾害及风险防控对策》编写委员会

2024 年 8 月

摘　　要

本书为第二次青藏高原综合科学考察研究的重要成果。书中厘定了工程扰动灾害的定义和类型，初步查清了川藏交通廊道斜坡灾害的本底并揭示了其分布规律，研判了川藏交通廊道不同类型工程扰动的致灾潜势。本书将为青藏高原重大水电、交通等工程扰动灾害的系列成果出版奠定基础。

本书在撰写过程中，凝练了川藏交通廊道工程扰动灾害及风险的亮点成果和最新进展，主要成果如下。

（1）系统总结了青藏高原自然地理环境、地貌单元特征以及青藏高原大地构造演化过程，讨论了青藏高原地层构造分区和深部地球物理特征，在此基础上进一步分析了青藏高原的新构造运动特征和地震活动。

（2）通过遥感影像解译及科学考察，全面收集了川藏交通廊道较新、较全面的基础孕灾背景数据（如气候、水系、地层岩性、活动断裂、地震动峰值加速度等），分析了川藏交通廊道工程地质条件；开展了岩组划分，将地层岩性划分为 9 个工程地质岩组，分析了川藏交通廊道岩性分布特征；详细总结了川藏交通廊道 11 条活动断裂的几何展布与活动特征；基于川藏交通廊道工程及灾害分布数据，分析了川藏交通廊道的物理地质现象及人类活动情况。

（3）通过查阅川藏交通廊道相关工程区研究文献及地应力测试报告，建立了川藏交通廊道地应力数据库，分析了研究区实测地应力数据空间分布规律；基于实测地应力数据，开展了地应力反演工作，分析了在活动断裂影响下川藏交通廊道地应力的分布规律，反演结果表明，川藏交通廊道地应力值整体分布从西向东逐渐递减，部分线路处于高地应力区（如康定段、理塘—巴塘段、东构造结段等），川藏交通廊道线路与研究区水平主应力方向总体平行或者小角度斜交。

（4）通过遥感影像目视解译和野外验证的方法建立了川藏交

通廊道崩滑灾害 4509 处，其中土质崩滑 98 处，岩质崩滑 4411 处，按照崩滑灾害的面积，将其划分为微型、小型、中小型、中大型、中型、大中型、大型、特大型 8 个类别；以面密度作为评价指标，描述了川藏交通廊道各县区段崩滑灾害的总体分布情况；选取高程、坡度、坡向、工程地质岩组、断裂、水系、公路、地震动峰值加速度、降水这几个要素进行了灾害空间分布影响因素规律性分析，并基于频率比 – 逻辑回归耦合模型对川藏交通廊道崩滑灾害进行了危险性评价。

（5）利用川藏交通廊道岩性和高程数据，进行了雅安—林芝段所有隧道的岩爆和大变形潜势预测，绘制出隧道全段预测图，并对典型隧道给出了具体分析，总结了岩爆和大变形的一般性防治方法，对工程施工有较好的参考意义。

（6）根据川藏交通廊道的基本工程地质条件，结合地面调查、无人机航测和遥感手段对川藏交通廊道隧道进出口边坡进行了结构特征分析，判断了边坡变形破坏现象及形式，分门别类地采用了岩体质量评价方法及有限差分数值计算方法对各隧道进出口边坡的稳定性进行了分级，并在此基础上提出了防控建议；获取的边坡稳定性分析结果翔实并且与边坡灾变危险性分析结果相互校核，验证了灾变模型及稳定性分析方法的可行性。

在上述川藏交通廊道工程扰动灾害调查和分析成果的基础上，未来将进一步深化工程扰动灾变机制分析的研究，开展工程动态稳定性定量评估和灾害风险精准预测研究，为科学保障区域重大地质工程安全提供理论基础和技术支撑。

目　　录

第 1 章

引　言

1.1 研究背景

川藏交通廊道工程是国家重要工程之一。习近平总书记在 2018 年 10 月 10 日召开的中央财经委员会第三次会议上专门强调，规划建设川藏铁路，是促进民族团结、维护国家统一、巩固边疆稳定的需要，是促进西藏经济社会发展的需要，是贯彻落实党中央治藏方略的重大举措，并指示"……一定把这件大事办成办好……"。

川藏交通廊道工程起于四川省成都市，经雅安市、甘孜藏族自治州（简称甘孜州）、昌都市、林芝市等地，最终抵达西藏自治区首府拉萨市，全线长度约 1742.39 km（图 1.1），全程分为三段建设，其中成都—雅安段（成雅段）、拉萨—林芝段（拉林段）均于 2014 年开工建设，分别于 2018 年 12 月 28 日和 2021 年 6 月 25 日建成通车。2020 年 9 月，川藏交通廊道工程雅安—林芝段可行性研究报告获批，项目估算总投资高达 3198 亿元，同年该段开工建设，工期将长达 10 年。

图 1.1 川藏交通廊道

资料获取时间为 2018 年 1 月

受青藏高原隆升的影响，川藏交通廊道总体地势西高东低，依次经过四川盆地、川西高山峡谷区、川西高山原区、藏东南横断山区、藏南谷地区 5 个地貌单元，累计爬升高度达 16000 多米，跨越长江流域（金沙江水系）、澜沧江流域、怒江流域、雅鲁藏布江流域 4 个水系，具有地形急变高差悬殊、板块构造活动强烈及强震活跃、地应力水平突出、崩滑流灾害频发、地质环境敏感等突出地质问题。为克服地形高差，绕避不良地质条件，川藏交通廊道出现了众多埋深大于 1000 m、长度超过 20 km 的超深埋超长隧道，全线隧道占线路总长 80% 以上，正在建设的雅安—林芝段预计修建隧道 72 座，隧道总长 836.79 km，隧线占比更是高达 82.3%。目前我国铁路最长隧道约为 38.8 km，而雅安—林芝段 30 km 以上的特长隧道就有 6 座。穿越极端复杂地质条件（埋深大、地应力高、所处地质环境高储能）的深埋长大隧道的合理设计、安全施工、运营维护成为川藏交通廊道建设成败的关键。同时，隧道进出口大多处于深切河谷两岸的边坡体上，这些边坡高陡，岩体结构破碎，更兼强烈的河流侵蚀卸荷、地下水、冻融循环、冰川、强烈地震等作用，易产生高位岩崩、滑坡等变形破坏，损坏隧道进出口及邻近的工程结构，如桥梁、路基，严重威胁川藏交通廊道建设运维安全。

近几十年来，全球气候变暖导致冰川消退，强烈的内外动力作用导致该区域各类重大地质灾害频发，如地震、泥石流、滑坡、崩塌、冰湖溃决、雪崩等，生态环境脆弱。例如，2000 年 4 月 9 日晚 8 时左右，西藏林芝市波密县易贡藏布扎木弄沟发生大规模山体滑坡，滑程约 8 km，高差约 3330 m，截断了易贡藏布，形成长约 2500 m、宽约 2500 m 的滑坡堆积体，面积约 5 km^2，最厚达 100 m，平均厚 60 m，体积 2.8 亿 ～ 3.0 亿 m^3（殷跃平，2000）。2018 年 10 月 11 日凌晨，西藏自治区江达县波罗乡白格村与四川省白玉县绒盖乡则巴村交界处金沙江西藏岸（右岸）发生大规模高位滑坡，阻断金沙江干流，形成堰塞坝，堰塞湖蓄水量约 2.9×10^8 m^3，其后，10 月 12 日堰塞湖水开始自然下泄，至 10 月 13 日全部泄流完成，险情得以解除。2018 年 11 月 3 日，第一次滑坡的滑源区后缘岩土体再次发生失稳破坏，并再次堵塞金沙江，形成的堰塞坝比第一次滑坡堰塞坝最高处还高出近 50 m。11 月 12 日，堰塞湖蓄水量达到 5.24×10^8 m^3。后经人工干预，堰塞湖于 11 月 12 日开始泄洪，至 13 日坝体上下游水位贯通，堰塞湖险情解除（许强等，2018）。同时，该区域是我国水电、公路、铁路等国家重大工程的重点部署区，以及国家"一带一路"倡议实施的关键区，因此人类工程活动与脆弱的地质环境的矛盾十分突出。但是，该区域缺乏长期的野外调查和观测资料，且受过去研究手段的限制，重大地质灾害及重大工程灾害的研究程度较低，地质灾害的致灾因素及内外动力耦合孕育演化机制仍不清楚，极大地制约了地质灾害对重大工程建设的影响评估，难以有效支撑国家重大规划及工程部署。为此，第二次青藏高原综合科学考察研究专门设置"重大工程扰动灾害及风险"专题，对青藏高原全区重大工程扰动灾害及风险进行调查。

据祁生文等（2022）的研究，工程扰动灾害，是指由工程的建设或者运营对工程附近区域造成扰动，导致岩土体破坏形成危害人类及环境的灾害，如水库蓄水后，常常会诱发库岸崩塌或者滑坡，不同类型工程扰动灾变机制如图 1.2 所示。张咸恭等（1990）根据灾害发生机理将工程扰动灾害分为由移动土石（如修路、采矿、兴建城市、开发能源等）诱发的地质灾害、移动地下流体（如抽取地下水、开采石油、抬升地下水位等）诱发的地质灾害、触发性诱发地质灾害（如水库诱发地震、注水诱发地震及一些超大型滑坡）以及工程失事造成的灾害（如水库溃堤）。通过收集大量的实例，唐春安（2004）对东北矿区开采诱发的工程扰动灾害进行研究，主要包括边坡滑移、地面沉陷、岩爆、冲击地压、突水、突气等灾害。彭建兵等（2020）在进行黄土高原滑

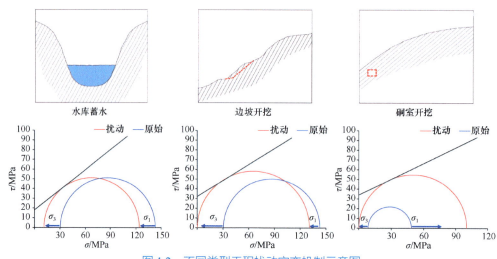

图 1.2　不同类型工程扰动灾变机制示意图

黑色直线为强度包络线。下面三个图的横坐标 σ 表示正应力（σ_1 表示最大主应力，σ_3 表示最小主应力），纵坐标 τ 表示剪应力

坡研究时，指出工程扰动会造成黄土边坡应力状态的改变，导致结构面扩展或松动，成为诱发地质灾害的重要地质营力。

为响应川藏交通廊道建设的国家重大工程需求，我们开展川藏交通廊道工程扰动灾害考察。

1.2　本次科考任务

本次科考团队分为 3 批：第一批科考团队的研究区域为雅安—昌都段。川藏交通廊道（图 1.3）在雅安市天全县设置天全站，出站后穿二郎山、跨越大渡河、穿宝灵山于康定市雅拉乡三道桥村西北设置康定站，出站后穿折多山和高尔寺山、跨越雅砻江，于雅江县设置雅江站，出站后穿卡子拉山，跨越无量河、海子山，跨越金沙江、米拉

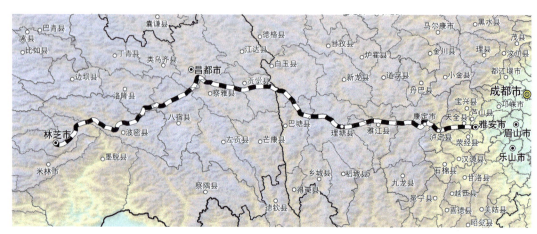

图 1.3　川藏交通廊道雅安—林芝段

山、孜拉山、芒康山到达昌都市经济开发区设置昌都站,线路长度约 638.05 km。第二批科考团队的研究区域为昌都—林芝段,途经昌都、扩达、八宿、波密、通麦、林芝等地。第三批科考团队的研究区域为林芝—贡觉段,重点考察了邦达、昌都、芒康山、红拉山、嘎益、仁泽、贡觉等地。

因此,本书是 3 批科考的总结,同时也包含了团队早期在该地的研究成果。本书阐述了川藏交通廊道雅安—林芝段(雅林段)工程地质条件,重点分析预判了川藏交通廊道潜在工程扰动灾害及其风险,并给出防控建议,以期为川藏交通廊道项目选线、工程的顺利实施提供技术支撑。

参考文献

彭建兵, 崔鹏, 庄建琦. 2020. 川藏铁路对工程地质提出的挑战. 岩石力学与工程学报, 39(12): 2377-2389.

祁生文, 李永超, 宋帅华, 等. 2022. 青藏高原工程地质稳定性分区及工程扰动灾害分布浅析. 工程地质学报, 30(3): 599-608.

唐春安. 2004. 东北矿区资源开采诱发的工程地质灾害与环境损伤特征. 地球科学进展, (3): 490-494.

许强, 郑光, 李为乐, 等. 2018. 2018年10月和11月金沙江白格两次滑坡–堰塞堵江事件分析研究. 工程地质学报, 26(6): 1534-1551.

殷跃平. 2000. 西藏波密易贡高速巨型滑坡概况. 中国地质灾害与防治学报, 11(2): 103.

张咸恭, 黄鼎成, 韩文峰, 等. 1990. 人类活动与诱发地质灾害. 地质灾害与防治, (2): 3-10.

区域自然地理和地质背景

2.1 自然地理环境

2.1.1 自然环境

青藏高原地域辽阔，南起喜马拉雅山脉，北至昆仑山和祁连山，西部为帕米尔高原和喀喇昆仑山脉，东部及东北部与秦岭山脉西段和黄土高原相接；平均海拔约 4500 m，全球海拔超过 8000 m 的 14 座山峰全部分布在该地区（王雪梅等，2012）；横跨 31 个经度、东西长约 2700 km；纵贯 13 个纬度、南北宽达 1400 km，总面积约 250 万 km²，约占中国陆地总面积的 1/4（郑度和赵东升，2017）（图 2.1）。青藏高原包括西藏自治区（约占中国境内青藏高原面积的 45.72%，下同）与青海省全部（28.03%）以及四川省西部（9.87%）、新疆维吾尔自治区南部（12.17%）、甘肃省西部（2.91%）和云南省西北部（1.30%）。在中国西高东低的地势总轮廓中有三级阶梯，青藏高原处于最高的一级阶梯，有"世界屋脊""第三极"之称，是亚洲诸多大河的发源地。

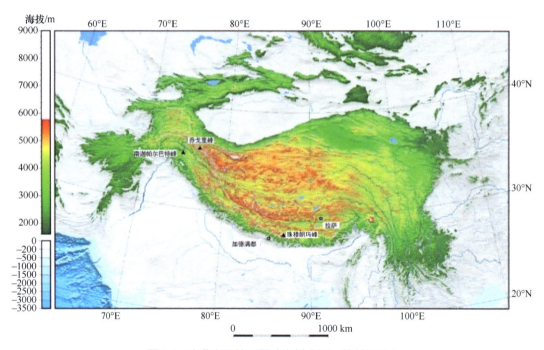

图 2.1　青藏高原地形图（资料来源：维基百科）

新生代以来，青藏高原发生强烈隆升，高亢的地势和中低纬度的位置决定了青藏高原自然环境的主要特征，并明显区别于三大自然区中的东部季风区和西北干旱区。青藏高原是地球上一个独特的地理单元，其周边基本由大断裂带控制，并由一系列高大山系和山脉组成。喜马拉雅山脉自西北向东南延伸，呈向南突出的弧形耸立在青藏高原的南缘，与印度、尼泊尔和不丹毗邻，俯瞰着印度次大陆的恒河与阿萨姆平原。

高原北缘的昆仑山、阿尔金山和祁连山与亚洲中部的塔里木盆地及河西走廊相连。高原西部为喀喇昆仑山脉和帕米尔高原，与西喜马拉雅山的克什米尔地区、巴基斯坦、阿富汗和塔吉克斯坦接壤。高原东南部经由横断山脉连接云贵高原和四川盆地。高原的东部及东北部则与秦岭山脉西段和黄土高原相衔接（图 2.2）。

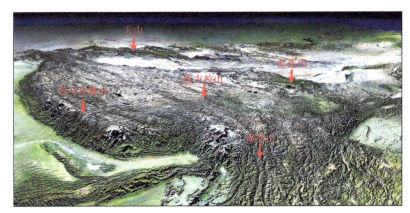

图 2.2　青藏高原地形地貌（姚檀栋等，2017）

　　青藏高原是我国重要的生态安全屏障、战略资源储备基地，在我国气候系统稳定、水资源供应、生物多样性保护等多方面具有重要的生态安全屏障作用。随着高原的隆起和亿万年的演化，数以千计的冰川、雪山遍布在地球"第三极"，位于青藏高原下游的河流和湖泊的水源大多来自于高原上融化的冰川和高原上的大气降水（Berti et al.，2006）。青藏高原还是中国乃至亚洲的湖泊、湿地聚集地（冯松等，1998；王明达等，2014）。

　　青藏高原拥有全世界海拔最高的湖泊群，在 20 世纪末湖泊面积占全国湖泊总面积的 52%（施雅风等，1999）。青藏高原上的现代冰川条数占我国现代冰川总条数的 80%，冰川面积占我国冰川总面积的 84%，冰川冰储量占我国冰川总储量的 80%（秦大河等，2005），冰川融水占中国青藏高原总径流量的 7.2%。我国主要江河（如长江、黄河、雅鲁藏布江、怒江和澜沧江等）以及亚洲许多大江大河都发源于青藏高原，这些河流所承载的水资源为全球 40% 的人口提供生活、农业和工业用水（Lu et al.，2005）（图 2.3）。

2.1.2　气候条件

　　青藏高原大部分地区的海拔为 4000~5000 m，发育特殊的大陆性高寒气候环境，空气稀薄，透明度好，紫外线强，日照多，气温低，辐射强烈，积温少，昼夜温差大；冬季干冷漫长，大风多；夏季温凉多雨，冰雹多（图 2.4）。唐古拉山以南地区年平均气温为 7~8℃，冬季平均气温约为 –4℃。唐古拉山以北地区年平均气温为 –5~4℃，冬季平均气温为 –15~–10℃；尤其在寒冬季节，白天气温低至 –35~–20℃，夜晚气温低至 –40~–30℃，平均海拔 4500 m 以上的那曲冬季出现过 –41.2℃ 的低温。青藏高原北部发育常年冻土，南部发育季节性冻土，唐古拉山南侧安多地区发育岛状冻土

（吴珍汉等，2009）。

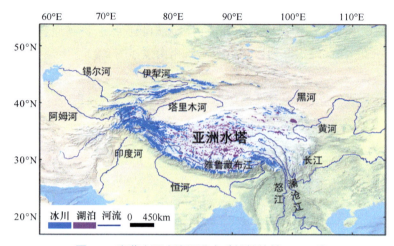

图 2.3　青藏高原水资源分布（姚檀栋等，2019）

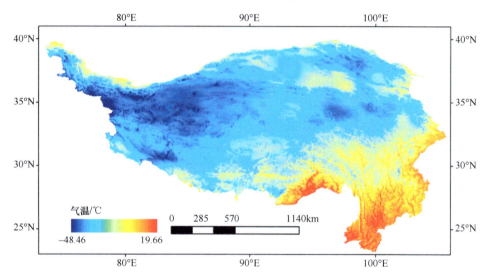

图 2.4　青藏高原 0.01° 空间分辨率近地表气温数据集（1979~2018 年）（资料来源：国家青藏高原科学数据中心）

数据集包含日均气温和 3h 分辨率的瞬时气温，空间分辨率为 0.01°（约 1km）

　　青藏高原的温度和水分条件具有自西北向东南变化的特征，高原西北部比较严寒干燥，东南部比较温暖湿润。同样，在自然景观中，其西北是高寒半荒漠和荒漠，中部为面积广阔的半干旱高山草原和山地灌丛草原，东南为半湿润的高山草甸和山地针叶林以及湿润的山地常绿阔叶林和热带常绿雨林（林振耀和吴祥定，1981）。青藏高原东部和南部的高山区与极高山区，沿河流发育深切峡谷地貌，沿深切峡谷常见草原灌丛和森林植被。青藏高原东部和南部的高山峡谷地区，由于不同海拔的气温垂直变化大，气候类型复杂，因此常形成复杂的植被垂直分带现象。例如，藏东南和喜马拉雅山南坡高山峡谷区，由于地势依次升高，气温逐渐下降，发生从热带或亚热带气候到暖温带、温带、寒温带和寒带气候的垂直变化；海拔 4000 m 以上山顶部位生长稀疏草原植被或寒性常绿针叶林，针叶林以云杉 – 冷杉林、寒温性松林和圆柏林为主；随着海拔降低，依次出现暖温带落叶阔叶林与亚热带常绿阔叶林植被；在海拔低于 1500~2000 m 的峡谷区，生长亚热带常绿阔叶林和热带雨林植被（中国植被编辑委员会，1980）。在第四纪不同时期，随着全球气候变化和波动，青藏高原植被垂直分带高度也发生了显著变化（吴中海等，2004）。

2.2 地貌单元及其基本特征

青藏高原地貌是由高耸的山脉、辽阔的高原面、星罗棋布的湖盆、众多的内外流水系等排列组合而成。高原地势大致为自西北向东南倾斜，其山系虽平均海拔超过 5500 m，但在高原内部也形成了明显的区域差异：西北部海拔超过 5000 m，中部海拔约 4500 m，到东南部的横断山区则降至 3500 m 左右（图 2.5）。高原面起伏和缓，除少数山脉较高以外，大多形态浑圆，坡度较小，相对高度仅百米，"远看似山，近看似川"，就是高原地貌特征的生动写照（孙鸿烈和郑度，1998）。

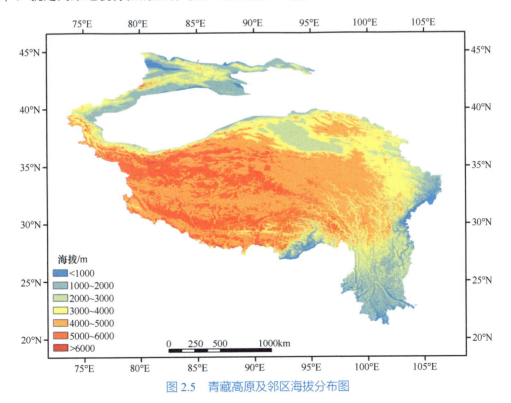

图 2.5 青藏高原及邻区海拔分布图

青藏高原南缘发育喜马拉雅山脉，西缘发育喀喇昆仑山，北缘发育西昆仑山脉、东昆仑山脉与阿尔金山，东北侧发育祁连山，东缘为龙门山，东南缘为横断山脉。青藏高原周边的西昆仑山脉、东昆仑山脉、阿尔金山、横断山脉、祁连山在新生代早中期与青藏高原具有相同或相似的构造变形历史和缩短增厚过程，山顶面与高原面呈渐变过渡关系，海拔相同或相近（图2.6）。青藏高原内部发育冈底斯山、念青唐古拉山、唐古拉山、西亚尔岗山、祖尔肯乌拉山、可可西里山与巴颜喀拉山等山脉，山顶面高出高原面1000~2000 m。

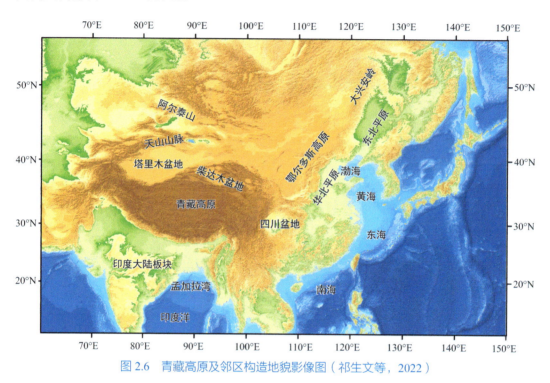

图2.6　青藏高原及邻区构造地貌影像图（祁生文等，2022）

　　青藏高原内部地势较为平坦，平均海拔4000~5000 m（图2.5），由高原面、盆地面、低山丘陵和阶地等地貌单元组成。青藏高原内部水系发育，河流密布，是长江、黄河、澜沧江等河流的发源地（图2.3）。青藏高原周边水系以外流水系为主，东部水系如楚玛尔河、通天河、沱沱河、雅砻江、岷江向东汇入长江，南部水系如拉萨河、尼洋曲、帕隆藏布向南汇入雅鲁藏布江，冈底斯山南麓和喜马拉雅山北麓水系汇入恒河。青藏高原腹地水系以内流水系为主，自高处流向低处，自四周汇聚于高原湖泊。青藏高原湖泊众多，发育数百个大小不等的湖泊，多数湖泊规模较小（图2.3）；规模较大的湖泊包括青海湖、纳木错、色林错、当惹雍错、扎日南木错、羊卓雍错、多格错仁、多格错仁强错、可可西里湖、乌兰乌拉湖、赤布张错、鄂陵湖与扎陵湖等。藏北湖泊大部分为咸水湖或盐湖，藏南很多湖泊为淡水湖。西藏境内的纳木错为西藏第二大湖泊，也是中国第三大咸水湖，位于念青唐古拉山西缘，虽然地处海拔4718 m，但风光秀丽，是西藏重要的旅游胜地。

　　青藏高原内部尚发育大量溶蚀地貌与冰碛－冰蚀地貌，溶蚀地貌与冰川地貌的形成发展过程受青藏高原构造地貌演化与全球气候环境变化双重因素控制。典型的溶蚀地貌为岩溶溶洞。典型的冰川地貌包括山岳冰川、冰川U形谷、冰斗、角峰、刃脊、冰川堰塞湖、冰碛垄与冰碛台地等，在昆仑山、唐古拉山、念青唐古拉山、冈底斯山的山顶，尚残留大量形态比较完整的中晚更新世古冰斗地貌；高原内部现代山谷，残留中晚更新世古冰川 U 形谷。

2.3 区域地质构造

2.3.1 青藏高原大地构造演化

青藏高原自早古生代以来，经历了原特提斯洋 – 古特提斯洋 – 新特提斯洋的多期次洋盆演化，形成了一系列不同时代的岛弧、海沟以及蛇绿混杂岩带（潘裕生，1999）。青藏高原内部形成了五条近东西走向展布、规模巨大的蛇绿混杂岩带，自北向南分别为西昆仑 – 阿尔金 – 北祁连蛇绿混杂岩带（QLS）、阿尼玛卿 – 南昆仑蛇绿混杂岩带（SKS）、可可西里 – 金沙江蛇绿混杂岩带（HJS）、班公湖 – 怒江蛇绿混杂岩带（BNS）、雅鲁藏布江蛇绿混杂岩带（YZS）。各蛇绿混杂岩带之间则发育相对稳定的构造块体或地体[①]（图 2.7）。

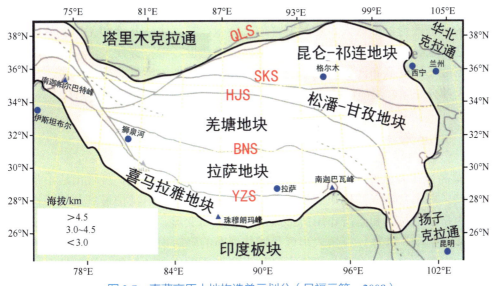

图 2.7 青藏高原大地构造单元划分（吴福元等，2008）

QLS 为西昆仑 – 阿尔金 – 北祁连蛇绿混杂岩带；SKS 为阿尼玛卿 – 南昆仑蛇绿混杂岩带；HJS 为可可西里 – 金沙江蛇绿混杂岩带；BNS 为班公湖 – 怒江蛇绿混杂岩带；YZS 为雅鲁藏布江蛇绿混杂岩带

大部分学者以最晚缝合的雅鲁藏布江蛇绿混杂岩带为界，将其北部划分为亚洲大陆，自北向南依次为昆仑 – 祁连、松潘 – 甘孜、羌塘、拉萨等块体，缝合带南部为印度大陆，主要由喜马拉雅块体组成（吴福元等，2008）。青藏高原最北端的昆仑 – 祁连块体与塔里木 – 华北克拉通之间以西昆仑 – 阿尔金 – 北祁连蛇绿混杂岩带为界线，昆仑 – 祁连块体由一系列古生代岛弧构成，目前该块体多被划分为北祁连、中祁连和南祁

[①] 李廷栋，肖序常. 1996. 青藏高原地体构造分析. 见：中国地质科学院岩石圈研究中心、地质矿产部地质研究所著. 青藏高原岩石圈结构构造和形成演化. 北京：地质出版社，6~13.

连三个亚地块。松潘-甘孜块体北以阿尼玛卿-南昆仑蛇绿混杂岩带、南以可可西里-金沙江蛇绿混杂岩带为界线分别与昆仑-祁连块体和羌塘块体相接,区内地质体主要为三叠纪的碎屑沉积建造。羌塘块体南以班公湖-怒江蛇绿混杂岩带、北以可可西里-金沙江蛇绿混杂岩带为界线分别与拉萨块体和松潘-甘孜块体相接触。羌塘块体中部主要为侏罗纪地层,并发育晚古生代浅海相沉积岩,同时发育喀喇昆仑山和江达花岗岩。拉萨块体南以雅鲁藏布江蛇绿混杂岩带,北以班公湖-怒江蛇绿混杂岩带为界,以大量发育中-新生代火成岩为特征,如冈底斯花岗岩和林子宗火山岩等。雅鲁藏布江蛇绿混杂岩带以南为印度板块,主要由一系列北倾断层所围限的块体组成,自北向南依次为特提斯喜马拉雅、高喜马拉雅、低喜马拉雅和印度块体等(图2.7)。

早古生代早期,原特提斯洋的俯冲增生事件形成了西昆仑-阿尔金-北祁连蛇绿混杂岩带,位于塔里木克拉通以南;早古生代中晚期,原特提斯古大洋板块持续俯冲消减,形成了阿尼玛卿-南昆仑蛇绿混杂岩带,位于昆仑-祁连块体和松潘-甘孜块体之间;晚二叠世—三叠纪,古特提斯大洋板块的俯冲增生,形成了可可西里-金沙江蛇绿混杂岩带,位于松潘-甘孜块体和羌塘块体之间;侏罗纪—早白垩世,新特提斯洋的俯冲增生形成班公湖-怒江蛇绿混杂岩带,该蛇绿混杂岩带遭受新生代逆冲推覆构造的强烈改造,形成大量蛇绿岩片带,分布在拉萨块体北部和羌塘块体南部之间南北宽达百余公里的空间范围内;晚白垩世—始新世,新特提斯大洋板块的持续俯冲增生,形成了雅鲁藏布江蛇绿混杂岩带及其北侧冈底斯中酸性岩浆岛弧带,长达千余公里,大部分蛇绿岩套都保存比较完整。至此,青藏高原才形成一个整体。

2.3.2 地层构造分区

青藏高原作为世界屋脊,反映了我国西部大陆的地质特色,呈现出造山带与沉积盆地相间,即山盆镶嵌的地质结构。造山带是地球岩石圈中结构最复杂的基本构造单元,是由挤压、拉张和走滑作用所形成的强烈收缩变形、变位、变质地带,经常伴随强烈的岩浆活动,并往往在地表形成呈线状展布的隆起山脉和山链;沉积盆地发育在较稳定的微陆块和被动大陆边缘之上,就青藏高原内部中新生代沉积盆地而言,后期构造变形较微弱(图2.8)。

基于前人的研究,李廷栋等(2013)将青藏高原地层划分为3个构造-地层大区,分别是冈底斯-喜马拉雅地层大区、羌塘-三江(含巴颜喀拉)地层大区以及秦祁昆地层大区。

冈底斯-喜马拉雅地层大区包括:①西瓦利克分区。②喜马拉雅地层区,包括喜马拉雅山脉全域、喜马拉雅山脉南缘的西瓦利克山区及北侧的定日至江孜地区,区内以大面积出露前寒武纪变质岩系及奥陶纪-古近纪基本连续且广泛分布的海相沉积为特色,沉积地层总厚度可达12500 m(吴浩若,1987)。区内侵入岩不发育,仅以岩株或岩脉出现,可划分出3个地层分区,分别为低喜马拉雅地层分区、高喜马拉雅地层分区以及北喜马拉雅地层分区。③冈底斯-念青唐古拉地层区,该地层区展布于冈底

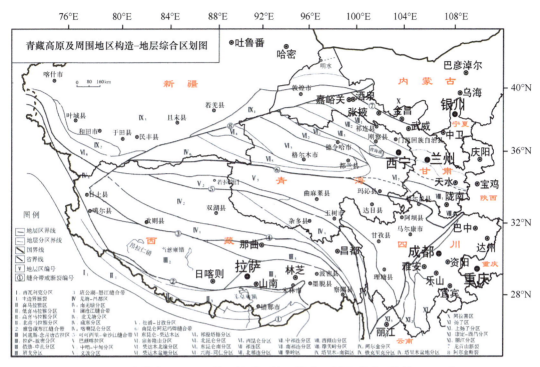

图 2.8　青藏高原及周围地区构造 – 地层综合区划图（李廷栋等，2013）

斯 – 念青唐古拉岛弧造山带范围内，出露有前寒武纪变质岩系及下古生界沉积岩，上石炭统为碳酸盐岩、碎屑岩，下二叠统为海相沉积的冰碛杂砾岩（李光明等，2000），近年来有研究认为冰碛杂砾岩属重力流沉积。来姑、然乌、措勤的石炭系—二叠系中，均发现大规模的海相和陆相中酸性火山岩。中生界及古近系大面积分布过渡型至活动型沉积，以广泛分布海相白垩系沉积为特色。区内燕山期至喜马拉雅期中酸性侵入岩呈带状分布（潘桂棠等，1996）。该区地层可划分为 3 个地层分区，分别为拉萨 – 波密地层分区、措勤 – 申扎地层分区以及班戈地层分区。

羌塘 – 三江（含巴颜喀拉）地层大区包括：①羌塘 – 昌都地层区。冈底斯 – 念青唐古拉地层区与羌塘 – 昌都地层区之间为班公湖 – 怒江缝合带，主要呈东西向分布，包括南羌塘地层分区、北羌塘地层分区、藏东地层分区和喀喇昆仑地层分区。②巴颜喀拉地层区。巴颜喀拉地层区介于可可西里 – 金沙江缝合带与阿尼玛卿 – 南昆仑缝合带（或昆仑南缘断裂）之间，为扬子地块边缘带，发育有较完整的古生界、中生界，缺失侏罗系与白垩系，广泛分布有三叠系。以甘孜 – 理塘缝合带及其西延断裂带与白玉 – 定曲河逆冲带为界，分为 3 个地层分区，分别为中咱 – 中甸地层分区、义敦地层分区与松潘 – 甘孜地层分区。义敦地层分区与松潘 – 甘孜地层分区之间的甘孜 – 理塘蛇绿混杂岩带，宽数千米至 20 km，分布有上二叠统、三叠系深海相硅泥质浊积岩系，他们与蛇绿岩及镁铁质岩、超镁铁质岩混杂。

秦祁昆地层大区包括：①东昆仑 – 柴达木地层区，分为 8 个地层分区，分别为宗务隆山地层分区、柴达木北缘地层分区、柴达木盆地地层分区、祁漫塔格地层分区、北昆仑地层分区、东昆仑南地层分区、兴海－同仁地层分区以及西昆仑地层分区。②祁连地层区，该区出露的地层由元古宇至第四系均有分布。由于各地层小区所处的大地构造单元不同，岩性、沉积环境及所含古生物化石均有差异，区内不同时代的地层多以断层分隔，均呈北西—南东向展布，前寒武纪变质岩系为基底岩系，早古生代地层为活动型沉积，泥盆纪开始转为陆相沉积，分为 3 个地层分区，分别为北祁连地层分区、中祁连地层分区以及南祁连地层分区。③秦岭地层区，可分为 2 个地层分区，分别为西倾山地层分区与摩天岭地层分区。④塔里木－南疆地层区，主要包括阿尔金地层分区、铁克里克地层分区以及塔里木盆地地层分区。

2.3.3 深部地球物理特征

1. 青藏高原壳幔结构特征

基于系列宽角反射／折射地震探测剖面的开展，滕吉文等（2012）基于地壳和上地幔平均速度结构分层模型（图 2.9），揭示了青藏高原的壳幔结构。

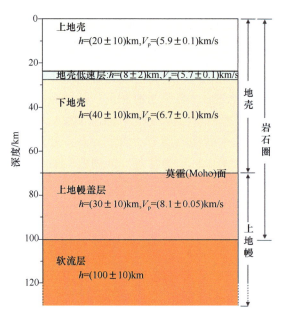

图 2.9 青藏高原地壳与上地幔平均速度结构分层模型（滕吉文等，2012）

h 表示厚度；V_p 表示平均速度

（1）青藏高原腹地地壳厚度可达 75 km 左右，上地幔顶部纵波速度为（8.1±0.05）km/s，呈现巨厚地壳与薄岩石圈的特征。

（2）青藏高原地壳结构在纵向及横向上均呈现显著的不均匀特征，地壳厚度由腹地中央的（70±5）km 向四周以不同的梯度变浅为 55~65 km，雅鲁藏布江地带地壳厚度为 70~75 km。

（3）青藏高原中、上地壳存在低速层或局部低速区，下地壳存在局部高速区，呈高低速相间的层状结构。

（4）班公湖 – 怒江缝合带两侧莫霍面出现错断，向北抬升幅度约 10 km。

（5）青藏高原东北缘阿尼玛卿 – 南昆仑缝合带南侧的松潘 – 甘孜块体、青海贵德盆地及甘南藏族自治州（简称甘南州）碌曲附近均有厚达 10 km 左右的沉积盖层，昆仑 – 祁连块体下地壳存在纵波速度约 6.4 km/s 的局部低速异常。

（6）青藏高原东缘的上地壳底部存在显著纵波速度低速层，可能与以汶川地震为代表的区域重大地震孕育形成密切相关。

（7）青藏高原东南缘莫霍界面总体形态由高原内部（中甸附近）的 60 km 深度向南逐渐变浅至思茅附近约 33 km；滇中块体下地壳存在显著高速异常体（徐涛等，2014）；攀西构造带为被动活化的古裂谷带，该地区上地壳有高速火山岩分布，地壳厚度为 55 km，地壳内部低速层向西尖灭，厚达 9~14 km（图 2.10）。

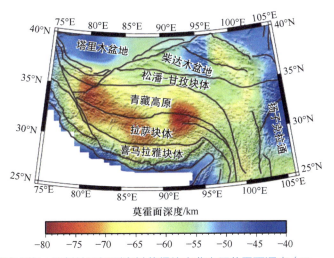

图 2.10 由宽角反射 / 折射地震探测资料获得的青藏高原莫霍面深度（Zhang et al.，2011）

2. 青藏高原重力场

青藏高原重力场呈四周高、中间低的态势，异常场边界与地形梯度变化密切相关，高原内部最低异常值达 –590 mGal[①]，异常形态复杂（张健和石耀霖，2002；滕吉文等，2006，2015）。

（1）拉萨块体重力异常以近东西走向为主，具有南北分带特点，冈底斯低异常特征突出，明显低于拉萨块体中部和北部。

（2）羌塘块体和松潘 – 甘孜块体重力异常形态略显复杂，以大范围的低值为主，是高原重力异常最低区域。

（3）重力异常由高原边界向周边迅速升高，但东缘以宽缓的方式向华北克拉通和

---

① 1 Gal=1 cm/s²。

扬子克拉通高值区过渡。

（4）加德满都 – 珠穆朗玛峰 – 雅鲁藏布江地带重力未达均衡；东构造结重力场具有特殊图像特征。

3. 地磁场

自 20 世纪 80 年代以来，我国在青藏高原地区进行了多轮航磁测量。磁测结果显示，磁异常分布特征与区域构造特征基本一致：高原腹地为负磁异常，高原边缘以及各块体边界磁异常强度大，形态多呈近东西向的条带状或线状（安振昌等，1991；贺日政等，2007；熊盛青等，2007）。康国发等（2011）根据地面、航空、海洋和卫星磁测资料构建了新一代高阶地磁场模型，认为青藏高原地区磁异常均较弱，周边地区磁异常较强，并且其分界线与岩石圈区域构造边界基本一致；高原腹地磁异常走向与区域构造方向一致：在中西部为东西走向，在西南部和东部为弧状，在东南部则为南北走向。喜马拉雅、龙门山、大巴山脉和帕米尔高原等大型造山带区域显示强的负磁异常带特征，但垂直梯度变化相对平缓。东、西构造结地区还形成了强的负异常焦点，并且东构造结磁异常强度比西构造结强度更大。

4. 大地热流

青藏高原是东亚地热最为活跃的地区之一，以强烈的水热活动和高大地热流值为特征。高原地区水热活动类型多样，水热爆炸、间歇喷泉、喷气孔、冒气穴、硫化气孔、喷泉、沸泉、热泉、温泉、硫酸泉、热水湖、热水塘、热水河、热水沼泽以及各种泉华等应有尽有，其中以羊八井、玛宗错热田最为著名（中国科学院青藏高原综合科学考察队，1981）。喜马拉雅块体热流值为 87.9~100.1 mW/m²，拉萨块体为 61.3~140.0 mW/m²，羌塘块体为 43.0~98.5 mW/m²，松潘 – 甘孜块体为 36.0~94.7 mW/m²（沈显杰等，1983）。大地热流值分布特征显示高原南部为高值，而岩石圈较薄的藏北为低值，说明大地热流的主要来源不是上地幔，而是由增厚地壳引起的放射性富集层厚度增加，以及由地壳增厚伴随的高原抬升 – 剥蚀作用而引起的等温面变浅等。He 同位素比值研究（Hoke et al.，2000）显示，亚东 – 谷露断裂带的大地热流来源于上地幔，结合构造活动特征，认为亚东 – 谷露断裂带为一条现代活动的大陆裂谷带（Zhang et al.，2013；滕吉文等，2019），高原西部多条近南北向张性断裂带的构造属性尚有待深化研究。

2.4 新构造运动及地震

2.4.1 青藏高原构造应力特征

青藏高原构造地貌演化与区域构造应力场存在密切关系，区域构造应力场与印度大陆俯冲存在动力学成因联系（图 2.11）。根据地震震源机制解相关资料（Xu et al.，1988），青藏高原中部最大主压应力呈近南北向—北北东向，青藏高原东部最大主压应力为北东向—北东东向，青藏高原东南缘最大主压应力逐步偏转为北西向；青藏高原腹地最大主张应力或最小主压应力呈近东西向—北西西向，对应于地壳伸展方向，控制高原内部地堑盆地走向。现今青藏高原不同地区的构造动力学环境还与海拔存在密切关系，逆冲型（thrust）地震仅发生于海拔小于 4500 m 的地区，而正断型（normal）地震发生于海拔 4000m 以上地区，走滑型地震发生于海拔 1000~6000m 的不同地区。

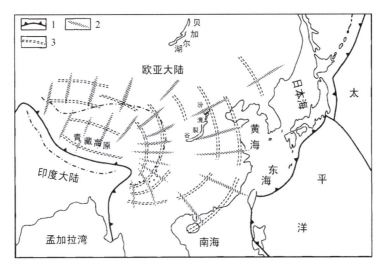

图 2.11　青藏高原及邻区现今平面构造应力迹线分布图（Xu et al., 1988）
在青藏高原内部根据地表构造资料适度加密主应力迹线。1 表示板块俯冲带；
2 表示区域最大主压应力方向；3 表示区域最小主压应力方向

2.4.2　青藏高原垂向隆升

青藏高原隆升是个复杂的过程，对于其隆升机制一直存在较大的争议。Argand（1924）最先提出印度大陆向喜马拉雅之下的俯冲双层地壳模式，近年来，国内外地球科学家先后提出了许多有关青藏高原变形与隆升的动力学模式，如碰撞缩短模式、双向俯冲作用模式、地壳增厚模式、多成因驱动模式、地幔对流作用模式、叠加压扁热动力模式、挤压加厚三阶段隆升模式和"大陆逃逸"分步隆升模型等（许志琴等，1996；傅容珊等，1999；潘裕生，1999）。当今深部结构与内部圈层相互作用的探测成果，以及拆沉作用、底侵作用、垮塌作用、地幔柱构造和垂向挤出作用等多项研究的进展，为青藏高原研究提供了大量新的思路，提出了多种模式，深化了对高原隆升机制的认识。现在普遍认为，青藏高原的隆升是一个多阶段、不等速多旋回的复杂隆升过程（施雅风等，1998，1999），其在经历了多次造山旋回，才形成了今天的地质面貌（图 2.12）。之所以要重视青藏高原的隆升和演化，是因为其环境效应突出，对地质灾害产生背景和发展趋势有着重要的基础意义。

30 余年来，关于青藏高原隆升和演化的具体过程有多种研究和看法，但大部分学者都倾向于将青藏高原隆升分为三个基本阶段。

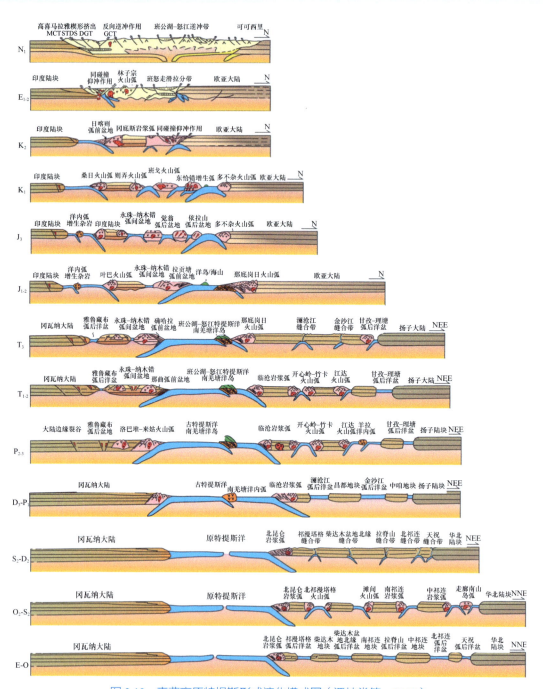

图 2.12　青藏高原特提斯形成演化模式图（潘桂棠等，2012）

MCT 表示主中央逆冲断层；STDS 表示藏南拆离系；DGT 表示冈底斯逆冲断层；GCT 表示大反转逆冲断层

1. 碰撞前俯冲增生阶段

新特提斯洋盆地在中晚侏罗世开始向北消减。白垩纪中期洋盆加速向北消亡，洋盆收缩。此时拉萨块体南部的冈底斯开始了第一阶段的造山运动，地壳抬升与大规模岛弧岩浆活动还导致弧后盆地的形成与快速消亡。在古近纪，洋盆开始分化，大规模火山和岩浆活动标志着岛弧趋向成熟。拉萨块体进入大陆发展阶段。

2. 陆源碰撞阶段

大洋岩石圈基本消亡以后，在 45~38Ma BP，印度板块和欧亚板块接壤并发生碰撞作用，从而开始了喜马拉雅山造山运动的第二阶段。印度板块当时的作用方式是以北移为主，而且产生了巨大推力，由此造成了两个突出结果：一是残留岩石圈仰冲，侵位到上地壳乃至地表，从而形成了强烈而复杂的构造变形带，即雅鲁藏布江缝合带；二是随着缝合带的扩展，发生巨大碰撞变形，一些地区强烈隆起，隆升与夷平作用交替演变，在 25~17Ma BP，如隆起的冈底斯山遭受强烈的侵蚀与剥蚀，从而在山间堆积了大量红色磨拉石，这是典型的山间盆地相堆积。

3. 内变形阶段

印度板块持续北推，且又叠加了俯冲。在这样双重力学作用的机制下，陆内变形特点是：大规模剪切作用与冲断活动、地块间相互重叠、岩浆火山活动更为强烈等。在藏东和横断山脉地区，走滑活动突出。在 13~8Ma BP，青藏高原持续变形。在 3Ma BP 前后，青藏高原因受周边地块围限而快速抬升，出现了重力失稳和不均衡，SN 向拉张型沉积盆地发育，堆积了中新统—上新统湖相碎屑岩。至 1.6Ma BP，长江、黄河才得以贯通。

综上所述，青藏高原隆升是分阶段、非均匀、不等速的过程，为多种机制联合作用的产物，经过喜马拉雅造山运动，才形成青藏高原今天的面貌，这一运动今天仍在继续，青藏高原仍在持续隆升，侵蚀剥蚀作用持续进行。所有这些均是从事地质灾害研究重要的基础。

这里还应特别指出，青藏高原隆升为该地区气候带来了显著的变化。据分析，高原隆升诱发了印度季风。大致在 74Ma BP，有明显的气候转型，即由森林型到草原型的气候过渡，标志着西南季风系统的加强。追溯演化历史，中新统—上新统沉积为湖相细粒碎屑沉积，三趾马动物群广泛分布，标志着当时高原是低缓丘陵和湖盆相间的地貌格局，推测当时的海拔在 1000~2000 m。在 2Ma BP 前后，砾石层与上新统地层不整合，说明湖盆历史结束。大致在 3Ma BP 以后，高原湿热气候逐渐转变为干冷气候，所派生的自然地质作用又进入新的阶段。例如，青藏高原周边发育上新世末—第四纪初的大量粗大砾石堆积以及继后的冰水堆积。

2.4.3　青藏高原水平运动

现有的全球定位系统（GPS）水平速度矢量分布显示，欧亚板块南缘受印度板块沿 N20°E[①]方向推挤，速度一般在 40 mm/a 左右，反映了 50 Ma 来印度板块与欧亚大陆

---

① N20°E 表示北偏东 20°，下文表述类似。

碰撞之后的持续楔入作用，在地质上则表现为主边界冲断带和山前冲断带向印度平原的逆冲作用（图 2.13）（马宗晋等，2001；王琪等，2001）。

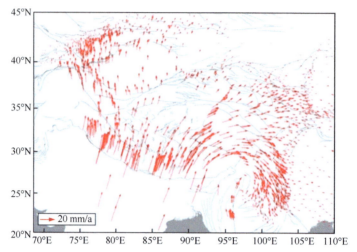

图 2.13　青藏高原及邻区相对于稳定欧亚板块的水平运动 GPS 速度场（王伟等，2017）

青藏高原水平形变特征如下。

在印度 – 欧亚大陆碰撞方向上，水平速度矢量大小由南向北迅速递减，水平速度矢量由高原中南部的 30 mm/a 进一步降至高原北部 10 mm/a 左右，反映了强烈的 NE—SW 挤压缩短（Wang et al.，2001；Zhang et al.，2004）；由欧亚板块南缘进入青藏高原地区，GPS 水平速度矢量在高原东、西两边则呈发散状侧向"逃逸"；由青藏高原西部过渡到帕米尔、塔里木地区，GPS 水平速度矢量降低至 20~25 mm/a，速度方向呈 N10°W 左右，再向北跨入天山地区，水平运动速度矢量又进一步降至 10~20 mm/a，跨过天山后方向转变为 N10°E 方向（杨少敏等，2008）；青藏高原东南部 GPS 水平速度矢量的运动方向由高原腹地的 N60°E 左右转变为 N120°E 左右，保持方向基本不变进入四川盆地地区，而在高原东南缘，GPS 水平速度矢量的方向变为 N160°E，这一水平速度场直观地反映出青藏高原东部围绕东喜马拉雅构造结顺时针旋转的特征，显示出上地壳物质的横向挤出和连续性"流变"（Gan et al.，2007）；GPS 水平速度矢量在青藏高原东北缘地区一般为 10 mm/a 左右，速度矢量的方向大致呈 N90°E—N120°E 的小幅度旋转进入中国中东部地区。

GPS 水平速度矢量场插值均匀网格所确定的青藏高原现今地壳应变率场（图 2.14）揭示出，在整个喜马拉雅弧形区域，沿印度板块与欧亚板块会聚的方向上承受着强烈的挤压缩短，典型的压缩应变率为 30~60 nanostrain[①]/a。在青藏高原中南部区域，沿印度板块与欧亚板块会聚的方向上，挤压缩短的典型应变率明显地减小为 20~30 nanostrain/a，该区域横向拉伸应变率非常明显，典型值为 20~30 nanostrain/a，局部高达 40 nanostrain/a，与该地区广泛发育的南北向正断层相一致。在青藏高原东部，典

———————————
① nanostrain 为应变速率的单位。

型的应变场表现为明显的近南北向拉伸，典型值为 20~40 nanostrain/a。而青藏高原东南角，应变强烈且方向变化复杂，但大致东西向的扩散拉张和南北向的挤出式压缩特征非常清晰。青藏高原东北部区域的应变状况比较均匀，主要表现为 NE—SW 向挤压和 NW—SE 向拉伸，挤压应变的典型值为 15~45 nanostrain/a，拉张应变的典型值为 10~20 nanostrain/a（朱守彪等，2005）。

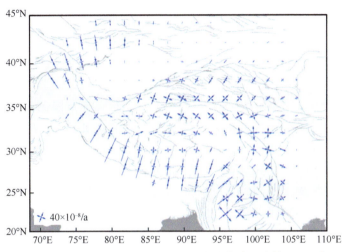

图 2.14　青藏高原及邻区的主应变率分布（王伟等，2017）

2.4.4　青藏高原地震活动

青藏高原是中国现代构造活动和地震活动最强烈的地区，也是全球最典型的陆内地震带。高原内部与周边地带无论是地震活动强度、震源深度，还是断层面解和应力场展布，都极不均匀。青藏高原周边为强地震［面波震级（M_s）≥ 8］带，高原内部主要为浅源地震，而东西构造结处为中源地震（邓起东等，2014）。Teng 等（1987）对 1950 年墨脱发生的一次 M_s8.5 级地震与其周边 300~500 km 发生的 8 次 M_s7 级以上大地震进行了活动性讨论。自 1900 年以来，青藏高原经历了 3 次地震活动丛集高潮，即 1920~1937 年海原 – 古浪地震系列、1947~1976 年察隅 – 当雄地震系列和 1995 年至今昆仑 – 汶川地震系列（邓起东等，2014）。各个地震系列都有其主体活动区，最新的昆仑 – 汶川地震系列的主体活动区为巴颜喀拉断块（滕吉文等，2017）。近 20 年来发生的大地震有 2001 年昆仑山口西的 M_s8.1 级地震、2008 年汶川的 M_s8.0 级地震、2014 年玉树藏族自治州（简称玉树州）的 M_s7.3 级地震、2015 年尼泊尔的 M_s8.1 级地震等。三类典型地震在青藏高原均有发生。其中，走滑型地震主要发生于高原周缘，如阿尔金、海原、昆仑、鲜水河 – 小江等大型走滑断裂系，以及高原内部喀喇昆仑、嘉黎、共轭走滑等诸多走滑断裂系；逆冲型地震主要发生于喜马拉雅山前、东北缘和龙门山；正断型（东西向拉张）地震主要发生在高原南部和北部海拔较高地区（张培震等，2013）。在深度上，地震主要集中分布于上地壳（Zhu et al.，2017），但在喜马拉雅中段和雅鲁藏布江、兴都库什、帕米尔及印缅造山带发育中深源地震，可能与板块俯冲导致的变形和相变有关（Li and Fan，2018）。

参考文献

安振昌, 马石庄, 谭东海. 1991. 中国及邻近地区卫星磁异常的球冠谐和分析. 北京: 1991年中国地球物理学会第七届学术年会.

邓起东, 程绍平, 马冀, 等. 2014. 青藏高原地震活动特征及当前地震活动形势. 地球物理学报, 57(7): 2025-2042.

冯松, 汤懋苍, 王冬梅. 1998. 青藏高原是我国气候变化启动区的新证据. 科学通报, 43(6): 633-636.

傅容珊, 李力刚, 黄建华, 等. 1999. 青藏高原隆升过程的三阶段模式. 地球物理学报, 42(5): 609-617.

贺日政, 高锐, 郑洪伟. 2007. 隐伏在青藏高原中部的东西走向断裂的航磁异常场特征及其意义. 吉林大学学报(地球科学版), 37(5): 1002-1008.

康国发, 高国明, 白春华, 等. 2011. 青藏高原及邻区的地壳磁异常特征与区域构造. 中国科学: 地球科学, 41(11): 1577-1585.

李光明, 冯孝良, 黄志英, 等. 2000. 西藏冈底斯构造带中段多岛弧–盆系及其演化. 沉积与特提斯地质, 20(4): 38-46.

李廷栋, 潘桂棠, 肖序常, 等. 2013. 青藏高原隆升的地质记录及机制. 广州: 广东科技出版社.

梁诗明. 2014. 基于GPS观测的青藏高原现今三维地壳运动研究. 北京: 中国地震局地质研究所.

林振耀, 吴祥定. 1981. 青藏高原气候区划. 地理学报, 36(1): 22-32.

马宗晋, 陈鑫连, 叶叔华, 等. 2001. 中国大陆区现今地壳运动的GPS研究. 科学通报, 46(13): 1118-1120, 1145.

潘桂棠, 陈智樑, 李兴振, 等. 1996. 东特提斯多弧—盆系统演化模式. 岩相古地理, 16(2): 52-65.

潘桂棠, 王立全, 李荣社, 等. 2012. 多岛弧盆系构造模式: 认识大陆地质的关键. 沉积与特提斯地质, 32(3): 1-20.

潘裕生. 1999. 青藏高原的形成与隆升. 地学前缘, 6(3): 153-160, 162-163.

彭建兵, 王启耀, 庄建琦, 等. 2020. 黄土高原滑坡灾害形成动力学机制. 地质力学学报, 26(5): 714-730.

祁生文, 李永超, 宋帅华, 等. 2022. 青藏高原工程地质稳定性分区及工程扰动灾害分布浅析. 工程地质学报, 30(3): 599-608.

秦大河, 丁一汇, 苏纪兰, 等. 2005. 中国气候与环境演变评估(Ⅰ): 中国气候与环境变化及未来趋势. 气候变化研究进展, 1(1): 4-9.

沈显杰, 康文华, 李德禄, 等. 1983. 西藏高原的热流测量. 科学通报, 28(14): 876-877.

施雅风, 李吉均, 李炳元, 等. 1999. 晚新生代青藏高原的隆升与东亚环境变化. 地理学报, 54(1): 10-21.

施雅风, 汤懋苍, 马玉贞. 1998. 青藏高原二期隆升与亚洲季风孕育关系探讨. 中国科学(D辑: 地球科学), (3): 263-271.

孙鸿烈, 郑度. 1998. 青藏高原形成演化与发展. 广州: 广东科技出版社.

滕吉文, 马学英, 张雪梅, 等. 2017. 2015年尼泊尔Ms 8.1大地震孕育的深层过程与发生的动力学响应. 地球物理学报, 60(1): 123-141.

滕吉文, 阮小敏, 张永谦, 等. 2012. 青藏高原地壳与上地幔成层速度结构与深部层间物质的运移轨迹. 岩石学报, 28(12): 4077-4100.

滕吉文, 司芗, 王谦身, 等. 2015. 青藏高原地球科学研究中的核心问题与理念的厘定. 地球物理学报, 58(1): 103-124.

滕吉文, 宋鹏汉, 刘有山, 等. 2019. 青藏高原"亚东—东巧—葫芦湖"大陆裂谷带形成的深层动力过程. 地球物理学报, 62(9): 3321-3339.

滕吉文, 王谦身, 王光杰, 等. 2006. 喜马拉雅"东构造结"地区的特异重力场与深部地壳结构. 地球物理学报, 49(4): 1045-1052.

王明达, 侯居峙, 类延斌. 2014. 青藏高原不同类型湖泊温度季节性变化及其分类. 科学通报, (31): 3095-3103.

王琪, 张培震, 牛之俊, 等. 2001. 中国大陆现今地壳运动和构造变形. 中国科学: D辑, 31(7): 529-536.

王伟, 王迪晋, 陈正松, 等. 2017. 用GPS资料分析青藏高原现今应变率场. 大地测量与地球动力学, 37(9): 881-883, 897.

王雪梅, 李新, 马明国, 等. 2012. 青藏高原科研文献地理信息空间分析研究. 地球科学进展, 27(11): 1288-1294.

吴福元, 黄宝春, 叶凯, 等. 2008. 青藏高原造山带的垮塌与高原隆升. 岩石学报, 24(1): 1-30.

吴浩若. 1987. 西藏南部江孜地区晚白垩世晚期及早第三纪地层. 地层学杂志, 11(2): 147-149.

吴珍汉, 吴中海, 胡道功, 等. 2009. 青藏高原新生代构造演化与隆升过程. 北京: 地质出版社.

吴中海, 赵希涛, 吴珍汉, 等. 2004. 西藏纳木错地区约120ka BP以来的古植被、古气候与湖面变化. 地质学报, 78(2): 242-252.

熊盛青, 周伏洪, 姚正煦, 等. 2007. 青藏高原中西部航磁概查. 物探与化探, 31(5): 404-407.

徐涛, 张明辉, 田小波, 等. 2014. 丽江—清镇剖面上地壳速度结构及其与鲁甸M_S6.5级地震孕震环境的关系. 地球物理学报, 57(9): 3069-3079.

许志琴, 姜枚, 杨经绥. 1996. 青藏高原北部隆升的深部构造物理作用—以"格尔木–唐古拉山"地质及地球物理综合剖面为例. 地质学报, 70(3): 195-206.

杨少敏, 李杰, 王琪. 2008. GPS研究天山现今变形与断层活动. 中国科学: D辑, (7): 872-880.

姚檀栋, 陈发虎, 崔鹏, 等. 2017. 从青藏高原到第三极和泛第三极. 中国科学院院刊, 32(9): 924-931.

姚檀栋, 邬光剑, 徐柏青, 等. 2019. "亚洲水塔"变化与影响. 中国科学院院刊, 34(11): 1203-1209.

张健, 石耀霖. 2002. 青藏高原隆升及伸展变形中的重力位能. 地球物理学报, 45(2): 226-232.

张培震, 邓起东, 张竹琪, 等. 2013. 中国大陆的活动断裂、地震灾害及其动力过程. 中国科学: 地球科学, 43(10): 1607-1620.

张咸恭, 黄鼎成, 韩文峰, 等. 1990. 人类活动与诱发地质灾害. 中国地质灾害与防治学报, (2): 3-10.

郑度, 赵东升. 2017. 青藏高原的自然环境特征. 科技导报, 35(6): 13-22.

中国科学院青藏高原综合科学考察队. 1981. 西藏地热. 北京: 科学出版社.

中国植被编辑委员会. 1980. 中国植被. 北京: 科学出版社.

朱守彪, 蔡永恩, 石耀霖. 2005. 青藏高原及邻区现今地应变率场的计算及其结果的地球动力学意义. 地球物理学报, 48(5): 1053-1061.

Argand E. 1924. La tectonique de l' Asie. Brussels: Proceedings of Tlie 13th International Geological Congress.

Berti R, Laurenza M, Moreno G, et al. 2006. Interplanetary magnetic field polarities derived from measurements of the northern and southern polar geomagnetic field. Journal of Geophysical Research: Space Physics, 111(A6): 1-12.

Gan W, Zhang P, Shen Z K, et al. 2007. Present-day crustal motion within the Tibetan Plateau inferred from GPS measurements. Journal of Geophysical Research: Solid Earth, 112(B8): 1-14.

Hoke L, Lamb S, Hilton D R, et al. 2000. Southern limit of mantle-derived geothermal helium emissions in Tibet: Implications for lithospheric structure. Earth and Planetary Science Letters, 180(3-4): 297-308.

Li L, Fan M J. 2018. Cenozoic sediment provenance in the Northern Great Plains corresponds to four episodes of tectonic and magmatic events in the central North American Cordillera. Tectonics, 37(10): 4018-4036.

Lu C, Yu G, Xie G. 2005. Tibetan Plateau serves as a water tower. International Geoscience and Remote Sensing Symposium (IGARSS), 5: 3120-3123.

Teng J, Wei S, Sun K, et al. 1987. The characteristics of the seismic activity in the Qinghai-Xizang (Tibet) Plateau of China. Tectonophysics, 134(1-3): 129-144.

Wang Q, Zhang P Z, Freymueller J T, et al. 2001. Present-day crustal deformation in China constrained by global positioning system measurements. Science, 294(5542): 574-577.

Xu J, Zhao Z, Ishikawa Y, et al. 1988. Properties of the stress field in and around West China derived from earthquake mechanism solutions. Bulletin of the Disaster Prevention Research Institute, 38(2): 49-78.

Zhang P Z, Shen Z, Wang M, et al. 2004. Continuous deformation of the Tibetan Plateau from global positioning system data. Geology, 32(9): 809-812.

Zhang Z, Bai Z, Klemperer S, et al. 2013. Crustal structure across Northeastern Tibet from wide-angle seismic profiling: Constraints on the Caledonian Qilian orogeny and its reactivation. Tectonophysics, 606: 140-159.

Zhang Z, Deng Y, Teng J, et al. 2011. An overview of the crustal structure of the Tibetan Plateau after 35 years of deep seismic soundings. Journal of Asian Earth Sciences, 40(4): 977-989.

Zhu G, Liang X, Tian X, et al. 2017. Analysis of the seismicity in central Tibet based on the SANDWICH network and its tectonic implications. Tectonophysics, 702: 1-7.

第 3 章

川藏交通廊道工程地质条件分析

3.1 自然人文概况

川藏交通廊道雅安—林芝段，线路全长 1016.7 km，途经四川省雅安、天全、泸定、康定、雅江、理塘、巴塘、白玉，跨越金沙江后进入西藏自治区内，经贡觉、察雅、昌都、八宿、洛隆、波密，到达林芝（图 3.1）。其中，隧道 70 余座，长约 836 km；桥梁 100 余座，长约 118.64 km。

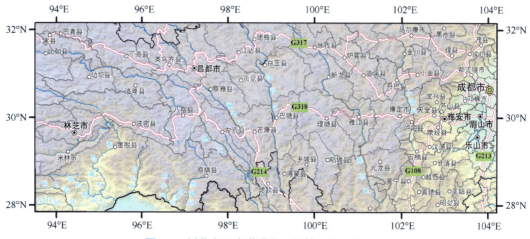

图 3.1　川藏交通廊道雅安—林芝段地理位置图

雅安市位于四川省中部、四川盆地西缘，东邻成都、眉山、乐山三市，南接凉山彝族自治州（简称凉山州），西接甘孜州，北连阿坝藏族羌族自治州（简称阿坝州）。雅安市位于川藏、川滇公路交会处，国道 108 和国道 318 穿城而过，雅泸高速公路、成雅高速公路与之相连。全市面积 15046 km²，2020 年末常住人口为 142.9 万余人。2023 年全市地区生产总值为 1010.03 亿元，同比增长 5.8%。

康定市地处青藏高原到云贵高原和四川盆地的过渡地带，位于四川省西部、甘孜州东部，南与九龙县和凉山州木里藏族自治县（简称木里县）连接，西与雅江县毗邻，北靠丹巴县、道孚县和阿坝州小金县。国道 318 是连接康定与外部的主要通道，省道 211 连接阿坝州、凉山州。全市面积 1.16 万 km²，2020 年末总人口 12.82 万人。2022 年全市实现地区生产总值 119.56 亿元，与上年同比增长 0.1%。

雅江县位于四川省西部、甘孜州南部，地处雅砻江中游、青藏高原东南缘，东邻康定市，南接凉山州木里县，西南靠理塘县，北连道孚县、新龙县。境内有国道 318 东西向横贯县境。雅江县面积 7558 km²，2020 年末全县常住人口为 5.19 万人。2023 年，雅江县实现地区生产总值 39.66 亿元，同比增长 19.5%。

理塘县隶属四川省甘孜州，位于四川省西部、甘孜州西南部，东毗雅江县，南邻木里县、稻城县、乡城县，西接巴塘县，北连白玉县、新龙县。该县城地处平坦的理塘草坝，是连接国道 318 和省道 217 的接合部，面积 14352 km²，截至 2020 年末全县常住人口 6.69 万人。

贡觉县地处西藏自治区昌都市东部、金沙江西岸，东与四川省白玉县隔江相望，南与芒康县接壤，西与察雅县毗邻，北与卡若区、江达县山水相连，是连接国道 317、国道 318 的重要交通枢纽，也是正在建设的川藏交通廊道进藏的第一站。贡觉县面积 6320 km²，2020 年末常住人口 4 万余人。2021 年，贡觉县地区生产总值达到 12.9 亿元。

察雅县地处横断山脉，位于西藏自治区昌都市东南部，北连昌都市卡若区，东邻贡觉县，南与芒康县、左贡县接壤，西与八宿县毗邻。察雅县面积 8413 km²，2020 年末常住人口为 5.7 万人。2022 年，察雅县地区生产总值达到 19.7 亿元。

八宿县隶属西藏自治区昌都市，地处怒江上游，东邻左贡县、察雅县，南与察隅县接壤，西靠洛隆县、波密县，北连昌都市卡若区、类乌齐县。八宿县面积 12564.28 km²，2020 年末常住人口为 4.35 万人。2022 年，八宿县地区生产总值达到 17.77 亿元，同比增长 10.1%。

波密县位于西藏自治区东南部，地处念青唐古拉山东段和喜马拉雅山东端，北高南低，高山连绵，中部为帕隆藏布河谷和易贡藏布河谷，支流数十条，流域面积 4549.6 km²。国道 318 从县中心穿过，全县面积 16748 km²，2020 年末全县常住人口 3.48 万人。2022 年全县地区生产总值 37.17 亿元，同比增长 2.53%。

林芝市位于西藏自治区东南部、雅鲁藏布江中下游，其西部和西南部分别与拉萨市、山南市相连，西连那曲市嘉黎县，东接昌都市，南部部分区域与印度、缅甸接壤。全市面积 11.487 万 km²，2020 年末常住人口为 23.89 万人。2023 年，林芝市地区生产总值达到 235.66 亿元，同比增长 9.5%。

3.2　气象水文

3.2.1　气候特征

川藏交通廊道雅安—林芝段东西跨度大，地形地貌复杂，高差悬殊，受季风环流控制，气候类型多样；从东至西，气候类型主要为中亚热带湿润季风气候、高原温带湿润气候和高原温带半湿润气候（图 3.2）。其植被主要为亚热带亚高山针叶林、灌丛和高寒草甸植被，海拔较低处也有少量亚热带植被。川藏交通廊道线路穿越森林、灌丛、高原草甸、高原湿地和干旱河谷等多种敏感脆弱的生态系统，及大雪山生物多样性保护－土壤保持红线区、凉山－相岭生物多样性保护－土壤保持红线区、理塘无量河国家湿地公园等，因此对生态环境的保护是川藏交通廊道规划建设的重要考虑因素。

1. 中亚热带湿润季风气候

雅安市一带属中亚热带湿润季风气候，除西部龙门山属高寒山地外，一般冬无严寒，夏无酷暑，春季回暖早，降水集中于夏季，多夜雨。1971~2017 年平均气温为 16.4℃，平

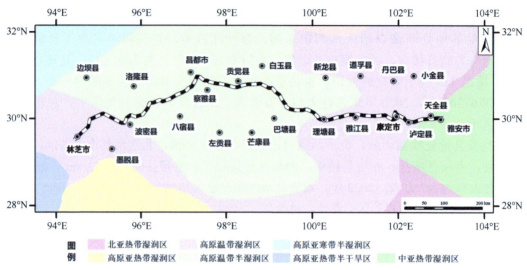

图 3.2　川藏交通廊道雅安—林芝段气候类型划分（资料来源：中国气象局）

图例
- 北亚热带湿润区
- 高原温带湿润区
- 高原亚热带半湿润区
- 高原亚热带湿润区
- 高原温带半湿润区
- 高原亚热带半干旱区
- 中亚热带湿润区

均降水量为 1658.0 mm，年内降水量存在显著干、湿季之分，5~9 月为汛期，春季平均降水量为 272.9 mm，占年平均降水量的 16.5%；夏季平均降水量为 969.6 mm，占 58.5%；秋季平均降水量为 341.7 mm，占 20.6%；冬季平均降水量为 73.8 mm，仅占 4.4%。1971~2017 年，年日照时长整体呈减少趋势，年平均日照时长为 2499.7h（王俊骅，2018）。

2. 高原温带湿润气候

泸定、康定、雅江、理塘、波密和林芝属高原温带湿润气候，基本特点是气温低、冬季长、日照多、辐射强、干湿季节分明，昼夜温差较大。其年均降水量多为 600~800 mm，集中在 6~9 月，占全年降水量的 78.4%~88.1%，各月降水量多大于 90 mm。11 月到次年 3 月的五个月中，月降水量均在 14.6 mm 以下，这一时期，河流、溪沟水量减少，季节性泉干枯，进入枯水季节；其余月份分属枯、雨季转化过渡时期，降水量占 10.6%~19.2%。全年降水呈双峰型分布，6~9 月是降水高峰期。从降雨量分布情况来看，一般山区多于河谷地区，东部多于西部，高原降雨量随高程增加而递减，山区降雨量随高程增加而增加，降雪量随地势升高而增大。其年均气温为 8.9~12.6℃，昼夜温差较大，为 14.4~19.1℃。

泸定县地处四川盆地到青藏高原的过渡带上，受东南、西南季风和青藏高原冷空气双重影响，气候垂直差异明显，海拔 1800 m 以下地区为干热河谷地区，年均气温 15.7℃，年最高气温 33.5℃，年最低气温 –4.5℃，年均降水量 667.0 mm，年均日照时长 1746.7 h，全年无霜期 332 天。

康定市的气候具有冬季时间长、气温低、降水少，气候寒冷而干燥，而夏季时间短促，雨日多，气候凉爽、日照时间长、昼夜温差大、风速大、蒸发量大等特点（陈海军，2017）。其多年平均降水量 804.5 mm，降水较丰富，但降水年内分配不均，主要集中在夏季。5~9 月降水量达 621.3 mm，占全年降水量的 77.2%（刘岁海和刘爱平，2006）。

雅江县日照多、辐射强，昼夜温差大，冬春季寒冷干燥，平均气温 11.5℃，年均降水量 605.3 mm，年均日照时长 1660.1 h。

理塘县气温低，冬季长，日照多、辐射强、风力大，水热同期，蒸发量大，干湿季节分明。平均气温 3.0℃，年平均地面温度 5.9℃，年均降水量 722.2 mm，年无霜期仅 50 天，年均日照时长 2637.7 h。

波密县受印度洋海洋性西南季风影响，年均日照时长 1563 h，年均气温 8.5℃，年无霜期 176 天，年均降水量 977 mm。

林芝市的气候类型丰富，以高原温带半湿润季风气候为主，为热带、亚热带、温带及寒带多种气候并存的气候带，日照偏少、长冬无夏、降水时空分布不均，年均降水量 650 mm 左右，年均气温 8.7℃，年均日照时长 2022 h，年无霜期 180 天。

3. 高原温带半湿润气候

巴塘、白玉、昌都、洛隆和八宿属高原温带半湿润气候，其降水量较高原温带湿润气候区少，年均降水量不足 500 mm。

巴塘县的气候受到地理位置、大气环流以及南北走向的山脉的共同影响，年均降水量为 476 mm，雨季主要集中在 6~9 月，秋季冷热气流交替，导致小气候频繁；冬季天气变冷，最低气温可达 –10℃ 以下，雨雪天气较少（李青亮，2020）。

白玉县境内大部分地区海拔在 3500 m 以上，气候温和，日照充足，年均气温 12.3℃，1 月均温 –1.6℃，7 月均温 15.8℃，年均降水量 600 mm。

昌都市平均海拔在 3500 m 以上，日温差大，年温差小，气温偏低。昌都各地年均气温为 2.4~12.6℃；降水集中，季节分布不均；蒸发量大，相对湿度小；气温低，年均气温 –2.9℃，最低气温达 –42℃，温度日差大；夏季降水充沛且日照时间长，冬季冰天雪地，冻土层最深达到 1.7 m（李青亮，2020）。

洛隆县光照充足，空气稀薄，气温偏低，具有日照时间长、降水分布不均匀、昼夜温差大、旱季雨季分明、冬季漫长寒冷等特点；年均气温 5.5℃，气象记录极端最高气温 30.6℃，极端最低气温 –22.1℃；年均日照时长 2560 h，年无霜期 110 天左右，年均降水量 423.7 mm，降水量集中在 5~9 月；年平均相对湿度为 55%；沿怒江河谷地区气温较高，降水量也较多。

八宿县日照充足，旱季、雨季分明；年无霜期 161.7 天，年均降水量为 233.3 mm。随着海拔的升高和地理位置的不同，其依次出现峡谷暖温带、高原温带、高原寒温带三种不同的垂直气候带。由于山高谷深，气候垂直差异明显，年均气温 10.4℃，1 月平均气温 0℃，7 月平均气温 19.2℃。

3.2.2　水文特征

1. 水系

川藏交通廊道雅安—林芝段自东向西主要跨越的水系包括大渡河、雅砻江、金沙江、澜沧江、怒江、易贡藏布和雅鲁藏布江（图 3.3），其中大渡河、雅砻江、金沙江

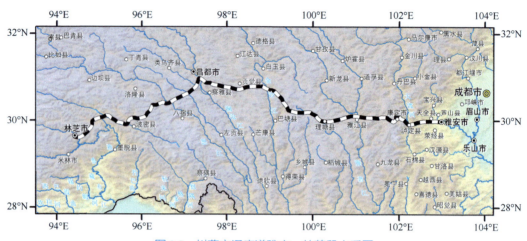

图 3.3　川藏交通廊道雅安—林芝段水系图

和澜沧江近南北向平行排列。

　　大渡河发源于青海省玉树州境内阿尼玛卿山脉的果洛山南麓，上源脚木足河，经阿坝县于马尔康市接纳梭磨河、绰斯甲河，向南流经金川县、丹巴县，于丹巴县城东接纳小金川后始称大渡河，再经泸定县、石棉县转向东流，经汉源县、峨边彝族自治县，于乐山市城南注入岷江，系岷江最大支流、长江的二级支流。大渡河位于四川省西部，为高山峡谷型河流，地势险峻，水流汹涌，自古有"大渡天险"之说。大渡河干流全长 1062 km，流域内最高海拔 7508.9 m（贡嘎山主峰），最低海拔 461 m（大渡河出口），最大相对高差 7047.9 m，年径流量 488 亿 m³，整个地势由西北向东南逐渐降低，干流由北向南流经至石棉折向东，构成 L 形（巴仁基等，2011）。

　　雅砻江是金沙江最大的一级支流，发源于青海省玉树州巴颜喀拉山南麓，自西北向东南流经尼达坎多后进入四川省，至两河口以下大抵由北向南流，于攀枝花市雅江桥下注入金沙江，是典型的高山峡谷型河流。流域地势北、西、东三面高，向南倾斜，河源地区隔巴颜喀拉山脉与黄河流域为界，其余周边夹于金沙江与大渡河流域之间，呈狭长形，流域面积约 13.6 万 km²。雅砻江干流全长 1571 km，河源至河口天然落差 3830 m；干流乐安乡以上为上游，乐安乡—理塘县河口为中游，理塘县河口以下为下游。其上游呈高山及高原景观，河谷多为草原宽谷和少量浅丘峡谷，径流补给以冰雪为主；中下游为高原、高山峡谷河流。

　　金沙江位于我国长江的上游，发源于青海省唐古拉山脉的各拉丹冬雪山北麓，在玉树州直门达村以下始称金沙江，向东依次流经青海、西藏、四川、云南、贵州五个省（自治区）15 个市（州），直至四川宜宾，其间有最大支流雅砻江汇入，金沙江过玉龙纳西族自治县石鼓镇后，流向由原来的东南向急转成东北向，形成奇特的 U 形大弯道。金沙江地处我国地势第二阶梯和第三阶梯的过渡区域，水系全长约 3486 km，流域控制面积约 50 万 km²，年平均流量为 957.3 m³/s，年径流量 3.019×10^{10} m³（巴塘站）。流域南北跨度大，金沙江上游位于青藏高原东南缘横断山脉北段，受到金沙江强烈下切侵蚀作用，使得峡谷的横断面呈 V 形，呈现地势陡峻、山高谷深的特征（熊辉，

2014）；金沙江中游区域主要处于云南省西北部高原的崇山峻岭之中，山地、高原、盆地、河谷地貌均有分布（詹卉，2009）；金沙江下游地势起伏很大，整体上表现为平缓高原面与深切河谷相间分布的特征（刘芬良，2018）。

澜沧江属澜沧江－湄公河流域，发源于青海省唐古拉山东北部，流经西藏、云南两省（自治区），经缅甸、老挝、泰国、柬埔寨，于越南胡志明市注入南海，是东南亚最大的国际河流，干流全长 4880 km，总集水面积 8.1×10^5 km^2（何大明，1995），中国境内部分称为澜沧江，干流长为 2161 km，集水面积为 167487 km^2。澜沧江纵贯横断山脉，是世界上最典型的南北走向的河流。根据河流的发育特征，可以将云南省境内澜沧江流域划分为上游、中游、下游三个河段：从入境至永保桥河段为上游段，中游为永保桥至雅口河段，雅口以下至出境部分则为下游河段。澜沧江流域地势呈现西北高、东南低，自北向南呈阶梯状逐级下降，主体地貌特征表现为高山峡谷相间，河谷深切，水流湍急，河床平均坡降为 2.3‰，德钦以上河段平均坡降可达 2.8‰（李丽娟等，2002）。

怒江是我国西南部流向中南半岛的国际河流，发源于青藏高原唐古拉山南麓，河源山峰海拔 6096 m，自西北向东南穿过西藏自治区，沿横断山脉向南，经云南省出境流入缅甸，在缅甸称为萨尔温江（唐川，2005）。怒江从河源至入海口全长 3240 km，中国部分长 2013 km，总流域面积 3.25×10^5 km^2，中国部分 1.38×10^5 km^2。嘉玉桥以上为怒江上游，称为那曲河；西藏自治区嘉玉桥至云南省的泸水市为怒江的中游，进入云南省境内以后，怒江奔流在碧罗雪山与高黎贡山之间，江面与两岸山峰高差达 3000 m以上，形成山高、谷深、坡陡、水急的怒江大峡谷；云南省泸水市以南为下游，河谷较为开阔，岭谷高差已降至 500 m 左右，江面海拔在 800 m 以下。

易贡藏布流域坐落于青藏高原东部、念青唐古拉山脉东南段，以西藏嘉黎县念青唐古拉山脉南麓为源头，自西北向东南注入帕隆藏布，流域覆盖嘉黎、边坝和波密三个县的部分地区，主体位于波密县境内，处于雅鲁藏布江大拐弯处的顶端，上游在嘉黎县境内，中游位于林芝市波密县境内的八盖乡－易贡乡，下游在波密县通麦村。易贡藏布流域是雅鲁藏布江的二级支流，帕隆藏布的最大支流，全长 295 km，流域面积13533 km^2。高山耸立、河谷深切是该流域最主要的地貌特征，流域平均海拔超过4000 m，最高点位于南迦巴瓦峰，海拔为 7782 m（李澜宇，2017）。

雅鲁藏布江发源于藏西南喜马拉雅山脉北麓的杰马央宗冰川，是我国最长的高原河流，其位于青藏高原之上，也是世界海拔最高的河流之一，自西向东横贯藏南地区的日喀则、拉萨、山南、林芝四个地区的 23 个县，经"大拐弯"绕过喜马拉雅山脉东部的南迦巴瓦峰（7782 m）和加拉白垒峰（7294 m）转向南流穿越大峡谷，经海拔 155 m的巴昔卡出境，杰马央宗冰川末端至里孜为雅鲁藏布江流域上游河段，里孜至派镇为雅鲁藏布江流域中游河段，派镇至巴昔卡为下游河段，干流全长约 2057 km，总落差5435 m，平均坡降 2.6‰，东西长 1500 km，南北宽 290 km，流域面积 9.35×10^5 km^2，整体呈狭长的柳叶状（吴朝华，2021）。雅鲁藏布江干流流量大，出境处的年平均流量约为 4425 m^3/s，居全国第三，仅次于长江和珠江。其水能资源丰富，干流及其五大支流的天然水能储量近 1 亿 kW，居全国第二，仅次于长江。雅鲁藏布江河谷地貌的发育主要受新构造运动时期的断裂构造控制，高山、峡谷和盆地相间，主要表现为宽窄相间的串珠状河谷、不连续的河流阶地和流向上多呈现 U 形大拐弯等特点（中国科学院青藏高原综合科学考察队，1984）。

2. 地下水

研究区地下水的补给来源主要为大气降水，冰川融水与融雪补给次之。地下水的出露和埋深与风化卸荷带的深度相关。除砂岩外的各类新鲜完整岩体特别是板岩为隔水层，砂岩和各类破碎风化岩层为含水层。川藏交通廊道雅安—林芝段区域内的断裂破碎带、侵入岩接触带出露较多，存在断裂上升泉。第四系松散岩层属孔隙潜水，含水量丰富稳定。研究区地下水按赋存条件及水力性质可分为松散岩类孔隙水、基岩裂隙水、岩溶水、断裂带水及冰雪消融水（边江豪，2018），其发育规律及分布特征概况如下。

1）松散岩类孔隙水

含水层为冲积、冲洪积、冰碛、残坡积等松散堆积层，由降雨、冰雪融水和地表水补给，孔隙潜水占较大比例，孔隙承压水含量较低，水位埋深处于 1~3 m，存在埋深不超过 1 m 的地段，含水量较高。其尤其介于松散层与基岩面之间，有助于促进软弱结构面的形成，是川藏交通廊道滑坡的主要诱发因素之一（牛鹏尧，2021）。其排泄方式主要为河流排泄和蒸发，不同地段的径流、储存条件差异很大。富水土体可在寒冷气候条件下形成冻土，并造成边坡物理力学性质改变，从而改变边坡的稳定状态。

2）基岩裂隙水

基岩裂隙水分布于广大基岩山地，可细分为构造裂隙水和风化裂隙水，其含水岩层主要为层状砂岩、板岩、块状二长花岗岩、千枚岩、片岩、火山岩、石灰岩、白云岩等。构造裂隙水沿层间裂隙或脉状裂隙分布，分布极不均匀。岩体表面一定深度范围内的裂隙水，可产生动水压力，并在寒冷气候条件下冻胀，加剧裂隙的发展及贯通，严重时往往导致边坡基岩崩塌。基岩裂隙水的补给主要有大气降水、松散岩类孔隙水和地表水，排泄方式主要为补给河流和以泉水形式喷出。

3）岩溶水

川藏交通廊道岩溶水多呈管道状及溶蚀裂隙状分布，一般与断层伴生发育。其补给方式往往有两种：一种是降水汇集后，通过漏斗或落水洞等方式灌入地下；另一种是通过地表微小裂隙缓慢入渗。石灰岩、大理岩、白云岩等碳酸盐岩为主要含水层，发育有内部溶蚀裂隙，部分呈现小型岩溶形态。岩体在溶蚀作用下，性质劣化，诱发滑坡（牛鹏尧，2021）。

4）断裂带水

川藏交通廊道具有构造活动频繁、断裂十分发育的特征，断裂带为地下水赋存提供了有利条件，断裂构造引起内部岩石破碎，渗透性增强，并为地下水循环提供了有利条件。断裂带水的补给来源主要为地表水源，部分可形成泉点，流量为 10~30 L/s，部分区域有温泉出露现象（牛鹏尧，2021）。

5）冰雪消融水

川藏交通廊道的冰雪消融水主要分布于 4500 m 雪线以上高山区域，属高寒气候水文地质区。昼夜温差大以及季节更替作用导致冰川消融或雪山融化后通过地表沟谷排泄或通过构造裂隙导通补给地下水。该区域内的部分岩体在经历巨大温差及水的作用后，节理裂隙发育，为滑坡的发生创造了条件（牛鹏尧，2021）。

3. 水文特征

综合考虑气候、水文、地形等自然地理条件，川藏交通廊道雅安—林芝段的水文特征可分为高山峡谷水文和冰雪水文两部分。

1）高山峡谷水文

川藏交通廊道雅安—林芝段位于四川盆地与青藏高原之间的过渡地带，高山峡谷密布，河流众多，具有显著的垂直地带性和空间差异性。该区域暴雨洪水、堰塞湖溃决洪水频发，具有汇流时间短、成峰快、消涨迅速等特点。其河流径流主要集中于夏秋季节，年际变化不大。

2）冰雪水文

川藏交通廊道雅安—林芝段横跨以冰雪为典型特征的青藏高原。其中，90% 的冰雪覆盖区集中在八宿—林芝段，分布于雅鲁藏布江流域及其支流，冰川总面积超过 2000 km^2，大量冰雪分布。

在近年快速升温背景下，冰雪覆盖呈现整体失衡特征，主要表现为冰川加速退缩、湖泊扩展、冰川径流增加、水循环加强等特征。一方面，冰雪消融造成高山峡谷水系径流补给量增大，河川径流变化对下游水资源和水环境产生显著影响；另一方面，冰雪消融将造成固态水储量减少，未来水资源减少，加剧水资源潜在风险。

3.3　地形地貌

川藏交通廊道雅安—林芝段途经雅安、天全、泸定、康定、新都桥、雅江、理塘、巴塘、白玉、昌都、八宿、波密和林芝，跨越大渡河、雅砻江、金沙江、澜沧江、怒江和雅鲁藏布江等大江大河，穿越二郎山、折多山、海子山、芒康山、他念他翁山、伯舒拉岭和色季拉山等山脉，地形起伏剧烈，高差显著（图 3.4），跨越多种地貌单元，包括川西高山峡谷区、川西高山原区、藏东南横断山区和藏南谷地区（中国科学院青藏高原综合科学考察队，1983），地势西高东低。

3.3.1　川西高山峡谷区

雅安—大渡河段受青藏高原隆升的影响，从雅安往西地势突然隆起，雅安至泸定

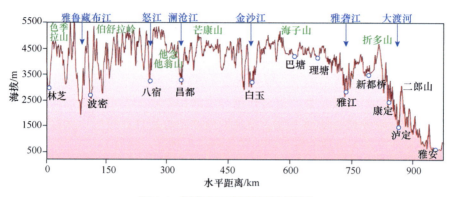

图 3.4　川藏交通廊道地形剖面图

据谷歌地球（Google Earth）高程数据绘制

70 km 距离内，海拔由 700 m 拔高至 3500 m（二郎山），高差达到 1800 m，山岭连绵，山势磅礴，峰险谷深，均为 V 型峡谷（图 3.4）。

3.3.2　川西高山原区

大渡河以西至金沙江以东，一般海拔 3700~4800 m。该区地势西北高、东南低，峡谷纵列，雪山重叠。北部山岭顶面辽阔平缓或丘状起伏，山原面至今保留着多期完好的古冰川侵蚀和堆积遗迹。南部山高谷深，高山峡谷密布。该区山河多呈南北与北西走向，主要山脉山顶终年积雪，现代冰川发育，河谷深切，岭谷高差 1000~1500 m，峡谷中分布有森林。大渡河、雅砻江及其主要支流局部河谷开阔、阶地发育、土地肥沃，为居民耕地集中的地段（仲志伟，2015）。

3.3.3　藏东南横断山区

从金沙江至怒江属横断山区，即著名的三江地区，它是我国最长最宽的南北走向山系，也是世界上最年轻的山系之一，山岭海拔 3000~6000 m，地形高差 1500~3000 m。藏东南横断山区深切河谷非常发育，金沙江、澜沧江、怒江均以深切河谷为主，河谷狭长幽深，两侧山峰高陡耸立，河谷切割深度达 1000~2000 m（仲志伟，2015）。由于河谷狭窄，谷坡陡峻，加之两侧山峰高耸，易形成典型的高山峡谷地貌，谷底受热后，温度升高，但此种地貌的封闭性导致吸收的热量无法散出，再加上高山阻碍了暖湿气流，所以此地貌中蒸发量远大于自然降水量，造成此地区高温度、低湿度，因此形成干热河谷。由于该地区地质构造极其复杂、生态环境脆弱，加上地质运动的影响，导致河谷两岸岸坡的岩石很破碎，并且"崩、滑、流"等不良地质现象发育程度高。

3.3.4　藏南谷地区

怒江以西属于藏南谷地区，由东西走向的喜马拉雅山系、冈底斯山系、念青唐古拉山系组成。该区山势雄伟，群峰高耸，山岭海拔多在 5000 m 以上，帕隆藏布至雅鲁藏布江大拐弯之间，地势尤为高耸，许多山峰海拔在 6000 m 以上，谷底与山岭相对高差一般为 2000~3000 m（王栋，2018）。

综上所述，川藏交通廊道雅安—林芝段范围内的地貌总体表现为以下特征。

（1）突出的纵向高山峡谷地貌。怒江、澜沧江、金沙江、雅砻江和大渡河穿行在他念他翁山、芒康山、海子山、折多山、二郎山等中间，呈现出"两山夹一江，一江隔两山"的自然地理景观。澜沧江、金沙江、雅砻江和大渡河近平行南流，河谷深切，山峰高耸，形成相对高差达 2000 m 以上的大峡谷群景观。

（2）河谷深切，受新构造运动影响剧烈。由于该区新构造运动活跃，地层被挤压褶皱，断裂切割、断块升降明显，造成该区地势起伏大，高山、极高山分布众多，河谷深切现象普遍。由于青藏高原及周边地区间歇性抬升，伴随河流下切，河谷区层状地貌明显。

（3）地貌垂直分带明显。高海拔区冰雪剥蚀陡坡地形地貌与低海拔河谷侵蚀、岭谷地形地貌之间镶入构造剥蚀、溶蚀、堆积（盆地）地貌的宏观特征，自上而下依次为冰雪剥蚀地貌（图 3.5）、构造剥蚀斜坡地貌、碳酸岩地区的剥蚀溶蚀地貌、盆地台地地区的堆积地貌、丘陵地貌等；再往下的河谷地区，为河流侵蚀峡谷区地形地貌（图 3.6），如各支流形成的冲积堆积扇、河流阶地、坡积地貌等。

图 3.5　冰川地貌　　　　　　　　　　　图 3.6　金沙江河谷地貌

这些地貌条件有利于灾害发育，川藏交通廊道雅安—林芝段的大部分区域断裂、节理发育，岩层破碎、岩体力学性质较差，地形高差大，崩塌、滑坡等地质灾害密布。同时，由于历史上大型崩滑灾变事件的发生，堆积坝、湖泊沉积等分布广泛，沿河谷崩滑体、湖相沉积、泥石流堆积、河流沉积等呈多阶次分布，工程地质条件较复杂。

3.4 地层岩性

川藏交通廊道雅安—林芝段地层岩性十分复杂。其经过的藏东南地层自元古宇至第四系均有出露，其中以元古宇变质岩系、古生界和中生界三叠系分布最广。新生界主要散布于断陷盆地、河谷及斜坡的中下部。除元古宇变质岩系外，地层岩性主要属于沉积岩和火山岩类，以砂砾岩、砂板岩、砂泥岩、砂页岩、片岩、变粒岩、片麻岩、灰岩、大理岩及酸性、中酸性、基性－中基性火山岩为主，多属半坚硬－坚硬岩；侵入岩体从元古宙至喜马拉雅期均有出露，但以喜马拉雅期、燕山－印支期的岩体分布最广，以花岗岩类、闪长岩类、斑岩类为主，属坚硬岩（郭长宝等，2017）。川藏交通廊道内第四系零星发育于断陷盆地（东部地区）、澜沧江、怒江、雅鲁藏布江、金沙江及其支流河谷，以及砂板岩、砂泥岩、片岩、片麻岩谷坡和高山冰蚀地区，成因类型以冲积、洪积、残坡积、冰碛及冰水沉积为主。

根据岩体工程地质力学原理（谷德振，1979），在1∶50万中国地质图的基础上，将川藏交通廊道雅安—林芝段地层岩性划分为9个工程地质岩组（表3.1和图3.7），分别为：①坚硬的块状花岗岩闪长岩岩组；②较坚硬的块状基性超基性岩岩组，如玄武岩、辉长岩等；③较坚硬的块状混合岩岩组，如粉砂岩、砂岩、砾岩等；④较坚硬至坚硬的可溶盐岩组，如碳酸盐岩等；⑤较坚硬至坚硬的变质岩岩组，如板岩、片麻岩、石英岩、大理岩等；⑥较软弱碎屑岩岩组；⑦软弱千枚岩、片岩、泥岩岩组；⑧第四纪松散堆积物；⑨冰雪覆盖区。每个岩组内的岩体具有相似的工程地质性质。其中，较坚硬的块状混合岩岩组分布面积最大，占31.10%，主要分布在雅江、昌都、察雅等地区；其次为较坚硬至坚硬的变质岩岩组，占22.66%，主要分布在道孚、新龙、边坝、墨脱等地区；第三为坚硬的块状花岗岩闪长岩岩组，占15.49%，分布较为离散。

表 3.1 工程地质岩组及面积占比

岩组编号	岩组名称	面积 /km²	面积占比 /%
工程地质岩组 1	坚硬的块状花岗岩闪长岩岩组	7.52×10^4	15.49
工程地质岩组 2	较坚硬的块状基性超基性岩岩组，如玄武岩，辉长岩等	5.44×10^3	1.12
工程地质岩组 3	较坚硬的块状混合岩岩组，如粉砂岩、砂岩、砾岩等	1.51×10^5	31.10
工程地质岩组 4	较坚硬至坚硬的可溶盐岩组，如碳酸盐岩等	5.76×10^4	11.86
工程地质岩组 5	较坚硬至坚硬的变质岩岩组，如板岩、片麻岩、石英岩、大理岩等	1.10×10^5	22.66
工程地质岩组 6	较软弱碎屑岩岩组	1.76×10^4	3.63
工程地质岩组 7	软弱千枚岩、片岩、泥岩岩组	4.64×10^4	9.56
工程地质岩组 8	第四纪松散堆积物	1.50×10^4	3.09
工程地质岩组 9	冰雪覆盖区	7.27×10^3	1.50

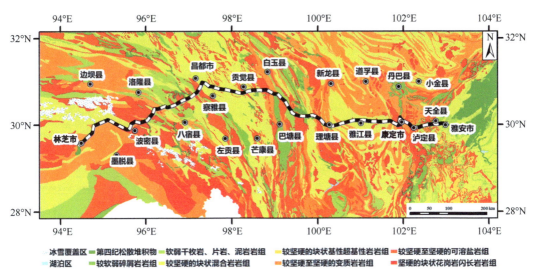

图 3.7　川藏交通廊道雅安—林芝段地层岩组分布图

3.5　地质构造

　　青藏高原被印度、扬子、华北、塔里木四大陆块所围限。川藏交通廊道雅安—林芝段区域位于欧亚板块与印度板块碰撞挤压带东南缘，属于强烈挤压带，地质构造总体表现为紧束式挤压构造。印度板块的东缘和东北角呈斜向俯冲挤入，造成三江并流区的北北西向断裂大规模逆冲推覆，以及北西向、北东向断裂平移剪切或走滑，断裂与断裂会聚。区内地质构造复杂，构造线主要呈南北向展布，多数大断裂自新生代以来都有不同程度的继承性活动表现。

　　川藏交通廊道雅安—林芝段横跨 4 个一级大地构造单元（扬子克拉通、三江造山系、班公湖 – 双湖 – 怒江 – 昌宁 – 孟连蛇绿混杂岩带及喜马拉雅 – 冈底斯造山系）（潘桂棠等，1990，2008，2013）；贯通 5 条岩浆弧带（沙鲁里山 – 义敦岛弧带、江达 – 德钦陆缘弧带、类乌齐 – 竹卡陆缘弧带、班戈 – 腾冲岩浆弧及冈底斯 – 下察隅岩浆弧）（侯增谦等，1995，2003；莫宣学等，1993；潘桂棠等，2006；王立全等，1999，2000）；涉及 6 个不同构造环境的沉积盆地［扬子西缘前陆盆地、雅江残余盆地、中咱碳酸盐台地（陆表海盆地）、昌都弧后前陆盆地、左贡前陆盆地及洛隆弧前盆地］；贯穿 7 条特提斯洋俯冲消减碰撞形成的蛇绿混杂岩带或俯冲增生杂岩带（雅鲁藏布江蛇绿混杂岩带、嘉黎 – 迫龙藏布蛇绿混杂岩带、怒江大洋俯冲增生杂岩带、澜沧江增生杂岩带、金沙江俯冲增生杂岩带、甘孜 – 理塘增生杂岩带及炉霍 – 道孚蛇绿混杂岩带）（彭勇民等，2000；王根厚等，2008；潘桂棠等，2003，2013）（图 3.8）。

　　川藏交通廊道昌都—雅安段处于多地块、多活动带的复合构造区，自东向西依次经过巴颜喀拉 – 松潘褶皱区、甘孜 – 理塘构造带、义敦岛弧带、中咱地块、金沙江构造带及昌都地块。巴颜喀拉 – 松潘褶皱区几乎都为三叠系所覆盖，岩性以一套单调的

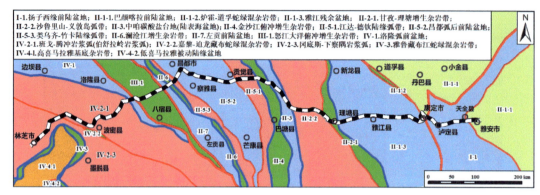

图 3.8 川藏交通廊道雅安—林芝段大地构造单元简图（潘桂棠等，2020）

Ⅰ-1—扬子西缘前陆盆地；Ⅱ-1-1—巴颜喀拉前陆盆地；Ⅱ-1-2—炉霍－道孚蛇绿混杂岩带；Ⅱ-1-3—雅江残余盆地；Ⅱ-2-1—甘孜－理塘增生杂岩带；Ⅱ-2-2—沙鲁里山－义敦岛弧带；Ⅱ-3—中咱碳酸盐台地（陆表海盆地）；Ⅱ-4—金沙江俯冲增生杂岩带；Ⅱ-5-1—江达－德钦陆缘弧带；Ⅱ-5-2—昌都弧后前陆盆地；Ⅱ-5-3—类乌齐－竹卡陆缘弧带；Ⅱ-6—澜沧江增生杂岩带；Ⅱ-7—左贡前陆盆地；Ⅲ-1—怒江大洋俯冲增生杂岩带；Ⅳ-1—洛隆前陆盆地；Ⅳ-2-1—班戈－腾冲岩浆弧（伯舒拉岭岩浆弧）；Ⅳ-2-2—嘉黎－迫龙藏布蛇绿混杂岩带；Ⅳ-2-3—冈底斯－下察隅岩浆弧；Ⅳ-3—雅鲁藏布江蛇绿混杂岩带；Ⅳ-4-1—高喜马拉雅基底杂岩带；Ⅳ-4-2—低喜马拉雅被动陆缘盆地

碎屑沉积为特征，成分主要为陆源物质，火山物质较少；甘孜－理塘构造带由基性岩、超基性岩、火山岩、硅质岩、碎屑岩及灰岩组成，蛇绿岩以混杂岩形式出露；义敦岛弧带由三叠系组成，可分为两部分，下部以陆源碎屑沉积为主，夹碳酸盐岩和少量火山岩，上部以火山岩为主，大套厚层火山岩常夹有少量砂页岩，或呈互层产出；中咱地块基底无出露，由古生界构成，发育齐全，保存完好，具有典型的陆表海沉积特征，除寒武系和下奥陶统以碎屑岩为主外，从中奥陶统至二叠系几乎为碳酸盐岩，含较多的白云质，产出丰富的生物化石；金沙江构造带有代表洋壳的蛇绿岩组分出露，多数为蛇纹石化的橄榄岩，金沙江沿岸的地层经历了中浅变质作用，在中咱一带的变质作用自东向西有明显的分带和加深现象，上三叠统的陆相红层不整合在浅变质地层之上，变形轻微，属后构造期堆积；昌都地块具有一个前奥陶纪的浅变质基底，奥陶系—二叠系为地块上第一沉积盖层，以碳酸盐岩和浅水陆源碎屑沉积为主（潘裕生，1989）。

川藏交通廊道林芝—昌都段主要处于拉萨陆块，即班公湖－怒江蛇绿混杂岩带的西侧。拉萨陆块主要分布 3 类岩体，即变质基底（为绿片岩相－角闪岩相花岗片麻岩），中、新生代岛弧岩浆岩（以花岗质为主），古生代盖层（为奥陶系—泥盆系）的碳酸盐岩和石炭系—二叠系的陆源碎屑岩夹碳酸盐岩、火山岩、硅质岩。中生界主要为三叠系—侏罗系的红色碎屑岩等，往往构成盆地沉积主体。班公湖－怒江蛇绿混杂岩带出露的地层有：三叠系—侏罗系的碳酸盐岩和碎屑岩建造，小型超基性岩（如蛇纹石化方辉橄榄岩）侵入其中（亦发现中侏罗统砾岩层不整合在蛇绿混杂岩带上）。

研究区域包括青藏高原南部的喜马拉雅东构造结地区，是印度大陆楔入和俯冲到欧亚大陆的前缘，强烈而持续的挤压应力作用导致该地区新生代以来发生多期强烈的构造变形，最终形成现今的构造格架。东构造结从北往南由拉萨陆块、雅鲁藏布江缝合带和印度陆块组成。拉萨陆块以嘉黎－迫龙藏布断裂带为界可划分为：北部的念青唐古拉－腾冲燕山晚期火山－岩浆弧和南部的冈底斯－下察隅晚燕山－喜马拉雅期火山－岩浆弧。嘉黎－迫龙藏布断裂带为一条以韧性剪切带和残留蛇绿混杂岩带为标志的弧－弧碰撞带（郑来林等，2003）。雅鲁藏布江蛇绿混杂岩带呈向东北凸的倒 U 形，连续出露在南迦巴瓦岩群和冈底斯陆缘弧之间（郑来林等，2004）。

3.6　新构造运动及地震

3.6.1　新构造运动

研究区域受控于印度板块与欧亚板块在喜马拉雅地区的陆－陆碰撞以及碰撞后持续的向北推移和楔入作用，是新构造时期以来区域隆升和构造运动十分强烈的断块区。川藏交通廊道雅安—林芝段主要发育有龙门山断裂带、鲜水河断裂带、玉龙希断裂带、理塘断裂带、金沙江断裂带、巴塘断裂带、澜沧江断裂带、怒江断裂带、边坝－洛隆断裂带、嘉黎断裂带、米林断裂带等（图 3.9）。

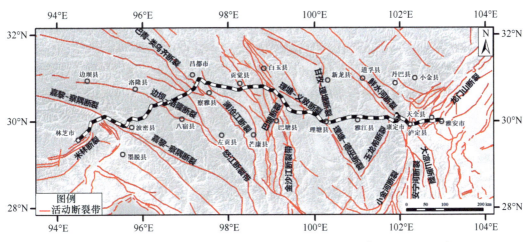

图 3.9　川藏交通廊道雅安—林芝段活动断裂带分布图（邓起东，2007）

1. 龙门山断裂带

龙门山逆冲推覆构造带是青藏高原与四川盆地的边界构造带，由龙门山断裂带和其控制的逆冲推覆楔体组成，总体走向 40°~50°，长约 500 km，宽 30~40 km（陈国光等，2007）。该断裂带第四纪以来活动强烈，但不同分段活动差异较大，西南段为逆冲断层，东北段则表现为走滑运动特征（Zhang，2013）。通过对 GPS 位移监测（李海兵等，2008）和断层带物质测年数据（李传友等，2004）进行研究发现，晚新生代以来龙门山断裂带不同分段活动速率具有明显的差异性，断裂带北段自晚更新世以来不具有活动性，而断裂带中段和西南段属于晚第四纪活动断裂。

与设计线路相关的是龙门山断裂带南段，主要由耿达－陇东断裂（后山断裂南段）、盐井－五龙断裂（中央断裂南段）、大川－双石断裂（前山断裂南段）等几条主要断裂带和间夹的一些次级断裂带组成。其后山断裂带和中央断裂带在晚更新世早期有过活动，中晚期以来活动不明显，大川－双石这一龙门山次级断裂属于全新世活动断裂，以逆冲运动为主，最新一次强震事件为 1327 年天全地震，M_s 为 6.5~7.0 级（王世元等，2018）。该断裂指向川藏交通廊道设计线路，并未贯穿。

2. 鲜水河断裂带

鲜水河断裂带是一条强烈活动的左旋走滑断裂带，北起甘孜州东谷镇附近，大体呈西北向—东南向展布，经炉霍、道孚、康定延伸至泸定磨西以南的部分，全长约 350 km，该断裂带由炉霍断裂、道孚断裂、乾宁断裂、雅拉河断裂、中谷断裂、色拉哈－康定断裂、折多塘断裂及磨西断裂 8 条分支断裂组成，呈雁列状组合，总体走向为 320°~330°（李天裪，1997），呈略向北东凸出的弧形。鲜水河断裂带第四纪以来活动速率较高，依据地质学方法推算的鲜水河断裂带北西段滑动速率明显高于南东段活动速率，北西段活动速率为 10~20 mm/a，南东段活动速率小于 10 mm/a，一般为 5 mm/a 左右（熊探宇等，2010）。鲜水河断裂带具有规模大、活动性强及地震频发等特点，根据历史地震记录统计，1700 年以来，在鲜水河断裂带共发生 $M_s \geqslant 5.0$ 级地震 48 次，其中 M_s 为 6.0~6.9 级的地震有 17 次，$M_s \geqslant 7.0$ 级的有 9 次，最大震级为 1786 年康定的 8.0 级（李天裪，1997；四川省地震局，1989；李坪，1993）。川藏交通廊道设计线路穿越了鲜水河断裂带的雅拉河、色拉哈和折多塘 3 条分支断裂。

3. 玉龙希断裂带

玉龙希断裂带北起甘孜康定机场西侧康定市瓦泽乡贡巴西村一带，向南东方向延伸，在塘泥坝附近过国道 318 后，转为近南北向，至玉龙希沟后，又转为北北东向大致沿玉龙希沟向南西延伸，全长约 250 km，断裂总体走向 N20°~30°E，瓦夏乡以北断裂向北偏转呈南北向，呈一略向东凸出的弧形。该断裂为全新世活动断裂，平均垂直滑动速率为 0.5~0.6 mm/a（黄伟等，2000）。沿断裂发生过 3 次 $M_s \geqslant 5$ 级的地震，记录的最大地震为 1975 年康定、九龙 6.2 级地震，未见明显地表破裂（王栋等，2015）。川藏交通廊道设计线路穿过玉龙希断裂带北段。

4. 理塘断裂带

理塘断裂带为川滇菱形块体内部的一条活动断裂带，理塘活动断裂带西北端起于四川省白玉县蒙巴西北，向东南经理塘县的毛垭坝、理塘、甲洼、德巫，至木里县北部，全长近 400 km（唐荣昌和韩渭宾，1993）。该断裂第四纪以来以左旋走滑为主，活动性显著，沿断裂不仅有温泉呈线性分布，而且水系、山脊错动现象明显（徐锡伟等，2005；马丹等，2014）。据前人研究，其左旋走滑速率为 2~4 mm/a（周荣军等，2005，2007）。沿理塘断裂带，历史上发生过 7 级地震（1948 年）。理塘盆地—毛垭坝也残留较明显的地震地表破裂,现有资料认为该破裂由 1980 年左右的 7.4 级地震引起(周春景等,2015)。川藏交通廊道设计线路穿过了理塘断裂带理塘—毛垭坝段。

5. 金沙江断裂带

金沙江断裂带北起于白玉附近,向南延伸经巴塘、得荣、中甸,至剑川以南与红河断裂带相交,为总体走向近南北的高倾角断裂带,在平面上呈略向东凸出的弧形,弧顶在巴塘附近,金沙江断裂带由多条分支断裂组成,是由金沙江断裂、定曲河断裂、字嘎寺 – 德钦断裂等 6~7 条主干断裂组成的复杂构造带,长度约 700 km,东西向宽度约 80 km,呈近南北向延伸(周荣军等,2005)。晚新生代以来,该断裂带主要表现为近东西向的挤压运动,缩短量约为 80 km,现今年缩短速率为 2~3 mm/a(许志琴等,1992)。金沙江断裂带在走向转折为北北西向或北北东向时,分别表现为左旋和右旋水平走滑运动,全新世以来,其走滑活动速率约为 5 mm/a(Xu et al.,2003)。历史地震记录资料研究表明,沿金沙江断裂带曾发生 M_S6.0~7.5 级地震 7 次,其中 1923 年 M_S6.5 级王大龙村地震产生了一条高 0.5 m 的南北向断层陡坎(唐荣昌和韩渭宾,1993)。川藏交通廊道设计路线跨越金沙江断裂带北段。

6. 巴塘断裂带

巴塘断裂带是金沙江缝合带内一条北北东向的全新世活动断裂带,该断裂带东北起于莫西附近,向西南延伸经松多、雅哇、黄草坪、巴塘、水磨沟,过金沙江后继续向西南延伸经莽岭至澜沧江边消失,全长约 200 km。该断裂走向约 N30°E,总体倾向西北,倾角较陡(周荣军等,2005),显示为右旋走滑运动,斜切金沙江构造带主体,系特提斯造山系后期陆内变形作用的产物,其产生时间应稍晚于金沙江构造带。有史料记载以来,沿断裂带历史上发生 M_S6 级以上强震 7 次,最大为 1870 年巴塘 7.25 级地震,该次地震的地表破裂在一些地段上现在仍依稀可辨[①]。该断裂北段指向川藏交通廊道设计路线,但可能没有穿越廊道。

7. 澜沧江断裂带

澜沧江断裂带可分为北、中、南三段,北段的主断裂断面陡立,呈西北向展布,从东经 90° 西的阿保开始,向东南,经类乌齐、吉塘,延至德钦朵仲(林尧明,1990;刘宏兵等,2001),长近 600 km;中段近南北向,断面微向西倾,沿梅里雪山、崇山之东坡延伸,长约 400 km;南段断面近直立,从凤庆、云县之北,沿澜沧江波状弯曲南延,过景洪后,延伸至缅甸、老挝、泰国,在中国境内长约 400 km(林尧明,1990;钟康惠等,2004)。此断裂带对区内沉积建造、岩浆活动和变质作用具有明显控制,沿断裂发育宽数百米的糜棱岩带和破碎带。断裂对地貌控制不明显,第四系盆地不发育,

---

① 郑文俊. 2020. 川藏铁路沿线断裂活动习性与地震风险评估报告.

地震活动相对也较弱，历史上仅发生过 1921 年 6.5 级、1951 年 6 级和少数 5.0~5.5 级的地震，主要活动时代在早更新世、中更新世，仅局部段落可能在晚更新世早期有所活动[①]。川藏交通廊道穿越了晚更新世早期活动的澜沧江断裂带的北段。

8. 怒江断裂带

怒江断裂带为大规模区域深断裂，横贯青藏高原中部，西藏境内延伸长度约 2800 km，宽度为 5~50 km，呈东西向平缓展布（劳雄，2000）。狭义的怒江断裂带，一般指怒江缝合带的东边界断裂带，包括东边界断裂以及与之交切的一些次级断裂，大致沿怒江分布，总体走向近南北。川藏交通廊道与该断裂带的十字卡断裂、腊久－八宿断裂和邦达断裂 3 条子断裂相交。其中，十字卡断裂南段为逆断层，北段为正断层，属于早更新世—中更新世活动断裂；腊久－八宿断裂表现为压扭性运动特征，属早更新世活动断裂，沿该断裂尚无 $M_s6.0$ 级以上地震事件记录；邦达断裂活动性质具有明显分段性，北西段为逆断层，南东段为正断层，为第四纪活动断裂，具有多期活动特点，该断裂同样无 $M_s6.0$ 级以上地震事件（薛翊国等，2020）。

9. 边坝－洛隆断裂带

边坝－洛隆断裂带为怒江缝合带的北/西界断裂，西起嘉黎县司错尔供附近，向东经普宗、边坝县北、旺达，至洛隆县附近转向东南，经加窝雄、央巴、恰帕、八宿、普隆、中林卡，止于下林卡东，长 500 km，该断裂带穿越川藏交通廊道[①]。边坝－洛隆断裂带断错了晚更新世中晚期—全新世地层，最新活动断错了距今 2000~3000 年的区域性黑土层，属全新世活动断裂，最新活动性质为左旋走滑兼有逆冲活动。有史料记载以来，该断裂带沿线发生过 1642~1654 年洛隆 $M_s \geqslant 7$ 级的地震和 1791~1804 年边坝 $M_s6.75$ 级的地震（西藏自治区档案馆，1982；国家地震局震害防御司，1995）。

10. 嘉黎断裂带

嘉黎断裂带是青藏高原主体向东挤出的南界，具有强烈的右旋走滑活动，该断裂带具有明显的分段性，大致以东构造结通麦为界分为 3 段：东构造结以西为嘉黎断裂西北段，东构造结顶端易贡—通麦—波密为嘉黎断裂中段，东构造结东南部波密—察隅为嘉黎断裂东南段，该断裂带全新世以来具有强烈的活动性，总体上以右旋走滑为主。川藏交通廊道设计线路与嘉黎断裂带近平行展布，局部潜在斜交（郭长宝等，2021）。

11. 米林断裂带

米林断裂带展布于米林、鲁朗、通麦一带，南止于里龙断裂带，北受嘉黎断裂带

---

① 郑文俊. 2020. 川藏铁路沿线断裂活动习性与地震风险评估报告.

限制，在鲁朗一带，断裂带总体走向近南北，绕过加拉白垒峰转换为北东走向。该断裂带由多条次级断层斜列组成，总体呈东北走向，倾向东南，倾角60°~70°，全长约160 km。沿断裂带，山脊、水系等各种地貌的断错现象十分普遍，显示断裂的最新活动性和左旋运动特征，在晚更新世—全新世有过强烈活动[①]。

3.6.2　地震

川藏交通廊道雅安—林芝段位于构造和地震活动非常强烈的川滇菱形块体内部，西段（理塘西—白玉—江达）大部分沿其西边界展布，整体上大部分位于强地震活动背景区。据《中国地震动参数区划图》（GB 18306—2015）中对川藏交通廊道的区划，雅安—林芝段的地震动峰值加速度（peak ground acceleration，PGA）为0.10~0.40 g，其中廊道穿越的林芝、波密、昌都、巴塘、理塘、泸定地区的地震动峰值加速度达到0.20g 及以上，康定地区位于鲜水河断裂带附近，地震动峰值加速度达到0.30~0.40 g。强震主要分布于龙门山地震带、康定-甘孜地震带、金沙江地震带和喜马拉雅地震带内，尤其是在康定、理塘、巴塘和波密地区的鲜水河断裂带、金沙江断裂带和察隅-嘉黎断裂带等地段的地震活动频繁，历史上多次发生强震并造成重大伤亡，如1950年墨脱和察隅8.6级地震、1786年康定7.6级地震、2008年汶川8.0级地震等（图3.10）。

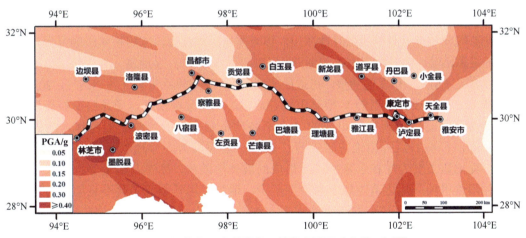

图 3.10　川藏交通廊道雅安—林芝段地震动参数区划图

资料来源：《中国地震动参数区划图》（GB 18306—2015）

3.7　物理地质现象

川藏交通廊道地质环境条件极其复杂，不仅地势陡峻，而且新构造运动强烈，是现今中强地震多发区，特殊的地质环境孕育了多种地质灾害和不良地质现象，并以类型齐全、数量众多、规模巨大为特点（郭长宝等，2017）。大型崩塌、滑坡、泥石流等

[①] 郑文俊. 2020. 川藏铁路沿线断裂活动习性与地震风险评估报告.

地质灾害及活动断裂极其发育。

拟建川藏交通廊道活动断裂发育、新构造运动强烈，岩体破碎，加之地形起伏大，受降雨、降雪的影响，河、沟水流冲刷严重，致使边坡高位危岩落石、崩塌、滑坡、错落等不良地质现象出现，且具有数量多、规模大、分布广泛、难以整治等特点，是控制廊道线路方案的重要地质病害。沿线河流的支沟纵坡大，受构造、风化等作用，岩体破碎，松散固体物质丰富，泥石流发育，其数量众多、规模宏大、爆发频繁、破坏力强，尤其是发生在构造发育的瓦斯沟、雅砻江、澜沧江、怒江、帕隆藏布及其支流的两侧。从板块构造观点来看，印度板块与欧亚板块碰撞，使青藏高原强烈隆升，至今仍保持着强烈的上升隆起趋势；由于高原的迅速隆起，水系发育速度迅速加快，河流下切和高原侵蚀十分强烈，金沙江、澜沧江和怒江等这些上新世末还游荡在宽谷中的河流，由于大面积的隆升而引起快速下切，在金沙江发育有多达 7 级[①]的河流阶地，澜沧江发育有多达 8 级的河流阶地，并伴有大量的高山峡谷区出现。深切河谷的岩质岸坡由于处在新构造运动异常强烈的地质环境中，岩体破碎，在地震和人类活动的影响下，其有可能失稳，诱发大规模的滑坡或崩塌（宋章等，2016）。

川藏交通廊道的理塘地区和新都桥地区分布有大面积的季节性冻土，冻融作用使土体的抗剪强度、渗透系数、比热容及导热系数等参数发生显著变化，造成冻土边坡在季节冻融作用下发生失稳滑动或流动，包括剥落破坏、滑塌、冲刷和热融滑塌 4 种破坏类型，冻土边坡失稳严重威胁廊道路堑设计、施工以及安全运营。川藏交通廊道途经的帕隆藏布流域分布有大面积的海洋性冰川，该类冰川活动性强，冰川积累消融量大。由于冰川的进退活动，冰碛物阻塞冰川通路而形成了大量冰湖。强地震、集中暴雨、冰雪消融、滑坡或冰崩入湖引发的涌浪，可造成冰湖溃决，诱发洪水灾害（薛翊国等，2020）。

雅安—康定段为典型的 V 型高山峡谷地貌，地势急剧抬升，受龙门山断裂带、鲜水河断裂带及安宁河断裂带组成的 Y 形断裂构造结合部的影响，崩滑体、高位危岩落石、雨洪型泥石流等山地灾害发育；康定—理塘段为高原地貌及高原高山峡谷地貌，不良地质主要为峡谷中寒冻风化形成的坡体松散体、冰害及崩塌等；理塘—毛垭坝段、邦达机场—邦达镇段处于高原坝子中，地势平坦开阔，主要不良地质为理塘断裂、冰害及坡脚附近的小型高原冰雪融水泥石流等；毛垭坝—措普沟—白玉—金沙江—同普—江达—昌都—邦达机场段、邦达镇—八宿段处于高原构造侵蚀形成的深切峡谷地貌中，受金沙江断裂带、澜沧江断裂带及怒江断裂带的影响，岩体极其破碎，大型崩滑体、高位危岩落石、雨洪型泥石流等山地灾害发育；八宿—然乌段为藏东南宽广的高山峡谷地貌，廊道沿玉曲河展布，受构造影响，岩体破碎，段内冰川—雨洪混合型泥石流、岩屑坡及大型滑坡等山地灾害发育；然乌—波密—林芝段为帕隆藏布高山峡谷地貌，段内岩性复杂，构造发育，气候复杂多变，冰川泥石流、大型岩屑坡、高位危岩落石、雪崩、水毁及大型崩滑体等不良地质灾害极其发育，素有"地质灾害博物馆"及"地质盲肠"之称，具有灾害规模大、破坏力强且灾害发生频繁等特点（宋章等，2016）。

----

① 级数指阶地的序列，河谷中不同高程的多级阶地由下而上顺序分级称阶地序列。一般是把高于河漫滩之上最低的一级阶地称为第 1 级阶地，向上依次为第 2 级阶地、第 3 级阶地等。

3.8　人类工程活动

斜坡灾害的形成与发生除受自然环境的影响外，人类工程活动的影响也是重要的诱发因素。川藏交通廊道受公路、铁路、水电站、矿山等修建及运营过程中产生的工程扰动的影响，在一定程度上导致了沿线滑坡的发生。川藏交通廊道雅安—林芝段人类工程活动的主要方式如下。

3.8.1　交通建设

川藏交通廊道山高谷深，G317、G318、G214、G108 等公路（图 3.11）多沿沟谷开挖建设，人工开挖的边坡多陡立。此外，研究区内大量铁路、公路等基础设施正在规划或修建中，如川藏高速公路等。工程建设过程中形成的大量人工切坡，在暴雨作用下有形成滑坡、崩塌等地质灾害的可能（图 3.12）。

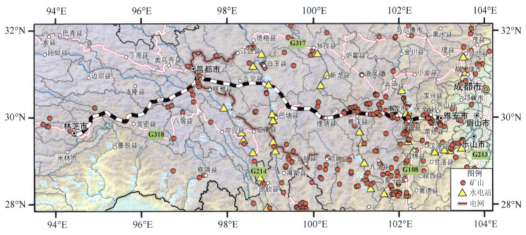

图 3.11　川藏交通廊道雅安—林芝段工程分布

图 3.12　G317 切坡灾害

3.8.2 水电开发

研究区发育雅鲁藏布江、易贡藏布、帕隆藏布、怒江、澜沧江、金沙江、雅砻江、岷江及大渡河等河流，水利资源极其丰富，水能储量和可利用水能巨大。研究区分布有大量已建、未建及在建水电站（图3.11），如泸定水电站、两河口水电站、叶巴滩水电站、墨脱水电站等，在利用水能的同时，沿岸地区自然条件发生显著变化，由水位升高造成河流局部侵蚀基准面和地下水位抬高，并引起水文动态变化，使库岸遭受强烈改造，从而导致岸坡失稳（图3.13）。

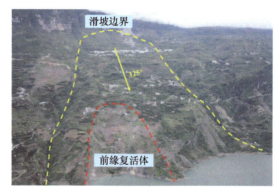

图3.13　水库蓄水诱发滑坡

3.8.3 采矿

采矿活动点多、面广、规模小，极少考虑对环境的影响，废石弃渣随意堆放、挤占沟道现象很普遍，由切割边坡、矿渣堆放等行为引发的崩滑灾害在研究区时有发生。另外，地下矿层大面积采空，矿石上覆岩层产生弯曲或塌陷，从而导致采空区垮塌或地表塌陷，对采空区上的建筑物、道路及农田等产生影响，甚至诱发山体滑坡。

3.8.4 城镇建设

在加快推进城镇化建设的过程中，受地形条件的限制，许多民房、建筑依山而建，地基回填、人工切坡、开挖坡脚现象十分普遍，局部形成高陡边坡，进而改变了斜坡的原始地形和应力分布状态，对崩塌、滑坡类地质灾害的发生产生了明显的诱发作用，增加了地质灾害危险性。

参考文献

巴仁基, 王丽, 郑万模, 等. 2011. 大渡河流域地质灾害特征与分布规律. 成都理工大学学报(自然科学版),

38(5): 529-537.

边江豪. 2018. 川藏铁路沿线大型滑坡早期判识研究. 北京: 中国科学院大学.

陈国光, 计凤桔, 周荣军, 等. 2007. 龙门山断裂带晚第四纪活动性分段的初步研究. 地震地质, 29(3): 657-673.

陈海军. 2017. 康定县孔玉乡寸达河坝后山 I 区危岩崩塌发育特征及其防治措施研究. 成都: 西南交通大学.

邓起东. 2007. 中国活动构造图(1:400万). 北京: 地震出版社.

谷德振. 1979. 岩体工程地质力学基础. 北京: 科学出版社.

郭长宝, 王保弟, 刘建康, 等. 2020. 川藏铁路交通廊道地质调查工程主要进展与成果. 中国地质调查, 7(6): 1-12.

郭长宝, 吴瑞安, 蒋良文, 等. 2021. 川藏铁路雅安—林芝段典型地质灾害与工程地质问题. 现代地质, 35(1): 1-17.

郭长宝, 张永双, 蒋良文, 等. 2017. 川藏铁路沿线及邻区环境工程地质问题概论. 现代地质, 31(5): 877-889.

国家地震局震害防御司. 1995. 中国历史强震目录(公元前23世纪—公元1911年). 北京: 地震出版社.

何大明. 1995. 澜沧江—湄公河水文特征分析. 云南地理环境研究, (1): 58-74.

侯增谦, 侯立玮, 叶庆同, 等. 1995. 三江地区义敦岛弧构造-岩浆演化与火山成因块状硫化物矿床. 北京: 地震出版社.

侯增谦, 杨岳清, 王海平, 等. 2003. 三江义敦岛弧碰撞造山过程与成矿系统. 北京: 地质出版社.

黄伟, 周荣军, 何玉林, 等. 2000. 四川玉农希断裂的全新世活动与1975年康定六巴6.2级地震. 中国地震, (1): 53-59.

劳雄. 2000. 班公湖-怒江断裂带的形成——二论大陆地壳层波运动. 地质力学学报, 6(1): 69-76.

李传友, 宋方敏, 冉勇康. 2004. 龙门山断裂带北段晚第四纪活动性讨论. 地震地质, 26(2): 248-258.

李海兵, 王宗秀, 付小方, 等. 2008. 2008年5月12日汶川地震(M_s8.0)地表破裂带的分布特征. 中国地质, 35(5): 803-813.

李澜宇. 2017. 基于多源遥感数据的易贡藏布流域冰川变化与物质平衡研究. 南京: 南京大学.

李丽娟, 李海滨, 王娟. 2002. 澜沧江水文与水环境特征及其时空分异. 地理科学, 22(1): 49-56.

李坪. 1993. 鲜水河-小江断裂带. 北京: 地震出版社.

李青亮. 2020. 川藏交通廊道涎流冰发育特征及对川藏铁路的影响研究. 成都: 西南交通大学.

李天祒. 1997. 鲜水河活动断裂带及强震危险性评估. 成都: 四川省地震局.

林尧明. 1990. 云南省区域地质志. 昆明: 云南省地质矿产勘查开发局.

刘芬良. 2018. 晚新生代金沙江下游段地貌演化与河谷发育研究. 兰州: 兰州大学.

刘宏兵, 孔祥儒, 马晓冰, 等. 2001. 青藏高原东南地区地壳物性结构特征. 中国科学: D辑, 31(B12): 61-65, 335.

刘岁海, 刘爱平. 2006. 四川省康定县滑坡灾害发育特征与形成条件. 中国地质灾害与防治学报, 17(3): 27-31.

马丹, 吴中海, 李家存, 等. 2014. 川西理塘断裂带的空间展布与第四纪左旋走滑活动的遥感影像标志. 地质学报, 88(8): 1417-1435.

莫宣学, 路凤香, 沈上越, 等. 1993. 三江特提斯火山作用与成矿. 北京: 地质出版社.

牛鹏尧. 2021. 川藏铁路沿线典型滑坡变形破坏模式及识别图谱研究. 西安: 长安大学.

潘桂棠, 刘宇平, 郑来林, 等. 2013. 青藏高原碰撞构造与效应. 广州: 广东科技出版社.

潘桂棠, 莫宣学, 侯增谦, 等. 2006. 冈底斯造山带的时空结构及演化. 岩石学报, 22(3): 521-533.

潘桂棠, 任飞, 尹福光, 等. 2020. 洋板块地质与川藏铁路工程地质关键区带. 地球科学, (7): 2293-2304.

潘桂棠, 王培生, 徐耀荣, 等. 1990. 青藏高原新生代构造演化. 北京: 地质出版社.

潘桂棠, 肖庆辉, 陆松年, 等. 2008. 大地构造相的定义、划分、特征及其鉴别标志. 地质通报, 27(10): 1613-1637.

潘桂棠, 徐强, 侯增谦, 等. 2003. 西南"三江"多岛弧造山过程成矿系统与资源评价. 北京: 地质出版社.

潘裕生. 1989. 横断山区地质构造分区. 山地研究, 7(1): 3-12, 75-76.

彭勇民, 潘桂棠, 罗建宁. 2000. 三江中北段弧—盆格架与地质构造演化. 四川地质学报, 20(3): 176-182.

四川省地震局. 1989. 鲜水河活动断裂带. 成都: 四川科学技术出版社.

宋章, 张广泽, 蒋良文, 等. 2016. 川藏铁路主要地质灾害特征及地质选线探析. 铁道标准设计, 60(1): 14-19.

唐川. 2005. 云南怒江流域泥石流敏感性空间分析. 地理研究, 24(2): 178-185, 322.

唐荣昌, 韩渭宾. 1993. 四川活动断裂带与地震. 北京: 地震出版社.

王栋, 张广泽, 蒋良文, 等. 2015. 川藏铁路成康段活动断裂工程效应及地质选线. 铁道工程学报, 32(10): 6-11.

王栋. 2018. 川藏铁路高海拔、大高差区隧道典型工程地质问题研究. 成都: 成都理工大学.

王根厚, 张维杰, 周详, 等. 2008. 西藏东部嘉玉桥变质杂岩内中侏罗世高压剪切作用: 来自多硅白云母的证据. 岩石学报, 24(2): 395-400.

王俊驿. 2018. 1971—2017年雅安市气候变化特征分析. 现代农业科技, (21): 215, 217.

王立全, 潘桂棠, 李定谋, 等. 1999. 金沙江弧—盆系时空结构及地史演化. 地质学报, 73(3): 206-218.

王立全, 潘桂棠, 李定谋, 等. 2000. 江达-维西陆缘火山弧的形成演化及成矿作用. 沉积与特提斯地质, 20(2): 1-17.

王世元, 许冲, 刘韶, 等. 2018. 龙门山前山断裂南段强震崩塌与1327年天全地震. 大地测量与地球动力学, 38(6): 609-613.

吴朝华. 2021. 雅鲁藏布江溃决洪水特征及重建研究. 成都: 中国科学院大学(中国科学院成都山地灾害与环境研究所).

西藏自治区档案馆. 1982. 西藏地震史料汇编. 拉萨: 西藏人民出版社.

熊辉. 2014. 金沙江奔子栏水源地库区滑坡危险性及危害性评价研究. 长春: 吉林大学.

熊探宇, 姚鑫, 张永双. 2010. 鲜水河断裂带全新世活动性研究进展综述. 地质力学学报, 16(2): 176-188.

徐锡伟, 闻学泽, 于贵华. 2005. 川西理塘断裂带平均滑动速率、地震破裂分段与复发特征. 中国科学(D辑: 地球科学), 35(6): 540-551.

许志琴, 侯立玮, 王宗秀, 等. 1992. 中国松潘–甘孜造山带的造山过程. 北京: 地质出版社.

薛翊国, 孔凡猛, 杨为民, 等. 2020. 川藏铁路沿线主要不良地质条件与工程地质问题. 岩石力学与工程学报, 39(3): 445-468.

詹卉. 2009. 金沙江中游龙头水库建设对流域景观多样性影响比较研究. 昆明: 西南林业大学.

郑来林, 耿全如, 董翰, 等. 2003. 波密地区帕隆藏布残留蛇绿混杂岩带的发现及其意义. 沉积与特提斯地质, 23(1): 27-30.

郑来林, 金振民, 潘桂棠, 等. 2004. 喜马拉雅造山带东、西构造结的地质特征与对比. 地球科学, 29(3): 269-277.

中国科学院青藏高原综合科学考察队. 1983. 西藏地貌. 北京: 科学出版社.

中国科学院青藏高原综合科学考察队. 1984. 西藏河流与湖泊. 北京: 科学出版社.

钟康惠, 刘肇昌, 舒良树, 等. 2004. 澜沧江断裂带的新生代走滑运动学特点. 地质论评, 50(1): 1-8.

仲志伟. 2015. 川藏铁路三江并流区岸坡特征及稳定性分区. 成都: 西南交通大学.

周春景, 吴中海, 张克旗, 等. 2015. 川西理塘活动断裂最新同震地表破裂形成时代与震级的重新厘定. 地震地质, 37(2): 455-467.

周荣军, 陈国星, 李勇, 等. 2005. 四川西部理塘—巴塘地区的活动断裂与1989年巴塘6.7级震群发震构造研究. 地震地质, 27(1): 31-43.

周荣军, 叶友清, 李勇, 等. 2007. 理塘断裂带沙湾段的晚第四纪活动性. 第四纪研究, 27(1): 45-53.

Xu X W, Wen X Z, Zheng R Z, et al. 2003. Pattern of latest tectonic motion and its dynamics for active blocks in Sichuan-Yunnan region, China. Science in China Series D: Earth Sciences, 46: 210-226.

Zhang P Z. 2013. Beware of slowly slipping faults. Nature Geoscience, 6: 323-324.

第4章

川藏交通廊道地应力特征

4.1 川藏交通廊道实测地应力收集及分析

4.1.1 地应力

1. 地应力概述

地应力是指存在于地层中，未受到工程扰动的天然应力，也可称为岩体初始应力、绝对应力或原岩应力。地应力场是地壳或地球体内应力状态随时间和空间点变化的广义经典场，是与时间和空间相关的函数（薛玺成等，1989）。地应力场的形成有多种缘由（图 4.1），如自重应力、构造应力、地形（势）变化、地表剥蚀等引起的与之对应的应力场（陈宗基，1982；Zoback et al.，1989；孙广忠和孙毅，2004）。

地应力场成因
- 自重应力：地心对岩体的引力
- 构造应力
  - 古构造运动应力(残余应力)：地质史上由于构造运动残留于岩体内部的应力
  - 新构造运动应力：现今正在形成的构造体系和构造型式的应力(即导致现今地震及地壳形变的应力)
- 地形(势)变化引起的地应力、地表剥蚀引起的地应力：仅对局部应力场产生影响
- 封闭应力：地壳在高温或高压条件下，岩体变形过程中局部受到阻碍而将应力积蓄封闭于岩石中，并处于平衡状态，即使卸载，其变形也不能完全恢复

图 4.1　地应力场成因（韩骏，2015）

根据地应力场的形成和调整因素，可将地应力场分为以岩体自重为主的自重应力场、构造运动主导的构造应力场以及受调整因素影响的局部应力场。其中，自重应力场和构造应力场是现今地应力场的主要组成部分。自重应力场是由地心引力引起地应力场，指地壳中任意一点的自重应力值等于单位面积上覆岩土层的重力，其应力方向总是指向地心；构造应力场是由地质构造运动引起的地应力场，构造应力的方向是不确定的，可能是水平的，也可能是垂直的，往往与所处区域构造情况有关。根据众多学者的研究，地壳浅层一般以水平构造应力为主导应力，即构造应力场为主要控制应力场；临近某一深度时，水平应力不再大于垂直应力，由自重应力场占主导地位（Brown and Hoek，1978；Stacey and Wesseloo，1998；Fuchs and Müller，2001）。

2. 地应力测试方法

1）测试方法简述

20 世纪 30 年代初，由美国垦务局对胡佛大坝坝底隧道洞壁围岩进行的应力解除测试，是世界范围内首次实测原位应力（蔡美峰，1995）；60 年代，国际岩石力学

学会（ISRM）就地应力含义、分类、测试方法等问题进行了大量探讨，极大地提高了地应力相关研究的发展；我国在 60 年代初，由李四光和陈宗基两位教授倡导，于 1962~1964 年三峡水电站选址期间也成功通过应力恢复法完成了国内首次地应力原位测量工作；1980 年，中国地震局地壳应力研究所在河北地区进行了首次水压致裂法测试，标志着我国深部地应力探测迈出了坚实的一步。

2）测试方法分类

测量岩体应力是了解岩体中应力大小及方向、分析岩体工程受力状态以及选取合理的岩体支护措施、预报岩体失稳破坏和岩爆大变形等最直接的手段。目前世界范围内常用的获取地应力场信息的方法主要有水压致裂（hydraulic fracturing）法（Hubbert and Willis，1957；Ljunggren and Raillard，1986）、套芯应力解除法（Amadei and Stephansson，1997）、钻孔崩落（borehole breakouts）法（Leeman，1964）、岩芯饼化（core discing）法（Haimson，1997）、应变恢复法（Teufel，1993）、地球物理方法［如地震及微地震法（Martin et al.，1990）、声发射法］、震源机制解以及地质资料分析法等（表 4.1）。

表 4.1　地应力测试方法分类及比对（Ljunggren et al.，2003）

方法	维度	适用性	岩石体积 /m³	局限性
套芯应力解除法	二维或三维	适用于 1000m 深度范围内，理论及实践最发达的技术	10^{-3}~10^{-2}	成本较高；测量岩体体积太小，会引起测量数据离散
门塞法	二维	适用于节理岩体、高应力岩体或低应力岩体	—	成本较高；只能考虑二维情况
水压致裂法	二维	适用于不同深度；实测数据离散性较小	0.5~50	只能考虑二维情况，最大水平主应力 σ_H 评估理论存在局限性
原生裂隙水压致裂法	二维或三维	适用于高地应力、高压情况	1~10	耗时，且依赖于孔中存在的原生裂隙
岩芯饼化法	二维	适用于早期评估	10^{-3}~10^{-2}	仅能做出定性评估
钻孔崩落法	二维	适用于深埋地区；可以获得早期应力信息；测试速度较快	10^{-2}~100	只能获取应力方向信息；有关应力值的理论不够成熟
震源机制解	二维	适用于深埋地区的较精确计算	10^9	只能获取该深度下的信息
声发射法	二维或三维	适用于深埋地区的粗略估计	10^{-3}	对某些因素十分敏感，在微观尺度上可靠性较差
地质资料分析法	二维或三维	适用于早期评估；成本低	—	可靠性较差

原位应力的测量方法宏观上可根据测量的内容和原理分类（图 4.2）。根据测量内容可分为绝对值测量和相对值测量；根据测量原理可分为直接测量法和间接测量法（蔡美峰，1993）。而通过原位应力测量（即直接测量法）是获取地壳中某点的主应力值及方向，研究现今构造应力场和应力状态最简洁的方法（Li，1995）。显然地，就地应力测量的方式以及原理，可以明显看出地应力测量技术均存在一定局限性，即便是发展最成熟的应力解除法，实际测量中也会受到由测试元件固有的测量误差而引起的绝对误差影响（蔡美峰，1993），所以结合多种方法获取三维应力场信息更为可靠。

地应力测量方法分类
- 测量内容
  - 绝对值测量：测定应力分量的大小
  - 相对值测量：以某时刻实际应力状态为参考，测定其他时刻相对于参考系的应力变化
- 测量原理
  - 直接测量法：通过测量仪器直接测量和记录各种应力，如补偿应力、恢复应力、平衡应力等，根据该类应力与岩体初始应力的关系来确定原岩应力值
  - 间接测量法：通过传感元件或介质测量和记录与岩体应力相关的物理量变化，如岩体应变、密度、电阻电容、弹性波传播速率等，通过间接物理量的变化结合已有公式来确定原岩应力值

图 4.2　地应力测量方法分类（韩骏，2015）

3. 地应力分布的一般性规律

地应力最早由瑞士地质学家 A.Heim 在对越岭隧道的研究中提出，即假设岩体地应力为静水压力状态（$\sigma_H = \sigma_V = \gamma H$，式中，$\sigma_H$ 为最大水平主应力，MPa；σ_V 为垂直应力，MPa；H 为埋深，m；γ 为重度，N/m³。）（韩骏，2015）。1926 年，苏联学者 A.H. Кинник 根据弹性理论修正了 Heim 提出的假设，认为地壳中某一点的垂直应力等于单位面积上覆岩层的重力，而水平应力则是泊松效应的结果 [$\sigma_V = \gamma H$，$\sigma_H = v/(1-v) \cdot \gamma H$，$v$ 为泊松比（无量纲）]（韩骏，2015）。1951 年，瑞典学者 N.Hast 在斯堪的纳维亚半岛进行原位地应力测量工作，发现地壳浅层最大主应力方向几乎均为水平向，从根本上否定了地应力为静水压力的假设以及以垂直应力为主的观点（Hast，1969）。1980 年，南非学者 N.C.Gay 等根据研究分析推测地壳某一深度存在临界状态，即某一深度垂直应力占主导地位，水平应力不再是最大主应力，后续实测资料的积累证实了这一推测，但是临界深度也因地区而异（Gay，1980）。1986 年，由美国学者 M.L.Zoback 组织并开展了国际合作研究——"世界应力图项目"（the world stress map project），根据水压致裂、应力解除、震源机制解等资料，成功建立了全球地应力数据库，并且数据库不断更新并公布；此数据库描述了全球构造应力场的基本特征，分析了形成不同尺度构造应力场的力源（Zoback，1992；Heidbach et al.，2007，2010，2016；Heidbach and Höhne，2008）。20 世纪 20 年代，我国地质学家李四光教授提出地壳中以水平运动为主，水平应力起主导作用，认为地壳中的构造现象是地应力作用的结果（李四光，1973）。后续我国诸多学者利用地应力实测资料绘制了"中国地壳应力状态图""中国地壳应力图""中国现代构造应力场图"等一系列重要成果，总结分析了中国现今各分区构造应力特征以及分布规律（曾秋生，1989；李方全和刘光勋，1986；李方全和祁英男，1988；陈家庚和高龙生，1989；陈彭年等，1990；谢富仁等，2003，2004，2007；景锋等，2008；杨树新等，2012；王成虎等，2019；Li，1995；Xu et al.，1999，2016；Yang et al.，2014；Sheng et al.，2022）。

因此，本节依据国内外众多学者的大量研究和工程实践总结出地壳浅层应力场分

布主要有以下规律。

1）地应力是一个具有相对稳定性的非稳定应力场，是时间和空间的函数

地应力在大多数区域都是以水平应力为主的三向不等压应力场，三个主应力的量值以及方向随时间和空间的变化而变化；地应力在空间上的变化从小尺度来看，是不稳定的，如 2008 年汶川地震，震前与震后一段时间内地应力方向以及量值都发生了明显改变（郭啟良等，2009；张致伟等，2015）；但以整个区域角度，即从大尺度来看，其又是相对稳定的（Engelder and Sbar，1984；Li，1995），如我国最大水平主应力优势方位从藏西南近南北向偏转到川西的西北向，总体保持顺时针旋转的趋势基本稳定。

2）实测垂直应力大致等于上覆岩层自重

Brown 和 Hoek（1978）通过总结世界范围内垂直应力数据，通过线性回归分析证实了在埋深 25~2700 m，垂直应力与上覆岩层自重线性正相关；结合本章收集的世界范围内截至 2007 年 11 月公开发表的文献及相关地应力测试报告（共约 13 个国家和地区的 160 个地点或矿区的 1100 多组测试数据）得出的垂直应力分布（图 4.3），认为垂直应力分布规律如式（4.1）所示：

$$\sigma_V = \gamma H = 0.0265D \tag{4.1}$$

式中，σ_V 为垂直应力，MPa；γ 为重度，N/m³；H、D 为埋深，m。

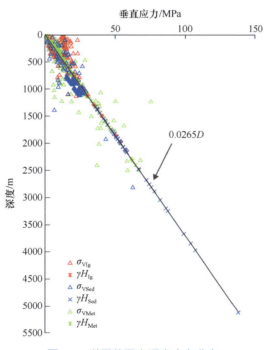

图 4.3　世界范围内垂直应力分布

Ig 表示岩浆岩；Met 表示变质岩；Sed 表示沉积岩

值得注意的是，实测垂直应力总是围绕垂直应力回归线波动变化，即地壳中任意一点实测的垂直应力值并不总是等于线性回归值。这种偏差除了必然存在的测量误差外，可能还会因为板块移动、岩浆对流及侵入、扩容、不均匀膨胀等造成应力偏差。

3）地壳浅层水平应力普遍大于垂直应力；水平应力与垂直应力的比值（即侧压系数）随埋深增加而减小

本节采用 Brown 和 Hoek（1978）提出的侧压系数分析区域应力状态特征［式（4.2）和式（4.3）］，描述岩土体中水平应力或平均水平应力与垂直应力之比。如图 4.4 所示，在世界范围，埋深 2000m 以内仍以水平应力为主导应力，即水平应力大于垂直应力；当深度超过 2000m 时，侧压系数逐渐收敛且逐渐小于 1，说明垂直应力已经变为最大主应力。其中，侧压系数包络线分别为 $100/H+0.3$、$1500/H+0.5$（图 4.4）（数据来自截至 2007 年 11 月的公开发表文献及相关地应力测试报告，共约 13 个国家和地区的 160 个地点或矿区的 1100 多组测试数据）。

$$\lambda = \frac{\sigma_{H}}{\sigma_{V}} \tag{4.2}$$

$$k = \frac{\sigma_{H} + \sigma_{h}}{2\sigma_{V}} \tag{4.3}$$

式中，λ 为最大水平应力侧压系数，无量纲；k 为平均水平应力侧压系数，无量纲；σ_{H} 为最大水平主应力，MPa；σ_{h} 为最小水平主应力，MPa；σ_{V} 为垂直应力，MPa；H 为埋深，m。

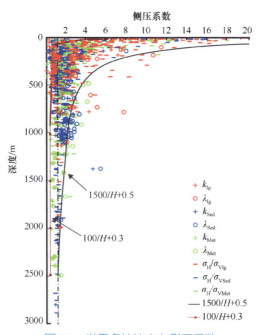

图 4.4　世界多处地应力侧压系数

Ig 为岩浆岩；Met 为变质岩；Sed 为沉积岩；λ 为最大水平应力侧压系数；k 为平均水平应力侧压系数；
σ_{H} 为最大水平主应力；σ_{V} 为垂直应力；H 为埋深

4）水平应力与垂直应力超过一定深度后均随埋深呈线性增长

水平应力回归线中的常数项以及回归值反映了近地表水平构造运动的活跃性。例如，部分学者通过回归统计得出的中国陆壳浅层地应力随深度分布规律（表 4.2）（Li，1995；杨树新等，2012；张宁等，2022），受限于地形、岩性等影响因素，水平应力回归方程的常数项以及梯度值存在一定差异，但是总体趋势相似，均与埋深呈线性正相关。

表 4.2　地应力随埋深分布

	σ_H	σ_h	σ_V
Li（1995）	0.049D+（4.25±2.5）	0.030D+（1.5±1.0）	—
景锋等（2007）	0.0216D+6.7808	0.0182D+2.2328	0.0271D
Yang 等（2014）	0.0229D+4.738	0.0171D+2.631	0.272D
Brown 和 Hoek（1987）	—	—	0.027D

5）水平应力的应力值差一般较大，呈现出很强的方向性

部分学者研究发现，高构造应力区（即水平应力差较大），会使得局部应力场与区域应力场更加一致，故而能呈现出更强烈的方向性（Yale and Sprunt，1989；Yale，2003）。

6）地应力分布规律还会受到其他因素影响

地应力会受到地形（如深切河谷区中的应力释放带、应力集中带）（祁生文和伍法权，2011）、地表剥蚀、风化、岩体结构特征及力学性质（如不同岩性地应力分布的差异）（景锋等，2008）、温度（如地表温度变化量对地应力场的影响）（曹建玲和石耀霖，2005）、地下水、活动断层（如断层端部的应力集中区）（苏生瑞等，2002）等因素影响。

4. 地应力场时空演化

中国陆壳最近经历的两期构造运动，一是喜马拉雅构造期，中国陆壳最大水平主应力优势方位为近 NS 向，我国西部区域最大水平主应力优势方位为 NNE—SSW 向，我国东部区域最大水平主应力优势方位为 NS 或 NNW—SSE 向；二是正在经历的新构造运动，中国陆壳现今主要受到印度板块对欧亚板块 NE 向的挤压，菲律宾海板块 NW 向的挤压以及太平洋板块 SW 向挤压（朱守彪和石耀霖，2006），造成了最大水平主应力优势方位从青藏高原向东变为辐射状，区域最大水平主应力优势方位由我国西南地区的 NNE—SSW 向，向东在北方地区转为 NEE—SSW 或近 WE 向，以及南方地区 NW—SE 向（Du and Shao，1999；Wan，2010）。

4.1.2　川藏交通廊道地应力收集与分析

1. 数据收集与处理

本章详细地收集了 1982 年至今川藏交通廊道各类工程以及国内外文献中的实测地应力数据，具体涉及的研究区域为 27.5°N~32.5°N，90°E~105°E（图 4.5），最终汇总得到 1411 组实测地应力数据，深度分布为 6~2699 m。其中，包括锦屏水电站、双江口水电站、二郎山隧道、邦达隧道、折多山隧道等各类工程区以及龙门山断裂带、鲜水河断裂带等活动断裂附近的实测地应力数据，主要涉及的地应力测试方法有水压致裂法、应力解除法、应变恢复法、声发射法等。

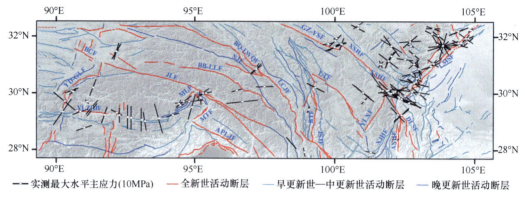

图 4.5　地应力测点分布

LMSF—龙门山断裂；DLSF—大凉山断裂；ANHF—安宁河断裂；XSHF—鲜水河断裂；YLXF—玉龙希断裂；LTF—理塘断裂；BTF—巴塘断裂；GZ-YSF—甘孜－玉树断裂；LCJF—澜沧江断裂；BQ-LWQF—巴青－类乌齐断裂；BB-LLF—边坝－洛隆断裂；JLF—嘉黎断裂；MLF—米林断裂；MTF—墨脱断裂；APLJF—阿帕龙江断裂；BCF—崩错断裂；YD-GLF—亚东－谷露断裂；YLZBJF—雅鲁藏布江断裂；NJF—怒江断裂；JSJF—金沙江断裂；XJHF—小金河断裂

综合考虑研究区岩性复杂多变以及后续分析研究的需要，本节将研究区垂直应力分布进行统一处理。按照地应力分布的一般性规律（4.1.1 节）中提到的垂直应力大小是上覆岩层自重，结合表 4.2 中垂直应力分布规律，设研究区岩石重度为 26.5 kN/m³，垂直应力回归方程参考式（4.1），为 $\sigma_V=0.0265D$。

2. 数据分析

1）总体应力随深度分布

图 4.6 给出了研究区主应力随深度的分布，研究区最大水平主应力 σ_H 分布为 1.1 MPa（南水北调一期工程阿坝县段 30 m）（彭华等，2006）至 63.32 MPa（川中公山庙工程 2699 m[①]）；最小水平主应力 σ_h 分布为 0.03 MPa（云南省迪庆藏族自治州香格里拉市 209 m）（冯兴隆等，2015）至 46.35 MPa（川中公山庙工程 2699 m[①]）。

研究区地处青藏高原东南缘，新构造运动活跃，活动构造发育、地貌差异显著，内外动力耦合作用强烈（彭建兵等，2004；王思敬，2002；郭长宝等，2017），造成地壳浅层主应力分布离散，如部分测点处于活动断层或者河谷区的应力集中带，在浅表 50~150 m 深度 σ_H 超过 30 MPa（谭成轩等，2008；李畅，2019）。部分测点位于边坡卸荷或开挖扰动后的应力释放带，在 200~300 m 深度 σ_H 小于 5 MPa（苏生瑞，2002；祁生文和伍法权，2011）。但随着埋深增加，水平应力与深度呈现出正相关。

---

① 数据来源于川中公山庙工程测量报告。

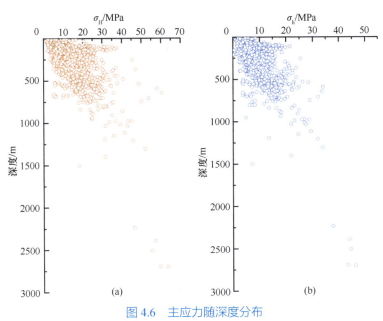

图 4.6　主应力随深度分布

（a）最大水平主应力 σ_H ；（b）最小水平主应力 σ_h

2）各分区应力值随深度分布规律

考虑到研究区总实测地应力数据分布较离散，本节根据中国陆壳及邻区构造应力场划分（谢富仁等，2004），对川藏交通廊道各分区应力状态进行分析（图 4.7）。研究区共跨越七个四级应力分区，即华南主体应力区（A201）、巴颜喀拉山应力区（B217）、龙门山 - 松潘应力区（B218）、川滇应力区（B219）、藏南应力区（B221）、墨脱 - 昌都应力区（B222）、喜马拉雅应力区（B231）。

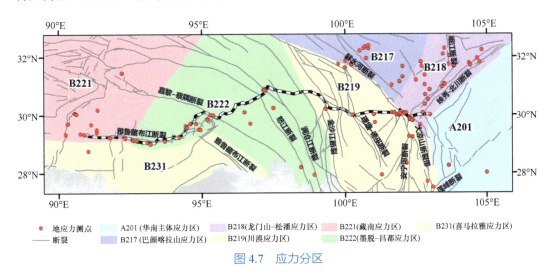

| ● 地应力测点 | A201（华南主体应力区） | B218（龙门山 - 松潘应力区） | B221（藏南应力区） | B231（喜马拉雅应力区） |
| ── 断裂 | B217（巴颜喀拉山应力区） | B219（川滇应力区） | B222（墨脱 - 昌都应力区） | |

图 4.7　应力分区

地应力随深度的分布情况有助于了解区域构造应力场的纵向分布特征。应力随深度的变化规律可以采用线性回归方程进行量化表征（表 4.3），通过回归方程得到的斜率和截距来反映不同应力分区实测地应力的特征。截距的大小表示地表应力值，斜率为应力梯度，反映了应力随深度变化的速率，梯度值越大，代表构造作用越强（杨树新等，2012；Yang et al.，2014）。川藏交通廊道各应力分区的应力梯度随深度变化如图 4.8 所示，最大水平应力梯度分布由高至低分别为 B218（龙门山－松潘应力区）38.8 MPa/km、B217（巴颜喀拉山应力区）38.4 MPa/km、A201（华南主体应力区）38.3 MPa/km、B222（墨脱－昌都应力区）38.2 MPa/km、B219（川滇应力区）30.1 MPa/km、B231（喜马拉雅应力区）26 MPa/km，以及 B221（藏南应力区）25.3 MPa/km，其应力梯度总体从北东向西南逐渐减弱，呈现出北东强西南弱的趋势。

表 4.3　川藏交通廊道各分区应力线性回归方程

参数	A201	B217	B218	B219	B221	B222	B231
σ_H	$0.0383D$ $+2.0797$	$0.0384D$ $+3.6786$	$0.0388D$ $+2.3946$	$0.0301D$ $+6.6605$	$0.0253D$ $+6.4856$	$0.0382D$ $+3.1614$	$0.026D$ $+2.1043$
σ_h	$0.0265D$ $+1.0173$	$0.0232D$ $+1.8844$	$0.0241D$ $+1.4951$	$0.0226D$ $+2.333$	$0.0228D$ $+1.3918$	$0.0259D$ $+2.0609$	$0.0205D$ $+0.163$
σ_V	$0.027D$	$0.027D$	$0.027D$	$0.027D$	$0.027D$	$0.027D$	$0.027D$

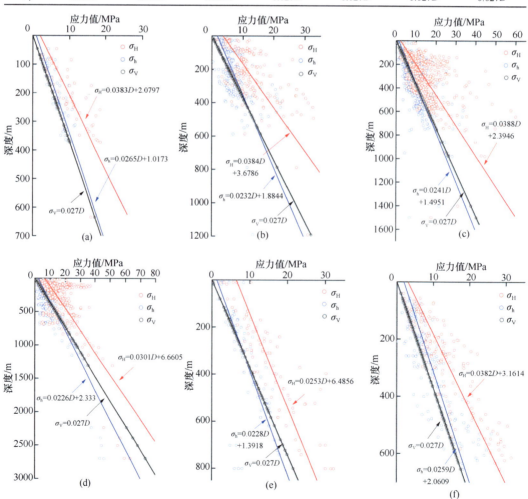

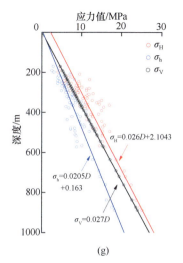

图 4.8　各应力分区应力随深度变化

（a）A201 华南主体应力区；（b）B217 巴颜喀拉山应力区；（c）B218 龙门山 – 松潘应力区；（d）B219 川滇应力区；
（e）B221 藏南应力区；（f）B222 墨脱 – 昌都应力区；（g）B231 喜马拉雅应力区

3）侧压系数随深度变化规律

本节采用 Brown 和 Hoek（1978）提出的侧压系数 K_{av}［式（4.4）］分析川藏交通廊道区域应力特征，K_{av} 表示水平应力相对于垂直应力的大小，从而反映某区域应力状态特征。

$$K_{av} = \frac{\sigma_H + \sigma_h}{2\sigma_V} \tag{4.4}$$

式中，K_{av} 为水平侧压系数，无量纲；σ_H 为最大水平主应力，MPa；σ_h 为最小水平主应力，MPa；σ_V 为垂直应力，MPa。

结果如图 4.9 所示，当埋深较浅时，受地形差异、地表剥蚀等因素影响，侧压系数十分离散，随着深度增加，侧压系数逐渐收敛，接近一定值。各应力分区按照收敛值从大到小依次为（表 4.4）：B218（龙门山 – 松潘应力区，1.0625）、B217（巴颜喀拉山应力区，1.0577）、B222（墨脱 – 昌都应力区，1.0541）、B219（川滇应力区，1.0212）、A201（华南主体应力区，1.0206）、B221（藏南应力区，0.9817）以及 B231（喜马拉雅应力区，0.7998）。其中，侧压系数大于 1，表明该区域应力状态在测段深度内始终以水平构造力为主导应力，如龙门山 – 松潘应力区［图 4.9（c）］、巴颜喀拉山应力区［图 4.9（b）］等；反之，藏南应力区［图 4.9（e）］以及喜马拉雅应力区［图 4.10（g）］的地壳浅层以水平应力为主导应力，到达某一深度后，转为由垂直应力占主导地位。

4）应力方向

图 4.10 及表 4.5 给出了各应力分区实测最大水平主应力方向的方位玫瑰图及相应优势方位和角度。其中，A201 华南主体应力区应力优势方位为 NWW—SEE 向，角度为 280°~300° 或 110°~130°［图 4.10（a）］；B217 巴颜喀拉山应力区应力优势方位为 NNE—SSW 向，角度为 200°~220° 或 20°~40°［图 4.10（b）］；B218 龙门山 – 松潘

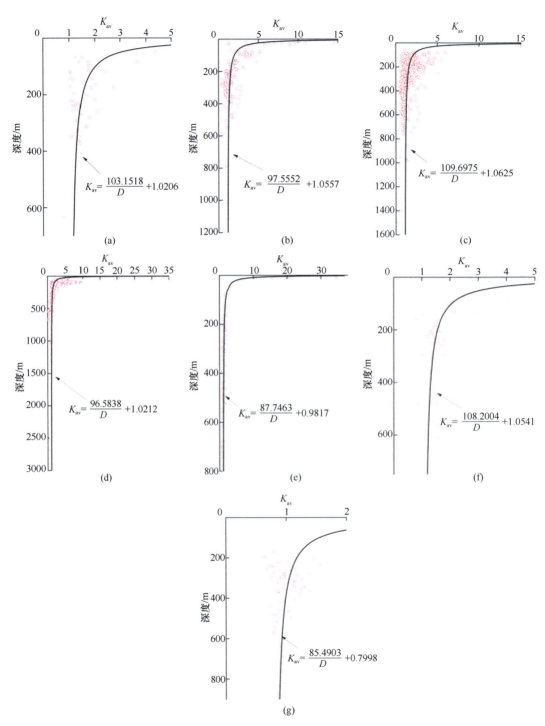

图 4.9　各应力分区水平侧压系数变化

（a）A201 华南主体应力区；（b）B217 巴颜喀拉山应力区；（c）B218 龙门山 – 松潘应力区；（d）B219 川滇应力区；
（e）B221 藏南应力区；（f）B222 墨脱 – 昌都应力区；（g）B231 喜马拉雅应力区

应力区应力优势方位为 NW—SE 向，角度为 280°~320° 或 100°~140° [图 4.10（c）]；
B219 川滇应力区应力优势方位为 NW—SE 向，角度为 300°~320° 或 120°~140°
[图 4.10（d）]；B221 藏南应力区与 B231 喜马拉雅应力区应力优势方位均为 NE—SW
向，角度均为 200°~240° 或 20°~60° [图 4.10（e）和图 4.10（g）]；B222 墨脱－昌都
应力区应力方位较复杂，优势方位为 NNW—SSE 或 NE—SW 向，角度为 340°~360°、
160°~180° 或 200°~260°、20°~80° [图 4.10（f）]。

表 4.4　川藏交通廊道区域水平侧压系数

水平侧压系数	A201	B217	B218	B219	B221	B222	B231
K_{av}	103.1518/D +1.0206	97.5552/D +1.0577	109.6975/D +1.0625	96.5838/D +1.0212	87.7463/D +0.9817	108.2004/D +1.0541	85.4903/D +0.7998

5）小结

川藏交通廊道地应力状态并非均匀分布，而是由主要的全新世活动断裂带分割而
成各个应力分区（Zhang et al.，2004），这些应力分区之间的应力值以及应力方向等特
征均存在一定差异。

从空间分布来看，研究区地壳浅层最大水平主应力从龙门山－松潘应力区、川滇应
力区 [图 4.8（c）和图 4.8（d）] 向西南区域藏南应力区、喜马拉雅应力区 [图 4.8（e）
和图 4.8（g）] 逐渐减小；从水平方位来看，研究区西部主要受到印度－亚欧板块挤压
作用，使藏南应力区、喜马拉雅应力区 [图 4.10（e）和图 4.10（g）] 最大水平主应力

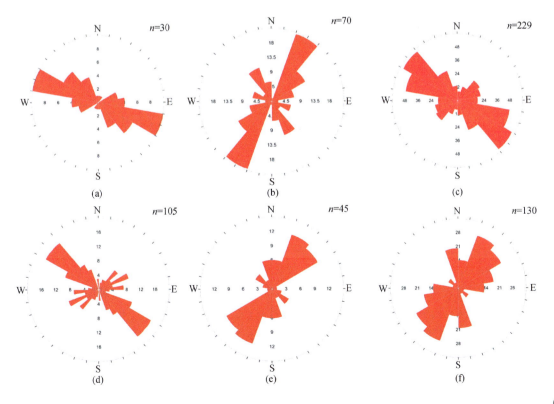

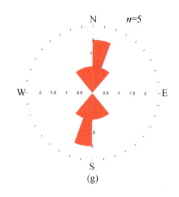

图 4.10　各应力分区应力方向

（a）A201 华南主体应力区；（b）B217 巴颜喀拉山应力区；（c）B218 龙门山 – 松潘应力区；（d）B219 川滇应力区；（e）B221 藏南应力区；（f）B222 墨脱 – 昌都应力区；（g）B231 喜马拉雅应力区。以正北向为 0°，n 指统计的总地应力数据量，单位为组。图中数字指在该方向上的总地应力数据量

表 4.5　川藏交通廊道区域应力优势方位与角度

	A201	B217	B218	B219	B221	B222	B231
优势方位	NWW—SEE	NNE—SSW	NW—SE	NW—SE	NE—SW	NNW—SSE 或 NE—SW	NE—SW
角度 /（°）	280~300 或 110~130	200~220 或 20~40	280~320 或 100~140	300~320 或 120~140	200~240 或 20~60	340~360、160~180 或 200~260、20~80	200~240 或 20~60

优势方位为 NE—SW；中部受东构造结影响，在墨脱 – 昌都应力区 [图 4.10（f）] 最大水平主应力优势方位为 NW 向及 NE 向同时存在；东部受刚性鄂尔多斯地块、刚性阿拉善地块以及东部的刚性四川盆地阻碍（Gan et al.，2007；Gao et al.，2019），使得该区域的地壳运动主要围绕东构造结顺时针旋转，将高原内部物质从相对于华南地块的东向运动输送到青藏高原东缘 [图 4.10（c）和图 4.10（d）]（Shen et al.，2005），使得龙门山 – 松潘应力区及川滇应力区的最大水平主应力优势方位大致为 NW—SE 向。值得注意的是，青藏高原东南缘的旋转边界是鲜水河 – 小江断裂体系（鲜水河断裂到小江断裂的走向从 NW 向转为 NS 向的构造过渡是通过左旋走滑而非地壳缩短），不涉及松潘地块以及华南地块（Shen et al.，2005；Zhang，2013），因此受到印度板块与欧亚板块挤压造成的压痕效应以及太平洋板块 SW 向挤压和菲律宾海板块 NW 向挤压，使得我国西南区域最大水平主应力由 NE 向向东部区域发散辐射（Molnar and Tapponnier，1975；Du and Shao，1999；Wan，2010；王思敬，2002），造成最大水平主应力优势方位在华南主体应力区转为 NW 向、巴颜喀拉山应力区转为 NE 向 [图 4.10（a）和图 4.10（b）]。

同时，构造应力场往往与地壳运动场具有耦合关系，而最大水平主应力的方向也与运动矢量表现出高度一致，即青藏高原东南缘的最大水平应力方向的分布特征与 GPS 观测的速度场分布一致，呈现明显的顺时针旋转（牛之俊等，2005；Chen et al.，2004；Gan et al.，2007）。

总体而言，研究区水平主应力由 NE 向 SW 逐渐减小；水平主应力优势方位的顺时针旋转说明位于青藏高原挤压东缘的龙门山断裂带区域水平构造活动强烈；向 SW 方向水平构造作用的减弱，表明欧亚板块与印度板块的碰撞引起的以水平构造应力为主的远程效应逐渐变弱，这进一步体现了研究区应力场空间分布的不均匀性以及宏观构造作用的差异性（张宁等，2022）。

4.2　川藏交通廊道地应力反演

研究区位于青藏高原中东部（90°E~105°E 和 27.5°N~32.5°N）（图 4.11），从东向西分布的全新世大型活动断裂共 19 条，包括龙门山断裂、大凉山断裂、安宁河断裂、鲜水河断裂、玉龙希断裂、理塘断裂、巴塘断裂、甘孜 – 玉树断裂、澜沧江断裂、巴青 – 类乌齐断裂、羊达 – 亚许断裂、边坝 – 洛隆断裂、嘉黎断裂、米林断裂、墨脱断裂、阿帕龙江断裂、崩错断裂、亚东 – 谷露断裂、雅鲁藏布江断裂（郭长宝等，2017，2020；徐正宣等，2021）。

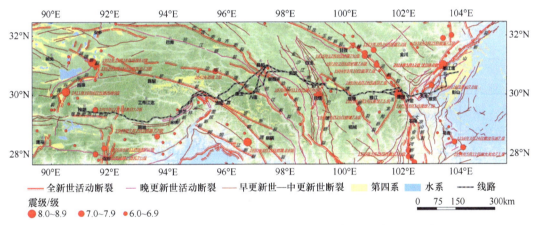

图 4.11　川藏交通廊道活动断裂及地震分布（徐锡伟等，2016）

图中马边指马边彝族自治县，甘孜指甘孜县

本节采用 AutoCAD、ANSYS 与 FLAC3D（基于拉格朗日差分法的显式有限差分程序）联合建模的方法，对川藏交通廊道地区地应力进行数值模拟，将模拟数值与实测数值进行比对验证，进而预测川藏交通廊道地应力特点及分布规律。

4.2.1　研究区二维模型建模

1. 区域断裂绘制

根据图 4.11 川藏交通廊道主要活动断裂及地震分布确定研究区域全新世活动断裂分布示意图，通过 AutoCAD 软件绘制出研究区域内全新世活动断裂分布，研究区域长约 1600 km，宽约 500 km，模型中长度为 194m，宽度为 60m。

根据川藏交通廊道地层岩性分布图（1∶50 万），初步确定研究区域大致岩性范围。预设研究区分布为两类岩性，坚硬岩组和软弱岩组（坚硬岩组包括花岗岩、闪长岩、灰岩、白云岩等；软弱岩组包括碎屑岩、千枚岩、板岩、泥岩等）。

根据上述确定的研究区域大致岩性范围，对模型进行分组；同时为消除边界条件影响，需要扩大研究区域边界（图 4.12）。

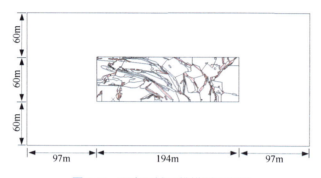

图 4.12　研究区域二维模型平面图

2. 网格划分

将 AutoCAD 中建立好的面域图导入 ANSYS，通过 ANSYS 划分单元网格，拉伸成体（模型大小为 388m×180m×0.5m）。研究区域内的网格划分初步定为 0.15m×0.15m×0.5m，边界模型范围内的网格划分为 5m×5m×0.5m，研究区域内共有节点1005624 个，单元网格 503253 个，模型共分为 3 组（图 4.13），包括坚硬岩组、软弱岩组和模型边界扩大范围。

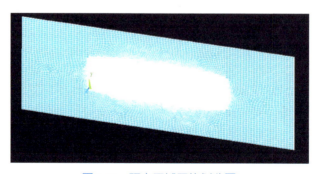

图 4.13　研究区域网格划分图

3. 岩性分区

将在 ANSYS 中划分好的单元网格以及分组导入至 FLAC3D 中，通过相应的指令构建出研究区活动断裂带以及相应的岩性分区（图 4.14）。

图 4.14　研究区域断裂带模型图

红色代表坚硬岩组分布区域；青色代表软弱岩组分布区域；灰色代表模型边界扩大范围区域

4.边界条件

该研究选择利用 AutoCAD 与 ANSYS 建模以改变 FLAC3D 前处理极不方便的情况，后续处理选择具有处理大尺度、大变形和地质问题等优势的 FLAC3D 软件进行研究区域数值反演。

计算机数值模拟分析的模型已通过上述步骤成功建立，具体模型如图 4.15 所示。

图 4.15　研究区数值模型加载图

（1）模型计算选择弹性本构模型。

（2）模型参数赋值。模型共分为 3 组，包括坚硬岩组、软弱岩组及模型边界扩大范围 [各类参数取值见式（4.5）、式（4.6）]。其中，坚硬岩组弹性模量为 25 GPa，泊松比为 0.22；软弱岩组弹性模量为 10 GPa，泊松比为 0.26；模型边界扩大范围剪切模量为 10 GPa，体积模量为 10 GPa。

位于坚硬岩组中断裂带的法向刚度为 1.5 GPa、剪切刚度为 1.5 GPa、内聚力为 10 kPa、摩擦角为 15°；位于软弱岩组中断裂带的法向刚度为 1 GPa、剪切刚度为 1 GPa、内聚力为 10 kPa、摩擦角为 15°。

$$k_n = k_s = \frac{1}{10} \max \left[\frac{\left(K + \frac{4}{3}G \right)}{\Delta Z} \right] \tag{4.5}$$

$$\begin{cases} K = \dfrac{E}{3(1-2\nu)} \\[2mm] G = \dfrac{E}{2(1+\nu)} \end{cases} \tag{4.6}$$

式中，k_n 为法向刚度，MPa；k_s 为剪切刚度，MPa；E 为弹性模量，MPa；K 为体积模量，MPa；G 为剪切模量，MPa；ν 为泊松比，无量纲；ΔZ 为接触面周围单元体最小尺寸，m。

（3）施加外荷载。固定模型上、右、前和后四个面，对模型左侧及下侧施加荷载，模拟 4.1.2 节提及的印度板块以及菲律宾海板块对中国陆壳 NE 向以及 NW 向挤压（图 4.15）。

（4）通过 FLAC3D 特有的指令，追踪与实测点所对应的处于模型上的点位的最大水平主应力。其中，点位分布在 27.98°N~32.4°N、90.23°E~103.85°E，初步监测点位共 112 个（图 4.16）。

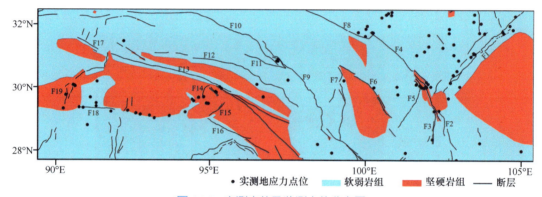

图 4.16　实测点位及监测点位分布图

F1—龙门山断裂带；F2—大凉山断裂带；F3—安宁河断裂带；F4—鲜水河断裂带；F5—玉龙希断裂带；F6—理塘断裂带；F7—巴塘断裂带；F8—甘孜–玉树断裂带；F9—澜沧江断裂带；F10—巴青–类乌齐断裂带；F11—羊达–亚许断裂带；F12—边坝–洛隆断裂带；F13—嘉黎断裂带；F14—米林断裂带；F15—墨脱断裂带；F16—阿帕龙江断裂带；F17—崩错断裂带；F18—雅鲁藏布江断裂带；F19—亚东–谷露断裂带

（5）设置数值模拟最终结果收敛标准为最大不平衡力比为 1×10^{-5}，即运算结束。

4.2.2　数值模型结果验证

利用实测应力值校核模型，考虑到原位应力数据测段深度分布的差异性，故采用式（4.7）将不同埋深处应力换算至地表应力（Brady and Brown，2006）。

$$\begin{cases} \sigma_{H_o} = \sigma_H - \nu\gamma D \\[1mm] \sigma_{h_o} = \sigma_h - \nu\gamma D \end{cases} \tag{4.7}$$

式中，σ_{H_o}、σ_{h_o} 分别为修正后的最大水平主应力、最小水平主应力，MPa；σ_H、σ_h 分

别为实测最大水平主应力、最小水平主应力，MPa；ν 为泊松比，无量纲；γ 为重度，N/m^3；D 为埋深，m。

1. 单个数据校核

利用单个数据的相对误差率[式（4.8）]以及均方极差（图 4.17）对模拟值进行校核。

$$\varepsilon = \frac{\left|\sigma_{H_o} - \sigma_H\right|}{\sigma_H} \times 100\% \tag{4.8}$$

式中，ε 为相对误差率，无量纲。

最终单个数据相对误差率验证结果如图 4.17 所示，约 80% 的模拟值处于实测值的均方误差中，并且模拟值的相对误差率在 20% 以下的约占据总体数据量值 65%（表 4.6）。

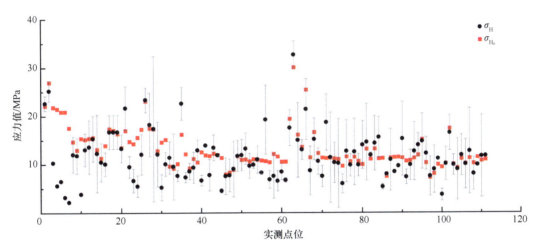

图 4.17　实测值与模拟值均方极差图

σ_{H_o} 为模拟值；σ_H 为实测值

表 4.6　最大水平主应力实测值与模拟值对比结果

点号	地应力测点	最大水平主应力实测值 /MPa	最大水平主应力模拟值 /MPa	相对误差率 /%
1	西藏自治区盆因拉隧道	22.6656	20.5538	9.32
2	西藏自治区嘎隆拉隧道	25.232	26.8264	6.32
3	西藏自治区羊八井隧道 1 号测点	10.3328	19.5520	89.04
4	西藏自治区羊八井隧道 2 号测点	5.6328	19.4300	244.33
5	西藏自治区羊八井隧道 3 号测点	6.5328	18.8682	188.38
6	西藏自治区羊八井隧道 4 号测点	3.2328	18.8682	481.85
7	西藏自治区曲水县城北	2.23136	15.5191	595.50
8	西藏自治区拉贡机场公路隧道	12.097	11.4735	5.15
9	西藏自治区雅鲁藏布江断裂带	11.8574	12.8576	8.44
10	西藏自治区拉萨市	3.8783	14.7000	279.03
11	西藏自治区旁多水电站	13.0998	14.4275	10.14

续表

点号	地应力测点	最大水平主应力实测值 /MPa	最大水平主应力模拟值 /MPa	相对误差率 /%
12	西藏自治区圭嘎拉隧道 4 号孔	12.6153	14.3676	13.89
13	西藏自治区圭嘎拉隧道 5 号孔	14.2854	14.6049	2.24
14	西藏自治区乃东区	12.0722	13.5912	12.58
15	西藏自治区甲玛矿区	10.4997	12.4166	18.26
16	西藏自治区桑珠岭隧道	10.1023	14.319	41.74
17	西藏自治区加查县贡布村	16.7636	17.1612	2.37
18	西藏自治区藏日拉一号隧道	16.7636	16.9647	1.20
19	西藏自治区朗县	16.7636	16.3404	2.52
20	西藏自治区林芝市朗县洞嘎镇	13.3511	12.5585	5.94
21	西藏自治区林芝市米林市卧龙镇	21.6932	16.5217	23.84
22	西藏自治区米林市	9.5345	14.2343	49.29
23	西藏自治区林芝市八一镇永久村	6.6907	13.0676	95.31
24	西藏自治区林芝市	5.533	13.8913	151.06
25	西藏自治区色季拉山	12.1367	14.6656	20.84
26	西藏自治区多康地区	22.2993	24.6241	10.43
27	西藏自治区派镇	18.2713	15.6484	14.36
28	西藏自治区多雄拉隧道	17.4109	15.7719	9.41
29	西藏自治区怒江松塔水电站坝址区	12.1583	10.8490	10.77
30	拉萨至日喀则地应力测试孔	5.2821	12.5394	137.39
31	西藏自治区巴玉隧道	10.1023	12.7419	26.13
32	西藏自治区鲁朗	11.46	11.4041	0.49
33	西藏自治区林芝市波密县易贡乡	9.5849	9.8296	2.55
34	西藏自治区通古地区	7.6885	10.8226	40.76
35	西藏自治区安久拉山	22.6473	14.5023	35.96
36	邦达隧道 BD8	7.3697	9.0764	23.16
37	西藏自治区浪拉山	8.6037	9.5296	10.76
38	川藏交通廊道某隧道 SD1-1~SD4-6	9.3894	10.4340	11.13
39	云南省香格里拉市	12.9692	10.3995	19.81
40	乌弄龙水电站	6.7226	11.7880	75.35
41	四川省波戈溪隧道	13.9629	12.1257	13.16
42	四川省阿达坝址	7.8154	9.2571	18.45
43	四川省叶巴滩水电站	13.4986	9.2011	31.84
44	四川省甘孜县石门坎钻孔	11.9375	10.2956	13.75
45	四川省甘孜县绒岔寺钻孔	4.5749	10.1922	122.79
46	四川省甘孜县阿安坝址	7.5911	8.48348	11.76
47	四川省甘孜县申达坝址	7.7445	8.38381	3.75
48	四川省甘孜县纪柯坝址	9.0785	8.73828	3.75
49	四川省理塘	11.9271	10.55417	11.51

续表

点号	地应力测点	最大水平主应力实测值 /MPa	最大水平主应力模拟值 /MPa	相对误差率 /%
50	泥曲—杜柯河段 XLZK09 号钻孔	13.2873	10.2539	22.83
51	泥曲—杜柯河段 XLZK10 号钻孔	12.6521	10.2438	19.03
52	泥曲—杜柯河段 XLZK11 号钻孔	9.7109	9.8971	1.92
53	四川省甘孜县扎洛坝址	9.9387	10.1092	1.72
54	四川省甘孜县加塔坝址	11.0237	10.1345	8.07
55	四川省上杜柯坝址	8.3107	9.8621	18.67
56	四川省锦屏水电站	19.2811	10.4946	45.57
57	四川省达阿果水电站	6.8847	10.1024	46.74
58	四川省布西水电站	7.6023	10.9107	43.52
59	四川省二瓦槽水电站	6.5878	7.4152	12.56
60	鲜水河构造带康定区域 ZK1	8.479	10.9119	28.69
61	鲜水河构造带康定区域 ZK2	6.7621	10.9097	61.34
62	鲜水河构造带康定区域 ZK3	17.5803	20.7949	18.29
63	川藏交通廊道雅安—新都桥段 HF14	32.7103	30.9990	5.23
64	川西折多山某深埋隧道 ZDSZK	15.0367	15.5783	3.60
65	川藏交通廊道折多山隧道 CZ-ZDS-01	13.0789	12.4475	4.83
66	川藏交通廊道雅安—新都桥段 HF11	21.4207	15.0759	31.42
67	四川省巴底水电站	7.1358	7.5008	5.11
68	鲜水河构造带某隧道 DZ04	15.2391	15.9134	4.42
69	鲜水河构造带某隧道 DZ07	10.6506	10.1607	4.60
70	四川省安宁乡水电站	7.556	7.3302	2.99
71	四川省金川县双江口水电站	18.7119	11.7860	37.01
72	四川省康定 -1	11.4537	11.1232	2.89
73	四川省大杠山隧道	10.3712	10.9998	6.06
74	四川省康定 -2	10.2326	10.7164	4.73
75	冕宁地震观测台	6.0242	8.0940	34.36
76	四川省石棉县蟹螺藏族乡金坪村	12.7528	11.6591	8.58
77	四川省二郎山隧道 -1	9.8516	9.6861	1.68
78	四川省二郎山隧道 -2	12.6017	9.9460	21.07
79	四川省二郎山隧道 -3	9.8637	9.7497	1.16
80	四川省大岗山水电站	14.0335	10.7783	23.20
81	四川省二郎山隧道 -4	14.6068	12.5586	14.02
82	小金县杨家湾水电站	11.9468	10.7540	9.98
83	四川省泥巴山公路隧道	14.3841	12.6805	11.84
84	国道 317 线鹧鸪山隧道	15.6142	10.3859	33.48
85	四川省汶川—马尔康高速公路鹧鸪山隧道	5.381	10.4482	94.17
86	四川省天全县沙坪村	7.9837	8.3590	4.70
87	四川省宝兴县 -1	10.9684	11.1473	1.63

续表

点号	地应力测点	最大水平主应力 实测值 /MPa	最大水平主应力 模拟值 /MPa	相对 误差率 /%
88	四川省宝兴县 -2	8.448	10.3305	22.28
89	四川省宝兴县 -3	9.6513	10.5862	9.69
90	四川省宝兴县华能硗碛电厂	15.2814	11.1473	27.05
91	大凉山腹地钻孔 1	7.3763	8.9094	20.78
92	四川省宝兴县盐井乡邓池沟	9.886	9.6044	2.85
93	四川省巴朗山隧道南坡	12.7066	10.0272	21.09
94	四川省飞仙关隧道	14.005	10.6402	24.03
95	大凉山腹地钻孔 2	9.0366	9.2254	2.09
96	四川省宝兴县硗碛藏族乡	14.781	14.5609	1.49
97	四川省茂县 -1	12.2644	10.0178	18.32
98	四川龙池隧道 CK5 号孔	7.5663	7.6608	1.25
99	四川映秀镇	8.9745	8.8163	1.76
100	四川松潘县	11.2	9.83197	12.21
101	四川龙池隧道 CK3 号孔	9.2631	9.5330	2.91
102	四川省溪洛渡水电站	10.1213	8.3181	17.82
103	四川省茂县 -2	16.5309	15.4635	6.46
104	四川省天龙湖水电站	9.8883	10.2156	3.31
105	四川省蓝家岩隧道	9.0044	9.2263	2.46
106	四川省解放村隧道、龙门山隧道	11.9022	10.4157	12.49
107	四川省绵阳市擂鼓镇	10.0504	9.5013	5.46
108	四川省绵阳市安州区安镇	12.7651	11.5863	9.23
109	四川省北川羌族自治县	8.0702	10.1574	25.86
110	四川省江油市	9.908	10.8527	9.53
111	四川省平武县 -1	11.7171	11.8750	1.35
112	云南省威信县 C5 煤层	11.80416	8.9845	23.89

2. 总体数据校核

通过最小二乘法得出总体数据模拟值与实测值之间的残差平方和（sum of squares error，SSE）、回归平方和（sum of squares regression，SSR）以及总离差平方和（sum of squares total，SST）[式（4.9）]，最终利用式（4.10）得出决定系数 R^2，表明实测值与模拟值之间总体相关性强弱。

$$\begin{cases} SSR = \sum_{i=1}^{n} \left(\hat{y}_i - \bar{y} \right)^2 \\ SSE = \sum_{i=1}^{n} \left(y_i - \hat{y}_i \right)^2 \\ SST = \sum_{i=1}^{n} \left(y_i - \bar{y} \right)^2 \end{cases} \qquad (4.9)$$

$$R^2 = \frac{SSR}{SST} = 1 - \frac{SSE}{SST} = \frac{\sum\limits_{i=1}^{n}(\hat{y}_i - \overline{y})^2}{\sum\limits_{i=1}^{n}(y_i - \overline{y})^2} = 1 - \frac{\sum\limits_{i=1}^{n}(y_i - \hat{y}_i)^2}{\sum\limits_{i=1}^{n}(y_i - \overline{y})^2} \tag{4.10}$$

式中，R^2 为决定系数；$\hat{y}_i$ 为最大水平主应力模拟值，MPa；$\overline{y}$ 为最大水平主应力实测值均值，MPa；y_i 为最大水平主应力实测值，MPa；SSR 为回归平方和，即模拟值与实测值平均值之差的平方和；SSE 为残差平方和，即实测值与模拟值之差的平方和；SST 为总离差平方和，即实测值与其平均值之差的平方和。

经过计算总体数据决定系数 R^2 约 0.50，考虑到地应力受扰动因素多（如埋深、地形地貌、地表剥蚀、岩石破碎等）、地应力测点分布多位于 1000 m 以内、数值模拟模型研究范围广等，在仅考虑活动断裂带影响下的二维地应力场，其数值模拟结果具有较高的相关性。

4.2.3 数值模型结果分析

1. 研究区域位移及速度场

研究区位移场图以及速度场图显示研究区位移场及速度场特点如下。

（1）研究区位移方向为 NE 向，位移大小沿板块汇聚方向由 SW 向 NE 逐渐减小（图 4.18）。

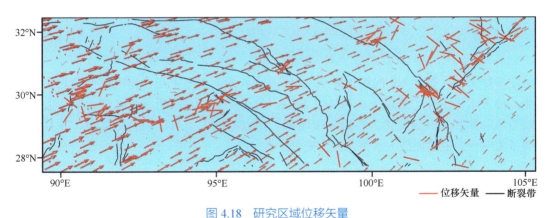

图 4.18 研究区域位移矢量

（2）研究区速度矢量由研究区西南区域的 NE 向转向中部区域的 WE 向再到东部区域的 NW 向（图 4.19）。

在仅考虑活动断裂的影响下，研究区域内位移方向主要为 NE 向挤压，速度场基本呈现出顺时针旋转，与前人实测的中国陆壳 GPS 速度场分布规律相近（张培震等，2002；牛之俊等，2005）。

2. 最大水平主应力值

本节通过计算得出川藏交通廊道最大水平主应力分布（图 4.20）。受边界条件以及

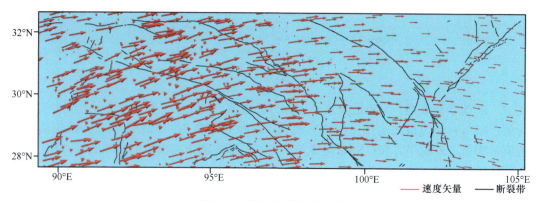

图 4.19　研究区域速度矢量

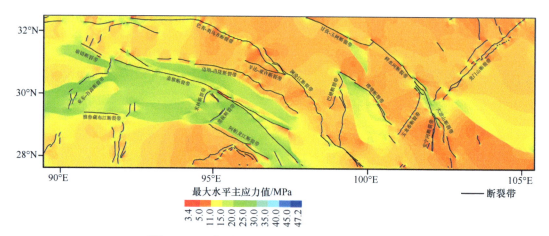

最大水平主应力值/MPa

图 4.20　研究区域近地表最大水平主应力值分布

岩性参数影响（整体 NE 向施加荷载），研究区域最大水平主应力值明显呈西高东低趋势，最大水平主应力的最大值约 47.2 MPa，位于亚东 – 谷露断裂带端部。应力值在跨断裂带两侧都有一定变化。各断裂带端部、拐点都产生了明显的应力集中，并且各断裂带周围一定范围内最大水平主应力降低。

3. 最大水平主应力方向

据谢富仁等（2004）对中国陆壳及邻近区域应力分区，研究区应力分区通过数值模拟，拟合结果如下（图 4.21）。

华南主体应力区（A201）：最大水平主应力方向为 NW 向，优势方位为 110°~130°；

巴颜喀拉山应力区（B217）：最大水平主应力方向为 NWW 向或 WE 向，优势方位为 90°~120°；

龙门山 – 松潘应力区（B218）：最大水平主应力方向为 NWW 向或 WE 向，优势方位为 90°~130°；

川滇应力区（B219）：最大水平主应力方向为 NW 向，优势方位为 120°~140° 或 40°~60°；

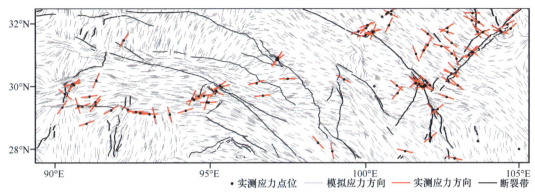

• 实测应力点位　——模拟应力方向　——实测应力方向　——断裂带

图 4.21　研究区域近地表最大水平主应力方向

藏南应力区（B221）：最大水平主应力方向为近 NS 向或 NE 向，优势方位为 0°~40°；

墨脱－昌都应力区（B222）：最大水平主应力方向为 NE—NW 向，优势方位为 100°~130° 或 40°~60°；

喜马拉雅应力区（B231）：最大水平主应力方向为 NS—NNE 向，优势方位为 0°~40°。

4. 小结

本节通过 AutoCAD、ANSYS 和 FLAC3D 联合建模，初步构建出川藏交通廊道区域地应力场分布图。通过应力分布图预测表明，研究区域的最大水平主应力分布趋势总体呈现由西南向东北逐渐减小趋势，与实测最大水平主应力值分布规律相近；研究区最大水平主应力方向与速度场呈顺时针旋转趋势，与实测 GPS 速度场分布规律相近。

研究区位于我国西南部，新构造活动强烈，数值模拟位移场的结果表明，其构造变形的动力主要来源于板块边界力，即印度板块对欧亚板块 NE 向以及菲律宾海板块对欧亚板块 NW 向的挤压（王思敬，2002；瞿伟等，2021），形成了 NE—SW 向的位移场（图 4.18）。

研究区最大水平主应力值随着经度的增加逐渐减小（图 4.20）。活动断层造成局部应力场与区域应力场解耦，导致部分区域应力集中以及应力方位的偏转；模型中，西部地区最大水平主应力值为 12~24 MPa，中部为 10~16 MPa，东部为 8~14 MPa。

研究区最大水平主应力优势方位以及速度场发生显著顺时针旋转（图 4.19 和图 4.21），可能是由于高原内部向北的塑性流动受到北方克拉通块体或刚性岩石圈阻碍，向东的侧向挤出受到四川刚性盆地的阻碍，从而形成了这种高原内部块体的顺时针旋转（Zhang，2013）；或者是印度板块和欧亚板块在喜马拉雅山弧处的大陆碰撞和在缅甸山弧处的弧后扩张以及特殊的岩层环境的联合作用（朱守彪和石耀霖，2006），造成了这种从 NE—WE—NW 向转换的应力场以及速度场。通过对川藏交通廊道主要活动断裂进行详细的数值模拟研究得知，活动断层附近的地应力值受活动断层的干扰而显著降低，而活动断层附近的地应力值在距断层一定距离后恢复正常，最大水平主应力方向受活动断裂带影响，跨断裂带两侧会产生小角度偏转，在断裂带端部时则会产生大角度偏转。本节根据相关实测的应力数据、应力方向、位移场方向等，利用FLAC3D软件进行模拟，初步得出该研究区域内最大水平主应力分布状况以及最大水平主应力方向，初步确定该研究区域内地应力分布规律以及特征。

4.3 研究区各活动断裂带数值模拟反演结果

研究区域内存在的全新世活动断裂从东至西（图4.11）存在龙门山断裂带、大凉山断裂带、安宁河断裂带、鲜水河断裂带、甘孜 – 玉树断裂带、玉龙希断裂带、理塘断裂带、巴塘断裂带、澜沧江断裂带、巴青 – 类乌齐断裂带、羊达 – 亚许断裂带、边坝 – 洛隆断裂带、嘉黎断裂带、米林断裂带、墨脱断裂带、阿帕龙江断裂带、雅鲁藏布江断裂带、崩错断裂带、亚东 – 谷露断裂带共19条主干断层及诸多分支断层等。现通过数值模拟对其各个断裂带附近最大水平主应力数值以及方向进行分析。

4.3.1 龙门山断裂带（F1）

1. 应力值

龙门山断裂带（F1）周围岩层为软弱岩组。模拟测得龙门山断裂带最大影响距离约30km。区域最大水平主应力介于10~13 MPa，最大水平主应力最大值约为29.05 MPa，最大水平主应力最小值为4.34 MPa；断裂影响带内应力值介于8~10 MPa，跨断裂带应力变化幅度1~2 MPa[①]。

川藏交通廊道雅安—泸定段空间展布（近WE向）与龙门山断裂带走向（NE向）斜交；经天全县于龙门山断裂带南西段次级断层端部交会的应力集中区，最大水平主应力值较高，为15~20 MPa（图4.22）。

2. 应力方向

龙门山断裂带（F1）西北侧，最大水平主应力方向以NW为主，与龙门山断裂带走向垂直，跨断裂带后应力方向变为NWW或近WE向；宝兴县附近最大水平主应力方向以近WE或NWW向与断层小角度斜交，远离断层后转为NW向。

川藏交通廊道雅安—泸定段空间展布（近WE向）与区域最大水平主应力方向（近NW—NWW向）平行或小角度斜交；在天全县附近因位于龙门山断裂带端部，局部最大水平主应力方向可能会与廊道垂直（图4.23）。

---

① 这里的10~13 MPa、8~10 MPa、1~2 MPa均指区域主应力普遍值，但在断层尖端等部位，由于应力集中会产生少部分区域超过或低于该普遍应力值，后文相同。

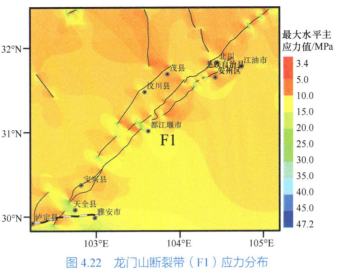

图 4.22　龙门山断裂带（F1）应力分布

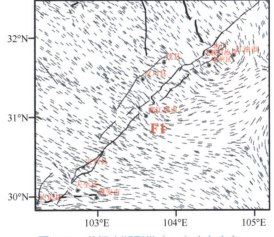

图 4.23　龙门山断裂带（F1）应力方向

4.3.2　大凉山断裂带（F2）、安宁河断裂带（F3）、鲜水河断裂带（F4）、玉龙希断裂带（F5）

1. 应力值

大凉山断裂带（F2）周围岩层为软弱岩组。该断裂带影响距离最大约 15 km。区域最大水平主应力介于 8~10 MPa，最大水平主应力最大值为 27.75 MPa，最大水平主应力最小值为 5.73 MPa；断裂影响带内应力值介于 8~10 MPa，跨断裂带应力变化幅度1~3 MPa。

安宁河断裂带（F3）周围岩层为软弱岩组。该断裂带影响距离最大约 16 km。区域最大水平主应力介于 9~11 MPa，最大水平主应力最大值为 23.7 MPa，最大水平主应力最小值为 6.46 MPa；断裂影响带内应力值介于 8~9 MPa，跨断裂带应力变化幅度

1~2 MPa。

鲜水河断裂带（F4）康定区域周围岩层为坚硬岩组，最大水平主应力介于 15~25 MPa，最大水平主应力最大值为 35.45 MPa，最大水平主应力最小值为 4.82 MPa。断裂影响带内应力值介于 10~12 MPa，跨断裂带应力变化幅度约 1 MPa。

玉龙希断裂带（F5）周围岩层为软弱岩组。该断裂带影响距离最大约 17 km，最大水平主应力介于 10~11 MPa，最大水平主应力最大值为 31.53MPa，最大水平主应力最小值为 7.17MPa，断裂影响带内应力值介于 8~10 MPa。川藏交通廊道康定附近空间展布（NE—WE 向）以大角度与鲜水河断裂带多条次级断层走向（NW 向）相交；同时，因该区地处折多山花岗岩体（Allen et al.，1991）以及多条次级断层交会区，其应力值较高，为 20~25 MPa（图 4.24）。

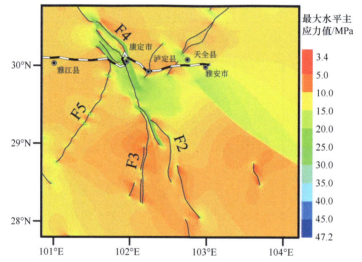

图 4.24　大凉山断裂带（F2）、安宁河断裂带（F3）、鲜水河断裂带（F4）及玉龙希断裂带（F5）应力分布

2. 应力方向

安宁河断裂带（F3）北侧最大水平主应力方向为近 WE 向或 NEE 向，跨断层后偏转为 NW 向；南侧最大水平主应力方向为 NW 向，在安宁河断裂带（F3）与大凉山断裂带（F2）间，受断层扰动影响，局部最大水平主应力方向发生显著变化，跨大凉山断裂带（F2）后，转为 NNW 向发育。

鲜水河断裂带（F4）西侧最大水平主应力方向为 NWW 向，受多条断层影响，最大水平主应力方向在玉龙希断裂带（F5）与鲜水河断裂带（F4）以及安宁河断裂带（F3）间保持 NW—WE—NWW 向发育（从北至南），跨鲜水河断裂带后（F4），转为 NW 向。

川藏交通廊道泸定—康定段以及玉龙希断裂带（F5）以西段空间展布（近 WE—NWW 向）均大致与区域最大水平主应力方向（近 WE—NWW 向）平行或小角度斜交；

在康定附近空间展布（NE—近 WE 向）与局部最大水平主应力方向（NW 向）大角度相交（图 4.25）。

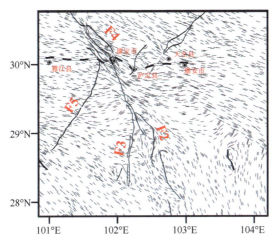

图 4.25　大凉山断裂带（F2）、安宁河断裂带（F3）、鲜水河断裂带（F4）
及玉龙希断裂带（F5）应力方向

4.3.3　理塘断裂带（F6）、巴塘断裂带（F7）

1. 应力值

理塘断裂带（F6）与巴塘断裂带（F7）中间为坚硬岩组，外部为软弱岩组。巴塘断裂带影响距离最大约 22 km；理塘断裂带影响距离最大约 26 km。

理塘断裂带（F6）区域最大水平主应力介于 12~20MPa，最大水平主应力最大值为 38.18 MPa，最大水平主应力最小值为 6.27MPa。该断裂影响带内应力值介于 10~12 MPa，断裂带两侧应力变化幅度为 2~5 MPa。

巴塘断裂带（F7）区域最大水平主应力介于 10~13MPa，最大水平主应力最大值为 22.45 MPa，最大水平主应力最小值为 7.38 MPa。该断裂影响带内应力值介于 9~11 MPa，断裂带两侧应力变化幅度为 1~2 MPa。

川藏交通廊道空间展布（NW 向）平行于理塘断裂带以及巴塘断裂带走向（NW 向）；受岩性及断层影响，经过两条断裂带间夹持的坚硬地块，以及北端断层交会区，沿线应力值较高，为 14~22 MPa（图 4.26）。

2. 应力方向

巴塘断裂带（F7）西侧最大水平主应力方向为 NWW 向，受岩性及断层影响，在巴塘断裂带（F7）及理塘断裂带（F6）间区域最大水平主应力方向为 NW 向；跨理塘断裂带（F6）后，转为近 WE 或 NWW 向。

川藏交通廊道空间展布（近 WE—NW 向）在理塘–巴塘断裂带间大致与区域最大水平主应力方向（NW—NWW 向）平行或小角度斜交（图 4.27）。

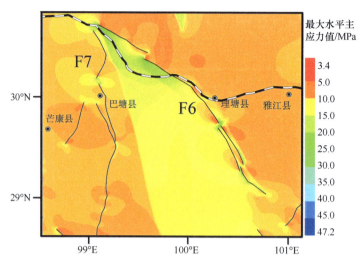

图 4.26　理塘断裂带（F6）及巴塘断裂带（F7）应力分布

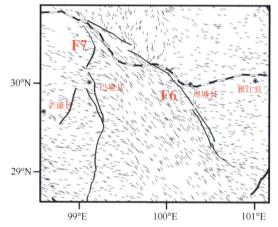

图 4.27　理塘断裂带（F6）及巴塘断裂带（F7）应力方向

4.3.4　澜沧江断裂带（F9）、巴青－类乌齐断裂带（F10）、羊达－亚许断裂带（F11）及边坝－洛隆断裂带（F12）

1. 应 力 值

澜沧江断裂带（F9）周围为软弱岩组，影响距离最大约 20 km，区域最大水平主应力介于 10~11 MPa，最大水平主应力最大值为 20.02 MPa，最大水平主应力最小值为 5.85 MPa。该断裂影响带内应力值介于 7~10 MPa，断裂带两侧应力变化幅度为 1~2 MPa。

巴青－类乌齐断裂带（F10）周围为软弱岩组，影响距离最大约 30 km，区域最大水平主应力介于 10~12 MPa，最大水平主应力最大值为 22.94 MPa，最大水平主应力最小值为 6.3 MPa。该断裂影响带内应力值介于 7~10 MPa，断裂带两侧应力变化幅度约 1 MPa。

羊达–亚许断裂带（F11）周围为软弱岩组，最大水平主应力介于 10~11 MPa，最大水平主应力最大值为 25.69 MPa，最大水平主应力最小值为 7.59 MPa。该断裂影响带内应力值介于 9~10 MPa。

边坝–洛隆断裂带（F12）周围为软弱岩组，影响距离最大约 24 km，区域最大水平主应力介于 11~16 MPa，最大水平主应力最大值为 23.2MPa，最大水平主应力最小值为 8.16 MPa。该断裂影响带内应力值介于 8~11 MPa，断裂带两侧应力变化幅度为 1~2 MPa。

川藏交通廊道贡觉–昌都段（近 WE—NW 向）与澜沧江断裂带（F9）走向（NW 向）平行或小角度斜交；昌都以南段空间展布（NE—NEE 向），与 F9、F10、F11、F12 四条断裂带走向大角度斜交（NW—NWW 向）；并且廊道位于三条断裂带影响范围内，交替经过高地应力值区（15~20 MPa）及低地应力值区（7~9 MPa）（图 4.28）。

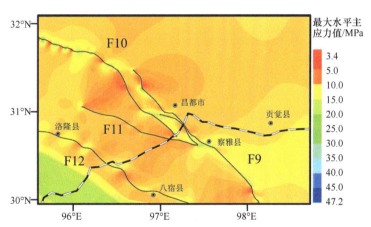

图 4.28　澜沧江断裂带（F9）、巴青–类乌齐断裂带（F10）、羊达–亚许断裂带（F11）及边坝–洛隆断裂带（F12）应力分布

2. 应力方向

澜沧江断裂带（F9）北侧最大水平主应力方向由近 WE 向或 NEE 向穿过断裂带后转为 NWW 向；南侧由近 WE 向或 NWW 向穿过断裂带后转为 NWW 向或 NW 向。羊达–亚许断裂带（F11）两侧最大水平主应力方向跨断层变化幅度较小，整体保持 NEE—近 WE 向。

巴青–类乌齐断裂带（F10）西侧最大水平主应力方向由 NE 向穿过断裂带后逐渐转向 NEE 向或近 WE 向；东侧由近 WE 向或 NEE 向穿过断裂带以 NWW 向发展。

川藏交通廊道贡觉—昌都段（近 WE—NW 向）以及羊达–亚许断裂带（F11）以南段（NEE 向）空间展布大致与区域最大水平主应力方向（近 WE—NEE 向）平行或小角度斜交；在 F9、F10、F11 三条断裂带交会区，受断层影响，局部最大水平主应力方向与线路大角度相交甚至垂直（图 4.29）。

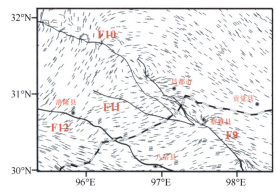

图 4.29　澜沧江断裂带（F9）、巴青－类乌齐断裂带（F10）、羊达－亚许断裂带（F11）
及边坝－洛隆断裂带（F12）应力方向

4.3.5　嘉黎断裂带（F13）、米林断裂带（F14）、墨脱断裂带（F15）

1. 应力值

嘉黎断裂带（F13）为软弱岩组，影响距离最大约 28 km，区域最大水平主应力介于 15~17 MPa，最大水平主应力最大值为 47.2 MPa，最大水平主应力最小值为 3.87 MPa。该断裂影响带内应力值介于 10~14 MPa，断裂带两侧应力变化幅度为 1~2 MPa。

米林断裂带（F14）周围为坚硬岩组，影响距离最大约 15 km，区域最大水平主应力介于 15~17 MPa，最大水平主应力最大值为 31.01 MPa，最大水平主应力最小值为 8.73 MPa。该断裂影响带内应力值介于 12~15MPa，断裂带两侧应力变化幅度为 1~3 MPa。

墨脱断裂带（F15）周围为坚硬岩组，影响距离最大约 14 km，区域最大水平主应力介于 16~18 MPa，最大水平主应力最大值为 44.72 MPa，最大水平主应力最小值为 8.93 MPa。该断裂影响带内应力值介于 13~16 MPa，断裂带两侧应力变化幅度为 1~3 MPa。

川藏交通廊道空间展布（近 NS—NE 向）与嘉黎断裂带（F13）、米林断裂带（近 NS—NE 向）平行；在嘉黎断裂带波密段与通麦段交会区，其局部应力值较低，为 4~8 MPa，经过嘉黎断裂带（F13）后位于米林断裂带（F14）凸侧的高地应力区，为 14~20 MPa（图 4.30）。

2. 应力方向

嘉黎断裂带（F13）下侧最大水平主应力方向由近 EW—NWW 向穿过断裂带转为 NWW 向。

米林断裂带（F14）左侧上部最大水平主应力方向由近 EW 向穿过断裂带转为 NWW 向，左侧下部最大水平主应力方向由 NWW 向穿过断裂带转为 NEE 向或近 EW 向，最大水平主应力方向在端部处发生偏转。

墨脱断裂带（F15）上部最大水平主应力方向由 NEE 向穿过断裂带转为 NWW 向，下部最大水平主应力方向由近 EW 向或 NWW 向穿过断裂带转为 NWW 向，最大水平

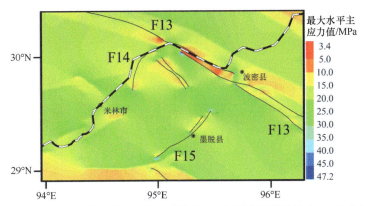

图 4.30　嘉黎断裂带（F13）、米林断裂带（F14）及墨脱断裂带（F15）应力分布

主应力方向在端部处发生偏转。

　　川藏交通廊道走向在嘉黎断裂带两条次级断层与局部最大水平主应力方向垂直，在米林断裂带（F14）附近，局部最大水平主应力方向（近 EW—NWW 向）与廊道方向（NE 向）大角度斜交（图 4.31）。

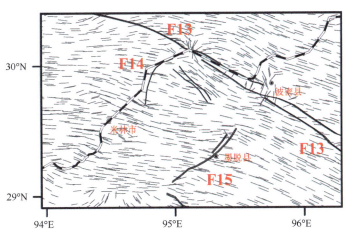

图 4.31　嘉黎断裂带（F13）、米林断裂带（F14）及墨脱断裂带（F15）应力方向

4.3.6　雅鲁藏布江断裂带（F18）、亚东－谷露断裂带（F19）

1. 应力值

　　雅鲁藏布江断裂带（F18）周围为软弱岩组，区域最大水平主应力介于 13~16 MPa，最大水平主应力最大值为 22.07 MPa，最大水平主应力最小值为 7.97 MPa。该断裂影响带内应力值介于 12~13 MPa，断裂带两侧应力变化幅度为 1~3 MPa。

　　亚东－谷露断裂带（F19）除当雄段外均处于坚硬岩组中，区域最大水平主应力介于 16~22 MPa，最大水平主应力最大值为 46.52 MPa，最大水平主应力最小值为 8.94 MPa。该断裂影响带内应力值介于 13~16 MPa，断裂带两侧应力变化幅度为 1~2 MPa。

川藏交通廊道空间展布（近 WE 向）与雅鲁藏布江断裂带走向（近 WE 向）平行（图 4.32）。

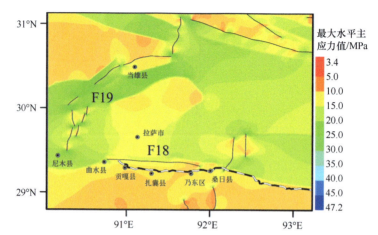

图 4.32　雅鲁藏布江断裂带（F18）及亚东 – 谷露断裂带（F19）应力分布

2. 应力方向

雅鲁藏布江断裂带（F18）下侧最大水平主应力方向为近 NS 向，受岩性及断层影响，靠近断层偏转为 NNE 向或 NNW 向。

亚东 – 谷露断裂带（F19）处于坚硬岩组中，受岩性影响，区域最大水平主应力方向为 NE 向，远离坚硬岩组变为近 NS 向或 NNE 向；受断层影响，最大水平主应力方向在断层端部发生大角度偏转至近 WE 向，远离断层保持 NE 向发育。

川藏交通廊道空间展布（近 WE 向）与区域最大水平主应力方向（NE 向）小角度斜交（图 4.33）。

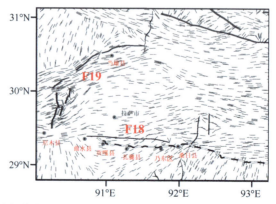

图 4.33　雅鲁藏布江断裂带（F18）及亚东 – 谷露断裂带（F19）应力方向

4.3.7　应力分布特征对工程建设的影响

基于数值模拟反演，本节初步得出川藏交通廊道跨断层地应力分布规律（表 4.7），

表 4.7 　川藏交通廊道跨断层地应力分布规律

	龙门山断裂带	鲜水河断裂带	玉龙希断裂带	理塘断裂带	巴塘断裂带	澜沧江断裂带	巴青-类乌齐断裂带	羊达-亚许断裂带	边坝-洛隆断裂带	嘉黎断裂带	米林断裂带	雅鲁藏布江断裂带
区域应力值/MPa	10~13	15~25	10~11	12~20	10~13		10~12		11~16	15~17	15~17	13~16
工程区应力值/MPa	13~20	12~25	10~11	14~22			7~9		12~15	4~20	14~20	13~17
区域应力方向		NW—NWW				NWW	NEE		NEE	NE	近 WE—NWW	NE—NEE
工程区应力方向		NWW—NW				NWW	NEE		NEE	NE	WE—NWW	NEE
断层走向	NE	NW	NW	NW	NW	NW	NW	NWW	NWW	NWW	NS—NE	WE
川藏交通廊道走向	WE	WE—NE	WE—NW	WE—NW	WE—NW	NW	NE	NEE	NEE	NWW	NE	WE
工程区应力方向与川藏交通廊道走向关系	小角度斜交	大角度斜交或垂直	小角度斜交或平行	近平行	大角度斜交或垂直	大角度斜交或垂直	小角度斜交或平行	平行	平行	大角度斜交或垂直	大角度斜交	小角度斜交

基本确定川藏交通廊道地应力受断层扰动影响严重。

天全（龙门山断裂带，图4.22）、康定（鲜水河断裂带，图4.24）、巴塘（理塘断裂带、巴塘断裂带，图4.26）、东构造结（嘉黎断裂带、米林断裂带，图4.30）、拉萨（雅鲁藏布江断裂带，图4.32）等区域均位于断层端部或次级板块交界处，边界断层显著地影响着局部应力场分布特征，并且这些区域围岩受构造内动力作用强烈，加之区域高地应力环境，在地下隧洞开挖过程中，极易引起岩爆大变形等围岩失稳破坏现象（李金轩等，2023）。

同时，在康定（鲜水河断裂带，图4.25）、昌都（澜沧江断裂带、巴青－类乌齐断裂带、羊达－亚许断裂带，图4.29）、波密（嘉黎断裂带、米林断裂带，图4.31）等地区，川藏交通廊道经多条次级断层复合形成的扰动区内，应力优势方位与廊道走向大角度斜交或垂直，加之青藏高原内部深大断裂带全新世强烈的活动性，施工及后续运营过程中极易产生由断层滑移引起的路基轨道位错破坏。

参考文献

蔡美峰. 1993. 地应力测量原理和方法的评述. 岩石力学与工程学报, (3): 275-283.

蔡美峰. 1995. 地应力测量原理和技术. 北京: 科学出版社.

曹建玲, 石耀霖. 2005. 地表温度年变化对地应力和地倾斜的影响. 中国科学院研究生院学报, (3): 303-308.

陈家庚, 高龙生. 1989. 原地应力、岩层原地强度及中国大陆之应力场. 地震学报, (2): 142-152.

陈彭年, 陈宏德, 高莉青. 1990. 世界地应力实测资料汇编. 北京: 地震出版社.

陈宗基. 1982. 地下巷道长期稳定性的力学问题. 岩石力学与工程学报, (1): 1-20.

冯兴隆, 刘华武, 高兆伟, 等. 2015. 普朗铜矿地应力测量及其结果分析. 湖南有色金属, 31(1): 1-4, 32.

郭长宝, 王保弟, 刘建康, 等. 2020. 川藏铁路交通廊道地质调查工程主要进展与成果. 中国地质调查, 7(6): 1-12.

郭长宝, 张永双, 王涛, 等. 2017. 南北活动构造带中段地质灾害与重大工程地质问题概论. 地质力学学报, 23(5): 707-722.

郭啟良, 王成虎, 马洪生, 等. 2009. 汶川M_s8.0级大震前后的水压致裂原地应力测量. 地球物理学报, 52(5): 1395-1401.

韩骏. 2015. 川藏交通廊道地应力评估方法研究. 成都: 西南交通大学.

景锋, 盛谦, 张勇慧, 等. 2007. 中国大陆浅层地壳实测地应力分布规律研究. 岩石力学与工程学报, (10): 2056-2062.

景锋, 盛谦, 张勇慧, 等. 2008. 不同地质成因岩石地应力分布规律的统计分析. 岩土力学, (7): 1877-1883.

李畅. 2019. 成兰铁路某软岩隧道大变形机制研究. 成都: 成都理工大学.

李方全, 刘光勋. 1986. 我国现今地应力状态及有关问题. 地震学报, (2): 156-171.

李方全, 祁英男. 1988. 地壳应力随深度的变化规律. 岩石力学与工程学报, (4): 301-309.

李金轩, 郭松峰, 祁生文, 等. 2023. 青藏高原东缘应力场及地下工程灾害风险研究. 工程地质学报, 31(3): 736-749.

李四光. 1973. 地震地质. 北京: 科学出版社.

牛之俊, 王敏, 孙汉荣, 等. 2005. 中国大陆现今地壳运动速度场的最新观测结果. 科学通报, (8): 839-840.

彭华, 崔巍, 马秀敏, 等. 2006. 南水北调西线第一期工程调水区水压致裂地应力测量及其工程意义. 地质力学学报, (2): 182-190.

彭建兵, 马润勇, 卢全中, 等. 2004. 青藏高原隆升的地质灾害效应. 地球科学进展, (3): 457-466.

祁生文, 伍法权. 2011. 高地应力地区河谷应力场特征. 岩土力学, 32(5): 1460-1464.

瞿伟, 高源, 陈海禄, 等. 2021. 利用GPS高精度监测数据开展青藏高原现今地壳运动与形变特征研究进展. 地球科学与环境学报, 43(1): 182-204.

苏生瑞, 朱合华, 王士天, 等. 2002. 断裂物理力学性质对其附近地应力场的影响. 西北大学学报(自然科学版), (6): 655-658.

苏生瑞. 2002. 断裂构造对地应力场的影响及其工程意义. 岩石力学与工程学报, (2): 296.

孙广忠, 孙毅. 2004. 地质工程学原理. 北京: 地质出版社.

谭成轩, 张鹏, 郑汉淮, 等. 2008. 雅砻江锦屏一级水电站坝址区实测地应力与重大工程地质问题分析. 工程地质学报, (2): 162-168.

王成虎, 高桂云, 杨树新, 等. 2019. 基于中国西部构造应力分区的川藏铁路沿线地应力的状态分析与预估. 岩石力学与工程学报, 38(11): 2242-2253.

王思敬. 2002. 地球内外动力耦合作用与重大地质灾害的成因初探. 工程地质学报, (2): 115-117.

谢富仁, 陈群策, 崔效锋, 等. 2007. 中国大陆地壳应力环境基础数据库. 地球物理学进展, 22(1): 131-136.

谢富仁, 崔效锋, 赵建涛, 等. 2004. 中国大陆及邻区现代构造应力场分区. 地球物理学报, (4): 654-662.

谢富仁, 崔效锋, 赵建涛. 2003. 全球应力场与构造分析. 地学前缘, (S1): 22-30.

徐锡伟, 韩竹军, 杨晓平, 等. 2016. 中国及邻近地区地震构造图. 北京: 地震出版社.

徐正宣, 张利国, 蒋良文, 等. 2021. 川藏铁路雅安至林芝段工程地质环境及主要工程地质问题. 工程科学与技术, 53(3): 29-42.

薛玺成, 王大年, 王伟. 1989. 岩体初始地应力场研究的新进展//岩石力学新进展. 天津: 天津大学: 248-263.

杨树新, 姚瑞, 崔效锋, 等. 2012. 中国大陆与各活动地块、南北地震带实测应力特征分析. 地球物理学报, 55(12): 4207-4217.

曾秋生. 1989. 中国现今地壳应力状态. 中国地质科学院地质力学研究所所刊, (1): 197-207.

张宁, 兰恒星, 李郎平, 等. 2022. 青藏高原东南缘实测地应力特征及意义分析. 工程地质学报, 30(3): 696-707.

张培震, 王琪, 马宗晋. 2002. 中国大陆现今构造运动的GPS速度场与活动地块. 地学前缘, (2): 430-441.

张致伟, 阮祥, 王晓山, 等. 2015. 汶川、芦山地震前后四川地区应力场时空演化. 地震, 35(4): 136-146.

朱守彪, 石耀霖. 2006. 中国大陆及邻区构造应力场成因的研究. 中国科学(D辑: 地球科学), (12): 1077-1083.

Allen C R, Luo Z L, Qian H, et al. 1991. Field study of a highly active fault zone: The Xianshuihe fault of southwestern China. Geological Society of America Bulletin, 103(9): 1178-1199.

Amadei B, Stephansson O. 1997. Rock Stress and Its Measurement. Berlin: Springer Science & Business Media.

Brady B H, Brown E T. 2006. Rock Mechanics: For Underground Mining. Berlin: Springer Science & Business Media.

Brown E T, Hoek E. 1978. Trends in relationships between measured in-situ stresses and depth. International Journal of Rock Mechanics and Mining Sciences & Geomechanics Abstracts, 15(4): 211-215.

Chen Q, Freymueller J T, Wang Q, et al. 2004. A deforming block model for the present-day tectonics of Tibet. Journal of Geophysical Research: Solid Earth, 109(B1): B01403.

Deng X L, Sun G J, Yu Y H, et al. 2021. In-situ stress analysis of deep-buried and extra-long highway tunnel in northeast Yunnan region. Journal of Engineering Geology, 29(3): 862-870.

Du X X, Shao H C. 1999. Modern tectonic stress field in the Chinese mainland inverted from focal mechanism solutions. Acta Seismologica Sinica, 12(4): 390-397.

Engelder T, Sbar M L. 1984. Near-surface in situ stress: Introduction. Journal of Geophysical Research: Solid Earth, 89(B11): 9321-9322.

Fuchs K, Müller B. 2001. World stress map of the earth: A key to tectonic processes and technological applications. Die Naturwissenschaften, 88(9): 357-371.

Gan W, Zhang P, Shen Z K, et al. 2007.Present-day crustal motion within the Tibetan Plateau inferred from GPS measurements. Journal of Geophysical Research: Solid Earth, 112(B8): B08416.

Gao Y, Chen L, Wang X, et al. 2019. Complex lithospheric deformation in Eastern and Northeastern Tibet from shear-wave splitting observations and its geodynamic implications. Journal of Geophysical Research: Solid Earth, 124: 10331-10346.

Gay N C. 1980. The state of stress in the plates. Dynamics of Plate Interiors, 1: 145-153.

Haimson B. 1997. Borehole breakouts and core disking as tools for estimating in situ stress in deep holes. Japan: Proceedings of the International Symposium Rock Stress: 35-43.

Hast N. 1969. The state of stress in the upper part of the earth's crust. Tectonophysics, 8(3): 169-211.

Heidbach O, Höhne J. 2008. CASMI—A visualization tool for the World Stress Map database. Computers and Geosciences, 34(7): 783-791.

Heidbach O, Rajabi M, Reiter K, et al. 2016. World Stress Map Database Release 2016 (Version 1.1). GFZ Data Services. https://doi.org/10.5880/WSM.2016.001.

Heidbach O, Tingay M, Barth A, et al. 2010. Global crustal stress pattern based on the World Stress Map database release 2008. Tectonophysics, 482: 3-15.

Heidbach O, Reinecker J, Tingay M, et al. 2007. Plate boundary forces are not enough: Second-and third-order stress patterns highlighted in the World Stress Map database. Tectonics, 26(6): TC6014.

Hubbert M K, Willis D G. 1957. Mechanics of hydraulic fracturing. Transactions of the AIME, 210(1): 153-168.

Leeman E R. 1964. The measurement of stress in rock. Journal of the Southern African Institute of Mining and Metallurgy, 65: 45-114.

Li F Q. 1995. In Situ Stress State in Mainland China//Mechanics Problems in Geodynamics Part I. Basel: Birkhäuser Basel: 775-787.

Ljunggren C, Chang Y, Janson T, et al. 2003. An overview of rock stress measurement methods. International Journal of Rock Mechanics and Mining Sciences, 40(7-8): 975-989.

Ljunggren C, Raillard G. 1986. In-situ Stress Determination by Hydraulic Tests on Preexisting Fractures at Gideå Test Site, Sweden. Luleå: Luleå Tekniska Universitet.

Martin C D, Read R S, Lang P A. 1990.Seven years of in situ stress measurements at the URL: An overview// Rock Mechanics Contributions and Challenges: Proceedings of the 31st U.S. Symposium. Boca Raton: CRC Press: 15-26.

Molnar P, Tapponnier P. 1975. Cenozoic tectonics of Asia: Effects of a continental collision: Features of recent continental tectonics in Asia can be interpreted as results of the India-Eurasia collision. Science, 189(4201): 419-426.

Shen Z K, Lü J N, Wang M, et al. 2005. Contemporary crustal deformation around the southeast borderland of the Tibetan Plateau. Journal of Geophysical Research: Solid Earth, 110(B11): B11409.

Sheng S Z, Hu X H, Wang X, et al. 2022. Study on the crustal stress field of Yunnan and its adjacent areas. Chinese Journal of Geophysics (in Chinese), 65(9): 3252-3267.

Stacey T R, Wesseloo J. 1998. In situ stresses in mining areas in South Africa. Journal-South African Institute of Mining and Metallurgy, 98: 365-368.

Teufel L W, Rhett D W, Farrell H E, et al. 1993. Control of fractured reservoir permeability by spatial and temporal variations in stress magnitude and orientation//SPE Annual Technical Conference and Exhibition. Houston.

Wan Y. 2010. Contemporary tectonic stress field in China. Earthquake Science, 23(4): 377-386.

Xu X, Han Z, Yang X, et al. 2016. Seismotectonic Map in China and Its Adjacent Regions. Beijing: Seismological Press.

Xu Z H, Xu G Q, Wu S W. 1999. Present-day tectonic stress in the East China Sea region and its possible origin. Acta Seismologica Sinica(English Edition), (5): 542-549.

Xu Z, Huang Z, Wang L, et al. 2016. Crustal stress field in Yunnan: Implication for crust-mantle coupling. Earthquake Science, 29: 105-115.

Yale D P, Sprunt E S. 1989. Prediction of fracture direction using shear acoustic anisotropy. The Log Analyst, 30(2): 65-70.

Yale D P. 2003. Fault and stress magnitude controls on variations in the orientation of in situ stress. Geological Society London Special Publications, 209(1): 55-64.

Yang S X, Huang L, Xie F, et al. 2014. Quantitative analysis of the shallow crustal tectonic stress field in China mainland based on in situ stress data. Journal of Asian Earth Sciences, 85: 154-162.

Zhang P Z, Shen Z, Wang M, et al. 2004. Continuous deformation of the Tibetan Plateau from global positioning system data. Geology, 32(9): 809-812.

Zhang P Z. 2013. A review on active tectonics and deep crustal processes of the Western Sichuan region, eastern margin of the Tibetan Plateau. Tectonophysics, 584: 7-22.

Zoback M L, Zoback M D, Adams J, et al. 1989. Global patterns of tectonic stress. Nature, 341: 291-298.

Zoback M L. 1992. First-and second-order patterns of stress in the lithosphere: The World Stress Map project. Journal of Geophysical Research: Solid Earth, 97: 11703-11728.

第 5 章

川藏交通廊道斜坡灾害

受青藏高原隆升影响，川藏交通廊道区域构造活动强烈，河谷下切严重，地势上相对高差大，边坡岩体较为破碎，稳定性差。该区域具备发生崩滑地质灾害所需的地质构造、岩性、水源、地形等条件，是我国崩滑灾害最发育、类型最齐全、危害最严重的地区之一（李秀珍等，2019），给廊道内交通线性工程的修建及运营造成了巨大的困难（韩骏，2015）。本章是对正在施工建设的川藏交通廊道雅安—林芝段的崩滑灾害进行研究，在遥感影像中未发现由廊道施工扰动引起的崩滑灾害，因此本章所解译的崩滑灾害皆属于可能威胁川藏交通廊道施工以及安全运营的自然灾害。

5.1 川藏交通廊道崩滑灾害遥感调查

根据总体目标和工作内容要求及以往工作经验，本次川藏交通廊道崩滑灾害的遥感调查工作以 Google Earth 影像数据为基础，以国产高分二号（GF-2）卫星遥感影像（全色波段空间分辨率 0.8 m）和 Landsat-8 卫星遥感影像为补充数据，使用 ENVI 作为图像处理的软件平台，以 ArcGIS 作为崩滑灾害解译提取的软件平台。遥感调查以室内遥感解译为主，实地验证为辅，利用室内综合研究与实地调查相结合的方法来完成工作任务，主要采用了如下步骤。

（1）全面收集区域遥感影像数据、自然地理情况、气象水文、地形地貌、地质构造、地层岩性、新构造运动及地震等数据。

（2）以 Google Earth 影像数据为基础进行全区崩滑灾害初步解译，制作该区崩滑灾害的分布图，建立灾害数据集。

（3）针对全区解译的崩滑灾害进行野外验证工作，完善灾害数据集。

5.1.1 遥感信息源及图像处理

为了全面解译区域内的崩滑灾害，本章采用包括 Google Earth 影像、国产 GF-2 卫星遥感影像等多种分辨率的遥感影像。数字高程模型（digital elevation model，DEM）数据来自于先进星载热发射和反射辐射仪全球数字高程模型（ASTER GDEM）。Google Earth 是一个交互式地理数据浏览器，借助 Google Earth 的三维虚拟环境，可以准确解译崩滑灾害形态，同时也对地形进行增强显示，使之具有更好的辨别能力。GF-2 卫星影像具有极高的分辨率，可以较详细地识别崩滑的边界。此外，DEM 也作为辅助解译数据，同时在后续分析中用于提取崩滑灾害的形貌数据（Singhroy，2009）。表 5.1 为本章所采用的数据，在可以选择的情况下，数据的时相优先选择夏季。

表 5.1 数据情况

数据源	空间分辨率	图像处理
Google Earth	部分区域能够达到约 5 m	—
GF-2	全色波段 0.8 m，多光谱波段 3.2 m	经图像融合成 0.8 m 分辨率的图像
Landsat-8	全色波段 15 m，多光谱波段 30 m	经图像融合成 15 m 分辨率的图像
ASTER GDEM	30 m	—

一般情况下，研究者得到的遥感影像数据均为经过一定预处理的影像，根据获取的产品级别的不同，后续处理步骤会稍微有所差别，但是大部分处理流程是一致的，本章以 GF-2 卫星影像的处理为例，分为以下几个部分（张安定，2016；赵文吉，2007）。

1. 辐射定标

当研究者需要计算地物的光谱反射率或光谱辐射亮度，或者需要对不同时间、不同传感器获取的影像进行比较时，都必须将遥感影像像元亮度值转换为绝对的辐射亮度，该过程被称为辐射定标。通常情况下，辐射定标的相关参数由影像数据分发部门提供，写在影像的头文件中，数据处理过程中，研究者可以利用影像处理软件读取相关参数，进行辐射定标。

2. 大气校正

传感器最终测得的地面目标的总辐射亮度并不是地表真实反射率的反映，其中包含了由大气吸收，尤其是散射作用造成的辐射量误差。大气校正就是消除这些由大气影响所造成的辐射误差，反演地物真实表面反射率的过程。在影像处理过程中，常用的大气校正模型包括 FLAASH 模型、ATCOR 模型等，这些模型已经集成在 ENVI 和 ERDAS 等商业软件中。

3. 正射校正

正射校正是对影像进行几何畸变纠正的一个过程，它对由地形、相机几何特性以及与传感器相关的误差所造成的明显的几何畸变进行处理，输出的正射校正影像是正射的平面真实影像。在实际使用过程中，研究者所购买或下载的影像数据，一般已经进行过系统级几何校正，还需要利用影像处理软件进行校正，从而获得最终的正射影像。

4. 图像配准

对于不同时相或者不同卫星的同一工作区影像，将高分辨率全色影像与较低分辨率的多光谱影像进行配准，实现影像的纠正配准。利用影像处理软件的连接和分层交互显示功能，目视检查影像配准精度，配准精度优于 0.5 个像元，即为合格。

5. 图像镶嵌

在实际解译过程中，一景影像往往难以覆盖整个研究区，需要将多景影像镶嵌成一景影像进行遥感解译。为避免镶嵌图像上有明显接缝，在镶嵌过程中采用曲线接边处理方法和直方图色彩匹配法，从而保证图像镶嵌质量。

6. 图像融合

遥感影像融合是指将不同类型传感器或同一传感器的不同类型数据进行空间配准，将各类数据的优势或互补性有机结合起来产生新数据的技术过程。融合的目的有两个：

一是用于信息的提取，要求原始数据的处理不得产生光谱失真，以利于建立解译标志，减少判读的不确定因素；二是用于背景图制作，要求图像清晰、色彩鲜艳。

5.1.2 崩滑灾害遥感解译方法及步骤

根据以往经验，崩滑灾害遥感解译采用多源遥感数据相结合、人机交互解译相结合、平面影像与立体影像交互解译相结合、室内综合研究与实地调查相结合等方法（童立强等，2013）[参考《区域地质调查中遥感技术规定（1∶50000）》（DZ/T 0151—2015），《地质灾害遥感调查技术规定》（DD 2015—01）]。

1. 遥感解译原则

遥感解译遵循的原则：从地质研究程度高、地质灾害资料丰富的地区开始，逐步向地质研究程度低、地质灾害资料匮乏的地区过渡；由区域性宏观解译逐渐向局部性微观问题研究过渡，循序渐进、逐步深化，提高对区域地质灾害的认识。

2. 遥感解译方法

1）直接解译法

遥感影像经过处理后，根据崩滑灾害的色彩、形态等影像特征勾绘其边界。发生崩滑灾害的岩石或地表堆积物较为破碎，在影像上多呈现浅灰色斑杂状；发生时间不长的崩滑灾害，图像上有亮白色的细长条带。例如，滑坡灾害的主要遥感解译特征为：整体形态常表现为双沟同源地形、圈椅状后壁、椭圆和不规则多边形边界等特殊的地貌特征，坡体颜色与周围环境差异较大，且在遥感影像上能较为清楚地观察到滑坡基本的地形要素，如圈椅状后壁、滑坡边界、滑坡台阶、滑坡舌等要素。

2）对比解译法

在实际解译过程中，许多区域直接解译崩滑灾害存在一定的困难。对于解译较困难的地物，或相关资料较少的地区，就需要扩大视野，设法将已知地区的影像与需要解译的未知地区影像进行对比解译，从已知到未知，从一般到特殊，循序渐进。本研究是基于直接解译法和对比解译法进行解译的。

3）逻辑推理法

对于解译困难的崩滑灾害，需要将灾害所在的生态环境、地理位置等细微特征进行汇总，对其内在联系进行综合分析，再确定其类型和分布位置。例如，崩滑灾害多分布于高山峡谷地区，水系发育是其主要特征，在水系长而直、冲沟发育，尤其是水系的末梢密度较高区，在遥感影像上常表现为大片阴影区；崩滑灾害多与大型活动构造或新构造有关，在形态上多呈线状特征。

4）图像处理法

对于解译困难大或模糊不清的影像，通过各种影像处理方法（融合、拉伸、比值和滤波等）和信息提取手段，突出与崩滑灾害相关的信息，消除干扰信息，使影像更清晰，信息更丰富，从而提高崩滑灾害的解译效果。

3. 遥感解译步骤

1）室内解译阶段

综合分析收集的地质资料和遥感影像图，了解大地构造格架、地层岩性及滑坡、崩塌灾害分布等的情况；根据崩滑灾害的色彩、形态等影像特征，通过人机交互的方式，在遥感影像图上进行灾害解译，并初步填写崩滑灾害遥感解译卡片（表 5.2）。

表 5.2 遥感解译卡片

灾害类型	滑坡	编号	CZH6577	遥感影像图
坐标	29°59′50″N，95°03′34″E			
遥感影像特征	影像上有明显的植被剥蚀迹象，可见纵向影纹，坡体破碎，前缘有堆积物			
最高点高程	2555 m	高差	635 m	
长	1002 m	宽	540 m	
主滑方向	228°	发生时间	2000 年	
岩性	黑云二长片麻岩、黑云斜长片麻岩、角闪片岩、透辉石大理岩、长石石英岩、花岗片麻岩、板岩、千枚岩			
解译人	姚翔龙	复核人	郭忻怡	

2）野外验证与同步解译阶段

对解译成果进行实地调查。初步解译工作完成后，根据解译成果设计验证和实地调查路线。野外验证时，对室内遥感解译存疑的或重要的崩滑灾害进行确定和补充解译。

3）再解译和再认识阶段

完成野外验证工作后，完善解译内容，再次修编解译成果，详细填写崩滑灾害遥感解译卡片，编制完成崩滑灾害分布图。

5.1.3 野外调查验证

野外调查是遥感调查的必要环节，是检验遥感解译准确性的重要步骤，本节对野外调查验证的步骤进行详细介绍（童立强等，2013）。

1. 野外调查路线的选择

根据室内解译情况、地质、地形地貌、前人研究程度、交通和自然地理条件等因素，确定不同地段的地面调查路线和调查内容。调查路线布置在室内解译时存疑的点位、灾害分布较为集中的地段、综合分析存在重大地质灾害隐患的地段、现有交通可到达的地段。

2. 野外调查的内容和手段

野外调查过程中，首先要注意调查灾害本身的特点，结合地形图、遥感影像圈定灾害的范围，确定威胁对象；同时也要注意调查灾害发生的地形地貌、植被、水系和人类活动等因素，判定其成因类型，对于主要灾害点应在遥感解译卡片进行详细的补充记录。

调查时使用罗盘测量岩体结构面产状；使用相机拍摄灾害局部特征；使用无人机获取地质灾害全貌，同时也为室内三维建模提供数据。

3. 野外调查结果

对野外调查成果进行整理汇总，完善解译内容，编制完成灾害分布图，形成灾害调查报告。

经 2020~2021 年的三次野外调查验证结果发现，室内遥感解译的准确率可达 95%，图 5.1 和图 5.2 为崩滑灾害野外验证的典型照片。

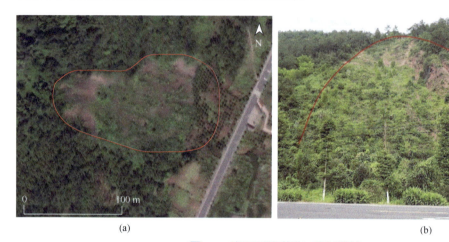

(a)   (b)

图 5.1　寨子顶隧道进口附近滑坡

（a）遥感影像；（b）现场照片（镜向 279°）；图中红线为滑坡的边界范围线。下同

(a)   (b)

图 5.2　旺甲隧道进口附近滑坡

（a）遥感影像；（b）现场照片（镜向 317°）

5.2　川藏交通廊道崩滑灾害分布及发育特征

5.2.1　崩滑灾害分类及标准

崩滑灾害是自然界普遍存在的一种斜坡运动，它是在多种触发因素的影响下，不同质量的岩土体沿着斜坡启动、运动及堆积的现象。

目前，崩滑灾害的分类多种多样，分类标准可以包括滑体厚度、发生原因、目前稳定程度、发生年代和体积。根据上述分类标准，具体分类方案见表 5.3~ 表 5.7（王思敬和黄鼎成，2004；王治华，2012）。

表 5.3　按照滑体厚度的分类标准

类别名称	特征说明
浅层	滑体厚度在 10 m 以内
中层	滑体厚度在 10~25 m
深层	滑体厚度在 25~50 m
超深层	滑体厚度超过 50 m

表 5.4　按照发生原因的分类标准

类别名称	特征说明
工程原因	由施工或加载等人类工程活动引起崩滑，还可细分为：工程新崩滑，即由开挖坡体或建筑物加载形成的崩滑灾害；工程复活古崩滑，即原来已存在的崩滑，由工程扰动引起复活
自然原因	由于自然地质作用产生的崩滑灾害，按其发生的相对时代可分为古崩滑、老崩滑和新崩滑

表 5.5　按照目前稳定程度的分类标准

类别名称	特征说明
活动	发生后仍继续活动的，后壁及两侧有新鲜擦痕，内部有开裂、鼓起或前缘有挤出等变形迹象
不活动	发生后已停止发展，一般情况下不可能重新活动，坡体上植被覆盖较为茂盛，常有老建筑

表 5.6　按照发生年代的分类标准

类别名称	特征说明
新崩滑	目前正在或刚发生滑动
老崩滑	全新世以来发生滑动，现今整体稳定的
古崩滑	全新世以前发生滑动，现今整体稳定的

表 5.7　按照体积的分类标准

类别名称	特征说明
小型	$< 10 \times 10^4 \, m^3$
中型	$10 \times 10^4 \sim 100 \times 10^4 \, m^3$
大型	$100 \times 10^4 \sim 1000 \times 10^4 \, m^3$
特大型	$1000 \times 10^4 \sim 10000 \times 10^4 \, m^3$
巨型	$> 10000 \times 10^4 \, m^3$

本章选择崩滑面积作为主要分类标准，分为 8 个区间，分割标准为上一区间面积值的 2 倍，划分为微型、小型、中小型、中大型、中型、大中型、大型、特大型 8 个类别，见表 5.8（姚翔龙，2021）。对川藏交通廊道区域内崩滑灾害的统计结果显示，区域内共发育了崩滑灾害 4509 处，面积范围为 44.09~9478367.91 m²，其中土质崩滑 98 处，岩质崩滑 4411 处。区域内崩滑面积小于 4000 m² 的微型崩滑，共计 1141 处，占廊道内总崩滑数量比例的 25.30%；面积大于 4000 m² 的小型~特大型崩滑，发育情况相似，各种规模类型的崩滑数量主要分布在 460~510 处，占比在 10%~12%，见表 5.8。

表 5.8　不同面积区间崩滑灾害数量统计表

区间序号	面积分级 /m²	规模类型	分布数量 / 处	数量占比 /%
1	0~4000	微型	1141	25.30
2	4000~8000	小型	490	10.87
3	8000~16000	中小型	488	10.82
4	16000~32000	中大型	473	10.49
5	32000~64000	中型	507	11.24
6	64000~128000	大中型	468	10.38
7	128000~256000	大型	462	10.25
8	256000~10000000	特大型	480	10.65

5.2.2　崩滑灾害空间总体分布

基于前述遥感影像数据源和崩滑灾害的解译方法，本章通过遥感目视解译，并结合野外调查验证，提取了川藏交通廊道区域的崩滑灾害，灾害分布情况如图 5.3 所示。从图 5.3 中可以看出，川藏交通廊道区域崩滑灾害具有丛集分布的特征，主要分布在林芝—波密段、洛隆—八宿段。

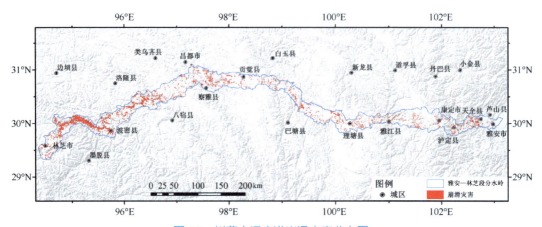

图 5.3　川藏交通廊道崩滑灾害分布图

崩滑灾害的发育密度一直是崩滑灾害研究中最重要的评价指标，反映了各区域之间灾害发生的难易程度。本章选择面密度作为评价指标，描述川藏交通廊道崩滑灾害分布情况。面密度是指某区间内的崩滑灾害面积与该区间面积的比值。在计算过程中，选取县级区域为计算的背景面积，具体计算公式如式（5.1）所示：

$$D = \frac{S_i}{A_i} \tag{5.1}$$

式中，D 为灾害面密度；S_i 为川藏交通廊道位于 i 地区的灾害面积；A_i 为川藏交通廊道位于 i 地区的背景面积。D 值越大，表明区域内崩滑灾害密度越高，也就越容易发生崩滑灾害。

本章根据式（5.1）计算了川藏交通廊道各地区的崩滑灾害面密度，分布情况如图 5.4 和图 5.5 所示。可以看出，在空间上，川藏交通廊道区域崩滑灾害的面密度总体上呈现出从西向东递减的趋势，林芝巴宜、波密和洛隆段的崩滑灾害面密度较高，其中洛隆段密度最高，超过 0.05。在贡觉和雅江附近形成两个显著的崩滑密度较低地段。天全以东的芦山、雨城和名山等地，崩滑面密度则更低。

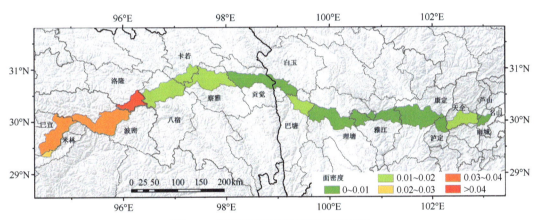

图 5.4　各地区崩滑灾害面密度分布图

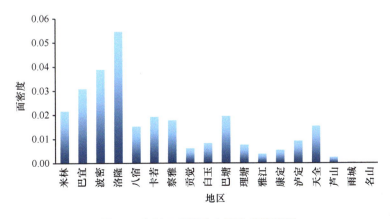

图 5.5　各地区崩滑灾害面密度柱状图

5.2.3 崩滑灾害空间分布影响因素分析

崩滑灾害的发生是斜坡自身基础地质条件与外界触发因素共同作用的结果。通过文献调研并考虑研究区地质环境条件，选取高程、坡度、坡向、工程地质岩组、距断裂距离、距水系距离、距公路距离、地震动峰值加速度、降水这9个要素进行灾害空间分布规律分析，利用式（5.2）计算各因子的频率比（frequency ratio，FR），见图5.6，获得灾害分布与各因子之间的关系，因子栅格大小皆为 30 m×30 m。

$$FR_{ij} = \frac{A_{ij}/A}{B_{ij}/B} \tag{5.2}$$

式中，A 为灾害总面积；B 为研究区总面积；A_{ij} 为某一特定因子 i 在第 j 分级区间的灾害面积；B_{ij} 为某一特定因子 i 在第 j 分级区间的研究区面积。当 FR_{ij} 值大于1时表明影响因子 i 在第 j 分级区间有利于灾害的发生。

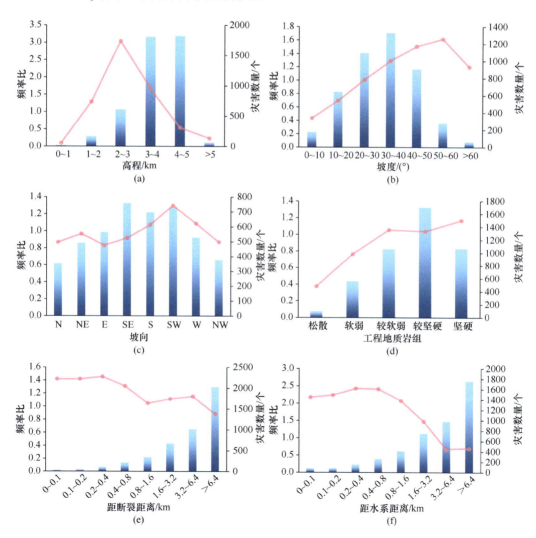

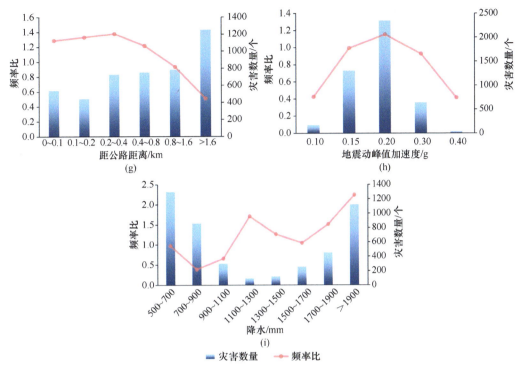

图 5.6　各影响因子频率比和灾害数量计算结果

1. 高程

高程是崩滑灾害发生的主要控制因素之一，本章采用 30 m 分辨率的高程数据，研究区的高程范围为 534~7979 m，利用 ArcGIS 中的"栅格重分类"功能按照 1 km 一个间隔将高程划分为 6 级（图 5.7）：0~1 km、1~2 km、2~3 km、3~4 km、4~5 km、> 5 km。川藏交通廊道地区主要为高程 3 km 以上地区，其中高程在 4~5 km 的地区占比最大。

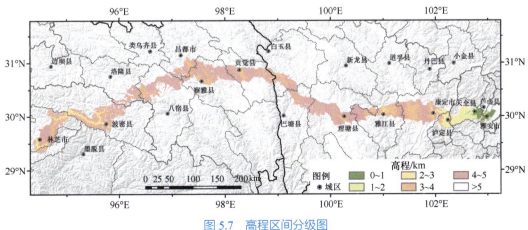

图 5.7　高程区间分级图

本章计算了不同高程区间内灾害发生的频率比,分析了崩滑灾害在不同高程的发育特点,计算结果如图 5.6(a)所示。研究结果显示,频率比随高程的增大呈现出先增大后减小的趋势,频率比最大值出现在高程为 2~3 km 的区域,高程值为 1~4 km 的区域的频率比都大于 1,说明研究区内 1~4 km 的高程更利于崩滑灾害的发生。这一分布也反映了地貌演化的影响,4 km 以上为较平缓的高原面,1 km 以下则为河谷区或低矮丘陵区,1~4 km 则是高山峡谷区,内外动力作用活跃,崩滑灾害易于发育。

2. 坡度

坡度与崩滑灾害的关系密切,一般来说,坡度过低或过高都不利于崩滑灾害的发育(李郎平等,2017)。本章利用研究区 30 m 空间分辨率的 DEM 数据在 ArcGIS 中计算坡度,然后根据坡度的分布情况,将坡度重分类为 7 级(图 5.8):0°~10°、10°~20°、20°~30°、30°~40°、40°~50°、50°~60°、> 60°。川藏交通廊道地区主要为坡度小于 40° 的区域,其中坡度在 20°~30° 的地区占比最大。

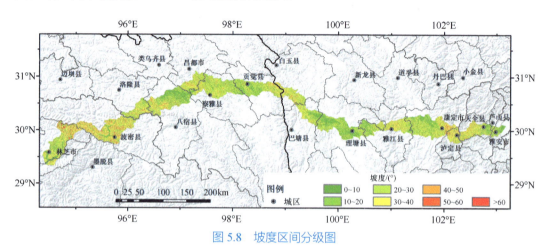

图 5.8　坡度区间分级图

本章计算了不同坡度区间内灾害发生的频率比,分析了崩滑灾害在不同坡度的发育特点,计算结果如图 5.6(b)所示。研究结果显示,频率比随着坡度的增大呈现出先增大后减小的趋势,频率比的最大值出现在坡度为 50°~60° 的区域,当坡度大于 60° 时频率比减小。坡度在 0°~20° 的频率比小于 1,表明崩滑灾害不易发生在坡度缓于 20° 的坡体。Qi 等(2010)和 Zou 等(2022)的研究表明,坡度是崩滑灾害发育的最重要的控制因子,其在不同程度上反映了地层岩性、地质构造、高程、坡向等因子的综合影响。

3. 坡向

由于不同坡向坡体的日照、降水量和地震动力的传播方向均不相同,不同坡向坡体的土壤湿度和植被以及地震活动的方向性均存在差异(Guo et al.,2015),进而影响崩滑灾害的发育。本章利用研究区 30 m 空间分辨率的 DEM 数据在 ArcGIS 中计算坡向,将坡向重分类为 8 级(图 5.9):337.5°~22.5°、22.5°~67.5°、67.5°~112.5°、

112.5°~157.5°、157.5°~202.5°、202.5°~247.5°、247.5°~292.5°、292.5°~337.5°，分别记为 N、NE、E、SE、S、SW、W、NW，川藏交通廊道区域内各个坡向的占比基本一致。

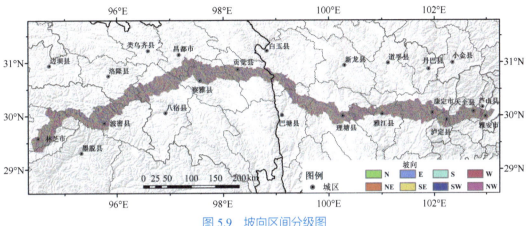

图 5.9　坡向区间分级图

本章计算了不同坡向下崩滑灾害发生的频率比，分析了崩滑灾害在不同坡向的发育特点，计算结果如图 5.6（c）所示。研究结果显示，川藏交通廊道区域内崩滑灾害发育的优势坡向为 S、SW 和 W 三个方向，频率比都大于 1，并且在 SW 向时频率比达到峰值。

4. 工程地质岩组

不同的岩性或岩石类型具有不同的物质组成和结构，因此对斜坡岩体的强度有不同的贡献效果。本章的评价基于 1 ∶ 50 万区域地质图，参照《工程岩体分级标准》（GB/T 50218—2014）中岩石饱和单轴抗压强度，将川藏交通廊道区域的岩性进一步划分为五类（图 5.10）：坚硬岩组、较坚硬岩组、较软弱岩组、软弱岩组、松散岩组，其中松散岩组在研究区域内分布最少，较坚硬岩组在研究区域的面积占比最大。

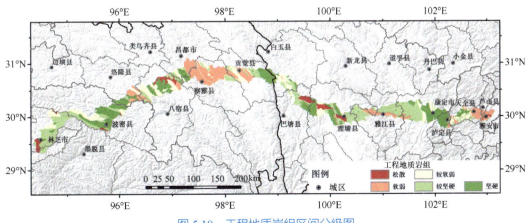

图 5.10　工程地质岩组区间分级图

本章计算了不同岩性崩滑灾害发生的频率比，分析了崩滑灾害在不同岩性的发育特点，计算结果如图 5.6（d）所示。研究结果显示，频率比随着岩石强度增大，大体上呈现出一种增大的趋势，其中较软弱、较坚硬和坚硬岩组的频率比都大于 1。松散岩组的频率比小于 1，是因为松散岩组主要分布在地形低缓的丘陵或河谷底附近地区，势能低。

5. 距断裂距离

断裂带附近岩体破碎，对斜坡的稳定性具有不利影响，易诱发崩滑灾害。本章评价基于 1∶400 万断裂数据，利用距断裂的距离来反映断裂对崩滑灾害发育的影响程度，利用 ArcGIS 中的"多环缓冲区"功能将距断裂距离分为 8 级（图 5.11）：0~0.1 km、0.1~0.2 km、0.2~0.4 km、0.4~0.8 km、0.8~1.6 km、1.6~3.2 km、3.2~6.4 km、> 6.4 km。

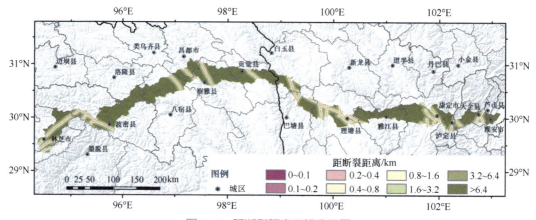

图 5.11　距断裂距离区间分级图

本章计算了距断层不同距离下崩滑灾害发生的频率比，分析了崩滑灾害距断层不同距离的发育特点，计算结果如图 5.6（e）所示。研究结果显示，总体上频率比随着距断裂距离的增大而减小，并且在距离断裂 6.4 km 范围内的频率比都大于 1，有利于崩滑灾害的发生。

6. 距水系距离

河流侵蚀下切导致坡体坡脚被切割，是造成两岸斜坡不稳定的一个重要因素，通常距离河流越近，其影响越显著，越容易发育崩滑灾害。本章选用全国 1~5 级水系的数据，利用 ArcGIS 中的"多环缓冲区"功能将距水系距离分为 8 级（图 5.12）：0~0.1 km、0.1~0.2 km、0.2~0.4 km、0.4~0.8 km、0.8~1.6 km、1.6~3.2 km、3.2~6.4 km、> 6.4 km。

本章计算了距水系不同距离下崩滑灾害发生的频率比，分析了崩滑灾害距水系不同距离下的发育特点，计算结果如图 5.6（f）所示。研究结果显示，总体上随着距水系

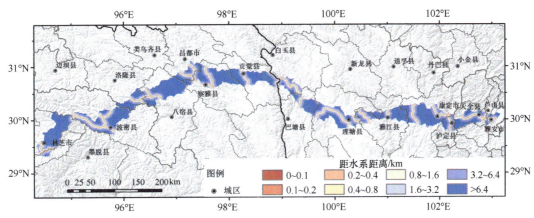

图 5.12　距水系距离区间分级图

距离的增大，频率比呈现出先增大后减小的趋势，距离在 3.2 km 范围内的频率比都大于 1，有利于崩滑灾害的发生。3.2 km 也大致反映了 1~5 级水系控制的河谷地貌宽度。

7. 距公路距离

公路在建设过程中会开挖坡脚，使得坡体稳定性降低。本章的评价使用青藏高原 1：25 万地理要素数据中的公路数据，利用 ArcGIS 中的"多环缓冲区"功能将距公路距离分为 6 级（图 5.13）：0~0.1 km、0.1~0.2 km、0.2~0.4 km、0.4~0.8 km、0.8~1.6 km、> 1.6 km。

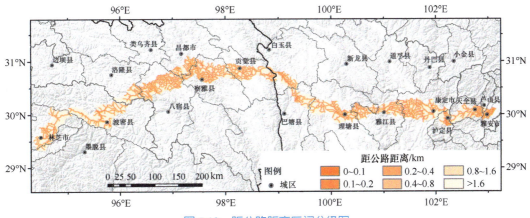

图 5.13　距公路距离区间分级图

本章计算了距公路不同距离下崩滑灾害发生的频率比，分析了崩滑灾害距公路不同距离下的发育特点，计算结果如图 5.6（g）所示。研究结果显示，总体上频率比随着距公路距离的增加而先增大后减小，但是在 0.4 km 范围内上升趋势不显著，在距离公路 0.2~0.4 km 处的频率比达到最大值，表明崩滑灾害发生的概率总体上随着距公路距离的增加而渐低。这是因为随着距公路距离的增加，人类工程活动的扰动减少，坡体稳定性受到扰动的概率降低。

8. 地震动峰值加速度

地震是崩滑灾害的重要诱发因素之一，本章使用的地震动数据为《中国地震动参数区划图》（GB 18306—2015），经 ArcGIS 裁剪后，研究区包含的地震动峰值加速度分为 5 级（图 5.14）：0.10 g、0.15 g、0.20 g、0.30 g、0.40 g，川藏交通廊道区域范围内地震动峰值加速度为 0.15 g 和 0.20 g 的区域面积占比最大。

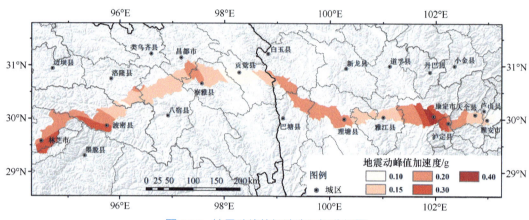

图 5.14 地震动峰值加速度区间分级图

本章计算了不同地震动峰值加速度下崩滑灾害发生的频率比，分析了崩滑灾害在不同地震动峰值加速度下的发育特点，计算结果如图 5.6（h）所示。研究结果显示，随着地震动峰值加速度的增大，频率比先增大后减小，当地震动峰值加速度为 0.20 g时频率比达到峰值。

9. 降水

降水是崩滑灾害的主要诱发因素之一。本书引用李郎平等（2017）的降水数据，研究区内年均降水为 500~2500 mm，将降水重分类为 8 级（图 5.15）：500~700 mm、

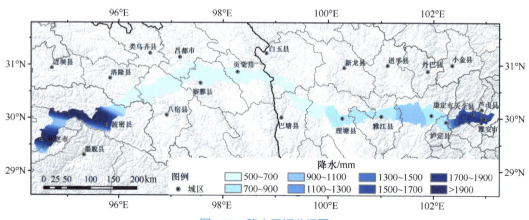

图 5.15 降水区间分级图

700~900 mm、900~1100 mm、1100~1300 mm、1300~1500 mm、1500~1700 mm、1700~1900 mm、> 1900 mm。统计发现，川藏交通廊道年均降水在 500~700 mm 的区域面积占比最大。

本章计算了不同降水区间崩滑灾害发生的频率比，分析了崩滑灾害在不同降水情况下的发育特点，计算结果如图 5.6（i）所示。研究结果显示，随着年平均降水的增加，频率比总体上呈现出增加的趋势。降水在 1100 mm 以上时频率比都大于 1，有利于崩滑灾害的发生。

5.3　川藏交通廊道崩滑灾害危险性分析

5.3.1　危险性评价模型

区域崩滑灾害危险性评价是在区域尺度上分析崩滑灾害的发育特征和形成机理，将影响灾害形成的主控因素作为指标，采取定性或定量的评价模型或方法来估算未来潜在崩滑灾害发生的概率（熊俊楠等，2019），从区域上根据崩滑灾害可能发生的危险性等级进行划分，进而指导区域防灾减灾工作，这已成为主动有效预防和减轻崩滑灾害损失的重要手段之一（方然可等，2021）。

目前，崩滑灾害危险性评价方法主要分为定性评价和定量评价两种，已形成的理论体系和评价模型主要有随机森林（random forest，RF）模型、确定性系数（certainty factor，CF）模型、逻辑回归（logistic regression，LR）模型、频率比（frequency ratio，FR）模型等。

RF 模型最早由 Breiman（2001）提出，是一个包含多个决策树的分类器，具有很高的分类准确率。通过从原数据集中有放回地抽取多个样本［自助法（bootstrap method）取样］，对抽取的样本利用决策树算法进行训练，然后把这些决策树组合在一起，通过投票的方式得到最终的分类结果。RF 模型具有准确性高、学习过程快速、对数据集中的异常值及噪声具有良好的包容度、不容易出现过拟合等优点，利用该模型可以得到危险性评价因子的相对权重值。

CF 模型是一个概率函数，该模型最早是由 Shortliffe 和 Buchanan（1975）提出，由 Heckerman（1986）进行改进，用来分析影响某一事件发生的各因素的敏感性。兰恒星等（2002）将 CF 模型应用到滑坡因素的易发性分析研究中。CF 的变化区间为 [–1, 1]，当 CF > 0 时，CF 越大，表明在该条件下发生滑坡的可能性越高；当 CF < 0 时，CF 越小，表明在该条件下越不容易发生滑坡；当 CF 接近 0 时，则表明在该条件下发生滑坡的可能性无法确定。具体公式如下：

$$CF = \begin{cases} \dfrac{P_a - P_s}{P_s(1 - P_a)}, & P_a < P_s \\[3mm] \dfrac{P_a - P_s}{P_a(1 - P_s)}, & P_a \geqslant P_s \end{cases} \tag{5.3}$$

式中，P_a 为分类 a 中滑坡发生的条件概率；P_s 为滑坡在整个研究区中发生的先验概率。在实际滑坡影响因子易发性分析中，P_a 可以表示为影响因素的分类子集 a 中已有滑坡面积与该子集背景面积的比值，P_s 可以表示为研究区内的滑坡总面积与研究区总面积的比值。

LR 模型是在一个因变量和多个自变量之间形成多元回归关系，从而预测事件的发生概率。在 LR 模型中，它的因变量 Y 是一个二分类变量，Y 值分别取 1 和 0 表示滑坡的发生和未发生，有 n 个自变量影响 Y 取值，也就是影响滑坡发生的 n 个影响因子（郭忻怡，2022）。本章在 LR 模型中选择崩滑灾害 FR 作为不同自变量的统一指标值输入，即 x_1，x_2，x_3，$\cdots$，x_n，在 n 个影响因子的作用下崩滑灾害发生的条件概率为 $P = P(Y=1|x_1, x_2, x_3, \cdots, x_n)$，则 LR 模型可表示为式（5.4）和式（5.5）（Conoscenti et al.，2014；Mathew et al.，2009）：

$$z = a_0 + a_1 x_1 + a_2 x_2 + \cdots + a_n x_n \tag{5.4}$$

$$P = \frac{\exp(z)}{1 + \exp(z)} \tag{5.5}$$

式中，z 为中间变量参数；a_0 为回归常数；a_i 为第 i 个变量的回归系数（$i=1$，2，3，$\cdots$，n）；x_i 为第 i 个变量的取值（$i=1$，2，3，$\cdots$，n）；P 为崩滑灾害发生概率的回归预测值。

FR 模型是一种简单且常用的定量分析模型，可以有效评估地理空间中因变量和自变量之间的概率关系。对于崩滑灾害而言，FR 表示的是影响因子在某一分级区间内灾害所占的面积和研究区内灾害总面积的比值与该影响因子在该分级下的面积和研究区总面积的比值之比，其计算方法见式（5.2）。FR_{ij} 值表征影响因子各级状态对于崩滑灾害发生的重要程度：$FR_{ij} > 1$ 表明影响因子 i 在第 j 分级区间对灾害发生有利，$FR_{ij} < 1$ 表明影响因子 i 在第 j 分级区间不利于灾害发生。

近年来，研究者不仅仅注重单一模型的选取，更多的研究者对不同的模型进行对比以及重新组合。LR 模型和 FR 模型都是崩滑灾害危险性评价中的常用模型，但两者都有一定的局限性。其中，LR 模型可以在一个因变量和多个自变量之间进行多元统计分析，从而得到不同因素对崩滑灾害发生的贡献度，即因子之间的相对权重，但是不能得到各因子不同分级区间与灾害的相关性；而 FR 模型可以计算同一影响因子在不同分级区间下对崩滑灾害发生的影响，但不能反映不同影响因子对灾害发生的贡献率或影响程度的差异（吴常润等，2021）。因此，本次危险性评价选用了 FR-LR 耦合模型，兼顾两者的优势，既考虑各个影响因子的不同分级区间致灾效应的大小，同时考虑不同影响因子对灾害发生的贡献权重，耦合模型的表达式为

$$z_k = a_0 + \sum_{i=1}^{n} a_i FR_{ki} \tag{5.6}$$

$$P_k = \frac{\exp(z_k)}{1 + \exp(z_k)} \tag{5.7}$$

式中，z_k 为第 k 个评价单元的中间变量参数（$k=1$，2，3，$\cdots$，m）；a_0 为回归常数；a_i

为第 i 个影响因子的回归系数；n 为影响因子的个数；FR_{ki} 为第 k 个评价单元的第 i 个影响因子的频率比；P_k 为第 k 个评价单元的崩滑灾害发生概率的回归预测值。

5.3.2　雅安—林芝段危险性分析

5.2.3 节已经计算得到高程、坡度、坡向、工程地质岩组、距断裂距离、距水系距离、距公路距离、地震动峰值加速度、降水这 9 个影响因子的频率比（表 5.9），本次危险性评价也将基于这 9 个影响因子开展，并以 30 m×30 m 的栅格作为危险性评价单元。

表 5.9　频率比和逻辑回归系数计算

评价因子	评价因子分级	频率比	逻辑回归系数值
高程 /km	0~1	0.099513	0.182
	1~2	1.294765	
	2~3	3.044810	
	3~4	1.676706	
	4~5	0.546705	
	> 5	0.238032	
坡度 /（°）	0~10	0.437014	1.338
	10~20	0.697578	
	20~30	1.007597	
	30~40	1.289215	
	40~50	1.509384	
	50~60	1.618704	
	> 60	1.200644	
坡向	N	0.869929	0.800
	NE	0.969153	
	E	0.832112	
	SE	0.919386	
	S	1.076432	
	SW	1.300944	
	W	1.090187	
	NW	0.873002	
工程地质岩组	松散	0.376222	0.810
	软弱	0.765289	
	较软弱	1.055680	
	较坚硬	1.037374	
	坚硬	1.169619	
距断裂距离 /km	0~0.1	1.421980	1.625
	0.1~0.2	1.423288	
	0.2~0.4	1.459324	
	0.4~0.8	1.315031	

续表

评价因子	评价因子分级	频率比	逻辑回归系数值
距断裂距离 /km	0.8~1.6	1.050521	1.625
	1.6~3.2	1.117782	
	3.2~6.4	1.156547	
	> 6.4	0.882970	
距水系距离 /km	0~0.1	2.175885	0.113
	0.1~0.2	2.240270	
	0.2~0.4	2.430123	
	0.4~0.8	2.415046	
	0.8~1.6	2.075301	
	1.6~3.2	1.474384	
	3.2~6.4	0.679401	
	> 6.4	0.703158	
距公路距离 /km	0~0.1	1.286178	0.840
	0.1~0.2	1.330870	
	0.2~0.4	1.378071	
	0.4~0.8	1.215726	
	0.8~1.6	0.933685	
	> 1.6	0.513087	
地震动峰值加速度 /g	0.10	0.426318	0.714
	0.15	0.992657	
	0.20	1.151243	
	0.30	0.925663	
	0.40	0.415765	
降水 /mm	500~700	0.979200	0.561
	700~900	0.395575	
	900~1100	0.661034	
	1100~1300	1.712429	
	1300~1500	1.267445	
	1500~1700	1.048042	
	1700~1900	1.516610	
	> 1900	2.240799	

  首先，在研究区内随机选取 3000 个崩滑点样本和 3000 个非崩滑点样本。其次，利用 ArcGIS 中的"多值提取至点"工具将 9 个影响因子的频率比提取到这 6000 个样本点的属性表中。FR-LR 耦合模型以各因子的频率比作为自变量，以崩滑灾害发生与否作为因变量（1 代表曾发生过崩滑灾害，0 代表没有发生过崩滑灾害），利用 SPSS 25 统计软件对已经提前准备好的 6000 个样本点进行二元逻辑回归分析，得到各个影响因子的逻辑回归系数值（表 5.9），将回归系数代入式（5.6），得到逻辑回归方程为

$$z_k = -7.559 + 0.182\mathrm{FR}_{k1} + 1.338\mathrm{FR}_{k2} + 0.800\mathrm{FR}_{k3} + 0.810\mathrm{FR}_{k4}$$
$$+ 1.625\mathrm{FR}_{k5} + 0.113\mathrm{FR}_{k6} + 0.840\mathrm{FR}_{k7} + 0.714\mathrm{FR}_{k8} + 0.561\mathrm{FR}_{k9} \qquad (5.8)$$

式中，FR_{k1}、FR_{k2}、$\cdots$、FR_{k9} 为自变量，依次为高程、坡度、坡向、工程地质岩组、距断裂距离、距水系距离、距公路距离、地震动峰值加速度、降水栅格图层第 k 个栅格单元的频率比。

利用 ArcGIS 中的栅格计算器将各因子栅格图层按照式（5.8）进行叠加计算，然后再根据式（5.7）得到崩滑灾害发生概率，即危险性计算结果，对该结果采取自然断点（natural breaks）法重新分类，划分为 5 级：极低危险、低危险、中等危险、高危险、极高危险，得到基于 FR-LR 耦合模型的研究区崩滑灾害危险性分区图（图 5.16）。

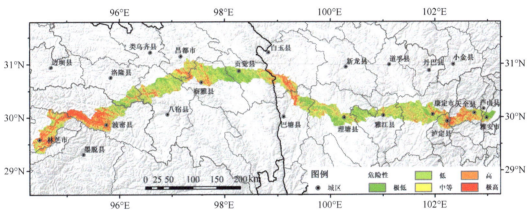

图 5.16　川藏交通廊道雅安—林芝段崩滑灾害危险性分区

将危险性分区结果图层与实际崩滑灾害分布图层叠加，见图 5.17，通过对比评估结果和实际崩滑灾害分布，可见极高危险区、高危险区和实际崩滑灾害分布大体吻合。

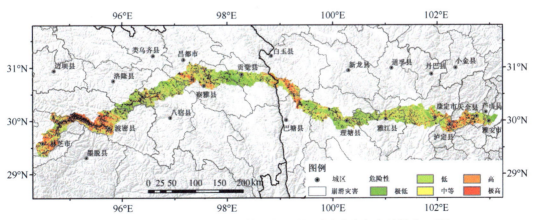

图 5.17　川藏交通廊道雅安—林芝段实际崩滑灾害分布与危险性分区叠加

从各危险性等级分布状况来看，研究区内极高危险区、高危险区分布范围较小，且主要分布在天全—康定段、巴塘—白玉段、察雅段、波密—林芝段，主要受断裂和坡度的控制。极低危险区和低危险区集中分布在地形较为平缓的区域，如八宿段、贡觉段、理塘—雅江段。

5.4 典型崩滑灾害的案例分析

为了进一步验证危险性评价结果，本节选取了 2 个典型滑坡进行分析，见图 5.18。

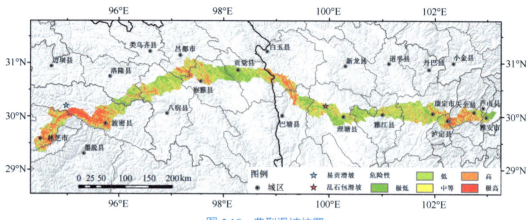

图 5.18 典型滑坡位置

5.4.1 易贡滑坡

1. 滑坡区域地质环境

研究区总体地势西高东低，地貌的主要特征是山峰与峡谷并列、河川深切、河流坡降大、水流湍急，冰川、冰湖、冰碛地貌及冻融地貌特征明显。区域出露的地层包括：石炭系下统结晶灰岩、变质石英砂岩、板岩及变质含砾砂岩；石炭系上统—二叠系下统变安山岩、板岩、含砾板岩、变质砂岩；中新元古代的黑云母长英质片麻岩、条带状混合岩；河谷两岸还堆积有第四系冲洪积物，主要为卵砾石层和砂。地下水的主要补给来源于雪线以上的冰雪融水和大气降水，雪线在海拔 4800~5200 m，冰雪融水沿裂隙下渗，部分冰雪融水和偏下部的雨水入渗，形成基岩构造裂隙水。在雪线以下，丰富的降水形成的地表径流沿岩土的裂隙、孔隙入渗形成孔隙潜水。易贡区域地处欧亚大陆与印度板块碰撞的最前缘，是喜马拉雅造山带构造变形最强烈的地区之一，第四纪断裂活动强烈，6 级以上地震时有发生。易贡乡 50 年内超过概率为 10% 的地震动峰值加速度为 0.20 g，地震基本烈度Ⅷ度。

2. 易贡滑坡基本特征

根据滑坡后影像和现场调查，总结前人的研究，本节将滑坡分成三个区域：滑源区、运移区和滑坡堆积区（图 5.19），并对 A-B 剖面进行了绘制，见图 5.20。

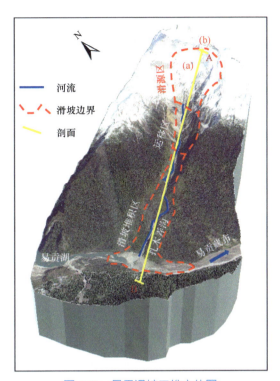

图 5.19 易贡滑坡三维立体图

遥感影像来源于 GF-1 卫星和 GF-2 卫星，DEM 来源于 ASTER GDEM，

（a）为滑源区上部陡壁，（b）为滑源区刃脊东侧陡壁，下同

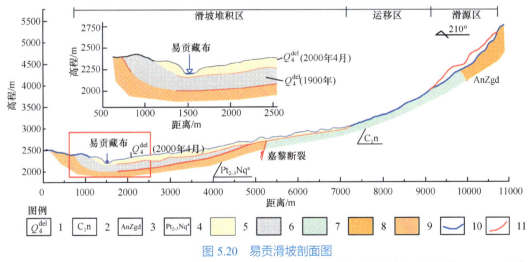

图 5.20 易贡滑坡剖面图

1—第四系滑坡堆积物；2—石炭系下统诺错组；3—震旦系冈底斯岩群；4—中新元古代念青唐古拉群 a 段；5—2000 年块碎石土；6—老滑坡块碎石土；7—结晶灰岩、板岩等；8—花岗岩；9—片麻岩；10—现地形线；11—推测原地形线

　　滑源区位于扎木弄沟沟谷源头的花岗岩、结晶灰岩以及板岩分布区，高程为4000~5500 m。滑坡发生前，山体上部呈角峰状，邻沟一侧部分外凸，岩体边坡达45°~70°，滑源区上侧是陡立的山脊［见图 5.19 和图 5.21 中（a）区所示位置］，东侧

也为陡立的山体［见图 5.19 和图 5.21 中（b）区所示位置］，线性构造和结构面较为明显。滑动后，裸露出的底部形态形似 V 型悬谷，两侧壁陡峭，相对平直光滑，坡角50°~70°，悬谷后壁的临空面，坡度较缓，为 25°~40°，见图 5.22。由 NE 向 SW 倾斜，后缘靠山峰部分为近直立的陡壁，发育有与侧壁近于平行的 NE 向裂隙带。沟谷长约600 m，宽约 400 m，平均厚约 300 m（刘伟，2002）。

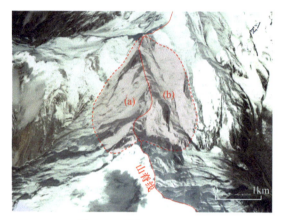

图 5.21　滑源区刃状山脊
资料来源：Google Earth

图 5.22　易贡滑坡后滑源岩体结构特征

　　运移区主要位于滑源区下侧，扎木弄沟沟床及周围河谷部位，当滑源区物质以高速滑向此区域时，伴随着强烈的铲刮作用，导致沟底大部分已有的堆积物一起运动。此段沟谷较为狭窄，谷底至谷肩的相对高差达数十米到千米，从扎木弄沟出口往滑源区方向高差呈增大趋势，两侧谷坡平均坡度为 30°~35°，局部岩层近于直立，见图 5.23。扎木弄沟主沟长 5.08 km，形成区面积 11.27 km²，沟床比降较大，平均纵比降695.3‰。流域上游存在大量的冰碛物，是碎屑流的重要物源，见图 5.24。

　　易贡滑坡堆积区呈现出独有的特征，在平面展布上具有分带性，物质结构在纵向分布上具有分层性，其整体面貌见图 5.25。滑坡堆积区位于扎木弄沟原沟口堆积扇上及其易贡藏布两岸，堆积物质形成了一个类似于喇叭状的堆积扇体，其纵坡十分平缓，

图 5.23　滑坡运移区地貌

图 5.24　扎木弄沟沟底及两侧丰富物源

长江岩土工程有限公司李爱国供图

图 5.25　滑坡堆积体全貌图

平均坡度为 8°~10°。主堆积带位于扎木弄沟下游中央区和易贡藏布河床处，这两个区域的堆积厚度明显大于两侧山谷坡地和堆积区最前缘部分。

3. 滑坡成因机制

易贡滑坡启动机制较为复杂，是地形条件、地质构造、地层岩性、岩体结构以及气候条件等一系列因素综合作用的结果（殷跃平，2000 ；Shang et al.，2003 ；许强等，2007 ；Zhou et al.，2016）。

地形条件：崩塌滑坡区处于藏东易贡藏布峡谷地区，地形起伏较大，山体陡峻，河谷纵横，切割较深，夷平作用强烈。沟内积聚了大量的崩坡积物，为大方量的高速滑坡提供了丰富的物质基础和较好的地形条件。

地质构造：扎木弄沟地处易贡藏布 – 帕隆藏布深切断裂带与易贡 – 鲁朗走滑断裂（或扎木弄沟断裂）近于直交的复合部位，受此影响，岩体十分破碎。沿扎木弄沟东西两侧谷坡，相向倾斜发育的 NEE 向长大裂隙和沟谷的形成与本次崩塌滑坡的发育有着直接关系。

地层岩性：除基岩外，滑坡形成区广泛发育有第四系松散堆积物，主要分布于扎木弄沟及易贡藏布两侧，主要分布由大块石、碎屑及砂土组成的坡积物、崩滑堆积物，易贡藏布两侧还分布有冲积物，部分地段还可见由砂、卵石组成的阶地。

岩体结构：据现场调查，滑坡物源区岩体结构面发育，统计发现以 330° ∠ 50° 和 135° ∠ 55° 这两组最为发育，结构面延伸长度长，构成了一个巨大楔形体。滑源区原始坡向为 210°，为不利结构面组合构成的楔形体提供了良好的滑移临空面条件。

气候条件：该区域内降水较为充沛，温差变化大，在冻融循环作用下岩体质量进一步变差，最后触发滑坡。

4. 结论

（1）2000 年 4 月 9 日，易贡扎木弄沟发生大型滑坡事件是一次滑坡 – 碎屑流 – 堵江 – 溃决洪水灾害链，滑坡堆积体体积为 $2.8×10^8$~$3.0×10^8$ m^3。

（2）易贡滑坡是地形条件、地质构造、地层岩性、岩体结构以及气候条件等因素共同作用的结果，其诱发具有一定的周期性。

（3）扎木弄沟沟源岩体结构破碎，流域内松散固体物质丰富，受青藏高原隆升和气候条件急剧变化等因素影响，今后仍然存在滑坡 – 堵江 – 溃坝洪水灾害链的风险，对在建川藏交通廊道的建设和运维有重要影响。

5.4.2 乱石包滑坡

乱石包滑坡平面形态呈长舌形，在遥感影像上有清晰的显示。除受国道 318 修建扰动的影响外，其基本未受人类扰动的影响，同时由于堆积区平坦，外动力侵蚀非常缓慢，因此滑坡地形得以较好保持，成为研究滑坡动力过程不可多得的素材，受到许多滑坡研究者的关注。

目前已经发表的文献，均是依赖于遥感解译，辅以地面调查，缺乏探槽以及钻探，因而无法得知乱石包滑坡体结构，这制约了对乱石包滑坡动力学的认识。因此，我们采用了详细的遥感解译、精细的地面调查，并布设了 5 个探槽、9 个钻孔、9 条物探剖面线来分析乱石包滑坡的运动过程，见图 5.26。

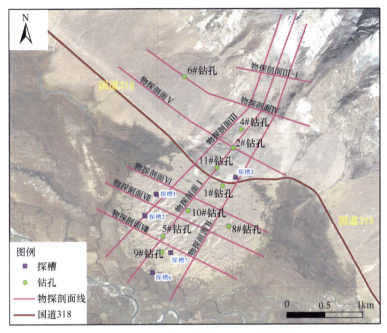

图 5.26　乱石包滑坡勘察工程布设图

1. 乱石包滑坡精细踏勘

为研究乱石包滑坡的物质组成和结构特征，我们首先在滑坡体范围内开展了高精度的无人机测量。滑坡体在国道 318 外侧横向宽度突然增加，形成"灯泡"状区域，且在该区域的前缘部位，形成"波"状鼓丘，纹理的方向近似平行于滑坡的运动方向。通过无人机航拍遥感解译并结合现场精细踏勘，我们开展了滑坡堆积体表面的块石分布和粒径变化规律研究，现场精细踏勘的记录点位累计 209 个。

根据乱石包滑坡堆积体表面块石分布及粒径精细踏勘数据，并借助无人机航拍解译，绘制成如图 5.27 所示的乱石包滑坡堆积体表面块石分布图。从图 5.27 中可以看出，滑坡碎块石从后壁下部开始堆积，堆积区近似呈带状分布且基本平行于滑动方向，滑坡体的右侧边界表面附近滑坡碎块石分布较少，左侧边界仅在中部附近分布有少量碎块石，在进入"波"状鼓丘东北侧区域后分布不明显，据此推测斜坡体下滑基岩物质仅运移到国道 318 南侧"波"状鼓丘区的北侧边界位置。

2. 乱石包滑坡滑体探槽勘察

1）探槽开挖编录

为厘清乱石包滑坡体的物质组构特征，我们在设定的位置上开挖完成了 5 个探槽（TC-3、TC-1、TC-2、TC-7 和 TC-6），并进行了详细的编录。

探槽勘察的成果揭示，探槽 TC-3 主要揭露滑坡堆积体物质，为棱角状花岗岩碎块石，该物质来源于山体基岩。探槽 TC-1 主要揭露两种物质：第一种主要成分为棱角状的花岗岩碎块石，该物质来源于斜坡节理化基岩，为乱石包滑坡体物质；第二种主要

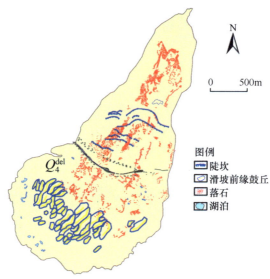

图 5.27　乱石包滑坡堆积体表面块石分布图

Q_4^{del} 为第四系全新滑坡堆积层

成分为次磨圆花岗岩块石夹砂，该物质来源于原斜坡体坡脚冰水堆积扇。探槽 TC-2 主要揭露花岗岩风化中粗粒砂，表明该位置的物质主要来源于原斜坡体坡脚冰水堆积扇。TC-7 和 TC-6 两个探槽主要揭露河流相的中粗砂和盆地湖沼相淤泥，表明两个位置的物质均来源于原毛垭坝盆地的河流相沉积物和湖沼相沉积物。

2）探槽物质颗粒级配分析

在对滑坡进行详细调查的基础上，以开挖的 5 个探槽和国道 318 露头剖面为研究重点，对堆积体的颗粒组成进行定量分析，获取滑坡堆积体颗粒级配曲线，定量和定性揭示滑坡堆积体内部物质组构特征。

由于滑坡堆积体中物质粒径变化范围较大，从黏土级颗粒到数十厘米长大块石均有分布，因此，传统的筛析法不适用于堆积体整体粒径级配分析。根据滑坡堆积体中物质粒径的分布特点，本试验采用筛析法和数字面积分析法相结合的手段，对滑坡堆积体的粒径组成进行分析。分析过程中，根据堆积体物质粒径大小将其初步划分为粗（粒径太大，不宜过筛）、细两组，粗颗粒组采用数字面积分析法进行粒径分析，细颗粒则采用筛析法进行分析。

试验结果显示，TC-3 探槽处于国道 318 附近，两个位置的粒径级配曲线相似，最大粒径和最小粒径也比较接近；TC-1 探槽和 TC-2 探槽级配曲线比较接近，但 TC-1 探槽出露碎块石的最大粒径较 TC-2 探槽出露的块石大，且 TC-1 探槽出露块石数量明显多于 TC-2 探槽出露的块石数量；TC-6 探槽和 TC-7 探槽中 95% 的物质均为粒径 < 4 cm 的中粗砂，因此两个探槽中基本没有来源于乱石包滑坡的花岗岩崩滑体物质。综上可知，沿着乱石包滑坡的运动方向，堆积体物质的粒径从大到小依次为 TC-3/ 国道 318 > TC-1/TC-2 > TC-7/TC-6（"/"表示未能清楚界定相对大小），这与关于滑坡堆积体沿运动方向物质粒径增大的常规认识相反，说明乱石包滑坡的花岗岩崩滑块石仅运动到 TC-1 和 TC-2 探槽附近。

3. 乱石包滑坡钻孔勘察

如图 5.26 所示，野外勘察共完成钻孔 9 处。以国道 318 为界，国道以南的钻孔有 1#、5#、8#、9#、10#，其中 1# 位于堆积区，5#、9# 位于扰动区，8# 和 10# 位于扰动区和堆积区的分界处。

1# 钻孔上部（深度＜26 m）主要揭露母岩为花岗岩的碎石土，主要来源于乱石包滑坡堆积体物质，下部（深度＞26 m）出现粗圆砾土、粗角砾土和黏土，表明来源于冰水相和冲洪积交错混杂沉积，呈同期异相特征。

在 5# 钻孔和 9# 钻孔中，5# 钻孔揭露的物质相对复杂，按照钻孔深度从上往下主要揭露碎石土（0~19.5 m[①]）、粗圆砾土（19.5~29.1 m）、细砂（29.1~29.9 m）、含砾粉质黏土（29.9~30.9 m）、粗圆砾土（30.9~39.2 m）、淤泥质黏土（39.2~42.0 m）、粗圆砾土（42.0~44.9 m）、粉砂（44.9~46.1 m）、粗圆砾土（46.1~49.7 m）、粗砂（49.7~50.76 m），从以上揭露的物质组成可以看出 5# 钻孔上部（深度＜19.5 m）主要为冰水堆积体物质，其下为冲洪积相、湖沼相。而 9# 钻孔从上到下依次为碎石土（0~3.2 m）、粗角砾土（3.2~5.1 m）、细角砾土（5.1~10.7 m）、卵石（10.7~15.6 m）、粉砂（15.6~16.1 m）、细圆砾（16.1~40.1 m）。从以上揭露的物质组成可以看出 9# 钻孔（深度＜10.7 m）主要为冰水堆积体物质，其下为冲积相。5# 钻孔打在扰动区的圆丘顶部，而 9# 钻孔打在扰动区前缘的低洼处，因此 5# 钻孔的冰水堆积物相对要厚一些。

在 8# 钻孔和 10# 钻孔中，8# 钻孔揭露的物质相对复杂，为碎石土（0~5.6 m）、细圆砾土（5.6~14.1 m）、粗砂（14.1~14.8 m）、细砂（14.8~24.5 m）、粗砂（24.5~26.5 m）、细砂（26.5~29.0 m）、粗砂（29.0~34.1 m）、中砂（34.1~37.7 m）、细砂（37.7~40 m）、中砂（40~45 m）。10# 钻孔依次为粗角砾土（0~3 m）、漂石土（3~9.5 m）、粗圆砾土（9.5~24.1 m）、细砂土（24.1~26.3 m）、细角砾土（26.3~39.9 m）、粉砂土（39.9~50 m）。8# 钻孔位于原坡体冲沟左侧，冰水堆积物少，所以 8# 钻孔的物质从 5.6 m 以下直接过渡到河湖相物质。而 10# 钻孔位于堆积区与扰动区分界带，表层 3 m 为滑坡堆积体，下部冰水相和冲洪积交错混杂沉积，呈同期异相特征。

国道 318 以北的钻孔有 4#、2#、11#，这 3 个钻孔从北至南排列。

4# 钻孔揭露的物质复杂，从上往下主要揭露细角砾土（0~2.5 m）、碎石土（2.5~24.9 m）、块石土（24.9~26.0 m）、中砂（26.0~27.4 m）、碎石土（27.4~28.7 m）、中砂（28.7~29.8 m）、粗角砾土（29.8~33.4 m）、砂质黏土（33.4~35.0 m）、中砂（35.0~36.3 m）、砂质黏土（36.3~41.7 m）、全风化花岗岩（41.7~74.9 m）、强风化花岗岩（74.9~76.6 m）、全风化花岗岩（76.6~87.0 m），从以上揭露的物质组成可以看出 4# 钻孔剖面物质分层明显，28.7 m 以上为滑坡体物质，以下为不同时期冰碛物。2# 钻孔为碎石土（0~29.6 m）、细角砾土（29.6~40.0 m）、花岗岩（40.0~50.03 m）。可以看出 2# 钻孔 29.6 m 以上为滑坡体物质，以下为不同时期冰碛物。11# 钻孔比较复杂，为碎石土（0~6.5 m）、

---

① 数值表示钻孔深度，下同。

细角砾土（6.5~17.1 m）、碎石土（17.1~20.1 m）、细角砾土（20.1~21.5 m）、细砂（21.5~25.5 m）、中砂（25.5~42 m）、粗砂（42~49 m）、粉土（49~50.03 m）。可以看出 11# 钻孔 20.1 m 以上为滑坡体物质，以下为不同时期冰碛物。

4#、2#、11# 钻孔从上向下看，其滑坡的深度依次加深。滑坡下伏的主要物质为河湖相物质。

6# 钻孔作为对比钻孔，为碎石土（0~13.80 m）、块石土（13.80~16.80 m）、碎石土（16.80~44.00 m）、花岗岩（44.00~49.94 m）。6# 钻孔与滑坡钻孔不相匹配。

4. 乱石包滑坡物探勘察

如图 5.26 所示，Ⅰ、Ⅱ、Ⅲ、Ⅲ-1、Ⅳ、Ⅴ六条物探剖面线的物探工作，均采用天然场音频大地电磁法勘探。Ⅵ、Ⅶ、Ⅷ物探剖面线采用地震波反演。

物探结果显示，乱石包滑坡坡顶至中部区域电阻率较高且变化不明显，为相对完整的花岗岩岩体；从斜坡中部往下到国道 318 以南至 TC-1 探槽之间的区域电阻率变化十分复杂，表明该区域为乱石包滑坡的花岗岩崩滑堆积体，地层自上而下分别为花岗岩滑坡堆积体、第四纪风化及冰水堆积层、卵砾石层和砂板岩基岩层（推断）；在 TC-1 探槽以南至 TC-6 探槽的区域电阻率变化相对均匀，且成层均匀，主要为第四纪风化及冰水堆积层、卵砾石层和砂板岩基岩层。从地震波反演的滑坡前缘剖面来看，块碎石厚度和砂砾石厚度均接近 80 m，而基岩深度在地下 160 m 以上。然而，钻孔揭示的花岗岩深度在 80 m 左右，可见地震揭示的地层同钻孔揭示不相符。

5. 乱石包滑坡物质分区及运动过程定性分析

根据以上沿滑动方向由近及远 5 个探槽物质组构特征、钻孔勘察资料、物探资料、踏勘资料等，乱石包滑坡可以划分为四个区域（图 5.28）：滑坡启动区（Ⅰ）、滑坡运动区（Ⅱ）、滑坡堆积区（Ⅲ）以及滑坡扰动区（Ⅳ），滑坡扰动区又可进一步划分为冰水堆积物扰动区（Ⅳ-1）及河湖堆积物扰动区（Ⅳ-2）。通过高精度遥感测量，斜坡坡顶到堆积区前缘的水平距离约为 3080 m，为实际基岩崩滑体的最大水平运移距离。本研究初步明晰了乱石包滑坡的物质迁移和能量转化过程为：强震触发滑坡体启动，滑坡体势能转化为动能向下快速运动，然后铲刮推动原斜坡左侧冰水堆积扇物质共同向前运动，超过现国道 318 后斜坡体基岩物质逐渐停积就位，原冰水堆积物受推移挤压作用，向两侧发生剪切扩离，形成共轭 X 形山脊 / 沟地貌景观－冰水堆积物扰动堆积区，同时滑坡动能进一步传递到盆地中软弱的河流相沉积物质中，使其产生流态状运动，经过复杂的力学作用过程，在滑坡体前端形成纵向分布的"波"状鼓丘地貌（图 5.29）。这不仅在坡表堆积区的分布上以及影像上有明显的特征，而且得到了探槽的证明。

6. 结论

乱石包滑坡发生过整体滑动，通过对斜坡进行赤平投影分析、工程地质稳定性评价、极限平衡分析、整体稳定性分析、强度折减法分析等，结果均表明在自然、暴雨

图 5.28　乱石包滑坡物质分区

图 5.29　乱石包滑坡鼓丘状地貌（镜向 NNE）

及地震工况下，斜坡整体稳定性较好，稳定性系数大于所需安全系数，斜坡基本稳定，不易发生整体失稳。

斜坡体崩滑基岩仅运移到国道 318 南侧鼓丘区北侧端部位置，即滑坡体物质运移距离约 3.08 km，而不是前人认为的 3.83 km。

参考文献

方然可, 刘艳辉, 黄志全. 2021. 基于机器学习的区域滑坡危险性评价方法综述. 中国地质灾害与防治学报, 32(4): 1-8.

郭忻怡. 2022. 青藏高原东部地震高发区震后滑坡时空特征与易发性研究. 北京: 中国科学院大学.

韩骏. 2015. 川藏交通廊道地应力评估方法研究. 成都: 西南交通大学.

兰恒星, 伍法权, 王思敬. 2002. 基于GIS的滑坡CF多元回归模型及其应用. 山地学报, (6): 732-737.

李郎平, 兰恒星, 郭长宝, 等. 2017. 基于改进频率比法的川藏铁路沿线及邻区地质灾害易发性分区评价. 现代地质, 31(5): 911-929.

李秀珍, 崔云, 张小刚, 等. 2019. 川藏铁路康定至昌都段滑坡崩塌灾害特征及空间分布规律. 四川地质学报, 39(3): 441-446.

刘伟. 2002. 西藏易贡巨型超高速远程滑坡地质灾害链特征研析. 中国地质灾害与防治学报, (3): 11-20.

童立强, 祁生文, 安国英, 等. 2013. 喜马拉雅山地区重大地质灾害遥感调查研究. 北京: 科学出版社.

王思敬, 黄鼎成. 2004. 中国工程地质世纪成就. 北京: 地质出版社.

王治华. 2012. 滑坡遥感. 北京: 科学出版社.

吴常润, 角媛梅, 王金亮, 等. 2021. 基于频率比–逻辑回归耦合模型的双柏县滑坡易发性评价. 自然灾害学报, 30(4): 213-224.

熊俊楠, 孙明远, 孙铭. 2019. 基于GIS及耦合协调原理的长输管道山洪泥石流风险性评价. 天然气工业, 39(3): 116-124.

许强, 王士天, 柴贺军, 等. 2007. 西藏易贡特大山体崩塌滑坡事件//中国岩石力学与工程学会工程实例专业委员会. 中国岩石力学与工程实例第一届学术会议论文集. 武汉: 爆破编辑部: 41-46.

姚翔龙. 2021. 藏东南滑坡灾害内外动力耦合作用机理及易发性模型研究. 北京: 中国科学院大学.

殷跃平. 2000. 西藏波密易贡高速巨型滑坡特征及减灾研究. 水文地质工程地质, (4): 8-11.

张安定. 2016. 遥感原理与应用题解. 北京: 科学出版社.

赵文吉. 2007. ENVI遥感影像处理专题与实践. 北京: 中国环境科学出版社.

Breiman L. 2001. Random forests. Machine Learning, 45(1): 5-32.

Conoscenti C, Angileri S, Cappadonia C, et al. 2014. Gully erosion susceptibility assessment by means of GIS-based logistic regression: A case of Sicily (Italy). Geomorphology, 204(1): 399-411.

Guo C B, Montgomery D R, Zhang Y S, et al. 2015. Quantitative assessment of landslide susceptibility along the Xianshuihe fault zone, Tibetan Plateau, China. Geomorphology, 248: 93-110.

Heckerman D E. 1986. Probabilistic Interpretations for MYCIN's Certainty Factors//Kanal L N, Lemmer J F. Uncertainty in Artificial Intelligence. Amsterdam: North-Holland: 167-196.

Mathew J, Jha V K, Rawat G S. 2009. Landslide susceptibility zonation mapping and its validation in part of garhwal lesser Himalaya, India, using binary logistic regression analysis and receiver operating characteristic curve method. Landslides, 6(1): 17-26.

Qi S W, Xu Q, Lan H X, et al. 2010. Spatial distribution analysis of landslides triggered by 2008.5.12 Wenchuan Earthquake, China. Engineering Geology, 116(1-2): 95-108.

Shang Y J, Yang Z F, Li L H, et al. 2003. A super-large landslide in Tibet in 2000: Background, occurrence, disaster, and origin. Geomorphology, 54(3-4): 225-243.

Shortliffe E H, Buchanan B G. 1975. A model of inexact reasoning in medicine. Mathematical Biosciences,

23: 351-379.

Singhroy V. 2009. Satellite remote sensing applications for landslide detection and monitoring//Sassa K, Canuti P. Landslides–Disaster Risk Reduction. Berlin, Heidelberg: Springer: 143-158.

Zhou J W, Cui P, Hao M H. 2016. Comprehensive analyses of the initiation and entrainment processes of the 2000 Yigong catastrophic landslide in Tibet, China. Landslides, 13(1): 39-54.

Zou Y, Qi S W, Guo S F, et al. 2022. Factors controlling the spatial distribution of coseismic landslides triggered by the Mw 6.1 Ludian Earthquake in China. Engineering Geology, 296: 106477.

第 **6** 章

川藏交通廊道隧道工程扰动
灾害预测及防控建议

6.1 洞室围岩大变形与岩爆

6.1.1 围岩高地应力的形成与影响因素

人类在工程建设、资源开采过程中，需要在地下岩体中开挖地下空间，如线性工程（公路、铁路、引水工程）的隧道、水电工程大型地下洞室、矿山巷道等地下建筑物。在岩体内开挖地下洞室，必然破坏原来岩体内相对的应力平衡状态，并在一定范围内引起岩体天然应力状态的重分布。岩体的强度和变形特性是否适应于重分布以后的应力状态，将直接影响地下建筑物的安全。为了正确地评价地下建筑的稳定性，除进行必要的地质分析外，对围岩应力分布特征进行分析和计算，也是评价围岩稳定性不可或缺的重要环节（肖树芳和杨淑碧，1987）。

洞室开挖后，周围的岩石在一般情况下（即侧压力系数小于3）会在径向（垂直于洞壁）发生伸长变形，在切向（平行于洞壁）发生压缩变形，这就使得原来径向上的压应力降低，切向上的压应力升高，而这种降低和升高的过程随着远离洞壁逐渐减弱，达到一定距离后基本无影响。通常我们把地下开挖引起的应力变化称为"应力重分布"，把应力重分布影响范围内的岩体称为"围岩"，围岩内的应力称为"围岩应力"或"二次应力"（岩体的天然应力状态为一次应力）（肖树芳和杨淑碧，1987）。显然，围岩应力的分布规律与开挖前岩体的天然应力状态及洞室形状等有关。所以，为了保证地下建筑既安全又经济，必须了解和掌握岩体天然应力场、围岩应力重分布、围岩变形破坏机制以及分析评价围岩稳定性的基本原理。

1. 高地应力判别标准

高地应力是一个相对的概念，目前国际和国内没有统一的标准来界定高地应力。国内一般岩体工程以初始地应力中的 σ_1 在 20~30 MPa 及以上（大于 800m 深）为高地应力。由于不同岩石的弹性模量不同，岩石的储能性能也不同。按照《工程岩体分级标准》（GB/T 50218—2014）（中华人民共和国水利部，2014）：$R_c/\sigma_{max}<4$，称为极高初始地应力；$R_c/\sigma_{max}=4~7$，称为高地应力。其中，R_c 为岩石单轴饱和抗压强度；σ_{max} 为垂直洞轴线方向的最大初始地应力。

2. 高地应力现象

高地应力地区常常会出现一些独特的地质现象，成为判断高地应力的标志，这些现象包括：①岩芯饼化现象；②探洞和地下隧道的洞壁产生片状剥离（也称剥落、层裂），岩体锤击为嘶哑声并有较大变形；③岩质基坑底部隆起、剥离以及回弹错动现象；④岩爆；⑤野外原位测试的岩体物理力学指标比实验室岩块试验结果高。

6.1.2　硬岩岩爆形成机制与类型

1. 岩爆的定义

岩爆是高地应力地区地下洞室中围岩脆性破坏时应变能突然释放造成的一种动力失稳现象，属于高地应力地区洞室开挖中常遇到的一种地质问题。17 世纪 40 年代，德国的阿尔滕贝格（Altenberg）锡矿发生的岩爆是文献最早记录的事件，之后加拿大鹰桥（Falconbridge）公司镍矿、南非威特沃特斯兰德（Witwatersrand）金矿、挪威赫格鲁阿（Heggrua）公路、瑞典维塔斯（Vietas）水电站引水隧洞、中国锦屏二级水电站、川藏公路二郎山隧道、秦岭铁路、拉林铁路等地下工程中均有岩爆发生。由于行业背景、关注角度不同，岩爆的定义也略有差异，有些学者将煤矿中的冲击地压也视为岩爆。

岩爆常常伴随着噼噼啪啪的声响、沉闷的雷声并出现剧烈的岩块弹射现象，从洞壁弹射出的岩块及靠近岩爆裂面残留下来的断块多为棱块状、透镜状、鳞片状、片状，少数为板状。通过岩爆室内实验资料分析发现，岩爆是高能量岩体在开挖形成的临空条件下能量突然释放的地球物理现象（何满潮，2010），通常被定义为能够导致地下洞室严重损坏的微震事件（Kaiser et al.，1996）。唐春安（2010）指出，由于开挖洞室，原有的地应力平衡被打破，不仅地应力将重新分布，而且往往造成局部围岩应力跃升及能量进一步集中，并可能导致围岩变形局部化现象，诱发岩石中的微破裂，使围岩由静态平衡向动态失稳发展，释放大量弹性能，形成岩爆。徐林生等（2002）也认为，岩爆是宏观上处于高应力、小变形状态（相对于静力破坏极限）的硬质脆性围岩中初始损伤的渐进性扩展，引起裂纹周围（尤其是尖端）局部应力环境恶化，并最终导致裂纹大规模快速动力扩展。

因此，岩爆是一种由渐进破坏诱发突变的过程，其力学机制极其复杂，目前有关岩爆的研究还多停留在假说和经验阶段。Brown（1988）曾指出"在岩爆定义上达成一致意见都是困难的，岩爆这个问题的成功答案，目前在全世界很多研究中心进行着研究，它的进展将代表着岩石力学这门学科的发展和重大突破"。Hoek 和 Brown（1986）也曾指出"目前对这种渐进破坏过程还很不清楚，它是岩石力学研究工作者所面临的一个挑战性难题"。

2. 岩爆的分类与分级

国内外学者根据岩爆的破坏机制、运动形式、应力释放形式、岩爆发生的时间、岩爆的孕育机制、岩爆的地质特征及力学分析等角度提出了多种岩爆分类方法。Ortlepp 和 Stacey（1994）根据震源机制将岩爆划分为应变（strain-bursting）型、溃曲爆裂（buckling）型、掌子面冲击（face crush）型、剪切破坏（shear rupture）型、断层滑移（fault-slip）型。Kaiser 等（1996）根据岩爆运动破坏形式将岩爆划分为溃曲爆裂（buckling）型、弹射破坏（ejection）型、崩落破坏（rockfall）型。Gill 等（1993）根据应力释放形式将岩爆划分为应变型和断层滑移型，应变型又进一步划分为岩柱应变型和围岩应变型。冯夏庭等（2012）根据岩爆发生的时间把岩爆分为瞬时岩爆（即时型岩爆）、滞后岩爆（时滞型岩爆）和间歇型岩爆，其中形成机理有所不同：瞬时岩爆的最大应力水平远远大于岩体强度，当开挖形成临空面使得侧限压力解除时，应力不能及时调整，切向应力来不及增加的情况下发生了岩爆的现象，而滞后岩爆的最大应力水平接近于岩体强度，当开挖形成临空面使得侧限压力解除时，应力调整，切向应力迅速增加的情况下发生了岩爆的现象。冯夏庭等（2012）根据岩爆的孕育机制也曾将其划分为应变型、断裂滑移型、混合型（应变－结构面滑移型）。李天斌等（2016）根据地质特征及力学分析，将岩爆划分为张裂－剥落（tensile crack and spalling）型、张裂－倾倒（tensile crack and toppling）型、张裂－滑移（tensile crack and sliding）型、张剪－爆裂（tensile shear and bursting）型、弯曲鼓折（buckling）型和穹状剪切爆裂（arc shear and bursting）型。

从小的岩块剥落到严重的破碎岩体剥离，围岩破坏在剧烈程度或严重程度上有所不同。岩爆破坏的动力特性意味着在破坏过程中存在着潜在的有可能导致已支护和未支护洞室严重破坏或完全垮塌的能量释放。国内外众多学者对岩爆等级划分方法进行了研究，先后提出了多种岩爆等级划分方法。代表性的划分方法，如 Russnes（1994）根据岩爆时的声响、岩体破裂及变形形态将岩爆分为无岩爆、轻微岩爆、中等岩爆和严重岩爆四个等级；谭以安（1988）深入研究了前人的研究成果及岩爆发生时的力学特征、破坏方式、不同岩爆对围岩和构造物的破坏程度，提出了考虑岩体破坏形态、力学特征、声学特征、破坏过程和破坏程度的岩爆等级划分方法，将岩爆划分为 4 个等级；Kaiser 等（1996）采用破坏深度（depth of failure）和沿巷道周界的侧向破坏长度定义岩爆的严重程度，把破坏深度小于 0.25 m 的称为轻微岩爆、破坏深度介于 0.25~0.75 m 的称为中等岩爆，破坏深度介于 0.75~1.50 m 的称为强烈岩爆，大于 1.5 m 的称为极强岩爆。

《水利水电工程地质勘察规范》（GB 50487—2008）将岩爆的烈度分为四级：Ⅰ级为轻微岩爆，围岩表层有爆裂脱落、剥离现象，内部有噼啪撕裂声；岩爆间断零星发生，影响深度小于 0.5 m，对施工影响较小。Ⅱ级为中等岩爆，围岩爆裂、剥离现象较严重，有少量弹射，有类似雷管爆破的清脆爆裂声，有一定持续时间，影响深度 0.5~1.0 m，对施工有一定影响。Ⅲ级为强烈岩爆，围岩大片爆裂脱落，出现强烈弹射，有似爆破的爆裂声，持续时间长，并向围岩深度发展，影响深度 1~3 m，对施工影响较大。Ⅳ级为极强岩爆，围岩大片严重爆裂，大块岩片出现剧烈弹射，震动强烈，有似炮弹、闷雷声，迅速向围岩深度发展，影响深度大于 3 m，严重影响甚至摧毁工程，见表 6.1。

Barla 等（2014）曾将岩石的脆性破坏等级分为四级：Ⅰ级为片帮，表现为板状破裂，属于渐进的静态破坏现象，和岩爆动力破坏相比，一般无岩块弹射现象，片帮也可以发展成为岩爆；Ⅱ级为板裂溃曲（flexrual bending），表现为板片弯曲折断，属于岩爆的动态破坏，有突然性；Ⅲ级为沿结构面控制的板裂及溃曲现象；Ⅳ级表现为剧烈的剪胀破坏。

表 6.1 岩爆烈度分级

岩爆分级	主要现象	岩爆判别	
		临界埋深 /m	围岩强度应力比
轻微岩爆（Ⅰ级）	围岩表层有爆裂脱落、剥离现象，内部有噼啪撕裂声；岩爆零星间断发生，影响深度小于 0.5m；对施工影响较小		4~7
中等岩爆（Ⅱ级）	围岩爆裂脱落、剥离现象较严重，有少量弹射，有类似雷管爆破的清脆爆裂声；有一定持续时间，影响深度 0.5~1m；对施工有一定影响	$H \geqslant H_0$	2~4
强烈岩爆（Ⅲ级）	围岩大片爆裂脱落，出现强烈弹射；有似爆破的爆裂声；持续时间长，并向围岩深度发展，影响深度 1~3m；对施工影响较大		1~2
极强岩爆（Ⅳ级）	围岩大片严重爆裂，大块岩片出现剧烈弹射，震动强烈，有似炮弹、闷雷声；迅速向围岩深度发展，影响深度大于 3m；严重影响甚至摧毁工程		<1

资料来源：《水利水电工程地质勘察规范》（GB 50487—2008）。

由上可见，Kaiser 等（1996）的分级、Barla 等（2014）的分级和《水利水电工程地质勘察规范》（GB 50487—2008）有一定的对应性。

3. 岩爆发生机制

岩爆发生的影响因素很多，主要包括以下方面：地应力条件（包括重力、构造应力、工程扰动应力等），岩体强度，岩体结构，岩性，工程断面尺寸效应、形状效应，开挖方式与开挖速度，支护类型与施工质量。

岩爆发生机制是岩爆预测与防治的主要依据与理论基础。国内外学者都极其重视岩爆机理的研究，但存在着各种不同的观点，主要有强度理论、刚度理论与能量理论（谭以安，1988）。

经过长期研究，人们发现岩爆一般仅发生于坚硬的脆性岩石中，隧道横断面上的应力分量和 $\sigma_1 + \sigma_3$（σ_1 表示最大主应力，σ_3 表示最小主应力）的量级一般较高。从岩石强度角度探讨岩爆的学者认为，岩爆是岩石应力达到一定强度时而发生的破坏，主要有拉伸破坏机制、剪切破坏机制以及扩容理论。例如，Carisson 和 Oisson 认为岩爆不是岩石基质破损的属性，而仅仅是早已存在的小型断裂的扩展，并用格里菲斯理论来解释岩爆（谭以安，1988）。Hoek 和 Brown（1980）指出，地下洞室片帮乃至岩爆是剪应力作用的结果。斯坦福大学 Zoback 利用石油钻孔崩落范围来反算地应力，也认为钻孔崩落是由剪应力造成的（徐林生等，1999）。目前被广泛采用的岩爆预测判据为单轴抗压强度（σ_c）与切应力（σ_θ）之比，强调的主要是"荷载接近强度"，实际上也是岩爆强度理论的一种，被称为岩爆发生机制的静荷载理论（徐则民等，2003）。

刚度理论在美国和南非影响较大，该理论渊源于刚性压力机理论。20 世纪 60 年代中期，Cook 和 Hojem 发现，用普通压力机进行压缩试验时猛烈破坏的岩石试件，若改用刚性压力机试验，则破坏并不猛烈，而且可以得到应力 – 应变全过程曲线。经分析试件产生猛烈破坏的原因是试件刚度大于试验机刚度，以此 Cook 等（1966）将此结果用于解释矿柱 – 围岩系统的矿山冲击问题。70 年代布莱克进一步提出，矿柱应力达到极限强度和围岩刚度小于矿柱刚度就会出现矿山冲击（谢学斌，1999）。

能量理论则是将岩爆的发生与岩石加载过程中变形能的累积和释放联系起来，认为能量释放的大小与速率决定了岩爆的强度。

岩爆的演化过程：无论是瞬时岩爆，还是滞后岩爆，都要经历岩爆应力演化过程和岩爆板裂结构演化过程，见图 6.1 和图 6.2。而且可以看出瞬时岩爆和滞后岩爆的应力路径存在差异，见图 6.3 和图 6.4（何满潮等，2007）。

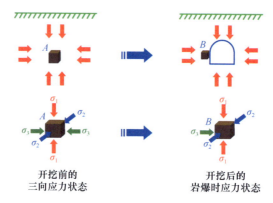

开挖前的
三向应力状态

开挖后的
岩爆时应力状态

图 6.1　岩爆应力演化过程（何满潮等，2007）

σ_1 表示最大主应力，σ_2 表示中间主应力，σ_3 表示最小主应力，下同

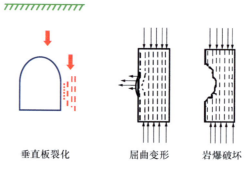

垂直板裂化　　　　屈曲变形　　　岩爆破坏

图 6.2　岩爆板裂结构演化过程（何满潮等，2007）

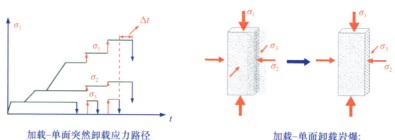

加载-单面突然卸载应力路径

加载-单面卸载岩爆:
在三向六面应力状态下,突然卸载单面荷载,保持其他两向应力不变。模拟工程开挖后发生岩爆的条件

图 6.3　瞬时岩爆的应力路径（He，2006；苗金丽等，2009）

Δt 表示卸载至岩爆发生时间

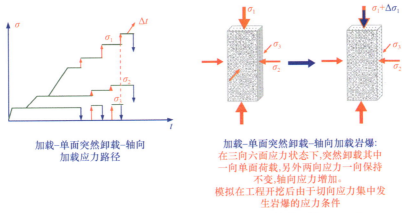

加载–单面突然卸载–轴向
加载应力路径

加载–单面突然卸载–轴向加载岩爆:
在三向六面应力状态下,突然卸载其中
一向单面荷载,另外两向应力一向保持
不变,轴向应力增加。
模拟在工程开挖后由于切向应力集中发
生岩爆的应力条件

图 6.4　滞后岩爆的应力路径（He，2006；苗金丽等，2009）

4.岩爆倾向性预测方法

开展岩爆倾向性预测是为了研究岩爆的冲击破坏特征，评估岩爆破坏倾向性和破坏程度。岩爆倾向性预测方法又可细分为单指标或多指标判据方法和数值评估方法两大类，前者是基于岩爆信息的统计学理论建立定量、半定量评价系统和分类判据，而后者以力学分析和计算为基础，通过评估岩爆的能量特征和应力或变形条件从而建立评判岩爆风险的预测指标（冯夏庭等，2013）。

单指标经验判据方法多以强度、能量和刚度理论为基础。冯夏庭等（2013）汇总了国内外常用岩爆倾向性经验判据，见表 6.2。

表 6.2　部分岩爆判据及其分类方法（冯夏庭等，2013）

类别	判据名称	判别式	判别阈值	岩爆级别	备注
能够反映洞室开挖过程影响和初始应力场的偏应力特征	Hoek 判据（Hoek and Brown，1990；Hoek and Marinos，2010）	$\dfrac{\sigma_{max}}{\sigma_c}$	>0.56	严重岩爆	σ_{max} 为围岩的最大切向应力；σ_c 为隧洞垂向作用应力；σ_c 为岩石单轴抗压强度
			0.42~0.56	中等破坏	
			0.34~0.42	严重片帮	
			<0.34	少量片帮	
		$\dfrac{\sigma_v}{\sigma_c}$	>0.5	可能岩爆破坏	
			0.2~0.5	剥落和片帮破坏	
			<0.2	无或支护后稳定	
	Russenes 判据（Jager et al.，1996）	$\dfrac{I_s(50)}{\sigma_\theta}$	<0.083	严重岩爆	$I_s(50)$ 为岩石修正的点荷载强度；σ_θ 为洞室围岩的最大切向应力
			0.083~0.15	中等岩爆	
			0.15~0.20	低等岩爆	
			>0.20	无岩爆活动	
	Turchaninov 判据（Jager et al.，1996）	$\dfrac{\sigma_\theta+\sigma_L}{\sigma_c}$	<0.3	无岩爆活动	σ_θ 为洞室围岩的最大切向应力；σ_L 为洞室轴向应力；σ_c 为岩石单轴抗压强度
			0.3~0.5	有岩爆可能	
			0.5~0.8	一定会发生岩爆	
			>0.8	有严重岩爆	
	二郎山隧洞判据（徐林生和王兰生，1999）	$\dfrac{\sigma_\theta}{\sigma_c}$	<0.3	无岩爆	σ_θ 为洞室围岩的最大切向应力；σ_c 为岩石单轴抗压强度
			0.3~0.7	一定会发生岩爆	
			>0.7	有严重岩爆	

续表

类别	判据名称	判别式	判别阈值	岩爆级别	备注
不反映洞室开挖过程影响和初始应力场的偏应力特征	Barton 判据（Barton et al., 1974）	$\dfrac{\sigma_c}{\sigma_1}$	2.5~5	中等岩爆活动	σ_1 为围岩的最大主应力；σ_c 为岩石单轴抗压强度
			<2.5	有严重岩爆	
	陶振宇判据（《岩土工程手册》编写组，1994）	$\dfrac{\sigma_c}{\sigma_1}$	>14.5	无岩爆发生	σ_1 为围岩的最大主应力；σ_c 为岩石单轴抗压强度
			5.5~14.5	低岩爆活动，有轻微声发射现象	
			2.5~5.5	中等岩爆活动，有较强声发射现象	
			<2.5	高岩爆，有很强爆裂声	
	《工程岩体分级标准》（GB/T 50218—2014）判据	$\dfrac{\sigma_c}{\sigma_1}$	<4.0	有岩爆发生，岩块弹出	σ_1 为围岩的最大主应力；σ_c 为岩石单轴抗压强度
			4.0~7.0	可能出现岩爆，岩体有剥落和掉块现象	
	脆性判据（徐林生和王兰生，1999）	$\dfrac{\sigma_c}{\sigma_t}$	<10	无岩爆	σ_c 为岩石单轴抗压强度；σ_t 为岩石单轴抗拉强度
			10~14	弱岩爆	
			14~18	中等岩爆	
			>18	强烈岩爆	
	脆性指数	$\dfrac{U}{U_1}$	<2.0	无岩爆	U 为岩石峰值强度前的总变形；U_1 为岩石峰值强度前的永久变形
			2.0~6.0	弱岩爆	
			6.0~9.0	中等岩爆	
			>9.0	强烈岩爆	
	弹性变形能指数 W_{et}（谷明成等，2002）	$\dfrac{W_{sp}}{W_{st}}$	<2.0	无岩爆	W_{sp} 为岩石试件加载到 (0.7~0.8) σ_c 后卸载到 0.05 σ_c 岩石释放的弹性应变能；W_{st} 为岩石产生塑性变形和内部产生微裂隙而消耗的能量
			2.0~3.5	弱岩爆	
			3.5~5.0	中等岩爆	
			>5.0	强烈岩爆	
	冲击性指数（谷明成等，2002）	$\dfrac{K_m}{\lvert K_s \rvert}$	<1.0	有岩爆可能	K_m 为应力–应变全过程曲线上加载过程的刚度；$\lvert K_s \rvert$ 为应力–应变全过程曲线上达到峰值后的刚度

根据指标能否反映洞室开挖过程影响和初始应力场的偏应力特征，如开挖尺寸和洞型，这些判据可分为两类：一是能反映上述两个因素；二是不能反映上述两个因素。例如，以洞周最大切向应力为主要因素的 Hoek 判据、Russenes 判据、Turchaninov 判据和二郎山隧洞判据，在确定判据量值时需要评估洞周最大切向应力值。一般来说，该过程需要数值模拟且多采用弹性模型，故在计算过程中需要考虑开挖洞型尺寸的影响，如城门洞形和圆形开挖断面洞周应力集中程度会存在差异。此外，采用数值计算确定洞周最大切向应力时，初始应力场的偏应力特征也直接影响应力集中程度。由此可见，表 6.2 中 Hoek 判据、Russenes 判据、Turchaninov 判据和二郎山隧洞判据等单指标能够同时反映洞室开挖过程影响和初始应力场的偏应力特征。而 Barton 判据、陶振宇判据和《工程岩体分级标准》（GB/T 50218—2014）判据则仅以原岩应力场的最大主应力为特征参量，无法反映洞室开挖过程影响和初始应力场的偏应力特征。而弹性变形

能指数 W_{et}、冲击性指数和脆性判据以岩石的力学性质为评判标准，无法反映洞室开挖过程影响和初始应力场的大小与偏应力特征。

5. 岩爆的防治

在大量工程实践和丰富经验积累的基础上，目前已归纳了一些有效的治理岩爆的措施。总体来讲，岩爆的防治可以从 3 个方面去考虑：一是围岩加固；二是弱化岩体力学性质，改善围岩应力条件以减少岩体中应力和能量的集中水平；三是回避。

1）围岩加固

围岩加固措施是指对已开挖洞室围岩进行加固以及对掌子面前方的围岩进行超前加固，以此改善 50%~300% 洞室直径范围内以及掌子面围岩的应力状态，使得洞室周边岩体应力状态从两向变为三向且具有保护作用，以防止发生岩块弹射、塌落等事故。从工程实例来看，目前采取的加固治理措施大致有以下几种。

喷射混凝土或钢纤维混凝土：喷射混凝土法能将未清除干净的小块石黏结在一起，还能防止锚杆之间的岩石碎片飞出，及时起到降低岩爆强度的作用。当喷射混凝土支护不能满足要求时，可采用钢纤维混凝土来增强柔性，以减少猛烈岩爆的倾向，从而有效地阻止岩体发生较大的突然变形及表面开裂。

系统锚杆：其主要作用是防止掌子面及洞室周边岩体劈裂、剥落、岩块塌落。当掌子面发生岩爆时，需向掘进前方打超前锚杆对掌子面进行加固，锚杆长度一般为两倍的爆破进尺距离。一个循环的爆破之后仍有一部分锚杆存留在岩体中，对掌子面起着加固作用。这就是行之有效的膨胀锚杆（swellex bolt）治理隧道岩爆的原理。当拱顶塌落时，可将锚杆布置在拱顶处。

加固围岩是防止岩爆的重要措施。由于岩爆发生时被动承受冲击作用力，故围岩加固也称为被动措施。20 世纪 80 年代开始，随着采矿工程埋深的增加，岩爆的支护设计开始被重视。Roberts 和 Brummer（1988）结合南非采场的岩爆治理经验，认为在有岩爆倾向的巷道，支护系统所提供的阻力不能低于 $60kN/m^2$，同时要求支护系统能在屈服状态下工作，保证岩爆发生时破裂岩体仍能在支护系统的作用下不脱离母体。Ortlepp（1992）和 Ortlepp 等（2001）分别研究了锥形锚杆和杜拉芭（Durabar）锚杆的吸能能力，Li（2010）、何满潮等（2014）分别开发了一种高级吸能锚杆，对工程设计有较大指导意义。

总体来讲，目前国内外岩爆的支护设计仍停留在经验阶段，不同的工程所采用的支护措施和支护参数均不相同，目前尚缺乏一种能够广泛使用的岩爆防治支护设计方法。

2）改善围岩应力条件

从强度理论分析，岩爆是一种岩体破坏现象，伴随这种破坏现象释放能量而造成震动、抛出、塌落等灾害。若能使围岩应力小于围岩强度就不会发生岩爆，要达到此目的，可以从设计与施工的角度采取以下办法。

选择隧道及其地下结构物的位置时，应尽量布置使其长轴方向与最大主应力方向平行，这样做可以减小洞室周边的切向应力。设计时选择合理的开挖断面形状，如半圆形、椭圆形等近似圆形的断面形状，以改善围岩应力状态，特别是降低开挖后引起的不均匀的应力集中程度。

施工过程中，宜采用短进尺和多循环来改善围岩应力状态，这一点已被大量实践所证实，此外还有应力解除法、改变围岩性质的方法。

应力解除法：洞室开挖之前，在围岩内部形成一个破碎带，使岩体原始应力释放，以便减弱开挖后的掌子面及洞室周边围岩应力，使之不发生岩爆或减弱岩爆的发生。此方法是从掌子面向前方打超前斜孔或在钻孔中进行松动爆破形成一个低弹区，又称超前应力解除法。超前应力解除是在施工中一边应力解除，一边掘进，已在许多工程中成功运用。应力释放孔、应力解除爆破、局部切槽是常用的方式。苍岭隧道（吴德兴和杨健，2005）、秦岭隧道出口段Ⅱ线（王献，2006）、福堂水电站引水隧洞（吴勇，2006）、大伙房水利枢纽引水隧洞（李忠等，2004）和二郎山隧道（徐林生，2004）等均采用了该类方法（冯夏庭等，2013）。

改变围岩性质：采用注水软化的方法改变围岩的变形及强度特性，此方法在秦岭隧道出口段Ⅱ线得到很好的运用，它也是一种积极防止岩爆的主动措施。

3）回避

对于强岩爆洞段，当各种处理办法都来不及用上或难以用上时，等待围岩应力自行调整达到稳定，有时也不失为一种方法。

6.1.3 软岩大变形形成机制与类型

1. 软岩的概念

1）软岩定义

软弱岩石（简称软岩）是指岩石（而不是岩体）工程性质软弱并常常导致工程问题或地质灾害发生的多种岩石类型的总称，因而常常是岩石工程处理和加固的对象，其相当于 Legget（1962）所编著出版的 *Geology and Engineering* 中的"问题岩石"，20 世纪 70 年代末我国将其称为"特殊岩石"（曲永新，2004）。谷德振（1979）在《岩体工程地质力学基础》一书中将其称为"特殊工程地质岩组"，也大体相当于 1986 年北京香山召开的"工程中的复杂岩组国际研讨会"中的复杂岩组（complex rock formation）。

目前，关于软岩的概念仍然较多，各有其优缺点。我国煤矿系统在 1984 年 12 月的昆明煤矿矿压名词讨论会上将松软岩层定义为"强度低，空隙大，胶结程度差，受构造切割面及风化影响显著或含有大量膨胀黏土矿物成分的松、散、软、弱岩层"，显然这里的软岩是岩体，是松散软弱岩层的简称。Russo（1994）把软岩定义为单轴抗压强度小于 17MPa 的一类岩石。Hoek 和 Marinos（2000）将单轴抗压强度小于 25MPa 的完整岩块（即岩石）定义为弱岩（weak rock）。

Hoek（1998）对软弱岩体进行了定义："软弱岩体是由构造运动形成的，微观表现为原岩受到了剪切和压碎，原联结结构受到了扰动，工程特点表现为岩体强度非常低、隧道或边坡开挖很容易诱发失稳破坏"。顾宝和等（2006）将断层破碎带岩体划归为具有不良地质特性并易引发工程事故的"劣质岩"之一。何满潮等（2000）则把岩石和所承受的荷载联系起来，定义了工程软岩，认为工程软岩是指在工程力作用下能产生显著塑性变形的工程岩体。根据姜云等（2004）的定义，软岩一般指单轴抗压强度为 0.5~25 MPa 的一类岩石。根据《工程岩体分级标准》（GB/T 50218—2014）（中华人民共和国水利部，2014）以及《岩土工程勘察规范》（GB 50021—2001）（中华人民共和国建设部和中华人民共和国国家质量监督检验检疫总局，2009），饱和单轴抗压强度小于 30 MPa 的岩石称为软岩。

2）软岩的工程力学特性

软岩能产生显著力学变形，其力学特性是由泥质结构面和成分控制的。一般来讲，软岩具有以下特性。

（1）可塑性：指软岩在工程力作用下产生变形，去掉工程力之后这种变形不能恢复的性质。

（2）膨胀性：指在力的作用下或者水的作用下体积增大的现象。根据软岩产生膨胀的机理，膨胀性可以分为内部膨胀性、外部膨胀性和应力扩容膨胀性 3 种。内部膨胀是水分子进入晶胞层间而发生的膨胀；外部膨胀是极化的水分子进入颗粒与颗粒之间而产生的膨胀；应力扩容膨胀是软岩受力后其中的微裂隙扩展、贯通而产生的体积膨胀现象。

（3）崩解性：指黏土矿物集合体在与水的作用下膨胀应力不均匀分布造成崩裂的现象。关于软岩的崩解性研究，曲永新和徐瑞春（1979）、时梦熊和吴芝兰（1986）、徐晓岚和吴芝兰（1988）、傅学敏和潘清莲（1990）等做了很多试验工作。时梦熊和吴芝兰（1986）根据崩解特征，将软岩崩解分为 4 类：Ⅰ类，软岩浸入水中即可"土崩瓦解"呈泥状；Ⅱ类，软岩浸入水中呈絮状、粉末状崩落，短则几分钟，长则 20~30min 样品即崩解完毕，崩解物呈粒状、片状碎屑或者碎块，用手捏仍为泥；Ⅲ类，浸入水中呈块状崩裂、塌落或片状开裂，全部样品崩解完毕需要 1h 至数小时，崩解物为碎岩片或者碎岩块；Ⅳ类，浸入水中经数天半月以至更长时间都不发生崩解破坏，仅在局部沿隐微裂隙、节理开裂。软岩浸水后所表现出来的不同崩解特征与软岩的成因、成分以及胶结状态密切相关。

（4）流变性：指物体受力变形过程与时间相关的变形性质。软岩的流变性包括弹性后效、流动、结构面的闭合和滑移变形，流动又可分为黏性流动和塑性流动。软岩的流变性主要表现在流变的蠕变性、松弛性和流动极限的衰减性质。其中，蠕变性是指在恒定荷载作用下的流变性质，用蠕变方程和蠕变曲线来表示。在较高的应力条件下，蠕变曲线一般可以分为 3 个阶段：Ⅰ阶段——衰减蠕变，应变速率由大逐渐减小，蠕变曲线上凸；Ⅱ阶段——等速蠕变，应变速率近似为常数或为 0，蠕变曲线近似为直线；Ⅲ阶段——加速蠕变，应变速率逐渐增加，蠕变曲线下凹。松弛性是指在保持恒定变形条件下，应力随时间延续而逐渐减小的性质，用松弛方程和松弛曲线来表示。松弛性可以划分为三种类型：①立即松弛，是指变形保持恒定后，应力立即消失到 0；②完全松弛：是指变形保持恒定后，应力逐渐消失；③不完全松弛，是指变形保持恒定后，应力逐渐松弛，最终不能完全消失。流动极限就是具有流变性材料的屈服极限，其往往随时间的延长而衰减。

（5）易扰动性：指软岩抗外界环境扰动的能力极差，对施工振动、卸荷松动等极为敏感，而且具有暴露风化、吸湿膨胀软化的特点。

2. 软岩大变形的类型

Terzaghi（1946）提出了挤出型岩石和膨胀型岩石的概念，他认为挤出型岩石是指侵入隧道（开挖轮廓面）后没有明显体积变化的岩石，发生挤出的先决条件是岩石中含有高含量的微观、亚微观云母状矿物颗粒或低膨胀性的黏土矿物；膨胀型岩石是指主要由于膨胀作用而侵入隧道的岩石。受到 Terzaghi 思想的影响，一般将软岩大变形根据机制划分为两类：膨胀型大变形和挤出型大变形（也称挤入型大变形）。前者是围岩中某些矿物和水反应，而发生膨胀导致大变形，水及某些矿物的存在对于膨胀变形是必需的；后者是开挖引起的应力重分布超过围岩强度，围岩因塑性化而产生大变形（黄润秋和徐则民，2004）。

1）膨胀型大变形

膨胀型大变形就是由膨胀岩引起的围岩大变形。所谓膨胀岩就是指含有较多的蒙脱石或者硬石膏、无水芒硝等亲水矿物，具有含水率增加、体积膨胀、岩质软化，饱水后崩解泥化和失水体积收缩、岩体破裂、新鲜岩石在空气中呈鳞片状剥落特性的软质岩石。陈宗基和闻萱梅（1983）认为在膨胀作用的同时伴有扩容作用的发生。国际岩石力学与岩石工程学会（ISRM）膨胀岩专业委员会认为膨胀岩是与水发生物理化学作用而引起含水量增加、体积增大的岩石（与含水量变化无关但发生体积增大的岩石不能称为膨胀岩）（范秋雁，2008），并把膨胀岩划分为 4 类：①泥质膨胀岩；②含硬石膏、无水芒硝类膨胀岩；③断层泥类膨胀岩；④含黄铁矿等金属硫化物类岩石。泥质膨胀岩是指膨胀性泥岩、页岩类沉积岩。

中国最早的关于膨胀岩的专门研究是 20 世纪 50 年代末谷德振所领导和组织的淮河信阳出山店水库坝基中斑脱岩的研究，不仅对岩石物理力学性质和水理性质进行了测试，而且采用粉晶 X 射线衍射（XRD）、差热分析（DTA）、电子显微镜等技术进行了黏土矿物研究，以及物理化学性质测试。20 世纪 60 年代中期，铁道部第二勘测设计院、中国科学院地球化学研究所、西南交通大学对成昆铁路建设中的黑井隧道、法拉隧道和三峨山隧道中含硬石膏的膨胀岩进行了矿物化学研究和膨胀、腐蚀、溶陷病害原因分析、膨胀力测定。曲永新等（1985，1988a，1988b）和曲永新（1991，1992，1994）对中国上百个矿山和工程涉及 20 多个省份不同地质时代泥质岩工程地质特性进行宏观、微观研究，对泥质膨胀岩的判别、膨胀势预测、中国泥质膨胀岩时空分布规律的研究获得了重要成果。2004 年，曲永新将中国膨胀岩按照地质成因分为沉积型泥质膨胀岩、蒙脱石化火成岩（侵入体）类膨胀岩、蒙脱石化凝灰岩类膨胀岩、断层泥类膨胀岩和含硬石膏或无水芒硝类膨胀岩。

以上分类被《铁路工程特殊岩土勘察规程》（TB 10038—2012）（简称规程）所采用。

在规程中，泥岩、页岩、泥质粉砂岩类膨胀岩被划分为沉积型膨胀岩。低温热液型中基性侵入岩体蒙脱石化形成的膨胀岩，应划分为火成岩类膨胀岩。凝灰岩蚀变后形成的膨胀岩，应划分为蒙脱石化凝灰岩类膨胀岩。区域性活断层柔性剪切带形成的半成岩断层泥膨胀岩，应划分为固结断层泥类膨胀岩。红色沉积岩系中夹有层状硬石膏或无水芒硝时，应划分为含硬石膏或无水芒硝类膨胀岩。

根据《工程地质手册（第四版）》（《工程地质手册》编委会，2007），膨胀岩也可以参照表 6.3 分为典型的膨胀性软岩和一般的膨胀性软岩。

表 6.3　膨胀岩的分类（《工程地质手册》编委会，2007）

指标	典型的膨胀性软岩	一般的膨胀性软岩	指标	典型的膨胀性软岩	一般的膨胀性软岩
蒙脱石含量 /%	≥ 50	≥ 10	体膨胀量 /%	≥ 3	≥ 2
单轴抗压强度 /MPa	≤ 5	> 5，≤ 30	自由膨胀率 /%	≥ 30	≥ 25
软化系数	≤ 0.5	< 0.6	围岩强度比	≤ 1	≤ 2
膨胀压力 /MPa	≥ 0.15	≥ 0.10	小于 2μm 的黏粒含量 /%	> 30	> 15

膨胀岩的判别是膨胀岩研究的基础和先决条件。1983 年，ISRM 膨胀岩专业委员会提出了膨胀岩的定义、类型，但没有提出膨胀岩的判别方法和指标，直到 1994 年才提出了膨胀岩现场快速判别的建议方法。膨胀岩的判别包括直接判别（即膨胀性矿物的判别）和间接指标的判别。对于硬石膏（$CaSO_4$）和无水芒硝（Na_2SO_4）类膨胀岩，除了肉眼鉴别和水提取化学液分析之外，最基本的法则是 XRD 法、DTA 法；对于泥质膨胀岩，由于成岩和胶结作用的影响，直接判别仅适用于强膨胀岩（曲永新，2004）。曲永新（2004）提出将岩块干燥饱和吸水率 10% 作为下限，并进行了膨胀势的工程分级：$W_{RDS} < 10\%$ 为非膨胀的；$10\% \leq W_{RDS} < 20\%$ 为微膨胀的；$20\% \leq W_{RDS} < 50\%$ 为弱（中）膨胀的；$50\% \leq W_{RDS} < 100\%$ 为强膨胀的；$W_{RDS} \geq 100\%$ 为剧膨胀的。

《岩土工程勘察规范》（GB 50021—2001）规定，具有下列特征的岩石可初判为膨胀岩。

（1）多见于黏土岩、页岩、泥质砂岩；伊利石含量大于 20%。

（2）地形平缓，无明显自然陡坎。

（3）常见浅层滑坡、地裂，新开挖的路堑、边坡、基槽容易发生坍塌。

（4）裂缝发育，方向不规则，常有光滑面和擦痕，裂缝中常充填灰白、灰绿色黏土。

（5）干时坚硬，遇水软化，自然条件下呈坚硬或硬塑状态。

2）挤出型大变形

所谓挤出型大变形，就是开挖引起的应力重分布超过了围岩强度，挤出型围岩因塑性化产生大变形。Terzaghi（1946）认为挤出型岩石仅仅是指那些含有相当多黏土的岩石，黏土可能是原生的，如页岩类的，也可以是蚀变产物。岩石可以是完整的、节理化的或者碎裂化的。这类岩石的黏土组分可能主要是高岭土类，或者具有蒙脱石类的黏性。因此，挤出型岩石的特性随黏土组分不同而不同。挤出型岩石缓慢地向隧道内移动，但并没有明显的体积增加。挤出的首要条件是云母类矿物或黏土矿物含量高但膨胀能力却很低。

Gioda（1982）则认为挤出是用来表示由开挖空间周围的剪应力集中造成的与时间相关的变形。偏应变和体积变形都可能出现，后者与岩土介质的膨胀有关。

Tanimoto（1984）则假设挤出变形现象是围岩的一种弹塑性行为，并认为当岩石应变达到其残余塑性状态（流动状态）时将发生挤出变形。

O'Rourke（1984）认为挤出型地层泛指因荷载强度超过岩体强度而在隧道附近出现与时间相关的变形的地层。荷载则是来源于开挖导致的应力重新分布。挤出型地层的结果是隧道支护结构将在数周甚至数月内经受比初始荷载高数倍的不断增加的荷载。

Singh 等（1992）则认为，挤出意味着岩体应力过大引起的与体积膨胀有关的破坏，并伴随着破坏的岩体进入开挖空间（隧道）。在挤出条件下隧道收敛可能长期持续，有时超过 1 年。

Einstein（1989）认为挤压本质上是因超过极限剪应力而产生的蠕变，只要应力和材料特性的特殊组合使隧道周围的某些区域超过蠕变开始所需的临界剪应力，任何岩土介质中均可发生挤出现象。挤出机制是岩土体中完整材料颗粒的蠕变或沿着完整材料颗粒边界的蠕变，沿着大型不连续面如层面、片理面、节理和断层的蠕变。

Kovari（1998）认为岩石对开挖的挤出响应意味着地层大变形造成隧道断面收缩，变形持续很长时间，如果变形受到抑制，地层压力可能增大，有时导致支护系统被破坏，并且这种持续大变形不是膨胀的结果；在节理化岩体中发生的、因为支护能力不足的且局限于顶部和侧墙的大变形是由松动造成的，不是由应力过大围岩屈服导致的，不属于挤出变形；岩爆和挤出不是同一类变形。

喻渝（1998）认为挤出型围岩就是指高地应力下的软弱围岩（包括断层破碎带岩体），挤出变形发生的两个必要条件是高地应力和围岩软弱，充分条件是支护刚度不足。

赵旭峰（2007）提出挤出现象是一种在隧道开挖过程中与时间有关的大变形，与岩体的弹黏塑性时效力学行为具有相当程度的关联性，其表现为在工程扰动的作用下，当岩体所承受的剪应力超过某极限值时，所发生的随时间发展的显著弹黏塑性变形。

Barla（1995）代表 ISRM 隧道挤压岩石委员会对岩石挤出做了如下定义：挤出岩石是隧道周围发生的随时间变化的大变形，本质上与超过极限剪切应力引起的蠕变有关。变形可能会在施工期间终止或持续很长时间。这也代表了目前国际岩石力学界的主流认知。

挤出型大变形隧道出现在以泥岩、泥质砂岩/粉砂岩、黏土岩、泥灰岩、煤系地层、复理石为主的沉积岩，以页岩、片岩、泥质板岩、千枚岩、蛇纹岩、片麻岩等为主的变质岩等传统软岩中。断层破碎带岩体与传统软岩相比，其大变形本质相同但影响因素和过程却存在着显著差别。

围岩挤出型大变形工程实例不少。例如，修建于 1896~1906 年、连接瑞士和意大利的辛普朗（Simplom）1# 隧道是世界上最早出现严重挤出变形的交通隧道。此后，世界范围内先后出现了奥地利陶恩（Tauern）隧道和阿尔贝格（Arlberg）隧道、瑞士弗尔卡（Furka）隧道、日本惠那山（Enasan）隧道、中国家竹箐隧道、中国乌鞘岭隧道、印度马内里（Maneri）隧道、伊朗塔隆（Taloun）隧道、土耳其博卢（Bolu）隧道、委内瑞拉亚卡姆布（Yacambu）隧道等一系列典型挤出型大变形隧道。图 6.5 显示了甘肃渭武高速木寨岭隧道发生挤出型大变形的情况。

图 6.5　甘肃渭武高速木寨岭隧道发生挤出型大变形（祁生文摄于 2019 年）

隧道挤出收敛变形量、变形速率、洞周屈服区范围，取决于地质条件、地质工程技术条件、强度应力比、地下水流量、孔隙水压力以及岩体性质。挤出因此和屈服以及时间依赖同义，它与开挖和所采用的支护技术密切相关（Barla，1995）。在节理化岩体中可能发生的因为支护能力不足的、局限于顶部和侧墙的大变形不包括在挤出变形范畴内（Kovári，1996）。与时间相关的变形也可能发生在膨胀岩体中，挤出变形通常不意味着体积增加。挤出变形与隧道开挖和支护技术及步序密切相关。若支护滞后，岩体将向洞内移动并造成应力重分布；相反，若岩体变形被抑制，挤出将导致支护结构遭受长期加载（Barla，1995）。

3. 软岩大变形的形成机制

膨胀型大变形与挤出型大变形的形成机制有显著差别，下面分别进行阐述。

1）膨胀型大变形形成机制

傅学敏和潘清莲（1990）对膨胀型大变形的形成机制总结如下。

A. 破坏扩容

膨胀性软岩的破坏扩容效应主要指的是当围岩开挖卸荷后出现塑性流动及剪胀扩容。

它会使岩体结构破坏，其中卸荷引起的与时间效应有关的围岩变化是体积增大的过程。

B. 微粒成分的化学膨胀

在软岩研究中，水对某些含有特定矿物成分的岩石膨胀性会起到决定性的作用，如包含硬石膏、无水芒硝等成分的岩体。这些特殊岩体遇水会发生化学反应，并引起体积的膨胀，如硬石膏有

$$CaSO_4+2H_2O \rightarrow CaSO_4 \cdot 2H_2O$$

该式表示 46 cm³ 的硬石膏 $CaSO_4$ 从孔隙吸水后转化为 74 cm³ 的 $CaSO_4 \cdot 2H_2O$ 晶体，其体积增加可达 61%。这种膨胀也被称为"盐胀"或"结晶膨胀"。

C. 吸水膨胀效应

在地下洞室的开挖过程中，围岩松动圈内会产生孔隙负压及裂隙通道，使围岩附近岩体内的地下水向围岩松动圈内缓慢运移渗透，加之施工用水及洞室内温度、湿度的交替变化，导致围岩吸水膨胀、软化和崩解。如果处理不当将产生很大的吸水膨胀性变形，其量值可能远大于岩石的弹塑性及碎胀变形量之和，由此而产生的膨胀性变形压力是软岩巷道支护破坏的重要原因之一。

易发生吸水膨胀的岩石种类极为复杂，如泥岩、页岩、黏土岩、粉砂质泥岩、石膏、芒硝等均易吸水膨胀，它们往往含有较多强亲水矿物，如蒙脱石、伊利石和高岭石等。

这些岩体的膨胀主要取决于其所含黏土颗粒的粒间或晶间膨胀。黏土矿物含量越高，膨胀率就越高。

D. 分子膨胀机制

含有蒙脱石和伊－蒙混层矿物的泥质岩类的膨胀性颇为显著，这种膨胀性与蒙脱石的分子结构特征关系十分密切，因此也将这种膨胀机制称为蒙脱石型膨胀机制。

蒙脱石的晶体是由很多互相平行的晶胞组成，每个晶胞厚度约为 14Å[①]，分为三层。上层和下层为 Si-O 四面体，中间夹几层 Al-O-OH 八面体。其最大特点是每个晶胞中四面体和八面体数量之比为 2：1；晶胞与晶胞之间以 O^{2-} 接触，故不够紧密，可以吸收无定量的水分子，因而结构格架活动性大，亲水性强，晶胞之间的 Al^{3+} 可被 Fe^{3+}、Fe^{2+}、Ca^{2+}、Mg^{2+} 等取代而形成蒙脱石族各种不同的矿物。

E. 毛细膨胀机制

所谓毛细作用，实质上就是指水与软岩固体间的吸引力同水与空气界面的表面张力二者的相互作用。在一般工程岩体情况下，膨胀性软岩的空隙颇为发育，由于大量孔隙和裂隙的存在及水的表面张力，产生了毛细压力，使地下水通过软岩中的微小空隙通道吸入。其上升的高度和速度取决于它的孔隙、有效粒径、空隙中吸附空气和水的性质以及湿度等。据试验数据，卵石的毛细高度为零至几厘米，砂土则在数十厘米左右，而膨胀性软岩则可达数百厘米。因而，整个毛细带扩容范围事实上为软岩的进一步化学膨胀和胶体膨胀准备了条件。正是由于这种毛细作用，水才通过毛细空隙向各个方向运动。

---

① 晶体学常用的长度单位，音译为"埃"，1Å 等于 10^{-10} m，即 0.1 纳米。

F. 胶体膨胀机制

黏粒成分为高岭石、腐殖质和难溶盐时，也具有一定的膨胀性，表现为胶体膨胀机制。只要粒径 <0.002 mm，均能形成胶体，具有胶体膨胀机制（傅学敏和潘清莲，1990）。

黏粒表面具有游离价原子和离子。这些原子或离子具有静电引力，在土粒表面形成静电引力场。水分子是偶极体，一端为正电荷，另一端为负电荷，可以为静电引力所吸引。于是黏粒表面附近的水分子紧密整齐地排列起来，这时水分子完全失去了自由活动的能力，这就是强结合水。距黏粒表面越远，静电引力场的强度越小，水分子失去的自由活动的能力越少，排列也将不那么整齐，此即为胶体中的弱结合水。强结合水和弱结合水组成双电层结构。再远一些，静电引力几乎没有作用，水分子自由活动的能力和原来差不多，成为自由液态水。

强结合水和弱结合水这两部分结合水共同组成水化膜，使黏粒的体积膨胀，其结合水力学性质既不同于液体也不同于固体，而是介于两者之间。由于黏粒极小，比表面积很大，因而这种吸附作用极其明显。这时的黏粒将形成一种胶体，黏粒表面形成很厚的水化膜吸附层，使得黏土在宏观上产生体积膨胀。

2）挤出型大变形形成机制

目前，国内外学者认为围岩挤出是开挖引起的应力重分布超过岩体强度时屈服的结果，但是关于软岩挤出型大变形发生的力学机理解释还不尽相同。陈宗基和闻萱梅（1983）认为围岩收敛变形机理应包括扩容加挠曲、塑性楔体、弹性回弹、围岩膨胀、内应力释放五个方面。Aydan 等（1993）认为挤出现象在力学上可以看成地应力作用下围岩介质的弹、黏、塑性的表现，只发生在随着隧道开挖地应力重分布使围岩发生屈服时，是一种物理过程，并且通过一系列的研究将围岩挤出的力学机制分为以下三大类。

A. 完全剪切破坏

完全剪切破坏指隧道洞周岩体应受过大的剪应力作用而被破坏，剪切破坏区形成环形塑性区，其中剪切过程的产生伴随有围岩的滑移和突然分离，见图 6.6（a）。在连续的塑性岩体及含有大开裂度裂隙的非连续岩体中会发生这种破坏，典型例子是折爪（Orizume）隧道挤出区段，其围岩是泥岩，单轴抗压强度为 0.7~1.2 MPa，隧道埋深100 m，围岩坚固系数为 0.3~0.5，隧道收敛变形达 1600 mm。

B. 弯曲破坏

弯曲破坏指具有节理或层状岩石的弯曲破坏，此种破坏常发生于变质岩（如千枚岩及云母片岩等）及薄层状且具有延展性的沉积岩（如泥岩、页岩、泥质砂岩、粉岩及蒸发岩等），见图 6.6（b）。典型的例子如远垒（Enrei）隧道挤出段岩层变形严重，围岩是薄层泥岩，单轴抗压强度为 4~4.2 MPa，隧道埋深 110~130 m，围岩坚固系数为1.3~1.6，隧道向内收敛变形量达 1000 mm 以上。

C. 张裂 – 剪切和滑动破坏

张裂 – 剪切和滑动破坏发生于相对较厚的沉积岩中，隧道两侧岩壁因受挤压而沿层面产生滑动现象，进而导致张裂破坏；顶部及仰拱部分岩体则因承受过大剪应力而被破坏，见图 6.6（c）。开挖纳瓦霍（Navajo）引水 3 号隧洞期间以及煤层中开挖隧道的模拟试验中都曾报道过这种破坏。

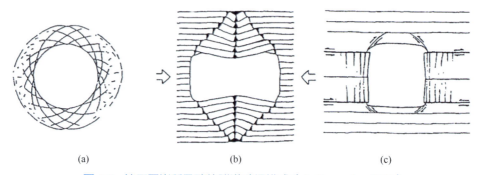

(a)	(b)	(c)

图 6.6　挤压围岩所导致的隧道破坏模式（Aydan et al.，1993）

（a）完全剪切破坏；（b）弯曲破坏；（c）张裂 – 剪切和滑动破坏

4. 围岩大变形预测与防护对策

1）膨胀型大变形预测与防护对策

A. 膨胀型大变形预测

几十年来，各国学者经过潜心研究与探索，建立了相应的膨胀岩本构关系数学表达式。最典型的本构关系是由 Huder 和 Amberg（1970）在实验室内用常规固结仪对膨胀性泥灰岩膨胀性态进行试验而得出的经验公式。

$$\varepsilon = K(1 - \frac{\lg \sigma}{\lg \sigma_\theta}) \tag{6.1}$$

式中，ε 为轴向应变；σ 为膨胀应力；σ_θ 为最大膨胀应力；K 为 $\sigma=0.1$ MPa 时的轴向膨胀应变。

在此基础上，Einstein 等（1972）与 Wittke 和 Rissler（1976）[1]提出了三维膨胀本构关系。

$$\varepsilon_V = K\left[1 - \frac{\lg\left(\sigma_V \frac{1-\mu}{1+\mu}\right)}{\lg\left(\sigma_{V\max} \frac{1-\mu}{1+\mu}\right)}\right] \tag{6.2}$$

式中，ε_V 为体积应变；σ_V 为体积膨胀应力；$\sigma_{V\max}$ 为最大体积膨胀应力；μ 为泊松比。

孙钧和李成江（1986）认为膨胀体积应变是第三应力不变量 I_3 的函数（他们对山东张家洼矿区所采岩样进行试验），得出关系如式（6.3）所示：

$$\varepsilon_V = 0.0033805 - 0.002572 \times I_3 \tag{6.3}$$

傅学敏和潘清莲（1990）借助扫描电镜，分析了膨胀过程中岩石内部颗粒结构的

---

① Wittke W, Rissler P. 1976. Dimensioning of the Lining of Underground Openings in Swelling Rock Applying the Finite Element Method. Aachen: Rheinisch-Westfälische Technische Hochschule Aachen.

微观变化特征，并做了大量的试验来研究膨胀过程的宏观显现规律，提出了用膨胀元件、弹性元件、黏性元件和塑性元件并联组合，来模拟软岩膨胀的力学行为。

陈宗基和闻萱梅（1983）认为膨胀是物理化学和力学过程联合作用的结果，其本构为

$$\varepsilon_V = 3aH$$
$$H = H_0 \exp\left(\frac{\text{Phi}}{RT}\right) \quad\quad (6.4)$$

式中，ε_V 为体积膨胀应变；a 为在膨胀过程中出露面当时的比表面积参数，是一种力学因素的量度；H 为用于黏土矿物之类膨胀性很强的物质参数；Phi 为激活能；R 为气体常数；T 为绝对温度；H_0 为常数。

还有一些学者从有效应力的观点出发，把不饱和泥岩中产生的间接空气压力和间接孔隙水压力以及吸水膨胀压力用膨胀压力来表示，并把膨胀压力 P 看成内部压力，从而建立相应的本构关系。

B. 膨胀型大变形防护对策

隧道工程实例：山西省长治市壶关县原村隧道穿越地层主要有第四系上、中更新统黏质黄土，石炭系泥岩、页岩及奥陶系灰岩。泥岩具有膨胀性。

膨胀性泥岩大变形的处理对策：从泥岩的膨胀性特征、结构受力特点出发，采用下列方法（李力，2013）。

a. 回填土反压

隧道初期支护持续变形，位移不发生收敛，应首先暂停施工；然后在变形处支护面回填洞渣，并碾压密实，形成反压土，以减少临空面，抑制围岩变形，改善支护受力状态。

b. 增设临时仰拱

对上台阶增设临时仰拱，仰拱采用Ⅰ18型钢，使之与原初期支护的钢架连接固定，连接部位用木楔子顶紧加固，防止倾覆，每个连接处搭设2根4.5 m长的锁脚锚管固定钢架。临时仰拱底铺设钢筋网，钢筋网直径6 mm，间距20 cm×20 cm，并喷射18 cm厚混凝土，使得开挖后的上台阶形成封闭环，以抵御围岩径向变形。

c. 扇形支撑

在反压土上搭设原木对撑和扇形支撑，原木对撑和扇形支撑应与初期支护有效连接，形成一个整体支护系统，与初期支护共同对抗围岩变形。

d. 小导管径向注浆加固

对初期支护变形处背后的围压采取注浆加固，以增强围岩的强度和稳定性。注浆采用 φ42 mm×3.5 mm 的钢花管，钢花管长3.5 m，注浆间距为1.5 m×1.5 m，按梅花形布置。注浆孔与支护面略呈一定仰角，浆液采用1∶1的水泥浆。施工时，小导管与钢架应埋设牢固，并有良好的止浆措施。注浆顺序为先两侧边墙，后拱顶，为防止串浆，注浆采取间隔施工。注浆压力控制在0.2~1.0 MPa，注浆结束后，用干稠水泥浆或水泥砂浆进行回填封孔，确保注浆孔封填密实。

2）挤出型大变形预测与防护对策

Barla（2002）曾对挤出型大变形的预测与防护做了系统全面的回顾，在 Barla 的

研究基础上，本书对最新的进展特别是国内的进展做了补充。

A. 挤出型大变形的预测

挤出型大变形的预测方法可分为经验方法和半定量半经验方法。

经验方法是基于岩石质量分类特别是 Q 分类来进行的。

（1）Singh 等（1992）的方法。基于 39 个案例，Singh 等（1992）提出根据岩体质量 Q 值（Barton et al.，1974）预测挤出变形的临界隧道埋深的公式。

$$H = 350Q^{1/3} \tag{6.5}$$

如图 6.7 所示，如果隧道埋深大于该临界深度，隧道就会发生挤出变形；反之，则不会发生挤出变形。

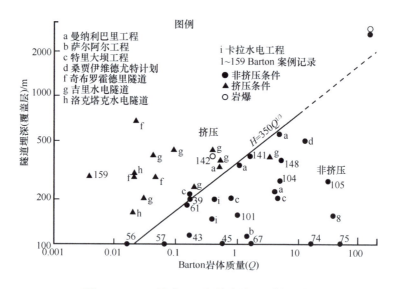

图 6.7　Singh 等（1992）的方法预测地层挤压

（2）Goel 等（1995）的方法。根据 99 个隧道的跨度（B）、岩体质量数（N）和隧道埋深（H）的统计数据，Goel 等（1995）提出了隧道发生挤出变形的临界埋深经验公式。

$$H = 275 \cdot N^{0.33} \cdot B^{-1}$$
$$N = Q_{\mathrm{SRF}=1} \tag{6.6}$$

式中，SRF 全称为 stress reduction factor，即应力折减系数，$Q_{\mathrm{SRF}=1}$ 表示应力折减系数等于 1 的情况下的 Q 值。

如图 6.8 所示，当隧道埋深大于该临界深度，隧道就会发生挤出变形；反之，则不会发生挤出变形。

基于上述两种方法，Singh 和 Goel（1999）提出了如下挤压程度分级的方法：当收敛变形达到隧道洞径的 1%~3%，属于轻微挤压；当收敛变形介于隧道洞径的 3%~5%，属于中等挤压；当收敛变形超过洞径的 5%，属于高度挤压。

半定量半经验方法：使用圆形隧道静水压力条件下的解析解及经验统计分析，提出估计预期变形量或者支护压力的方法。根据所设定的判定标准差异，半定量半经验方法分为

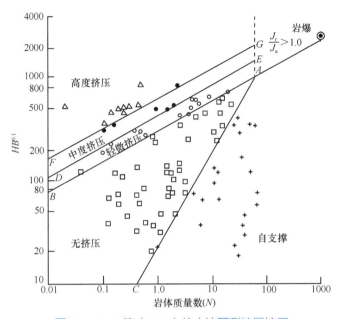

图 6.8　Goel 等（1995）的方法预测地层挤压

J_r、J_a 为 Q 分类系统中的参数，J_r 表示节理粗糙度，J_a 表示节理蚀变程度

图中不同符号所代表的含义一样，只是因其所处区域不同而使用了不同的标注符号

3 类：单纯强度应力比法、极限变形量 / 相对变形量法、应力应变强度等多指标结合法。

（1）单纯强度应力比法。Wood（1970，1972）首先建议使用岩体能力因子（competency factor）N_c，即岩体单轴抗压强度（σ_{cm}）与上覆垂直应力（$p_0 = \gamma H$）的比值来评价隧道的稳定性。

$$N_c = \frac{\sigma_{cm}}{p_0} = \frac{\sigma_{cm}}{\gamma H} \tag{6.7}$$

式中，σ_{cm} 为岩体单轴抗压强度；p_0 为原位地应力；γ 为岩体单位容重；H 为隧道埋深。

Nakano（1979）利用该参数来认识日本软岩隧道的挤压变形潜势。其后，Jethwa 等（1984）、Singh 等（1992）、Hoek 和 Marinos（2000）等学者均根据岩体强度与应力的比值来量化隧道围岩的"挤压变形潜势"。

Jethwa 等（1984）根据岩体能力因子 N_c，提出挤压变形分类的划分标准，见表 6.4。

表 6.4　挤压变形分类

指标	变形分级			
	高度挤压	中等挤压	微弱挤压	无挤压
岩体强度应力比	<0.4	0.4~0.8	0.8~2.0	>2.0

（2）极限变形量 / 相对变形量法。Aydan 等（1993）基于日本隧道的经验，发现对于式（6.7），利用岩石单轴抗压强度 σ_{ci} 来替代岩体单轴抗压强度 σ_{cm}，即岩石能力因子小于 2 时，隧道出现挤出变形。因此，他们将岩石室内试验的应力 – 应变响应与隧道围岩切向应力 – 应变响应进行类比，在低围压情形下〔如围岩最小主应力（σ_3）≤ 0.1 ×

围岩单轴抗拉强度（σ_i）]，围岩（样品）将经历 5 个明显的阶段，如图 6.9 所示。将应力 – 应变曲线中应变硬化阶段极限应变（ε_P）、屈服阶段极限应变（ε_S）、应变软化阶段极限应变（ε_f）与弹性极限应变（ε_e）的比值 η_P、η_S、η_f 作为预测挤压变形严重程度的评判标准。其中：

$$\eta_P = \frac{\varepsilon_P}{\varepsilon_e} = 2\sigma_{ci}^{0.17}, \quad \eta_S = \frac{\varepsilon_S}{\varepsilon_e} = 2\sigma_{ci}^{-0.25} \quad \eta_f = \frac{\varepsilon_f}{\varepsilon_e} = 2\sigma_{ci}^{-0.32} \tag{6.8}$$

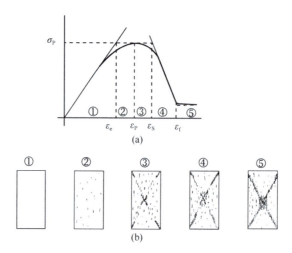

图 6.9　Aydan 等（1993）的方法所示 σ_P 表示岩石峰值强度的挤出性围岩的理想应力 – 应变曲线

利用闭合形式的解析解，可以计算出静水应力场下圆形洞周的应变水平（ε_a）。在此基础上，Aydan 等（1993）提出了挤出变形分级的判断标准，见表 6.5。

表 6.5　围岩挤出分级表（Aydan et al.，1993）

分级	挤出程度	符号	理论判别式	隧道特征
1	无挤出	NS	$\varepsilon_a/\varepsilon_e \leqslant 1$	岩石弹性变形，当隧道掌子面效应停止时隧道稳定
2	轻微挤出	LS	$1 < \varepsilon_a/\varepsilon_e \leqslant \eta_f$	岩石表现为应变硬化，隧道稳定，当隧道掌子面效应停止时，位移将收敛
3	中等挤出	FS	$\eta_P < \varepsilon_a/\varepsilon_e \leqslant \eta_S$	岩石表现为应变软化，位移变大，当隧道掌子面效应停止时，位移将收敛
4	重度挤出	HS	$\eta_S < \varepsilon_a/\varepsilon_e \leqslant \eta_f$	岩石表现为高度应变软化，位移变大且当隧道掌子面效应停止时并不趋向于收敛
5	极度挤出	VHS	$\eta_f < \varepsilon_a/\varepsilon_e$	岩石发生流变，导致围岩垮塌，位移将非常大，需要扩挖和进行重型支护

Singh 等（2007）认为极限应变值的确定取决于岩块和岩体的性质，并将其定义为隧道周边切向应变的经验值，可通过数值模拟或现场监测分析得到。然后监测得到应变值与极限应变值之比 SI（表 6.6），该值可被用来量化挤压变形潜势和修改支护设计。

$$SI = \frac{观测或预期变形率}{极限应变} = \frac{u_a/a}{\varepsilon_{cr}}$$

$$\varepsilon_{cr} = 5.84 \frac{\sigma_{ci}^{0.88}}{Q^{0.12}E_i^{0.63}} \tag{6.9}$$

式中，u_a 为径向变形量；a 为隧洞半径；ε_{cr} 为极限应变；Q 为 Barton 的 Q 分类数值；E_i 为切向模量。

（3）应力应变强度等多指标结合法。Hoek（1998）也使用岩体强度应力比作为隧道潜在挤压问题的预测指标。Hoek 和 Marinos（2000）吸取 Sakurai（1983）的思想，将强度应力比与应变率［即隧道侧壁位移与隧道半径的比值，和 Aydan 等（1993）方法中的ε_α相同］结合起来，初步预测隧道围岩挤压变形的严重程度。

表 6.6　据 SI 设置分级

分级	挤压程度描述	SI
I	无挤压	SI ≤ 1.0
II	轻度挤压	1.0<SI ≤ 2.0
III	一般挤压	2.0<SI ≤ 3.0
IV	严重挤压	3.0<SI ≤ 5.0
V	非常严重挤压	5.0<SI

Hoek 和 Marinos（2000）在太沙基讲座上，通过有限元分析，给出了隧道壁应变率ε_t (%)和掌子面应变率ε_f (%)与初始地应力p_0、支护力p_i之间的近似关系式。

$$\varepsilon_t\,(\%) = 0.15\left(1 - p_i/p_0\right)\frac{\sigma_{cm}^{-\frac{3p_i/p_0+1}{3.8p_i/p_0+0.54}}}{p_0} \qquad (6.10)$$

$$\varepsilon_f\,(\%) = 0.1\left(1 - p_i/p_0\right)\frac{\sigma_{cm}^{-\frac{3p_i/p_0+1}{3.8p_i/p_0+0.54}}}{p_0} \qquad (6.11)$$

图 6.10 描绘了隧道壁应变率ε_t (%)和掌子面应变率ε_f (%)与围岩强度应力比 σ_{cm}/p_0 及支护力p_i之间的关系。

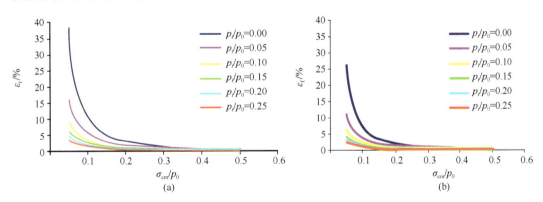

图 6.10　隧道壁应变率 ε_t 和掌子面应变率 ε_f 与围岩强度应力比 σ_{cm}/p_0 及支护力 p_i 之间的关系（Hoek and Marinos，2000）

在此基础上，Hoek 和 Marinos（2000）用图 6.11 作为围压挤出变形分级的初步判定标准。表 6.7 给出了 Hoek 和 Marinos（2000）的挤压变形分级和建议采用支护类型。

B. 挤压型大变形的防护对策

刚性结构设计理念：①大刚度支护和衬砌结构。采用掌子面超前长大锚杆和周边

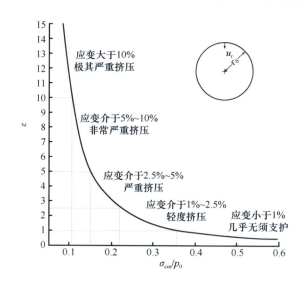

图 6.11　围压挤出变形分级的初步判定标准（Hoek and Marinos，2000）

应变（ε）＝隧道壁位移（u_t）/隧道半径（r_0）×100%

表 6.7　Hoek 和 Marinos（2000）的挤压变形分级和建议采用支护类型

分级	理论判别式	挤压程度	支护类型
1	$\varepsilon \leqslant 1\%$	很少出现围岩挤压问题，隧道支护方法也简单，基于岩体分级所推荐的支护方案就近提供足够的支护	锚杆和喷射混凝土等典型支护即可
2	$1\% < \varepsilon \leqslant 2.5\%$	使用收敛-约束法来预测洞内塑性区的形成和塑性区渐进破坏与支护结构之间的相互作用	轻度围岩挤压问题，一般使用锚杆和喷射混凝土即可解决，有时增加轻型钢架来确保安全
3	$2.5\% < \varepsilon \leqslant 5\%$	二维有限元分析，包括支护构件和开挖顺序，掌子面稳定性一般不是主要问题	严重围岩挤压问题，需要快速安装支护和认真控制开挖质量，需要在喷射混凝土中设置重型钢架
4	$5\% < \varepsilon \leqslant 10\%$	隧道设计重点在掌子面稳定，有时需要对超前的管棚和掌子面进行评估	非常严重围岩挤压问题，通常需要施作超前管棚和掌子面加固及在喷射混凝土内嵌入钢架
5	$10\% < \varepsilon$	严重的掌子面失稳和隧道挤压，当前没有有效的设计方法，基本依靠经验	极其严重围岩挤压问题，通常使用超前管棚和掌子面加固，在某些极端情况下，可能要使用可屈服支护

系统长大锚杆、大型钢架和大厚度喷射混凝土支护，该方法采用刚性更大的支护结构来控制位移。也有在掌子面附近 3m 左右，浇注仰拱，甚至模筑混凝土结构到达早期闭合的工例。②大范围围岩加固法。采用超前注浆或旋喷支护，深孔大范围注浆加固补强隧道周边和掌子面前方的围岩，力求在减轻支护土压的同时，使掌子面附近早期闭合而控制位移的方法。

柔性结构设计理念：①先行导坑法。概念上是通过导坑发生先行位移，结果是推迟了支护结构的设置时间，从而减轻了作用在支护结构上的地压。②多重支护方法。在掌子面先设置第一层支护，而后在距掌子面后方 3.0D（D 表示隧洞直径）以上的位置设置第二层支护，使隧道稳定的方法，基本上是不进行顶替的方法。该方法的概念是一次支护发生屈服，但因设置二次支护，地压和支护反力得到平衡。③可缩式支护方法。隧道开挖后及时施作支护，防止围岩松弛，隧道围岩压力增大，通过可缩式锚杆、可缩钢架等支护体系形成更大的变形，释放围岩压力，保持支护结构完整的围岩压力与支护抗力平衡。④分阶段综合控制法。系统锚杆和补强锚杆围岩加固，用锚杆分阶段控制围岩部分位移。同时，用钢架、分层喷射混凝土支护，分层施作二次衬砌。

6.2 川藏交通廊道隧道开挖扰动致灾潜势预测

6.2.1 川藏交通廊道岩组分类

岩爆和大变形是围岩在高地应力开挖过程中因应力调整发生的渐进破坏过程，因此在预测岩爆和大变形时需要考虑围岩强度，又由于工程区的地质图只划分到岩组，所以对岩体强度需要进行合理的估计。考虑大埋深高围压对岩体强度的影响，参照《工程岩体分级标准》（GB/T 50218—2014）（中华人民共和国水利部，2014），将研究区分为五类岩组并给出估计强度，如表 6.8 所示。

表 6.8 岩组分类及强度估计

岩石类别	单轴饱和抗压强度（UCS）/MPa	代表性岩石
坚硬岩组	UCS>60	未风化或微风化的花岗岩、片麻岩、闪长岩、石英岩、硅质胶结的灰岩或砾岩
较坚硬岩组	60 ≥ UCS>30	弱风化的坚硬岩；未风化或微风化的溶结凝灰岩、大理岩、白云岩、灰岩、板岩、钙质胶结的砂岩、结晶颗粒较粗的岩浆岩等
较软弱岩组	30 ≥ UCS>15	强风化的坚硬岩；弱风化的硬岩；钙质胶结的砂岩、砾岩
软弱岩组	15 ≥ UCS>5	片岩、千枚岩、泥岩、煤、泥质胶结的砂岩、砾岩
松散岩组	5 ≥ UCS	全风化的各类岩石和成岩作用差的岩石以及第四系松散堆积物

参照《工程地质手册（第五版）》（《工程地质手册》编委会，2018），进一步估计各类岩组的重度、泊松比、单轴饱和抗压强度，如表 6.9 所示。

表 6.9 岩组物理力学参数

岩石类型	重度 /（kN/m³）	泊松比	单轴饱和抗压强度 /MPa
坚硬岩组	26.5	0.2	60
较坚硬岩组	26.5	0.225	45
较软弱岩组	25.5	0.275	22.5
软弱岩组	23.5	0.325	10
松散岩组	22.5	0.35	2.5

6.2.2 川藏交通廊道硬岩岩爆和软岩大变形潜势预测及分级

1. 硬岩岩爆和软岩大变形分级标准

将坚硬岩组和较坚硬岩组区域视为在高地应力下可能发生岩爆的区域，预测岩爆时使用《水利水电工程地质勘察规范》（GB 50487—2008）（中华人民共和国水利部，2008）中建议的分级标准，如表 6.10 所示。

表 6.10　硬岩岩爆分级标准

岩爆分级	岩石强度应力比（R_c/σ_{max}）	分级描述
轻微岩爆	4~7	围岩表层有爆裂、剥离现象，内部有噼啪、撕裂声，人耳偶然可听到，无弹射现象；主要表现为洞顶的劈裂－松脱破坏和侧壁的劈裂－松脱、隆起等；岩爆零星间隔发生，影响深度小于 0.5m；对施工影响小
中等岩爆	2~4	围岩爆裂、剥离现象较严重，有少量弹射，破坏范围明显；有似雷管爆破的清脆爆裂声，人耳常可听到围岩内的岩石撕裂声；有一定持续时间，影响深度 0.5~1m；对施工有一定影响
强烈岩爆	1~2	围岩大片爆裂脱落，出现强烈弹射，发生岩块的抛射及岩粉喷ान现象；有似爆破的爆裂声，声响强烈；持续时间长，并向围岩深部发展，破坏范围和块度大，影响深度 1~3m；对施工影响大
极强岩爆	<1	围岩大片严重爆裂，大块岩片出现剧烈弹射，振动强烈，有似炮弹、闷雷声，声响剧烈；迅速向围岩深部发展，破坏范围和块度大，影响深度大于 3m；严重影响施工工程

注：岩爆判别适用于完整－较完整的中硬、坚硬岩体，且无地下水活动的地段；R_c 为岩石饱和单轴抗压强度（MPa），σ_{max} 为最大地应力（MPa）。

将较软弱岩组、软弱岩组和松散岩组区域视为在高地应力下可能发生大变形的区域，预测大变形时使用《铁路挤压性围岩隧道技术规范》（Q/CR 9512—2019）（中铁第一勘察设计院集团有限公司，2019）中建议的分级标准，如表 6.11 所示。

表 6.11　软岩大变形分级标准

	轻微	中等	强烈
岩体强度应力比（R_{cm}/σ_{max}）	$0.3 \geqslant G_n > 0.2$	$0.2 \geqslant G_n > 0.15$	$G_n \leqslant 0.15$
挤压性围岩变形等级	一	二	三

注：R_{cm} 是单轴抗压强度，σ_{max} 是最大主应力，G_n 是岩体强度应力比。

2. 岩爆和大变形潜势预测计算过程

逐个对川藏交通廊道隧道做岩爆和大变形潜势预测，下面以多木格隧道为例说明计算方法，其他隧道岩爆和大变形潜势预测图见附录 1。

1）获取隧道埋深

根据川藏交通廊道线路、沿线地表高程和隧道进出口高程数据，确定隧道埋深，具体方法如下：在 ArcGIS 中，沿着川藏交通廊道每 100 m 选取一个计算点，并导出计算点处地表高程。基于已知隧道进出口高程数据，将每一隧道的进出口连成直线，然后对每一个计算点进行线性插值，近似确定计算点处的隧道高程。接着用计算点处的地表高程减去隧道高程，即可得出隧道埋深，结果如表 6.12 所示。

表 6.12　隧道埋深计算表　　　　　　　　　　　　　　（单位：m）

计算点序号	地表高程	隧道高程	隧道埋深
8407	3123.00	3123.00	0.00
8408	3245.00	3121.23	123.77
8409	3349.00	3119.46	229.54
8410	3422.00	3117.69	304.31
8411	3412.00	3115.92	296.08
8412	3481.00	3114.15	366.85
8413	3525.00	3112.38	412.62
8414	3431.00	3110.62	320.38

续表

计算点序号	地表高程	隧道高程	隧道埋深
8415	3381.00	3108.85	272.15
8416	3319.00	3107.08	211.92
8417	3421.00	3105.31	315.69
8418	3448.00	3103.54	344.46
8419	3511.00	3101.77	409.23
8420	3518.00	3100.00	418.00
8421	3512.00	3098.23	413.77
8422	3544.00	3096.46	447.54
8423	3579.00	3094.69	484.31
8424	3618.00	3092.92	525.08
8425	3667.00	3091.15	575.85
8426	3705.00	3089.38	615.62
8427	3748.00	3087.62	660.38
8428	3751.00	3085.85	665.15
8429	3719.00	3084.08	634.92
8430	3668.00	3082.31	585.69
8431	3494.00	3080.54	413.46
8432	3431.00	3078.77	352.23
8433	3448.00	3077.00	371.00
8434	3512.00	3075.23	436.77
8435	3542.00	3073.46	468.54
8436	3573.00	3071.69	501.31
8437	3593.00	3069.92	523.08
8438	3651.00	3068.15	582.85
8439	3700.00	3066.38	633.62
8440	3841.00	3064.62	776.38
8441	3901.00	3062.85	838.15
8442	3978.00	3061.08	916.92
8443	3989.00	3059.31	929.69
8444	4000.00	3057.54	942.46
8445	4031.00	3055.77	975.23
8446	4100.00	3054.00	1046.00
8447	4124.00	3052.23	1071.77
8448	4167.00	3050.46	1116.54
8449	4253.00	3048.69	1204.31
8450	4341.00	3046.92	1294.08
8451	4353.00	3045.15	1307.85
8452	4296.00	3043.38	1252.62
8453	4244.00	3041.62	1202.38
8454	4202.00	3039.85	1162.15

续表

计算点序号	地表高程	隧道高程	隧道埋深
8455	4199.00	3038.08	1160.92
8456	4277.00	3036.31	1240.69
8457	4261.00	3034.54	1226.46
8458	4192.00	3032.77	1159.23
8459	4148.00	3031.00	1117.00
8460	4055.00	3029.23	1025.77
8461	3977.00	3027.46	949.54
8462	3907.00	3025.69	881.31
8463	3853.00	3023.92	829.08
8464	3809.00	3022.15	786.85
8465	3741.00	3020.38	720.62
8466	3718.00	3018.62	699.38
8467	3707.00	3016.85	690.15
8468	3665.00	3015.08	649.92
8469	3557.00	3013.31	543.69
8470	3519.00	3011.54	507.46
8471	3499.00	3009.77	489.23
8472	3543.00	3008.00	535.00
8473	3614.00	3006.23	607.77
8474	3651.00	3004.46	646.54
8475	3701.00	3002.69	698.31
8476	3807.00	3000.92	806.08
8477	3879.00	2999.15	879.85
8478	3963.00	2997.38	965.62
8479	3979.00	2995.62	983.38
8480	4074.00	2993.85	1080.15
8481	4189.00	2992.08	1196.92
8482	4250.00	2990.31	1259.69
8483	4298.00	2988.54	1309.46
8484	4340.00	2986.77	1353.23
8485	4350.00	2985.00	1365.00
8486	4352.00	2983.23	1368.77
8487	4392.00	2981.46	1410.54
8488	4413.00	2979.69	1433.31
8489	4503.00	2977.92	1525.08
8490	4622.00	2976.15	1645.85
8491	4709.00	2974.38	1734.62
8492	4826.00	2972.62	1853.38
8493	4956.00	2970.85	1985.15

续表

计算点序号	地表高程	隧道高程	隧道埋深
8494	5025.00	2969.08	2055.92
8495	5051.00	2967.31	2083.69
8496	4983.00	2965.54	2017.46
8497	4981.00	2963.77	2017.23
8498	4847.00	2962.00	1885.00
8499	4760.00	2960.23	1799.77
8500	4709.00	2958.46	1750.54
8501	4623.00	2956.69	1666.31
8502	4588.00	2954.92	1633.08
8503	4537.00	2953.15	1583.85
8504	4479.00	2951.38	1527.62
8505	4442.00	2949.62	1492.38
8506	4388.00	2947.85	1440.15
8507	4351.00	2946.08	1404.92
8508	4312.00	2944.31	1367.69
8509	4281.00	2942.54	1338.46
8510	4234.00	2940.77	1293.23
8511	4197.00	2939.00	1258.00
8512	4161.00	2937.23	1223.77
8513	4119.00	2935.46	1183.54
8514	4075.00	2933.69	1141.31
8515	4074.00	2931.92	1142.08
8516	4078.00	2930.15	1147.85
8517	4093.00	2928.38	1164.62
8518	4121.00	2926.62	1194.38
8519	4159.00	2924.85	1234.15
8520	4160.00	2923.08	1236.92
8521	4166.00	2921.31	1244.69
8522	4185.00	2919.54	1265.46
8523	4155.00	2917.77	1237.23
8524	4086.00	2916.00	1170.00
8525	3979.00	2914.23	1064.77
8526	3936.00	2912.46	1023.54
8527	3889.00	2910.69	978.31
8528	3858.00	2908.92	949.08
8529	3794.00	2907.15	886.85
8530	3711.00	2905.38	805.62
8531	3638.00	2903.62	734.38
8532	3626.00	2901.85	724.15

续表

计算点序号	地表高程	隧道高程	隧道埋深
8533	3566.00	2900.08	665.92
8534	3524.00	2898.31	625.69
8535	3479.00	2896.54	582.46
8536	3391.00	2894.77	496.23
8537	3334.00	2893.00	441.00
8538	3282.00	2891.23	390.77
8539	3237.00	2889.46	347.54
8540	3180.00	2887.69	292.31
8541	3112.00	2885.92	226.08
8542	3088.00	2884.15	203.85
8543	3079.00	2882.38	196.62
8544	3139.00	2880.62	258.38
8545	3153.00	2878.85	274.15
8546	3106.00	2877.08	228.92
8547	3040.00	2875.31	164.69
8548	2919.00	2873.54	45.46
8549	2914.00	2871.77	42.23
8550	2924.00	2870.00	54.00
8551	2879.00	2868.23	10.77
8552	2870.00	2866.46	3.54
8553	2861.00	2864.69	0.00
8554	2921.00	2862.92	58.08
8555	3024.00	2861.15	162.85
8556	3092.00	2859.38	232.62
8557	3114.00	2857.62	256.38
8558	3108.00	2855.85	252.15
8559	3072.00	2854.08	217.92
8560	3041.00	2852.31	188.69
8561	2976.00	2850.54	125.46
8562	2913.00	2848.77	64.23
8563	2847.00	2847.00	0.00

注：当计算出的隧道高程高于地表高程时，客观上是不可能的（隧道不可能在地面上方），因此认为可能是遥感地表高程数据有细微偏差，所以将埋深处理为0，如计算点序号8553。

2）获取隧道地应力

如6.2.1节所述，对川藏交通廊道区域已经做好岩组划分。首先在ArcGIS中，提取计算点所处的岩组类型，即可得出计算点处岩层近似的重度、泊松比和单轴饱和抗压强度；其次用重度乘以隧道埋深得出计算点隧道断面处的垂直地应力；最后用金尼克公式计算侧压力系数，进而乘以垂直地应力得出衍生出的水平地应力，并叠加第4章模拟出的地表水平地应力结果，即可获取计算点隧道断面处的水平地应力，结果如表6.13所示。

表 6.13　隧道地应力计算表

计算点序号	岩组类型	单轴饱和抗压强度/MPa	重度/(kN/m³)	泊松比	侧压力系数	垂直地应力/MPa	垂直地应力衍生出的水平应力/MPa	模拟最大水平主应力/MPa	叠加后最大水平主应力/MPa	最大主应力/MPa
8407	坚硬岩组	60	26.5	0.2	0.25	0.00	0.00	13.22	13.22	13.22
8408	坚硬岩组	60	26.5	0.2	0.25	3.28	0.82	13.22	14.04	14.04
8409	坚硬岩组	60	26.5	0.2	0.25	6.08	1.52	13.22	14.74	14.74
8410	坚硬岩组	60	26.5	0.2	0.25	8.06	2.02	13.22	15.23	15.23
8411	坚硬岩组	60	26.5	0.2	0.25	7.85	1.96	13.22	15.18	15.18
8412	坚硬岩组	60	26.5	0.2	0.25	9.72	2.43	13.22	15.65	15.65
8413	坚硬岩组	60	26.5	0.2	0.25	10.93	2.73	13.22	15.95	15.95
8414	坚硬岩组	60	26.5	0.2	0.25	8.49	2.12	13.22	15.34	15.34
8415	坚硬岩组	60	26.5	0.2	0.25	7.21	1.80	13.22	15.02	15.02
8416	坚硬岩组	60	26.5	0.2	0.25	5.62	1.40	13.22	14.62	14.62
8417	坚硬岩组	60	26.5	0.2	0.25	8.37	2.09	13.22	15.31	15.31
8418	坚硬岩组	60	26.5	0.2	0.25	9.13	2.28	13.22	15.50	15.50
8419	坚硬岩组	60	26.5	0.2	0.25	10.84	2.71	13.22	15.93	15.93
8420	坚硬岩组	60	26.5	0.2	0.25	11.08	2.77	13.22	15.99	15.99
8421	坚硬岩组	60	26.5	0.2	0.25	10.96	2.74	13.22	15.96	15.96
8422	坚硬岩组	60	26.5	0.2	0.25	11.86	2.96	13.22	16.18	16.18
8423	坚硬岩组	60	26.5	0.2	0.25	12.83	3.21	13.22	16.43	16.43
8424	坚硬岩组	60	26.5	0.2	0.25	13.91	3.48	13.22	16.70	16.70
8425	坚硬岩组	60	26.5	0.2	0.25	15.26	3.81	13.22	17.03	17.03
8426	坚硬岩组	60	26.5	0.2	0.25	16.31	4.08	13.24	17.31	17.31
8427	坚硬岩组	60	26.5	0.2	0.25	17.50	4.38	13.24	17.61	17.61
8428	坚硬岩组	60	26.5	0.2	0.25	17.63	4.41	13.24	17.64	17.64
8429	坚硬岩组	60	26.5	0.2	0.25	16.83	4.21	13.24	17.44	17.44
8430	坚硬岩组	60	26.5	0.2	0.25	15.52	3.88	13.22	17.10	17.10
8431	坚硬岩组	60	26.5	0.2	0.25	10.96	2.74	13.22	15.96	15.96
8432	坚硬岩组	60	26.5	0.2	0.25	9.33	2.33	13.22	15.55	15.55
8433	坚硬岩组	60	26.5	0.2	0.25	9.83	2.46	13.22	15.67	15.67
8434	坚硬岩组	60	26.5	0.2	0.25	11.57	2.89	13.22	16.11	16.11
8435	坚硬岩组	60	26.5	0.2	0.25	12.42	3.10	13.22	16.32	16.32
8436	坚硬岩组	60	26.5	0.2	0.25	13.28	3.32	13.22	16.54	16.54
8437	坚硬岩组	60	26.5	0.2	0.25	13.86	3.47	13.22	16.68	16.68
8438	坚硬岩组	60	26.5	0.2	0.25	15.45	3.86	13.22	17.08	17.08
8439	坚硬岩组	60	26.5	0.2	0.25	16.79	4.20	13.22	17.41	17.41
8440	坚硬岩组	60	26.5	0.2	0.25	20.57	5.14	13.22	18.36	20.57
8441	坚硬岩组	60	26.5	0.2	0.25	22.21	5.55	13.22	18.77	22.21
8442	坚硬岩组	60	26.5	0.2	0.25	24.30	6.07	13.25	19.32	24.30
8443	坚硬岩组	60	26.5	0.2	0.25	24.64	6.16	13.25	19.40	24.64
8444	坚硬岩组	60	26.5	0.2	0.25	24.98	6.24	13.25	19.49	24.98

续表

计算点序号	岩组类型	单轴饱和抗压强度 /MPa	重度 /(kN/m³)	泊松比	侧压力系数	垂直地应力 /MPa	垂直地应力衍生出的水平应力 /MPa	模拟最大水平主应力 /MPa	叠加后最大水平主应力 /MPa	最大主应力 /MPa
8445	坚硬岩组	60	26.5	0.2	0.25	25.84	6.46	13.25	19.71	25.84
8446	坚硬岩组	60	26.5	0.2	0.25	27.72	6.93	13.25	20.18	27.72
8447	坚硬岩组	60	26.5	0.2	0.25	28.40	7.10	13.25	20.35	28.40
8448	坚硬岩组	60	26.5	0.2	0.25	29.59	7.40	13.25	20.64	29.59
8449	坚硬岩组	60	26.5	0.2	0.25	31.91	7.98	13.25	21.22	31.91
8450	坚硬岩组	60	26.5	0.2	0.25	34.29	8.57	13.25	21.82	34.29
8451	坚硬岩组	60	26.5	0.2	0.25	34.66	8.66	13.25	21.91	34.66
8452	坚硬岩组	60	26.5	0.2	0.25	33.19	8.30	13.25	21.54	33.19
8453	坚硬岩组	60	26.5	0.2	0.25	31.86	7.97	13.25	21.21	31.86
8454	坚硬岩组	60	26.5	0.2	0.25	30.80	7.70	13.25	20.94	30.80
8455	坚硬岩组	60	26.5	0.2	0.25	30.76	7.69	13.25	20.94	30.76
8456	坚硬岩组	60	26.5	0.2	0.25	32.88	8.22	13.25	21.47	32.88
8457	坚硬岩组	60	26.5	0.2	0.25	32.50	8.13	13.25	21.37	32.50
8458	坚硬岩组	60	26.5	0.2	0.25	30.72	7.68	13.25	20.93	30.72
8459	坚硬岩组	60	26.5	0.2	0.25	29.60	7.40	13.25	20.65	29.60
8460	坚硬岩组	60	26.5	0.2	0.25	27.18	6.80	13.25	20.04	27.18
8461	坚硬岩组	60	26.5	0.2	0.25	25.16	6.29	13.23	19.52	25.16
8462	坚硬岩组	60	26.5	0.2	0.25	23.35	5.84	13.23	19.07	23.35
8463	坚硬岩组	60	26.5	0.2	0.25	21.97	5.49	13.23	18.73	21.97
8464	坚硬岩组	60	26.5	0.2	0.25	20.85	5.21	13.23	18.45	20.85
8465	坚硬岩组	60	26.5	0.2	0.25	19.10	4.77	13.27	18.04	19.10
8466	坚硬岩组	60	26.5	0.2	0.25	18.53	4.63	13.27	17.90	18.53
8467	坚硬岩组	60	26.5	0.2	0.25	18.29	4.57	13.27	17.84	18.29
8468	坚硬岩组	60	26.5	0.2	0.25	17.22	4.31	13.27	17.57	17.57
8469	坚硬岩组	60	26.5	0.2	0.25	14.41	3.60	13.27	16.87	16.87
8470	坚硬岩组	60	26.5	0.2	0.25	13.45	3.36	13.27	16.63	16.63
8471	坚硬岩组	60	26.5	0.2	0.25	12.96	3.24	13.27	16.51	16.51
8472	坚硬岩组	60	26.5	0.2	0.25	14.18	3.54	13.27	16.81	16.81
8473	坚硬岩组	60	26.5	0.2	0.25	16.11	4.03	13.27	17.29	17.29
8474	较坚硬岩组	45	26.5	0.225	0.29	17.13	4.97	13.27	18.24	18.24
8475	较坚硬岩组	45	26.5	0.225	0.29	18.51	5.37	13.27	18.64	18.64
8476	较坚硬岩组	45	26.5	0.225	0.29	21.36	6.20	13.27	19.47	21.36
8477	较坚硬岩组	45	26.5	0.225	0.29	23.32	6.77	13.27	20.04	23.32
8478	较坚硬岩组	45	26.5	0.225	0.29	25.59	7.43	13.26	20.69	25.59
8479	较坚硬岩组	45	26.5	0.225	0.29	26.06	7.57	13.26	20.82	26.06
8480	较坚硬岩组	45	26.5	0.225	0.29	28.62	8.31	13.26	21.57	28.62
8481	较坚硬岩组	45	26.5	0.225	0.29	31.72	9.21	13.26	22.47	31.72
8482	较坚硬岩组	45	26.5	0.225	0.29	33.38	9.69	13.26	22.95	33.38

续表

计算点序号	岩组类型	单轴饱和抗压强度/MPa	重度/(kN/m³)	泊松比	侧压力系数	垂直地应力/MPa	垂直地应力衍生出的水平应力/MPa	模拟最大水平主应力/MPa	叠加后最大水平主应力/MPa	最大主应力/MPa
8483	较坚硬岩组	45	26.5	0.225	0.29	34.70	10.07	13.26	23.33	34.70
8484	较坚硬岩组	45	26.5	0.225	0.29	35.86	10.41	13.26	23.67	35.86
8485	较坚硬岩组	45	26.5	0.225	0.29	36.17	10.50	13.26	23.76	36.17
8486	较坚硬岩组	45	26.5	0.225	0.29	36.27	10.53	13.26	23.79	36.27
8487	较坚硬岩组	45	26.5	0.225	0.29	37.38	10.85	13.26	24.11	37.38
8488	较坚硬岩组	45	26.5	0.225	0.29	37.98	11.03	13.26	24.28	37.98
8489	较坚硬岩组	45	26.5	0.225	0.29	40.41	11.73	13.26	24.99	40.41
8490	较坚硬岩组	45	26.5	0.225	0.29	43.61	12.66	13.26	25.92	43.61
8491	较坚硬岩组	45	26.5	0.225	0.29	45.97	13.35	13.26	26.60	45.97
8492	较坚硬岩组	45	26.5	0.225	0.29	49.11	14.26	13.25	27.51	49.11
8493	较坚硬岩组	45	26.5	0.225	0.29	52.61	15.27	13.25	28.52	52.61
8494	较坚硬岩组	45	26.5	0.225	0.29	54.48	15.82	13.25	29.06	54.48
8495	较坚硬岩组	45	26.5	0.225	0.29	55.22	16.03	13.25	29.28	55.22
8496	较坚硬岩组	45	26.5	0.225	0.29	53.46	15.52	13.25	28.77	53.46
8497	较坚硬岩组	45	26.5	0.225	0.29	53.46	15.52	13.25	28.77	53.46
8498	较坚硬岩组	45	26.5	0.225	0.29	49.95	14.50	13.25	27.75	49.95
8499	较坚硬岩组	45	26.5	0.225	0.29	47.69	13.85	13.25	27.09	47.69
8500	较坚硬岩组	45	26.5	0.225	0.29	46.39	13.47	13.25	26.72	46.39
8501	较坚硬岩组	45	26.5	0.225	0.29	44.16	12.82	13.25	26.07	44.16
8502	较坚硬岩组	45	26.5	0.225	0.29	43.28	12.56	13.25	25.81	43.28
8503	较坚硬岩组	45	26.5	0.225	0.29	41.97	12.19	13.25	25.43	41.97
8504	较坚硬岩组	45	26.5	0.225	0.29	40.48	11.75	13.25	25.00	40.48
8505	较坚硬岩组	45	26.5	0.225	0.29	39.55	11.48	13.24	24.72	39.55
8506	较坚硬岩组	45	26.5	0.225	0.29	38.16	11.08	13.24	24.32	38.16
8507	较坚硬岩组	45	26.5	0.225	0.29	37.23	10.81	13.24	24.04	37.23
8508	较坚硬岩组	45	26.5	0.225	0.29	36.24	10.52	13.24	23.76	36.24
8509	较坚硬岩组	45	26.5	0.225	0.29	35.47	10.30	13.24	23.53	35.47
8510	较坚硬岩组	45	26.5	0.225	0.29	34.27	9.95	13.24	23.19	34.27
8511	较坚硬岩组	45	26.5	0.225	0.29	33.34	9.68	13.24	22.91	33.34
8512	较坚硬岩组	45	26.5	0.225	0.29	32.43	9.42	13.24	22.65	32.43
8513	较坚硬岩组	45	26.5	0.225	0.29	31.36	9.11	13.24	22.34	31.36
8514	较坚硬岩组	45	26.5	0.225	0.29	30.24	8.78	13.24	22.02	30.24
8515	较坚硬岩组	45	26.5	0.225	0.29	30.27	8.79	13.24	22.02	30.27
8516	较坚硬岩组	45	26.5	0.225	0.29	30.42	8.83	13.24	22.07	30.42
8517	较坚硬岩组	45	26.5	0.225	0.29	30.86	8.96	13.24	22.20	30.86
8518	较坚硬岩组	45	26.5	0.225	0.29	31.65	9.19	13.22	22.41	31.65
8519	较坚硬岩组	45	26.5	0.225	0.29	32.71	9.50	13.22	22.72	32.71
8520	较坚硬岩组	45	26.5	0.225	0.29	32.78	9.52	13.22	22.74	32.78

续表

计算点序号	岩组类型	单轴饱和抗压强度/MPa	重度/(kN/m³)	泊松比	侧压力系数	垂直地应力/MPa	垂直地应力衍生出的水平应力/MPa	模拟最大水平主应力/MPa	叠加后最大水平主应力/MPa	最大主应力/MPa
8521	较坚硬岩组	45	26.5	0.225	0.29	32.98	9.58	13.22	22.80	32.98
8522	较坚硬岩组	45	26.5	0.225	0.29	33.53	9.74	13.22	22.96	33.53
8523	较坚硬岩组	45	26.5	0.225	0.29	32.79	9.52	13.22	22.74	32.79
8524	较坚硬岩组	45	26.5	0.225	0.29	31.01	9.00	13.22	22.22	31.01
8525	较坚硬岩组	45	26.5	0.225	0.29	28.22	8.19	13.22	21.41	28.22
8526	较坚硬岩组	45	26.5	0.225	0.29	27.12	7.87	13.22	21.10	27.12
8527	较坚硬岩组	45	26.5	0.225	0.29	25.93	7.53	13.22	20.75	25.93
8528	较坚硬岩组	45	26.5	0.225	0.29	25.15	7.30	13.25	20.55	25.15
8529	较坚硬岩组	45	26.5	0.225	0.29	23.50	6.82	13.25	20.07	23.50
8530	较坚硬岩组	45	26.5	0.225	0.29	21.35	6.20	13.25	19.45	21.35
8531	较坚硬岩组	45	26.5	0.225	0.29	19.46	5.65	13.25	18.90	19.46
8532	较坚硬岩组	45	26.5	0.225	0.29	19.19	5.57	13.20	18.77	19.19
8533	较坚硬岩组	45	26.5	0.225	0.29	17.65	5.12	13.20	18.32	18.32
8534	较坚硬岩组	45	26.5	0.225	0.29	16.58	4.81	13.20	18.01	18.01
8535	较坚硬岩组	45	26.5	0.225	0.29	15.44	4.48	13.20	17.68	17.68
8536	较坚硬岩组	45	26.5	0.225	0.29	13.15	3.82	13.20	17.02	17.02
8537	较坚硬岩组	45	26.5	0.225	0.29	11.69	3.39	13.20	16.59	16.59
8538	较坚硬岩组	45	26.5	0.225	0.29	10.36	3.01	13.23	16.23	16.23
8539	较坚硬岩组	45	26.5	0.225	0.29	9.21	2.67	13.23	15.90	15.90
8540	较坚硬岩组	45	26.5	0.225	0.29	7.75	2.25	13.23	15.48	15.48
8541	较坚硬岩组	45	26.5	0.225	0.29	5.99	1.74	13.23	14.97	14.97
8542	较坚硬岩组	45	26.5	0.225	0.29	5.40	1.57	13.23	14.80	14.80
8543	较坚硬岩组	45	26.5	0.225	0.29	5.21	1.51	13.23	14.74	14.74
8544	较坚硬岩组	45	26.5	0.225	0.29	6.85	1.99	13.23	15.22	15.22
8545	较坚硬岩组	45	26.5	0.225	0.29	7.27	2.11	13.17	15.28	15.28
8546	较坚硬岩组	45	26.5	0.225	0.29	6.07	1.76	13.17	14.93	14.93
8547	较坚硬岩组	45	26.5	0.225	0.29	4.36	1.27	13.17	14.43	14.43
8548	较坚硬岩组	45	26.5	0.225	0.29	1.20	0.35	13.17	13.52	13.52
8549	较坚硬岩组	45	26.5	0.225	0.29	1.12	0.32	13.17	13.49	13.49
8550	较坚硬岩组	45	26.5	0.225	0.29	1.43	0.42	13.17	13.58	13.58
8551	较软弱岩组	22.5	25.5	0.275	0.38	0.27	0.10	13.17	13.27	13.27
8552	较软弱岩组	22.5	25.5	0.275	0.38	0.09	0.03	13.17	13.20	13.20
8553	较软弱岩组	22.5	25.5	0.275	0.38	0.00	0.00	13.17	13.17	13.17
8554	较软弱岩组	22.5	25.5	0.275	0.38	1.48	0.56	13.17	13.73	13.73
8555	较软弱岩组	22.5	25.5	0.275	0.38	4.15	1.58	13.17	14.74	14.74
8556	较软弱岩组	22.5	25.5	0.275	0.38	5.93	2.25	13.12	15.37	15.37
8557	较软弱岩组	22.5	25.5	0.275	0.38	6.54	2.48	13.12	15.60	15.60
8558	较软弱岩组	22.5	25.5	0.275	0.38	6.43	2.44	13.12	15.56	15.56

续表

计算点序号	岩组类型	单轴饱和抗压强度 / MPa	重度 / (kN/m³)	泊松比	侧压力系数	垂直地应力 / MPa	垂直地应力衍生出的水平应力 / MPa	模拟最大水平主应力 / MPa	叠加后最大水平主应力 / MPa	最大主应力 / MPa
8559	较软弱岩组	22.5	25.5	0.275	0.38	5.56	2.11	13.12	15.23	15.23
8560	较软弱岩组	22.5	25.5	0.275	0.38	4.81	1.83	13.12	14.94	14.94
8561	较软弱岩组	22.5	25.5	0.275	0.38	3.20	1.21	13.12	14.33	14.33
8562	较软弱岩组	22.5	25.5	0.275	0.38	1.64	0.62	13.12	13.74	13.74
8563	较软弱岩组	22.5	25.5	0.275	0.38	0.00	0.00	13.12	13.12	13.12

金尼克公式如式（6.12）所示（刘佑荣和唐辉明，2008）：

$$K = \frac{\mu}{1-\mu}$$ （6.12）

式中，K 为侧压力系数，μ 为泊松比。

3）硬岩岩爆和软岩大变形潜势预测及分级

对比计算点隧道断面处的垂直地应力和水平地应力得出最大主应力，再用计算点单轴饱和抗压强度除以最大主应力得到强度应力比，最后根据《水利水电工程地质勘察规范》（GB 50487—2008）进行硬岩岩爆和软岩大变形潜势预测及分级，如表 6.14 所示。

表 6.14　隧道岩爆大变形预测

计算点序号	岩组类型	单轴饱和抗压强度 /MPa	最大主应力 /MPa	强度应力比	岩爆大变形预测
8407	坚硬岩组	60	13.22	4.54	轻微岩爆
8408	坚硬岩组	60	14.04	4.27	轻微岩爆
8409	坚硬岩组	60	14.74	4.07	轻微岩爆
8410	坚硬岩组	60	15.23	3.94	中等岩爆
8411	坚硬岩组	60	15.18	3.95	中等岩爆
8412	坚硬岩组	60	15.65	3.83	中等岩爆
8413	坚硬岩组	60	15.95	3.76	中等岩爆
8414	坚硬岩组	60	15.34	3.91	中等岩爆
8415	坚硬岩组	60	15.02	3.99	中等岩爆
8416	坚硬岩组	60	14.62	4.10	轻微岩爆
8417	坚硬岩组	60	15.31	3.92	中等岩爆
8418	坚硬岩组	60	15.50	3.87	中等岩爆
8419	坚硬岩组	60	15.93	3.77	中等岩爆
8420	坚硬岩组	60	15.99	3.75	中等岩爆
8421	坚硬岩组	60	15.96	3.76	中等岩爆
8422	坚硬岩组	60	16.18	3.71	中等岩爆
8423	坚硬岩组	60	16.43	3.65	中等岩爆
8424	坚硬岩组	60	16.70	3.59	中等岩爆
8425	坚硬岩组	60	17.03	3.52	中等岩爆
8426	坚硬岩组	60	17.31	3.47	中等岩爆
8427	坚硬岩组	60	17.61	3.41	中等岩爆

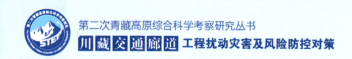
续表

计算点序号	岩组类型	单轴饱和抗压强度 /MPa	最大主应力 /MPa	强度应力比	岩爆大变形预测
8428	坚硬岩组	60	17.64	3.40	中等岩爆
8429	坚硬岩组	60	17.44	3.44	中等岩爆
8430	坚硬岩组	60	17.10	3.51	中等岩爆
8431	坚硬岩组	60	15.96	3.76	中等岩爆
8432	坚硬岩组	60	15.55	3.86	中等岩爆
8433	坚硬岩组	60	15.67	3.83	中等岩爆
8434	坚硬岩组	60	16.11	3.72	中等岩爆
8435	坚硬岩组	60	16.32	3.68	中等岩爆
8436	坚硬岩组	60	16.54	3.63	中等岩爆
8437	坚硬岩组	60	16.68	3.60	中等岩爆
8438	坚硬岩组	60	17.08	3.51	中等岩爆
8439	坚硬岩组	60	17.41	3.45	中等岩爆
8440	坚硬岩组	60	20.57	2.92	中等岩爆
8441	坚硬岩组	60	22.21	2.70	中等岩爆
8442	坚硬岩组	60	24.30	2.47	中等岩爆
8443	坚硬岩组	60	24.64	2.44	中等岩爆
8444	坚硬岩组	60	24.98	2.40	中等岩爆
8445	坚硬岩组	60	25.84	2.32	中等岩爆
8446	坚硬岩组	60	27.72	2.16	中等岩爆
8447	坚硬岩组	60	28.40	2.11	中等岩爆
8448	坚硬岩组	60	29.59	2.03	中等岩爆
8449	坚硬岩组	60	31.91	1.88	强烈岩爆
8450	坚硬岩组	60	34.29	1.75	强烈岩爆
8451	坚硬岩组	60	34.66	1.73	强烈岩爆
8452	坚硬岩组	60	33.19	1.81	强烈岩爆
8453	坚硬岩组	60	31.86	1.88	强烈岩爆
8454	坚硬岩组	60	30.80	1.95	强烈岩爆
8455	坚硬岩组	60	30.76	1.95	强烈岩爆
8456	坚硬岩组	60	32.88	1.82	强烈岩爆
8457	坚硬岩组	60	32.50	1.85	强烈岩爆
8458	坚硬岩组	60	30.72	1.95	强烈岩爆
8459	坚硬岩组	60	29.60	2.03	中等岩爆
8460	坚硬岩组	60	27.18	2.21	中等岩爆
8461	坚硬岩组	60	25.16	2.38	中等岩爆
8462	坚硬岩组	60	23.35	2.57	中等岩爆
8463	坚硬岩组	60	21.97	2.73	中等岩爆
8464	坚硬岩组	60	20.85	2.88	中等岩爆
8465	坚硬岩组	60	19.10	3.14	中等岩爆
8466	坚硬岩组	60	18.53	3.24	中等岩爆

计算点序号	岩组类型	单轴饱和抗压强度 /MPa	最大主应力 /MPa	强度应力比	岩爆大变形预测
8467	坚硬岩组	60	18.29	3.28	中等岩爆
8468	坚硬岩组	60	17.57	3.41	中等岩爆
8469	坚硬岩组	60	16.87	3.56	中等岩爆
8470	坚硬岩组	60	16.63	3.61	中等岩爆
8471	坚硬岩组	60	16.51	3.63	中等岩爆
8472	坚硬岩组	60	16.81	3.57	中等岩爆
8473	坚硬岩组	60	17.29	3.47	中等岩爆
8474	较坚硬岩组	45	18.24	2.47	中等岩爆
8475	较坚硬岩组	45	18.64	2.41	中等岩爆
8476	较坚硬岩组	45	21.36	2.11	中等岩爆
8477	较坚硬岩组	45	23.32	1.93	强烈岩爆
8478	较坚硬岩组	45	25.59	1.76	强烈岩爆
8479	较坚硬岩组	45	26.06	1.73	强烈岩爆
8480	较坚硬岩组	45	28.62	1.57	强烈岩爆
8481	较坚硬岩组	45	31.72	1.42	强烈岩爆
8482	较坚硬岩组	45	33.38	1.35	强烈岩爆
8483	较坚硬岩组	45	34.70	1.30	强烈岩爆
8484	较坚硬岩组	45	35.86	1.25	强烈岩爆
8485	较坚硬岩组	45	36.17	1.24	强烈岩爆
8486	较坚硬岩组	45	36.27	1.24	强烈岩爆
8487	较坚硬岩组	45	37.38	1.20	强烈岩爆
8488	较坚硬岩组	45	37.98	1.18	强烈岩爆
8489	较坚硬岩组	45	40.41	1.11	强烈岩爆
8490	较坚硬岩组	45	43.61	1.03	强烈岩爆
8491	较坚硬岩组	45	45.97	0.98	极强岩爆
8492	较坚硬岩组	45	49.11	0.92	极强岩爆
8493	较坚硬岩组	45	52.61	0.86	极强岩爆
8494	较坚硬岩组	45	54.48	0.83	极强岩爆
8495	较坚硬岩组	45	55.22	0.81	极强岩爆
8496	较坚硬岩组	45	53.46	0.84	极强岩爆
8497	较坚硬岩组	45	53.46	0.84	极强岩爆
8498	较坚硬岩组	45	49.95	0.90	极强岩爆
8499	较坚硬岩组	45	47.69	0.94	极强岩爆
8500	较坚硬岩组	45	46.39	0.97	极强岩爆
8501	较坚硬岩组	45	44.16	1.02	强烈岩爆
8502	较坚硬岩组	45	43.28	1.04	强烈岩爆
8503	较坚硬岩组	45	41.97	1.07	强烈岩爆
8504	较坚硬岩组	45	40.48	1.11	强烈岩爆
8505	较坚硬岩组	45	39.55	1.14	强烈岩爆

续表

计算点序号	岩组类型	单轴饱和抗压强度 /MPa	最大主应力 /MPa	强度应力比	岩爆大变形预测
8506	较坚硬岩组	45	38.16	1.18	强烈岩爆
8507	较坚硬岩组	45	37.23	1.21	强烈岩爆
8508	较坚硬岩组	45	36.24	1.24	强烈岩爆
8509	较坚硬岩组	45	35.47	1.27	强烈岩爆
8510	较坚硬岩组	45	34.27	1.31	强烈岩爆
8511	较坚硬岩组	45	33.34	1.35	强烈岩爆
8512	较坚硬岩组	45	32.43	1.39	强烈岩爆
8513	较坚硬岩组	45	31.36	1.43	强烈岩爆
8514	较坚硬岩组	45	30.24	1.49	强烈岩爆
8515	较坚硬岩组	45	30.27	1.49	强烈岩爆
8516	较坚硬岩组	45	30.42	1.48	强烈岩爆
8517	较坚硬岩组	45	30.86	1.46	强烈岩爆
8518	较坚硬岩组	45	31.65	1.42	强烈岩爆
8519	较坚硬岩组	45	32.71	1.38	强烈岩爆
8520	较坚硬岩组	45	32.78	1.37	强烈岩爆
8521	较坚硬岩组	45	32.98	1.36	强烈岩爆
8522	较坚硬岩组	45	33.53	1.34	强烈岩爆
8523	较坚硬岩组	45	32.79	1.37	强烈岩爆
8524	较坚硬岩组	45	31.01	1.45	强烈岩爆
8525	较坚硬岩组	45	28.22	1.59	强烈岩爆
8526	较坚硬岩组	45	27.12	1.66	强烈岩爆
8527	较坚硬岩组	45	25.93	1.74	强烈岩爆
8528	较坚硬岩组	45	25.15	1.79	强烈岩爆
8529	较坚硬岩组	45	23.50	1.91	强烈岩爆
8530	较坚硬岩组	45	21.35	2.11	中等岩爆
8531	较坚硬岩组	45	19.46	2.31	中等岩爆
8532	较坚硬岩组	45	19.19	2.34	中等岩爆
8533	较坚硬岩组	45	18.32	2.46	中等岩爆
8534	较坚硬岩组	45	18.01	2.50	中等岩爆
8535	较坚硬岩组	45	17.68	2.55	中等岩爆
8536	较坚硬岩组	45	17.02	2.64	中等岩爆
8537	较坚硬岩组	45	16.59	2.71	中等岩爆
8538	较坚硬岩组	45	16.23	2.77	中等岩爆
8539	较坚硬岩组	45	15.90	2.83	中等岩爆
8540	较坚硬岩组	45	15.48	2.91	中等岩爆
8541	较坚硬岩组	45	14.97	3.01	中等岩爆
8542	较坚硬岩组	45	14.80	3.04	中等岩爆
8543	较坚硬岩组	45	14.74	3.05	中等岩爆
8544	较坚硬岩组	45	15.22	2.96	中等岩爆

计算点序号	岩组类型	单轴饱和抗压强度 /MPa	最大主应力 /MPa	强度应力比	岩爆大变形预测
8545	较坚硬岩组	45	15.28	2.95	中等岩爆
8546	较坚硬岩组	45	14.93	3.01	中等岩爆
8547	较坚硬岩组	45	14.43	3.12	中等岩爆
8548	较坚硬岩组	45	13.52	3.33	中等岩爆
8549	较坚硬岩组	45	13.49	3.34	中等岩爆
8550	较坚硬岩组	45	13.58	3.31	中等岩爆
8551	较软弱岩组	22.5	13.27	1.70	无岩爆或大变形
8552	较软弱岩组	22.5	13.20	1.70	无岩爆或大变形
8553	较软弱岩组	22.5	13.17	1.71	无岩爆或大变形
8554	较软弱岩组	22.5	13.73	1.64	无岩爆或大变形
8555	较软弱岩组	22.5	14.74	1.53	无岩爆或大变形
8556	较软弱岩组	22.5	15.37	1.46	无岩爆或大变形
8557	较软弱岩组	22.5	15.60	1.44	无岩爆或大变形
8558	较软弱岩组	22.5	15.56	1.45	无岩爆或大变形
8559	较软弱岩组	22.5	15.23	1.48	无岩爆或大变形
8560	较软弱岩组	22.5	14.94	1.51	无岩爆或大变形
8561	较软弱岩组	22.5	14.33	1.57	无岩爆或大变形
8562	较软弱岩组	22.5	13.74	1.64	无岩爆或大变形
8563	较软弱岩组	22.5	13.12	1.71	无岩爆或大变形

6.2.3　典型隧道岩爆和大变形分析

易贡隧道、色季拉山隧道和孜拉山隧道均属于典型的深埋特长隧道，所经区域地质构造活动强烈，地貌演化复杂，部分岩层地应力极高，其中涉及的隧道稳定性问题尤其是岩爆和大变形问题十分突出，而且这些隧道资料相对较多，所以选出来做具体分析。

1. 易贡隧道

易贡隧道全长约 43.7 km，最大埋深 1430 m，为典型深埋特长隧道，地质纵剖面如图 6.12 所示。隧道区域地处藏东南横断山的高山峡谷地段，为切割巨大的高山峡谷地貌，高的山峰一年四季被冰雪覆盖，雪峰林立，峡谷纵横，海拔最高为 5818 m，海拔最低为 1910 m，相对高差 3908 m，山高坡陡。出露的地层主要有中新元古界、泥盆系、石炭系、侏罗系及第四系，除第四系外，各时代地层均已发生不同程度的变质。隧道区域地跨拉萨陆块、雅鲁藏布江缝合带、喜马拉雅山地块三大地质构造单元，是现今地质构造活动最强烈、地貌演化最快的地区之一，是一个强烈挤压、碰撞、旋扭走滑、快速伸展隆升、地质构造极其复杂的造山带。经过许多地质年代，一系列的大型区域性活动断裂在雅鲁藏布江下游地区涌现，如嘎龙寺断裂（F3-9）、鸭容曲 – 索通断裂（F3-14）等（张宇，2020）。

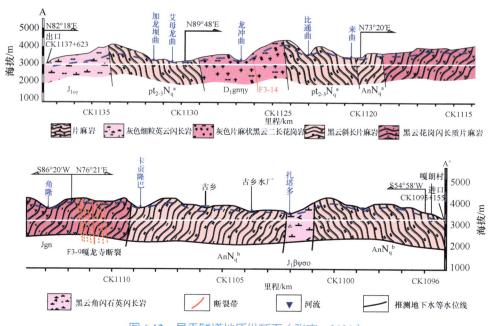

图 6.12　易贡隧道地质纵断面（张宇，2020）

A、A' 表示剖面；N82°18'E 表示隧道走向，其他同；$J_{1\sigma\gamma}$ 表示地质地层，其他同

如表 6.15 所示，预测易贡隧道可能发生岩爆的段落有 27200 m，占隧道总长的 62.2%，其中轻微岩爆 6000 m，中等岩爆 19700 m，强烈岩爆 1500 m。

表 6.15　易贡隧道岩爆和大变形预测情况表

	无岩爆或大变形	岩爆		
		轻微岩爆	中等岩爆	强烈岩爆
长度 /m	16500	6000	19700	1500
占比 /%	37.76	13.73	45.08	3.43

2. 色季拉山隧道

色季拉山隧道呈东北—西南走向，隧道全长约 38 km，最大埋深 1722 m，为典型深埋特长隧道。其地质纵剖面如图 6.13 所示。隧道进、出口及沟谷内分布厚层第四系冲 - 洪积黏性土及碎石土层，洞身地层主要为喜山期花岗岩及闪长岩，出口段分布有中 - 新元古代念青唐古拉岩群片麻岩地层，硬质岩段落占比达 90% 以上。隧道区域属于印度板块向欧亚板块俯冲、楔入的最前缘，属于冈底斯 - 念青唐古拉地块南侧，区内新构造运动强烈，第四纪断裂活动发育，隧道先后以大角度穿越 f_{4-3}、f_{4-5}、F_{61} 和 f_{4-6} 断层（田朝阳等，2022）。

如表 6.16 所示，预测色季拉山隧道可能发生岩爆的段落有 34600 m，占隧道总长的 91.1%，其中轻微岩爆 600 m，中等岩爆 5300 m，强烈岩爆 28500 m，极强岩爆 200 m；可能发生大变形的段落有 600 m，占隧道总长的 1.6%，其中轻微大变形 500 m，中等大变形 100 m。

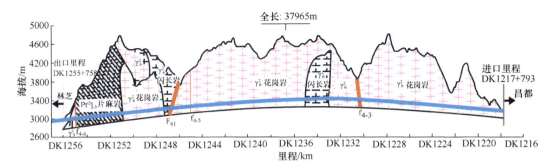

图 6.13　色季拉山隧道地质纵剖面（田朝阳等，2022）

表 6.16　色季拉山隧道岩爆和大变形预测情况表

| | 岩爆 | | | | 大变形 | |
无岩爆或大变形	轻微岩爆	中等岩爆	强烈岩爆	极强岩爆	轻微大变形	中等大变形
长度/m	2800	600	5300	28500	200	500	100
占比/%	7.37	1.58	13.95	75.00	0.53	1.32	0.26

3. 孜拉山隧道

孜拉山地处西金乌兰－金沙江结合带，该带南北向贯穿全区，宽 15~20 km，是一个近 S—N 向褶皱断裂强变形带，是由砂板岩、片岩基质和超基性岩块、基性岩岩块以及志留纪、泥盆纪、石炭纪、三叠纪等不同时代的灰岩岩块、复理石岩块构成的构造混杂岩带，不同岩性的岩体以构造面理或断层接触。西金乌兰－金沙江结合带内构造变形强烈，表现为广泛发育中深部构造层次的准弯曲褶皱、剪切褶皱和脆韧性断层、流劈理、片理，发育叠瓦状的逆冲推覆断裂和伴生的小尺度牵引褶皱、同斜倒转褶皱等（王衍飞，2021）。孜拉山隧道全长约 30 km，最大埋深 1550 m，为典型深埋特长隧道，其地质纵剖面如图 6.14 所示。

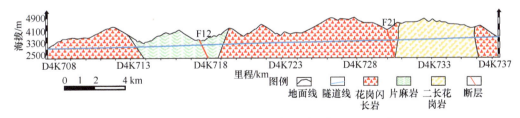

图 6.14　孜拉山隧道地质纵剖面（王衍飞，2021）

如表 6.17 所示，预测孜拉山隧道可能发生岩爆的段落有 30000 m，占隧道总长的100%，其中，轻微岩爆 3600 m，中等岩爆 20000 m，强烈岩爆 6400 m。

表 6.17　孜拉山隧道岩爆和大变形预测情况表

| 预测情况 | 无岩爆或大变形 | 岩爆 | | |
		轻微岩爆	中等岩爆	强烈岩爆
长度/m	0	3600	20000	6400
占比/%	0.00	12.00	66.67	21.33

参考文献

陈炳瑞, 冯夏庭, 明华军, 等. 2012. 深埋隧洞岩爆孕育规律与机制: 时滞型岩爆. 岩石力学与工程学报, 31(3): 561-569.

陈宗基, 闻萱梅. 1983. 膨胀岩与隧洞稳定. 岩石力学与工程学报, (1): 1-10.

范秋雁. 2008. 膨胀岩与工程. 北京: 科学出版社.

冯夏庭, 陈炳瑞, 张传庆, 等. 2013. 岩爆孕育过程的机制、预警与动态调控. 北京: 科学出版社.

冯夏庭, 陈炳瑞, 明华军, 等. 2012. 深埋隧洞岩爆孕育规律与机制: 即时型岩爆. 岩石力学与工程学报, 31(3): 433-444.

傅学敏, 潘清莲. 1990. 软岩的膨胀规律和膨胀机理. 煤炭学报, (2): 31-38.

《工程地质手册》编委会. 2007. 工程地质手册. 4版. 北京: 中国建筑工业出版社.

《工程地质手册》编委会. 2018. 工程地质手册. 5版. 北京: 中国建筑工业出版社.

谷德振. 1979. 岩体工程地质力学基础. 北京: 科学出版社.

谷明成, 何发亮, 陈成宗. 2002. 秦岭隧道岩爆的研究. 岩石力学与工程学报, 21(9): 1324-1329.

顾宝和, 曲永新, 彭涛. 2006. 劣质岩(问题岩)的类型及其工程特性. 工程勘察, (1): 1-7.

何满潮. 2010. 岩爆机理及其判别准则探讨//中国科学技术协会学会学术部. 新观点新学说学术沙龙文集(51): 岩爆机理探索. 北京: 中国矿业大学, 深部岩土力学与地下工程国家重点实验室: 14-22.

何满潮, 景海河, 孙晓明. 2000. 软岩工程地质力学研究进展. 工程地质学报, (1): 46-62.

何满潮, 苗金丽, 李德建, 等. 2007. 深部花岗岩试样岩爆过程实验研究. 岩石力学与工程学报, 26(5): 865-876.

何满潮, 王炯, 孙晓明, 等. 2014. 负泊松比效应锚索的力学特性及其在冲击地压防治中的应用研究. 煤炭学报, 39: 214-221.

何满潮, 杨晓杰, 孙晓明. 2006. 中国煤矿软岩黏土矿物特征研究. 北京: 煤炭工业出版社.

胡瑞林, 祁生文, 尚彦军. 2022. 高等工程地质学. 北京: 地质出版社.

黄润秋, 徐则民. 2004. 深埋隧道施工地质灾害及其控制//王思敬, 黄鼎成. 中国工程地质世纪成就. 北京: 地质出版社.

李力. 2013. 膨胀性泥岩地层铁路隧道大变形处理技术. 铁路技术创新, (5): 63-66.

李天斌, 孟陆波, 王兰生. 2016. 高地应力隧道稳定性及岩爆、大变形灾害防治. 北京: 科学出版社.

李忠, 刘志刚, 曲力群. 2004. 岩爆防治在大伙房引水隧洞中的应用. 辽宁工程技术大学学报(自然科学版), 23(2): 197-199.

刘佑荣, 唐辉明. 2008. 岩体力学. 北京: 化学工业出版社.

姜云, 李永林, 李天斌, 等. 2004. 隧道工程围岩大变形类型与机制研究. 地质灾害与环境保护, (4): 46-51.

苗金丽, 何满潮, 李德建, 等. 2009. 花岗岩应变岩爆声发射特征及微观断裂机制. 岩石力学与工程学报, (8): 1593-1603.

曲永新, 徐晓岚, 时梦熊, 等. 1988a. 泥质岩的工程分类和膨胀势的快速预测. 水文地质工程地质, (5): 14-16, 13.

曲永新, 徐晓岚, 时梦熊, 等. 1988b. 岩体工程地质力学问题(八). 北京: 科学出版社.

曲永新, 许兵, 时梦熊, 等. 1985. 岩体工程地质力学问题(五). 北京: 科学出版社.

曲永新, 徐瑞春. 1979. 长江葛洲坝工程层间剪切带的研究//中国地质学会工程地质专业委员会. 全国首届工程地质学术会议论文选集. 工程地质学报, 8: 161-168.

曲永新. 1991. 对中国东部膨账岩的研究. 软岩工程, 1-2: 45-54.

曲永新. 1992. 90年代地质科学研究的新进展. 北京: 海洋出版社.

曲永新. 1994. 中国东部膨胀岩的地质分类及其分布规律的研究//中国岩石力学与工程学会. 中国岩石力学与工程学会第三次大会论文集. 北京: 中国岩石力学与工程学会, 9: 43-51.

曲永新. 2004. 膨胀土与膨胀岩. 中国工程地质世纪成就. 北京: 地质出版社.

时梦熊, 吴芝兰. 1986. 膨胀岩的简易判别方法. 水文地质工程地质, (5): 46-48.

孙钧, 李成江. 1986. 复合膨胀渗水围岩—支护系统的流变机理及其粘弹塑性效应. 吉安: 第一届全国岩石力学数值计算及模型试验讨论会论文集: 147-153.

谭以安. 1988. 岩爆形成机理研究及综合评判. 西安: 长安大学.

唐春安. 2010. 岩爆机理研究的关键问题. 北京: 新观点新学说学术沙龙文集(51): 岩爆机理探索: 40-44.

田朝阳, 兰恒星, 张宁, 等. 2022. 某交通线路色季拉山隧道高地应力岩爆风险定量预测研究. 工程地质学报, 30(3): 621-634.

王献. 2006. 秦岭终南山特长公路隧道岩爆的治理. 铁道建筑, (10): 50-51.

王衍飞. 2021. 昌都地区孜拉山交通廊道地温场分布及场址区地热模拟研究. 成都: 西南交通大学.

吴德兴, 杨健. 2005. 苍岭特长公路隧道岩爆预测和工程对策. 岩石力学与工程学报, 24(21): 167-173.

吴勇. 2006. 福堂水电站引水隧洞防治岩爆的施工技术. 水电站设计, 22(1): 68-71.

肖树芳, 杨淑碧. 1987. 岩体力学. 北京: 地质出版社.

谢学斌. 1999. 硬岩矿床岩爆预测与控制的理论和技术及其应用研究. 长沙: 中南工业大学.

徐林生, 王兰生, 李天斌. 1999. 国内外岩爆研究现状综述. 长江科学院院报, 16(4): 25-28, 39.

徐林生, 王兰生. 1999. 二郎山公路隧道岩爆发生规律与岩爆预测研究. 岩土工程学报, 21(5): 569-572.

徐林生, 王兰生, 李永林. 2002. 岩爆形成机制与判据研究. 岩土力学, (3): 300-303.

徐林生. 2004. 二郎山公路隧道岩爆特征与防治措施的研究. 土木工程学报, 37(1): 61-64.

徐晓岚, 吴芝兰. 1988. 膨胀土和膨胀岩阳离子交换容量及可交换阳离子的测定//中国地质学会工程地质专业委员会. 全国第三次工程地质大会论文选集(上卷). 工程地质学报: 48-52.

徐则民, 黄润秋, 罗杏春, 等. 2003. 静荷载理论在岩爆研究中的局限性及岩爆岩石动力学机理的初步分析. 岩石力学与工程学报, (8): 1255-1262.

《岩土工程手册》编写组. 1994. 岩土工程手册. 北京: 中国建筑工业出版社.

喻渝. 1998. 挤压性围岩支护大变形的机理及判定方法. 世界隧道, (1): 46-51.

张宇. 2020. 川藏铁路易贡隧道水文地质条件及线路优选研究. 成都: 成都理工大学.

赵旭峰. 2007. 挤压性围岩隧道施工时空效应及其大变形控制研究. 上海: 同济大学.

中铁第一勘察设计院集团有限公司. 2019. 铁路挤压性围岩隧道技术规范(Q/CR 9512—2019). 北京: 中国铁道出版社有限公司.

中华人民共和国水利部. 2014. 工程岩体分级标准(GB/T 50218—2014). 北京: 中国计划出版社.

中华人民共和国水利部. 2008. 水利水电工程地质勘察规范(GB 50487—2008). 北京: 中国计划出版社.

中华人民共和国建设部和中华人民共和国国家质量监督检验检疫总局. 2009. 岩土工程勘察规范(GB 50021—2001). 北京: 中国建筑工业出版社.

Aydan Ö, Akagi T, Kawamoto T. 1996. The squeezing potential of rock around tunnels: Theory and prediction with examples taken from Japan. Rock Mechanics and Rock Engineering, 29(3): 125-143.

Aydan Ö, Akagi T, Kawamoto T. 1993. The squeezing potential of rocks around tunnels; Theory and prediction. Rock Mechanics and Rock Engineering, 26(2): 137-163.

Barla G. 1995. Squeezing rocks in tunnels. ISRM News Journal, 2(3): 44-49.

Barla G. 2002. Tunnelling mechanics tunnelling under squeezing rock conditions//Kolymbas. Tunnelling Mechanics - Advances in Geotechnical Engineering and Tunnelling. London: CRC Press: 169-268.

Barla G, Barla M, Bonini M, et al. 2014. Guidelines for TBM tunnelling in squeezing conditions—A case study. Geotechnique Letters, 4: 83-87.

Barton N, Lien R, Lunde J. 1974. Engineering classification of rock masses for the design of tunnel support. Rock Mechanics, 6(4): 189-236.

Brown E T. 1988. Forecast and control on the rockburst//Foreign Paper Collection on the Rockburst. Beijing: Department of Science and Technology, Ministry of Water Conservancy and Electric Power, Hydropower Headquarter of Chinese People's Armed Police Force.

Cook N W G, Hoek E, Pretorius J P G, et al. 1966. Rock mechanics applied to the study of rock bursts. Journal of the Southern African Institute of Mining and Metallurgy, 66: 435-528.

Einstein H H. 1989. Suggested method for laboratory testing of argillaceous swelling rock. International Journal of Rock Mechanics and Mining Sciences, 26(5): 415-426.

Einstein H, Bischoff N, Hofmann E. 1972. Behaviour of invert slabs in swelling shale. Lucerne: Proceedings of the International Symposium on Underground Openings: 296-319.

Gill D E, Aubertin M, Simon R. 1993. A practical engineering approach to the evaluation of rockburst potential. Kingston: The 3rd International Symposium on Rockbursts and Seismicity in Mines.

Gioda G. 1982. On the non-linear 'squeezing' effects around circular tunnels. International Journal for Numerical & Analytical Methods in Geomechanics, 6(1): 21-46.

Goel R K, Jethwa J L, Paithankar A G. 1995. Indian experiences with Q and RMR systems. Tunnelling & Underground Space Technology, 10(1): 97-109.

Haimson B C, Fritz Rummel. 1982. Hydrofracturing stress measurements in the Iceland research drilling project drill hole at Reydarfjordur, Iceland. Journal of Geophysical Research: Solid Earth, 87: 6631-6649.

Haimson B C, Voight B. 1977. Crustal stress in Iceland. Pure & Applied Geophysics, 115(1-2): 153-190.

He M C. 2006. Rock Mechanics and Hazard Control in Deep Mining Engineering in China//Rock Mechanics in Underground Construction. Singapore: World Scientific Publishing Co. Pte. Ltd: 29-46.

He M C, Gong W L, Wang J, et al. 2014. Development of a novel energy-absorbing bolt with extraordinarily large elongation and constant resistance. International Journal of Rock Mechanics & Mining Sciences,

67: 29-42.

Hoek E, Brown E T. 1986. 岩石地下工程(译). 北京: 冶金工业出版社.

Hoek E, Brown E T. 1990. Underground Excavations in Rock. London: Taylor & Francis Group.

Hoek E, Marinos P G. 2010. Tunnelling in overstressed rock//Rock Engineering in Difficult Ground Conditions-Soft Rocks and Karst . London: Taylor & Francis Group: 49-60.

Hoek E, Marinos P. 2000. Predicting tunnel squeezing problems in weak heterogeneous rock masses. Tunnels and Tunnelling International, 32(11): 45-51.

Hoek E. 1998. Reliability of Hoek-Brown estimates of rock mass properties and their impact on design. International Journal of Rock Mechanics and Mining Sciences, 35(1): 63-68.

Hoek E, Brown E. 1980. Empirical strength criterion for rock masses. Journal of the Geotechnical Engineering Division-ASCE, 106: 1013-1035.

Huder J, Amberg G. 1970. Quellung in mergel, opalinuston und anhydrit. Zurich: Versuchsanstalt Fuer Wasserbau Und Erdbau.

Jager J C, Cook N G W, Zimmerman R W. 1996. Fundamentals of Rock Mechanics. 2nd. London: Chapman & Hall.

Jethwa J L, Dube A K, Singh B. 1984. Squeezing problems in Indian tunnels//Proceedings of An International Conference on Case Histories in Geotechnical Engineering.

Kaiser P K, McCreath D R, Tannant D D. 1996. Canadian rockburst support handbook. Sudbury: Geomechanics Research Center Laurentian University.

Kie T T. 1983. Swelling rocks and the stability of tunnels//Proceedings 5th Congress of the International Society for Rock Mechanics: 261-266.

Kirsch G. 1898. Die Theorie der Elastizitat und die Bedurfnisse der Festigkeitslehre. Zantralblatt Verlin Deutscher Ingenieure, (42): 797-807.

Kovári K. 1996. Tunneling in squeezing rock. Rock Mechanics and Rock Engineering, 5(98): 12-31.

Kovári K. 1998. Tunneling in Squeezing Rock (Tunnelbau in druckhaftem Gebirge). Tunnels and Tunnelling, 5: 12-31.

Legget R F. 1962. Geology and Engineering. 2nd. New York: McGraw-Hill.

Li C C. 2010. A new energy-absorbing bolt for rock support in high stress rock masses. International Journal of Rock Mechanics and Mining Sciences, 47(3): 396-404.

Mcgarr A, Gay N C. 1978. State of stress in the earth's crust. Annual Review of Earth and Planetary Sciences, 6(1): 405-436.

Nakano R. 1979. Geotechnical Properties of Mudstone of Neogene Tertiary in Japan with Special Reference to the Mechanism of Squeezing Swelling Rock Pressure in Tunneling. Mexico: Soil Mechanics.

Ortlepp W D, Bornman J J, Erasmus P N. 2001. The Durabar-A yieldable support tendon-design rational and laboratory results//Rockbursts and Seismicity in Mines(RaSiM5). Johannesburg: South African Institution of Mining and Metallurgy: 263-266.

Ortlepp W D. 1992. The design of support for the containment of rockburst damage in tunnels-An engineering approach//Kaiser P K, McCreath D R. Rock Support in Mining and Underground Construction. Rotterdam: Balkema: 593-609.

Ortlepp W D, Stacey, T R. 1994. Rockburst mechanisms in tunnels and shafts. Tunnelling and Underground Space Technology, 9(1): 59-65.

O'Rourke T D. 1984. Guidelines for Tunnel Lining Design. Reston: American Society of Civil Engineers.

Rabcewicz L V. 1965. The new Austrian tunnelling method. Water Power, 16: 511-515.

Roberts M, Brummer R K. 1988. Support requirements in rockburst conditions. Journal- South African Institute of Mining and Metallurgy, 88(3): 97-104.

Russnes B F. 1994. Analyses of Rockburst in Tunnels in Valley Sides. Trondheim: Norwegian Institute of Technology.

Russo G. 1994. Some considerations on the applicability of major geomechanical classifications to weak and complex rocks in tunnelling. Geoingegneria Ambientale e Mineraria, 31(82): 63-70.

Sakurai S. 1983. Displacement measurements associated with the design of underground openings. Zurich: Proc. Int. symp. Field Measurements in Geomechanics: 1163-1178.

Singh B, Goel R K. 1999. Rock Mass Classification: A Practical Approach in Civil Engineering. London: Elsevier Science Ltd.

Singh B, Jethwa J L, Dube A K, et al. 1992. Correlation between observed support pressure and rock mass quality. Tunnelling and Underground Space Technology, 7(1): 59-74.

Singh M, Singh B, Choudhari J. 2007. Critical strain and squeezing of rock mass in tunnels. Tunnelling and Underground Space Technology, 22(3): 343-350.

Tanimoto C. 1984. NATM-1. Tokyo: Morikita Shuppan Company Limited.

Terzaghi K. 1946. Rock Defects and Loads on Tunnel Supports. Cambridge: Harvard University.

Wittke W, Pierau B. 1979. Foundation for the design and construction of tunnel in swelling rock. Montreux: Proceedings of the 4th International Congress on Rock Mechanics: 219-229.

Wood A M M. 1970. Faster, cheaper tunneling. New Scientisit: 98-100.

Wood A M M. 1972. Tunnels for roads and motorways. Quarterly Journal of Engineering Geology and Hydrogeology, 5(1-2): 111-126.

第 7 章

川藏交通廊道隧道进出口边坡工程扰动灾害预测及防控建议

本章对川藏交通廊道雅安—林芝段隧道进出口边坡进行调查研究，首先厘定边坡的结构分类方法，从边坡高度、坡度、岩体结构等角度揭示了各边坡的结构特征；在此基础上，结合现场考察、无人机航测和遥感手段对边坡的工程地质资料进行分析，初步查明隧道进出口及其附近边坡变形破坏特征，定性判断其稳定性状态；采用赤平投影方法分析隧道进出口边坡的变形破坏模式，并预测其未来演化规律及边坡变形破坏潜在的灾害类型；结合定量分析方法对隧道进出口边坡的岩体质量进行评价，针对典型的高陡复杂边坡进行有限差分法模拟分析应力分布特征，进而定量判断各隧道进出口边坡的稳定性；最后根据稳定性评价结果对各个隧道进出口边坡提出相应的工程防控建议和灾害防治对策。

7.1 川藏交通廊道隧道进出口边坡结构特征

在所调查的研究区 144 处隧道进出口边坡中，高陡边坡数量占比高达 60% 以上。高陡复杂边坡地形陡峭，当受多组结构面切割时，常常稳定性较差，形成危岩体。受历史地震的影响，川藏交通廊道雅安—林芝段山体较为松散破碎，加之切坡或其他工程扰动，沿线边坡的稳定性尚未可知。本节在总结前人研究成果的基础上，以川藏交通廊道的隧道进出口边坡为主要研究对象，通过野外调查、数理统计等方法分析了研究区内边坡的岩体工程地质特性。由于研究区内不同位置的岩体结构以及不同结构要素的组合方式不尽相同，因此边坡结构的划分尚无统一的标准。目前，研究区内边坡结构类型复杂多样，需在前人研究的基础上，结合研究区的区域坡体及岩体结构特点，详细划分边坡结构类型。

7.1.1 基本工程地质条件

由于地质条件的复杂性，边坡稳定性评价一般采取由区域到场地、由简单到复杂、由定性到定量的一般规律。厘清工程地质条件是开展工程边坡稳定性评价的前提。川藏交通廊道雅安—林芝段隧道进出口边坡工程地质条件复杂，本小节在文献调研的基础上，通过现场考察的方式，利用无人机航测、三维激光扫描、遥感等手段，针对研究区内边坡的自然地理与气象水文、地形地貌、地层岩性、地质构造、物理地质现象、边坡结构、水文地质条件、新构造运动与地震等开展分析。

1. 自然地理与气象水文

川藏交通廊道隧道进出口边坡集中分布于东部，西部较为零散，分别隶属于 15 个县市（图 7.1 和表 7.1）。其中，天全县辖区内边坡数量最多，共 20 处（占比 13.89 %）；共有 7 个县市内的边坡数量 ≥ 10 处，分别为天全县、康定市、雅江县、理塘县、贡觉县、察雅县和波密县；泸定县、昌都市内边坡数量最少，均只有 2 处（分别占比 1.39 %）。

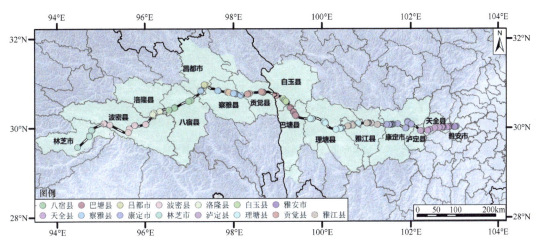

图 7.1　研究区隧道进出口边坡隶属县市分布位置

表 7.1　研究区隧道进出口边坡隶属县市统计结果

县市（自东向西）	边坡名称	数量/处	占比/%
雅安市	新庙子隧道进口、新庙子隧道出口、尖峰山隧道进口、蒙顶山隧道进口、蒙顶山隧道出口、白塔山隧道进口、白塔山隧道出口	7	4.86
天全县	尖峰山隧道出口、寨子顶隧道进口、寨子顶隧道出口、大平隧道出口、大平隧道进口、天全隧道进口、天全隧道出口、王家林隧道进口、王家林隧道出口、新房子隧道进口、新房子隧道出口、垭口隧道进口、垭口隧道出口、对门山隧道进口、对门山隧道出口、朱岗山隧道进口、朱岗山隧道出口、李子坪隧道进口、李子坪隧道出口、二郎山隧道进口	20	13.89
泸定县	二郎山隧道出口、宝灵山隧道进口	2	1.39
康定市	宝灵山隧道出口、郭达山隧道进口、郭达山隧道出口、康定隧道进口、康定隧道出口、折多山隧道进口、折多山隧道出口、安良坝隧道进口、安良坝隧道出口、燕巴隧道进口、燕巴隧道出口、新都桥隧道进口、新都桥隧道出口、东俄洛 1 号隧道进口、东俄洛 1 号隧道出口、东俄洛 2 号隧道进口、东俄洛 2 号隧道出口、高尔寺隧道进口	18	12.50
雅江县	高尔寺隧道出口、帕姆岭隧道进口、帕姆岭隧道出口、旺甲隧道进口、旺甲隧道出口、白孜村隧道进口、白孜村隧道出口、马鞍山隧道进口、马鞍山隧道出口、迎金山 1 号隧道进口、卡子拉山 1 号隧道进口、迎金山 2 号隧道出口、卡子拉山 1 号隧道出口、卡子拉山 2 号隧道进口	14	9.72
理塘县	迎金山 1 号隧道出口、迎金山 2 号隧道进口、卡子拉山 2 号隧道出口、巴隆翁隧道进口、巴隆翁隧道出口、理塘隧道进口、理塘隧道出口、毛垭坝 1 号隧道进口、毛垭坝 1 号隧道出口、毛垭坝 2 号隧道进口、毛垭坝 2 号隧道出口、毛垭坝 3 号隧道进口、毛垭坝 3 号隧道出口、毛垭坝 4 号隧道进口、毛垭坝 4 号隧道出口、德达隧道进口	16	11.11
巴塘县	隧道 3 出口、隧道 4 进口、德达隧道出口、隧道 1 进口、隧道 1 出口、隧道 2 进口、隧道 2 出口、隧道 3 进口	8	5.56
白玉县	隧道 4 出口、隧道 5 进口、隧道 5 出口、隧道 6 进口、隧道 6 出口、隧道 7 进口	6	4.17
贡觉县	隧道 7 出口、隧道 8 进口、隧道 8 出口、隧道 9 进口、隧道 9 出口、贡觉隧道进口、贡觉隧道出口、仁泽隧道进口、仁泽隧道出口、隧道 10 进口	10	6.94
昌都市	芒康山隧道出口、昌都隧道进口	2	1.39
察雅县	嘎益隧道出口、红拉山隧道进口、汪布 1 号隧道进口、汪布 1 号隧道出口、汪布 2 号隧道进口、汪布 2 号隧道出口、塔如隧道进口、塔如隧道出口、嘎益隧道进口、红拉山隧道出口、芒康山隧道进口、隧道 10 出口、昌都隧道出口、邦达隧道进口	14	9.72

续表

县市（自东向西）	边坡名称	数量/处	占比/%
八宿县	邦达隧道出口、果拉山隧道进口、果拉山隧道出口、夏里隧道进口、夏里隧道出口、康玉隧道进口	6	4.17
洛隆县	康玉隧道出口、察达隧道进口、察达隧道出口、伯舒拉岭隧道进口	4	2.78
波密县	伯舒拉岭隧道出口、多吉隧道进口、多吉隧道出口、多木格隧道进口、多木格隧道出口、易贡隧道进口、易贡隧道出口、通麦隧道进口、通麦隧道出口、迫龙隧道进口、迫龙隧道出口、拉月隧道进口	12	8.33
林芝市	拉月隧道出口、鲁朗隧道进口、鲁朗隧道出口、色季拉山隧道进口、色季拉山隧道出口	5	3.47

据川藏交通廊道 1981~2011 年的降水情况统计，各隧道进出口边坡的平均年降水量分布如图 7.2 和表 7.2 所示，可知 79.86% 的边坡平均年降水量低于 1000 mm；平均年降水量较高（1300~2358.6 mm）的边坡占 15.97%，主要集中在川藏交通廊道的东部起始端；仅 6 处边坡平均年降水量在 1000~1300 mm。

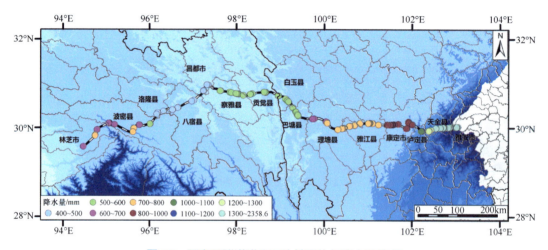

图 7.2　研究区隧道进出口边坡平均年降水量情况

表 7.2　研究区隧道进出口边坡平均年降水量统计结果

平均年降水量	边坡名称	数量/处	占比/%
400~500 mm	芒康山隧道出口、昌都隧道进口、昌都隧道出口、邦达隧道进口、邦达隧道出口、果拉山隧道进口、果拉山隧道出口、夏里隧道进口、夏里隧道出口、康玉隧道进口、康玉隧道出口、察达隧道进口、察达隧道出口、伯舒拉岭隧道进口	14	9.72
500~600 mm	隧道 3 出口、隧道 4 进口、隧道 4 出口、隧道 5 进口、隧道 5 出口、隧道 6 进口、隧道 6 出口、隧道 7 进口、隧道 7 出口、隧道 8 进口、隧道 8 出口、隧道 9 进口、隧道 9 出口、贡觉隧道进口、贡觉隧道出口、仁泽隧道进口、仁泽隧道出口、隧道 10 进口、汪布 1 号隧道进口、汪布 1 号隧道出口、汪布 2 号隧道进口、汪布 2 号隧道出口、塔如隧道进口、塔如隧道出口、嘎益隧道进口、嘎益隧道出口、红拉山隧道进口、红拉山隧道出口、芒康山隧道进口、隧道 10 出口、德达隧道出口、隧道 1 进口、隧道 1 出口、隧道 2 进口、隧道 2 出口、隧道 3 进口、伯舒拉岭隧道出口、多吉隧道进口	38	26.39
600~700 mm	毛垭坝 3 号隧道进口、毛垭坝 3 号隧道出口、毛垭坝 4 号隧道进口、毛垭坝 4 号隧道出口、德达隧道进口、多吉隧道出口、多木格隧道进口、易贡隧道出口、通麦隧道进口、通麦隧道出口、迫龙隧道进口、迫龙隧道出口、拉月隧道进口、拉月隧道出口、鲁朗隧道进口、色季拉山隧道出口	16	11.11

续表

平均年降水量	边坡名称	数量/处	占比/%
700~800 mm	高尔寺隧道出口、帕姆岭隧道进口、帕姆岭隧道出口、旺甲隧道进口、旺甲隧道出口、白孜村隧道进口、白孜村隧道出口、马鞍山隧道进口、马鞍山隧道出口、迎金山 1 号隧道进口、迎金山 1 号隧道出口、迎金山 2 号隧道进口、卡子拉山隧道进口、卡子拉山 2 号隧道进口、巴隆翁隧道进口、巴隆翁隧道出口、理塘隧道进口、理塘隧道出口、毛垭坝 1 号隧道进口、毛垭坝 1 号隧道出口、毛垭坝 2 号隧道进口、毛垭坝 2 号隧道出口、迎金山 2 号隧道出口、卡子拉山 1 号隧道出口、卡子拉山 2 号隧道进口、多木格隧道出口、易贡隧道进口、鲁朗隧道出口、色季拉山隧道进口	29	20.14
800~1000 mm	宝灵山隧道出口、郭达山隧道进口、郭达山隧道出口、康定隧道进口、康定隧道出口、折多山隧道进口、折多山隧道出口、安良坝隧道进口、安良坝隧道出口、燕巴隧道进口、燕巴隧道出口、新都桥隧道进口、新都桥隧道出口、东俄洛 1 号隧道进口、东俄洛 1 号隧道出口、东俄洛 2 号隧道进口、东俄洛 2 号隧道出口、高尔寺隧道进口	18	12.50
1000~1100 mm	宝灵山隧道进口	1	0.69
1100~1200 mm	二郎山隧道出口	1	0.69
1200~1300 mm	朱岗山隧道出口、李子坪隧道进口、李子坪隧道出口、二郎山隧道进口	4	2.78
1300~2358.6 mm	新庙子隧道进口、新庙子隧道出口、尖峰山隧道进口、尖峰山隧道出口、寨子顶隧道进口、寨子顶隧道出口、大平隧道出口、大平隧道进口、天全隧道进口、天全隧道出口、王家林隧道进口、王家林隧道出口、新房子隧道进口、新房子隧道出口、垭口隧道进口、垭口隧道出口、对门山隧道进口、对门山隧道出口、朱岗山隧道进口、蒙顶山隧道进口、蒙顶山隧道出口、白塔山隧道进口、白塔山隧道出口	23	15.97

注：表中个别数据因数值修约，略有误差，下同。

2. 地形地貌

据川藏交通廊道地形地貌特征对边坡点所处地貌进行统计发现，25 处边坡处于大起伏高山区，28 处边坡处于中起伏高山区，18 处边坡处于中起伏中山区（图 7.3 和表 7.3）。

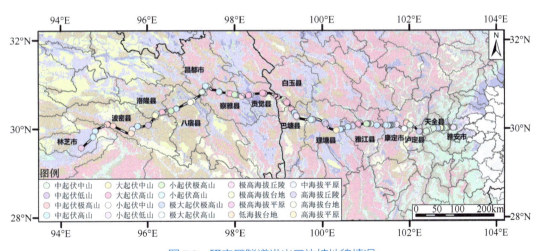

图 7.3　研究区隧道进出口边坡地貌情况

根据川藏交通廊道现场调研结果可知，折多山以东平均年降水量较大（1000 mm 以上）、海拔较低，大部分边坡的坡体覆盖茂盛的植被，其中有 25 处边坡覆盖植物以高大乔木为主；卡子拉山以东、折多山以西，自东向西，年降水量逐渐降低，主要的边坡覆盖植物为草本和低矮灌木，有 10 处边坡植被较为稀疏；自伯舒拉岭以南至林芝段，受海洋气候的影响，雨量相对较多，植被茂密。

表 7.3　研究区隧道进出口边坡地貌统计结果

地貌	隧道边坡名称	数量/处	占比/%
大起伏高山	隧道3出口、隧道4进口、隧道5进口、隧道5出口、隧道6进口、隧道7出口、隧道8进口、隧道8出口、隧道9进口、隧道9出口、贡觉隧道进口、仁泽隧道出口、隧道10进口、嘎益隧道出口、康玉隧道出口、察达隧道进口、迎金山1号隧道出口、迎金山2号隧道进口、毛垭坝1号隧道出口、毛垭坝2号隧道进口、毛垭坝2号隧道出口、毛垭坝3号隧道出口、通麦隧道出口、迫龙隧道进口、拉月隧道出口	25	17.36
大起伏中山	隧道4出口、红拉山隧道进口、伯舒拉岭隧道进口、王家林隧道出口、新房子隧道进口、新房子隧道出口、垭口隧道进口、郭达山隧道出口、易贡隧道出口	9	6.25
低海拔台地	易贡隧道进口	1	0.69
高海拔平原	理塘隧道出口	1	0.69
高海拔丘陵	贡觉隧道出口、仁泽隧道进口、寨子顶隧道出口、宝灵山隧道进口、迎金山2号隧道出口	5	3.47
高海拔台地	邦达隧道出口	1	0.69
极大起伏高山	康定隧道出口、折多山隧道进口、燕巴隧道进口、毛垭坝4号隧道进口	4	2.78
极大起伏极高山	垭口隧道出口、对门山隧道进口	2	1.39
极高海拔平原	尖峰山隧道出口、色季拉山隧道出口	2	1.39
极高海拔丘陵	隧道10出口、卡子拉山1号隧道进口、毛垭坝4号隧道出口	3	2.08
极高海拔台地	大平隧道出口、大平隧道进口、蒙顶山隧道进口	3	2.08
小起伏低山	寨子顶隧道进口、折多山隧道出口、隧道1进口、蒙顶山隧道出口、白塔山隧道进口、白塔山隧道出口、伯舒拉岭隧道出口	7	4.86
小起伏高山	汪布2号隧道出口、塔如隧道进口、天全隧道出口、王家林隧道进口、安良坝隧道进口、安良坝隧道出口、德达隧道进口、卡子拉山1号隧道出口	8	5.56
小起伏极高山	隧道6出口、隧道7进口、塔如隧道出口、红拉山隧道出口、果拉山隧道出口、夏里隧道出口、康玉隧道进口、马鞍山隧道出口、迎金山1号隧道进口	9	6.25
小起伏中山	果拉山隧道进口、新庙子隧道进口、新庙子隧道出口、尖峰山隧道进口、旺甲隧道出口、白孜村隧道进口、白孜村隧道出口、马鞍山隧道进口	8	5.56
中海拔平原	多木格隧道出口	1	0.69
中起伏低山	毛垭坝1号隧道进口、多吉隧道进口	2	1.39
中起伏高山	汪布1号隧道进口、芒康山隧道进口、昌都隧道进口、昌都隧道出口、夏里隧道进口、察达隧道出口、燕巴隧道出口、新都桥隧道进口、新都桥隧道出口、东俄洛1号隧道进口、东俄洛1号隧道出口、东俄洛2号隧道进口、东俄洛2号隧道出口、高尔寺隧道进口、帕姆岭隧道进口、卡子拉山2号隧道出口、巴隆翁隧道进口、巴隆翁隧道出口、理塘隧道进口、毛垭坝3号隧道出口、隧道2进口、隧道2出口、卡子拉山2号隧道进口、多吉隧道出口、多木格隧道进口、鲁朗隧道进口、鲁朗隧道出口、色季拉山隧道进口	28	19.44
中起伏极高山	二郎山隧道出口、康定隧道进口、高尔寺隧道出口、隧道3进口、通麦隧道进口、迫龙隧道出口、拉月隧道进口	7	4.86
中起伏中山	汪布1号隧道出口、汪布2号隧道进口、嘎益隧道进口、芒康山隧道出口、邦达隧道进口、天全隧道进口、对门山隧道出口、朱岗山隧道进口、朱岗山隧道出口、李子坪隧道进口、李子坪隧道出口、二郎山隧道进口、宝灵山隧道出口、郭达山隧道进口、帕姆岭隧道出口、旺甲隧道进口、德达隧道出口、隧道1出口	18	12.50

　　调查获取隧道进出口边坡产状，坡向和坡度分布情况见图 7.4 和图 7.5，绘制边坡产状极点密度图（图 7.6）可知，边坡产状主要集中分布在两个区间：20°~140° ∠ 20°~54° 和 210°~320° ∠ 18°~36°，最大极点密度为 7.78%。

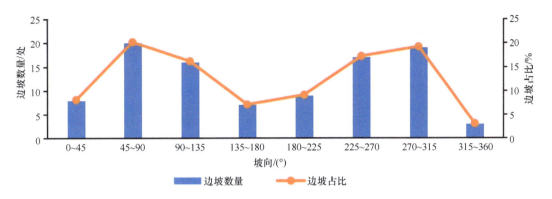

图 7.4　研究区隧道进出口边坡坡向分布图

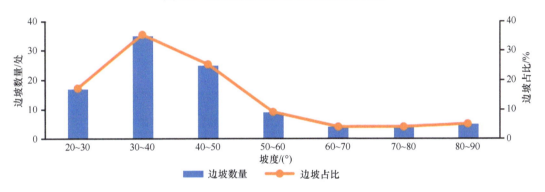

图 7.5　研究区隧道进出口边坡坡度分布图

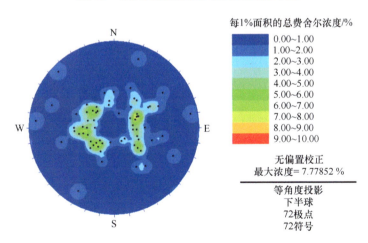

图 7.6　研究区隧道进出口边坡产状极点密度图

3. 地层岩性

多次现场考察发现共计 57 处边坡可见基岩出露，有 47 处边坡未见基岩出露。结合川藏交通廊道地层岩性分布，详细地统计了隧道进出口边坡岩体的岩性，基于边坡岩（土）性分类方法（陈祖煜，2004），对研究区隧道进出口边坡岩（土）性进行了统计与分类，如图 7.7 和表 7.4 所示。副变质岩边坡数量最多，主要分布于 94°E~97°E 和 99°E~102°E 两个区域中，共 53 处；碎屑岩边坡占比排第二位（34.72%）。

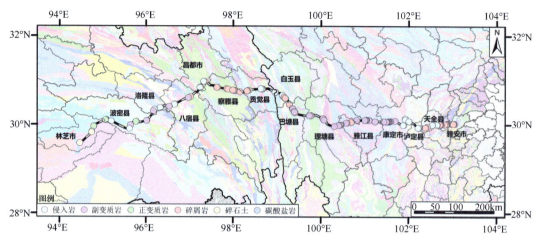

图 7.7　研究区隧道进出口边坡岩（土）性分布图

表 7.4　研究区隧道进出口边坡岩（土）性统计结果

岩性	隧道边坡名称	数量/处	占比/%
侵入岩	隧道 7 进口、隧道 7 出口、隧道 8 进口、隧道 8 出口、隧道 9 进口、隧道 9 出口、贡觉隧道进口、昌都隧道进口、邦达隧道进口、果拉山隧道出口、夏里隧道进口、察雅隧道进口、察岗隧道出口、垭口隧道出口、对门山隧道进口、对门山隧道出口、朱岗山隧道进口、朱岗山隧道出口、二郎山隧道出口、宝灵山隧道进口、宝灵山隧道出口、郭达山隧道进口、郭达山隧道出口、康定隧道进口、康定隧道出口、折多山隧道进口、易贡隧道出口、通麦隧道进口、通麦隧道出口	30	20.83
碎屑岩	隧道 3 出口、隧道 4 进口、隧道 4 出口、隧道 5 进口、隧道 6 进口、贡觉隧道出口、仁泽隧道进口、仁泽隧道出口、隧道 10 进口、汪布 1 号隧道进口、汪布 1 号隧道出口、汪布 2 号隧道进口、汪布 2 号隧道出口、塔如隧道进口、塔如隧道出口、嘎益隧道进口、嘎益隧道出口、红拉山隧道进口、红拉山隧道出口、芒康山隧道进口、芒康山隧道出口、隧道 10 出口、昌都隧道出口、邦达隧道出口、新庙子隧道进口、新庙子隧道出口、尖峰山隧道进口、尖峰山隧道出口、寨子顶隧道进口、寨子顶隧道出口、大平隧道出口、大平隧道进口、天全隧道进口、天全隧道出口、王家林隧道进口、王家林隧道出口、新房子隧道进口、新房子隧道出口、垭口隧道进口、李子坪隧道进口、李子坪隧道出口、二郎山隧道进口、迎金山 1 号隧道出口、卡子拉山 1 号隧道进口、蒙顶山隧道进口、蒙顶山隧道出口、白塔山隧道进口、白塔山隧道出口、迎金山 2 号隧道出口、卡子拉山 1 号隧道出口	50	34.72
碳酸盐岩	隧道 6 出口、多吉隧道出口	2	1.39
正变质岩	多木格隧道进口、追龙隧道进口、追龙隧道出口、拉月隧道进口、拉月隧道出口、鲁朗隧道进口、鲁朗隧道出口	7	4.86
副变质岩	隧道 5 出口、果拉山隧道进口、夏里隧道出口、康玉隧道进口、康玉隧道出口、伯舒拉岭隧道进口、折多山隧道出口、安良坝隧道进口、安良坝隧道出口、燕巴隧道出口、新都桥隧道进口、新都桥隧道出口、东俄洛 1 号隧道进口、东俄洛 1 号隧道出口、东俄洛 2 号隧道进口、东俄洛 2 号隧道出口、高尔寺隧道进口、高尔寺隧道出口、帕姆岭隧道进口、帕姆岭隧道出口、旺甲隧道进口、旺甲隧道出口、白孜村隧道进口、白孜村隧道出口、马鞍山隧道进口、马鞍山隧道出口、迎金山 1 号隧道进口、迎金山 2 号隧道进口、卡子拉山 2 号隧道出口、巴隆翁隧道进口、巴隆翁隧道出口、理塘隧道进口、理塘隧道出口、毛垭坝 1 号隧道进口、毛垭坝 1 号隧道出口、毛垭坝 2 号隧道进口、毛垭坝 2 号隧道出口、毛垭坝 3 号隧道进口、毛垭坝 3 号隧道出口、毛垭坝 4 号隧道进口、毛垭坝 4 号隧道出口、德达隧道进口、德达隧道出口、隧道 1 进口、隧道 1 出口、隧道 2 进口、隧道 2 出口、隧道 3 进口、卡子拉山 2 号隧道进口、伯舒拉岭隧道出口、多吉隧道进口、多木格隧道出口	53	36.81
碎石土	色季拉山隧道进口、色季拉山隧道出口	2	1.39

　　根据第 5 章工程地质岩组分类标准，对各隧道进出口边坡岩性进行划分，如图 7.8 和表 7.5 所示。由图 7.8 可知，较坚硬岩组不仅在川藏交通廊道内面积占比最大，在隧道进出口边坡的分布也最为广泛，共 67 处，占比 46.53%。其次为坚硬岩组，共 36 处，占比 25%。

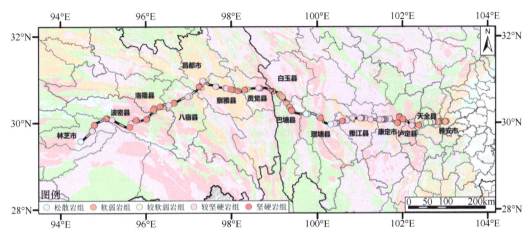

图 7.8　研究区隧道进出口边坡工程地质岩组分布图

表 7.5　研究区隧道进出口边坡工程地质岩组统计结果

岩组名称	交通廊道面积占比 /%	边坡名称	数量 / 处	占比 / %
坚硬岩组	17.16	垭口隧道出口、对门山隧道进口、对门山隧道出口、朱岗山隧道进口、朱岗山隧道出口、李子坪隧道进口、二郎山隧道出口、宝灵山隧道进口、宝灵山隧道出口、郭达山隧道进口、郭达山隧道出口、康定隧道出口、折多山隧道进口、隧道 6 出口、隧道 7 进口、隧道 7 出口、隧道 8 进口、隧道 8 出口、隧道 9 进口、昌都隧道出口、邦达隧道进口、果拉山隧道出口、夏里隧道进口、康玉隧道出口、察达隧道进口、察达隧道出口、易贡隧道进口、易贡隧道出口、通麦隧道进口、通麦隧道出口、迫龙隧道进口、迫龙隧道出口、拉月隧道进口、拉月隧道出口、鲁朗隧道进口、鲁朗隧道出口	36	25
较坚硬岩组	34.74	康定隧道进口、折多山隧道出口、安良坝隧道进口、安良坝隧道出口、燕巴隧道进口、燕巴隧道出口、新都桥隧道进口、新都桥隧道出口、东俄洛 1 号隧道进口、东俄洛 1 号隧道出口、东俄洛 2 号隧道进口、东俄洛 2 号隧道出口、高尔寺隧道进口、高尔寺隧道出口、帕姆岭隧道进口、帕姆岭隧道出口、旺甲隧道进口、旺甲隧道出口、白孜村隧道进口、白孜村隧道出口、马鞍山隧道进口、马鞍山隧道出口、迎金山 1 号隧道进口、迎金山 1 号隧道出口、迎金山 2 号隧道进口、迎金山 2 号隧道出口、卡子拉山 1 号隧道进口、卡子拉山 2 号隧道进口、卡子拉山 2 号隧道出口、巴隆翁隧道进口、巴隆翁隧道出口、理塘隧道进口、理塘隧道出口、毛垭坝 1 号隧道进口、毛垭坝 1 号隧道出口、毛垭坝 2 号隧道进口、毛垭坝 2 号隧道出口、毛垭坝 3 号隧道进口、毛垭坝 3 号隧道出口、毛垭坝 4 号隧道进口、毛垭坝 4 号隧道出口、德达隧道进口、德达隧道出口、隧道 1 进口、隧道 1 出口、隧道 2 出口、隧道 3 进口、隧道 3 出口、隧道 4 进口、隧道 6 进口、隧道 9 出口、贡觉隧道进口、仁泽隧道进口、仁泽隧道出口、隧道 10 进口、隧道 10 出口、汪布 1 号隧道进口、汪布 1 号隧道出口、汪布 2 号隧道进口、邦达隧道出口、夏里隧道出口、康玉隧道进口、伯舒拉岭隧道进口、伯舒拉岭隧道出口、多吉隧道进口、多吉隧道出口、多木格隧道出口	67	46.53

续表

岩组名称	交通廊道面积占比 /%	边坡名称	数量 / 处	占比 /%
较软弱岩组	28.85	天全隧道出口、李子坪隧道出口、二郎山隧道进口、卡子拉山 1 号隧道进口、隧道 2 进口、隧道 4 出口、隧道 5 进口、隧道 5 出口、贡觉隧道出口、多木格隧道进口	10	6.94
软弱岩组	14.61	蒙顶山隧道进口、蒙顶山隧道出口、白塔山隧道进口、白塔山隧道出口、新庙子隧道进口、新庙子隧道出口、尖峰山隧道进口、尖峰山隧道出口、寨子顶隧道进口、寨子顶隧道出口、大平隧道进口、大平隧道出口、天全隧道出口、王家林隧道进口、王家林隧道出口、新房子隧道进口、新房子隧道出口、垭口隧道进口、汪布 2 号隧道出口、塔如隧道进口、塔如隧道出口、嘎益隧道进口、嘎益隧道出口、红拉山隧道进口、红拉山隧道出口、芒康山隧道进口、芒康山隧道出口、昌都隧道进口、果拉山隧道进口	29	20.14
松散岩组	4.64	色季拉山隧道进口、色季拉山隧道出口	2	1.39

调查获取隧道进出口边坡岩层产状，绘制边坡的岩层产状极点密度图（图 7.9）可知，边坡的岩层产状主要集中分布在两个区间：50°~90° ∠ 30°~55° 和 270°~290° ∠ 5°~55°。

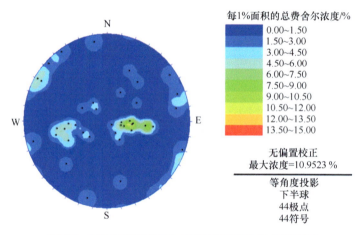

图 7.9　研究区隧道进出口边坡岩层产状极点密度图

由于川藏交通廊道隧道进出口边坡分布于多个断裂带之间，新构造活动发育，节理结构面较为发育，块状结构边坡占比高达 25%。通过现场考察获取隧道进出口边坡共 150 余组节理结构面产状，绘制节理结构面极点等密度图（图 7.10），可以发现结构面产状分布比较离散。

4. 地质构造

统计发现，川藏交通廊道雅安—林芝段自东向西依次贯通 4 条岩浆弧带，依次为沙鲁里山－义敦岛弧、江达－德钦陆缘弧带、类乌齐－竹卡陆缘弧带、伯舒拉岭岩浆弧；其中，位于伯舒拉岭岩浆弧的边坡数量最多，达 16 处，位于类乌齐－竹卡陆缘弧带的边坡仅有邦达隧道进出口边坡两处。

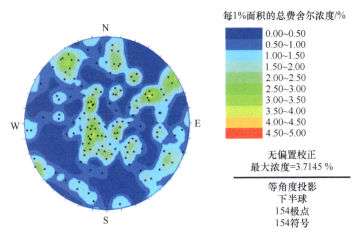

每1%面积的总费舍尔浓度/%

	0.00~0.50
	0.50~1.00
	1.00~1.50
	1.50~2.00
	2.00~2.50
	2.50~3.00
	3.00~3.50
	3.50~4.00
	4.00~4.50
	4.50~5.00

无偏置校正
最大浓度=3.7145 %

等角度投影
下半球
154极点
154符号

图 7.10　研究区隧道进出口边坡结构面极点等密度图

涉及 5 个不同构造环境的沉积盆地，即巴颜喀拉前陆盆地、扬子西缘前陆盆地、雅鲁藏布江残余盆地、中咱碳酸盐盆地、昌都弧后前陆盆地；其中位于雅鲁藏布江残余盆地的边坡数量最多，高达 39 处，位于中咱盐碳酸盐盆地的边坡仅有 6 处。

贯穿 4 条特提斯海洋俯冲消减碰撞形成的俯冲增生杂岩带，自东向西依次为金沙江增生杂岩带、澜沧江增生杂岩带、怒江俯冲增生杂岩带、雅鲁藏布江蛇绿混杂岩带。其中，地处金沙江增生杂岩带的边坡有 10 处，地处雅鲁藏布江蛇绿混杂岩带的边坡有 5 处，地处怒江俯冲增生杂岩带的边坡有 3 处，地处澜沧江增生杂岩带的边坡有 2 处。

5. 新构造运动与地震

川藏交通廊道雅安—林芝段线路穿越的断裂主要有巴青－类乌齐断裂、德格－乡城断裂、澜沧江断裂、理塘－德巫断裂、理塘－义敦断裂、龙门山前山断裂、木拉断裂、怒江断裂、鲜水河断裂、雅拉河断裂、赠科－硕曲断裂、嘉黎－察隅断裂等，其中靠近龙门山前山断裂的边坡数量最多，为 23 处，占比 15.97%；有 43 处边坡附近尚未发现大型活动断裂（表 7.6）。

表 7.6　研究区隧道进出口边坡相邻断裂带统计结果

断裂带类型	边坡名称	数量/处	占比/%
巴青－类乌齐断裂	邦达隧道出口、果拉山隧道进口、果拉山隧道出口、昌都隧道出口、邦达隧道进口	5	3.48
澜沧江断裂	芒康山隧道出口、昌都隧道进口、红拉山隧道出口、芒康山隧道进口	4	2.78
德格－乡城断裂	隧道 6 出口、隧道 7 进口、隧道 5 出口、隧道 6 进口、隧道 4 出口、隧道 5 进口、隧道 3 出口、隧道 4 进口、隧道 3 进口、隧道 2 出口、隧道 1 出口、隧道 2 进口、德达隧道出口、隧道 1 进口	14	9.72
嘉黎－察隅断裂	通麦隧道出口、追龙隧道进口、追龙隧道出口、拉月隧道进口、易贡隧道出口、通麦隧道进口、多吉隧道进口、多吉隧道出口、多木格隧道进口、拉月隧道出口、多木格隧道出口、易贡隧道进口	12	8.33
金沙江断裂北段	隧道 8 出口、隧道 9 进口、隧道 9 出口、贡觉隧道进口、贡觉隧道出口、仁泽隧道进口、仁泽隧道出口、隧道 10 进口、隧道 10 出口、隧道 8 进口	10	6.94

续表

断裂带类型	边坡名称	数量/处	占比/%
理塘–德巫断裂	理塘隧道出口	1	0.69
理塘–义敦断裂	隧道7出口、毛垭坝4号隧道进口、毛垭坝1号隧道出口、毛垭坝2号隧道进口、毛垭坝2号隧道出口、毛垭坝3号隧道进口、毛垭坝3号隧道出口、毛垭坝1号隧道进口	8	5.56
龙门山前山断裂	新庙子隧道进口、新庙子隧道出口、尖峰山隧道进口、尖峰山隧道出口、寨子顶隧道进口、寨子顶隧道出口、大平隧道出口、大平隧道进口、垭口隧道进口、蒙顶山隧道进口、蒙顶山隧道出口、白塔山隧道进口、白塔山隧道出口、天全隧道进口、天全隧道出口、王家林隧道进口、王家林隧道出口、新房子隧道进口、新房子隧道出口、垭口隧道出口、对门山隧道进口、对门山隧道出口、朱岗山隧道进口	23	15.97
木拉断裂	巴隆翁隧道进口、巴隆翁隧道出口、理塘隧道进口	3	2.08
怒江断裂	夏里隧道进口、夏里隧道出口、康玉隧道进口	3	2.08
鲜水河断裂	朱岗山隧道出口、李子坪隧道进口、李子坪隧道出口、二郎山隧道进口、二郎山隧道出口	5	3.48
雅拉河断裂	宝灵山隧道进口	1	0.69
雅鲁藏布江断裂	鲁朗隧道进口、鲁朗隧道出口、色季拉山隧道进口、色季拉山隧道出口	4	2.78
赠科–硕曲断裂	毛垭坝4号隧道出口、德达隧道进口	2	1.39
折多塘断裂	折多山隧道进口	1	0.69
中谷断裂	郭达山隧道出口、康定隧道进口、宝灵山隧道出口、郭达山隧道进口、康定隧道出口	5	3.48
尚未发现大型活动断裂	红拉山隧道进口、嘎益隧道进口、嘎益隧道出口、汪布1号隧道进口、汪布1号隧道出口、汪布2号隧道进口、汪布2号隧道出口、塔如隧道进口、塔如隧道出口、康玉隧道出口、察达隧道进口、察达隧道出口、伯舒拉岭隧道进口、伯舒拉岭隧道出口、帕姆岭隧道进口、旺甲隧道进口、旺甲隧道出口、白孜村隧道进口、白孜村隧道出口、马鞍山隧道进口、马鞍山隧道出口、迎金山1号隧道进口、迎金山1号隧道出口、迎金山2号隧道进口、折多山隧道出口、安良坝隧道进口、安良坝隧道出口、燕巴隧道进口、燕巴隧道出口、新都桥隧道进口、新都桥隧道出口、东俄洛1号隧道进口、东俄洛1号隧道出口、东俄洛2号隧道进口、东俄洛2号隧道出口、高尔寺隧道进口、高尔寺隧道出口、帕姆岭隧道进口、卡子拉山1号隧道进口、迎金山2号隧道出口、卡子拉山1号隧道出口、卡子拉山2号隧道进口、卡子拉山2号隧道出口	43	29.86

根据图7.11所示提取川藏交通廊道各隧道进出口边坡的地震动峰值加速度（PGA），如图7.11和表7.7所示，可以看出，大部分边坡所处位置地震动峰值加速度为0.15 g和0.20 g，分别占比40.28%和40.97%，并且表现出显著的区域分布特征。

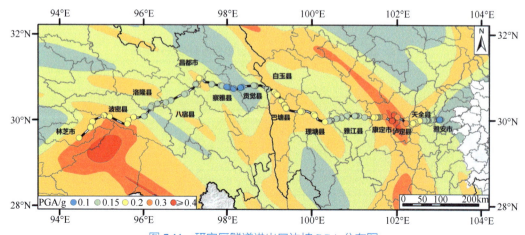

图7.11　研究区隧道进出口边坡PGA分布图

表 7.7　研究区隧道进出口边坡 PGA 统计结果

PGA	边坡名称	数量/处	占比/%
0.10g	嘎益隧道进口、贡觉隧道出口、仁泽隧道进口、汪布 1 号隧道进口、汪布 1 号隧道出口、汪布 2 号隧道进口、汪布 2 号隧道出口、塔如隧道进口、塔如隧道出口、仁泽隧道出口、隧道 10 进口、隧道 10 出口、新庙子隧道进口、新庙子隧道出口、尖峰山隧道进口、蒙顶山隧道进口、蒙顶山隧道出口、白塔山隧道进口、白塔山隧道出口	19	13.19
0.15g	昌都隧道出口、红拉山隧道出口、芒康山隧道进口、邦达隧道进口、红拉山隧道进口、嘎益隧道出口、隧道 8 出口、隧道 9 进口、隧道 9 出口、贡觉隧道进口、隧道 7 出口、隧道 8 进口、邦达隧道出口、果拉山隧道进口、果拉山隧道出口、夏里隧道进口、夏里隧道出口、康玉隧道进口、康玉隧道出口、察达隧道进口、察达隧道出口、伯舒拉岭隧道进口、伯舒拉岭隧道出口、多吉隧道进口、帕姆岭隧道进口、旺甲隧道进口、旺甲隧道出口、白孜村隧道进口、白孜村隧道出口、马鞍山隧道进口、马鞍山隧道出口、迎金山 1 号隧道进口、迎金山 1 号隧道出口、迎金山 2 号隧道进口、高尔寺隧道出口、帕姆岭隧道出口、卡子拉山 1 号隧道进口、迎金山 2 号隧道出口、卡子拉山 1 号隧道出口、卡子拉山 2 号隧道进口、卡子拉山 2 号隧道出口、巴隆翁隧道进口、尖峰山隧道出口、寨子顶隧道进口、寨子顶隧道出口、大平隧道出口、大平隧道进口、垭口隧道进口、巴隆翁隧道出口、理塘隧道进口、天全隧道进口、天全隧道出口、王家林隧道进口、王家林隧道出口、新房子隧道进口、新房子隧道出口、垭口隧道出口、对门山隧道进口	58	40.28
0.20g	芒康山隧道出口、昌都隧道进口、隧道 6 出口、隧道 7 进口、隧道 5 出口、隧道 6 进口、隧道 4 出口、隧道 5 进口、隧道 3 出口、隧道 4 进口、隧道 3 进口、通麦隧道出口、隧道 2 出口、迫龙隧道进口、迫龙隧道出口、拉月隧道进口、隧道 1 出口、隧道 2 进口、易贡隧道出口、通麦隧道进口、德达隧道出口、隧道 1 进口、多吉隧道出口、多木格隧道进口、拉月隧道出口、鲁朗隧道进口、毛垭坝 4 号隧道进口、多木格隧道出口、毛垭坝 4 号隧道出口、德达隧道进口、易贡隧道进口、毛垭坝 1 号隧道出口、毛垭坝 2 号隧道进口、毛垭坝 2 号隧道出口、毛垭坝 3 号隧道进口、毛垭坝 3 号隧道出口、鲁朗隧道出口、色季拉山隧道进口、毛垭坝 1 号隧道进口、安良坝隧道进口、安良坝隧道出口、燕巴隧道进口、燕巴隧道出口、新都桥隧道进口、新都桥隧道出口、东俄洛 1 号隧道进口、东俄洛 1 号隧道出口、东俄洛 2 号隧道进口、东俄洛 2 号隧道出口、高尔寺隧道进口、理塘隧道出口、对门山隧道出口、朱岗山隧道进口、朱岗山隧道出口、李子坪隧道进口、李子坪隧道出口、二郎山隧道进口、色季拉山隧道出口、二郎山隧道出口	59	40.97
0.30g	郭达山隧道出口、宝灵山隧道出口、郭达山隧道进口、折多山隧道出口、宝灵山隧道进口	5	3.47
≥0.40g	康定隧道进口、康定隧道出口、折多山隧道进口	3	2.08

PGA 大于 0.3 g 的边坡主要集中在川藏交通廊道东部，处于三条断裂带交会错动区域，该区域构造较为活跃，需要重点关注。

7.1.2　边坡分类方法

由于各个地区的岩土体结构以及不同结构要素的组合方式不尽相同，目前对于研究区边坡结构划分并无统一的标准。研究区边坡结构类型多样，岩体结构复杂，需在前人研究的基础上，结合研究区的区域坡体及岩体结构特点，详细划分区内的边坡结构类型。

边坡的分类方法较多，根据边坡的不同特性可以分成不同的类别，前人根据边坡的若干属性提出了不同的分类方法，如宋胜武等（2012）基于姜德义和王国栋（2003）的分类方法，根据边坡高度将边坡分为特高边坡、超高边坡、高边坡、中边坡和低边坡（表 7.8）；再如金德濂（2000）根据边坡坡度分类方法，将边坡分为缓坡、斜坡、陡坡、峻坡、悬崖和倒坡（表 7.9）。

表 7.8　边坡高度分类（宋胜武等，2012）

边坡类型	边坡高度 /m
特高边坡	坡高 > 300
超高边坡	100< 坡高 ≤ 300
高边坡	30< 坡高 ≤ 100
中边坡	10< 坡高 ≤ 30
低边坡	坡高 ≤ 10

表 7.9　边坡坡度分类（金德濂，2000）

边坡类型	边坡坡度 /（°）
缓坡	坡度 ≤ 10
斜坡	10< 坡度 ≤ 30
陡坡	30< 坡度 ≤ 45
峻坡	45< 坡度 ≤ 65
悬崖	65< 坡度 ≤ 90
倒坡	坡度 > 90

　　研究区边坡结构类型多样，岩石结构复杂，但是从其成因和演化入手是可以分类的，同一类型岩石应具有本质的共通性，基于此可对边坡的岩体结构进行划分。谷德振（1979）将岩体结构划分为八类：整体、块状、层状、薄层（板）状、镶嵌、层状碎裂、碎裂和散体结构。王思敬（2009）综合考虑岩石的成岩、演化过程以及形成的主要物质组成和结构，从岩层的结构面特征、岩层产状以及岩性组合等方面，结合工程特性将工程岩体结构进行了精细划分（表 7.10~ 表 7.13）。该方法可以很好地涵盖研究区的坡体类型，结合研究区的区域坡体结构及岩体结构特点，能够对区内边坡的岩体结构类型进行详细划分。

表 7.10　岩体结构分类（地质特征）（王思敬，2009）

岩体结构分类		地质物性	岩石类型	岩体结构		破坏机制	时间效应
类型	亚类			结构面	结构体		
节理状结构	整体块状	结晶块状岩体，节理稀少	岩浆岩、中深变质岩、厚层沉积岩、火山岩	节理	巨块体	岩爆、爆裂	无
	节理块状	块状岩体，节理一般发育		节理、剪切带	方块体	爆裂、开裂	不明显
	裂隙块状	块状岩体，发育节理，断层稀少		节理、裂隙、断层	板状体、锥体、楔形体	块体滑移	短期应力调整
层状结构	互层	沉积岩层，软硬相间	各种厚度的沉积岩、层状变质岩和复杂多次喷发的火山岩	软弱夹层、节理	层状体	滑移、弯曲	顺层蠕变
	间（夹）层	硬层间夹软层		软弱夹层、节理	板状体、锥体、楔形体	滑移	沿夹层剪切蠕变
	薄层	片岩、板岩及千枚岩		层面、节理、片理	板状体、片状体	弯曲、屈服	滑移和弯曲蠕变
	软层	均一软弱沉积岩体、页岩、黏土岩及泥岩		节理、层面	层块体	屈服	黏弹塑性
碎裂结构	镶嵌	广泛发育断裂及断块、碎块	各种岩石的构造影响带、破碎带、蚀变带及风化破碎岩体	节理、剪切带	碎块体	开裂滑移	黏弹性
	碎裂	破裂、破碎及断裂，含黏土		断层、裂隙	碎片、散粒	滑移解体	黏弹塑性
	松软	破碎成软弱散体，含大量黏土		泥质充填断层	散粒、岩粉、岩泥	屈服	黏塑性

表 7.11　岩体结构分类（物理属性）（王思敬，2009）

岩体结构分类		物理分类指标				
类型	亚类	完整系数	基本块度 /m³	声波速度 V_p/（km/s）	基本质量评分	质量分级
节理状结构	整体块状	> 0.75	> 1.00	4.5~5.0	80~100	I
	节理块状	0.50~0.75	0.50~1.00	4.3~4.5	60~80	II
	裂隙块状	0.30~0.50	0.30~0.70	4.0~4.3	50~60	III
层状结构	互层	0.30~0.50	0.50~0.70	4.3~4.5	60~80	II
	间（夹）层	0.30~0.60	0.30~0.70	4.3~4.5	60~80	II
	薄层	0.30~0.40	0.2	4.0~4.3	50~60	III
	软层	0.20~0.30	0.2	3.0~4.0	40~50	III ~ IV
碎裂结构	镶嵌	0.20~0.35	0.1	3.5~4.0	40~50	III ~ IV
	碎裂	0.10~0.25	0.1	3.0~3.5	30~40	IV
	松软	<0.20	<0.10	2.5~3.0	10~30	IV ~ V

表 7.12　岩体结构分类（力学属性）（王思敬，2009）

岩体结构分类		力学本构		变形特性				强度特性		
类型	亚类	连续力学	不连续力学	初始变形	峰后变形	变形模量 /GPa	泊松比	破坏机制	岩石单轴强度 /MPa	强度折减系数
节理状结构	整体块状	弹脆性	连续	强化	软化	20.00~50.00	0.20	断裂	80~100	0.50~1.00
	节理块状	弹脆性	连续	强化	软化	10.00~30.00	0.20~0.30	断裂扩展	80~100	0.30~0.70
	裂隙块状	弹性－弹塑性	不连续－离散	强化－弱化	软化－硬化	5.00~15.00	0.3	滑移 / 碎裂	60~100	0.20~0.50
层状结构	互层	弹性－弹塑性	不连续－准连续	弱化	软化－硬化	5.00~15.00	0.25~0.30	滑移破裂	80~100、30~60	0.30~0.70
	间（夹）层	弹性－弹塑性	断续－准连续	弱化	软化－硬化	5.00~15.00	0.3	滑移破裂	80~100、30~60	0.50~0.70
	薄层	弹塑性	准连续	弱化	硬化	5.00~10.00	0.3	滑移	30~60	0.30~0.50
	软层	弹性－弹塑性	准连续	弱化	硬化	1.00~5.00	0.3	滑移、塑流	10~30	0.10~0.20
碎裂结构	镶嵌	弹性－弹塑性	离散	弱化	软化－硬化	0.50~1.00	0.3~0.35	滑移、溃屈	30~60	0.30~0.50
	碎裂	弹塑性	离散	弱化	硬化	0.05~0.20	0.3~0.4	滑移、塑流	1~10	0.10~0.30
	松软	弹塑性	散粒	弱化	硬化	0.01~0.05	0.35~0.4	滑移、塑流	<1	≤ 0.10

表 7.13　岩体结构分类（稳定性）（王思敬，2009）

岩体结构分类		开挖变形		渗透特性	分析方法	工程评价			稳定性
类型	亚类	变形过程	相对自稳时间			边坡	地下开挖	坝基	
节理状结构	整体块状	突发	很长	不透水	弹性理论、断裂力学	高陡边坡，H=200 m，a=50°	大跨度硐室，B=20 m	高坝，H=100 m	优良
	节理块状	突发	很长	低透水性	弹性理论、断裂力学				良好
	裂隙块状	快速	长	裂隙透水	块体力学	高边坡，局部处理	大跨度硐室，局部支护	高－中等高度坝，需局部处理	好，局部不稳定

续表

岩体结构分类		开挖变形		渗透特性	分析方法	工程评价			稳定性
类型	亚类	变形过程	相对自稳时间			边坡	地下开挖	坝基	
层状结构	互层	慢速	较长	层面透水	层状体结构力学	高边坡,软弱层的倾角很重要	大-中等跨度硐室,软弱层需局部支护	高-中等高度坝,需局部处理	好,部分不稳定
	间(夹)层	慢速	较长	层面透水	层状体结构力学				好,局部不稳定
	薄层	慢速	较短	低透水性	薄板介质力学			中-低等高度坝,处理	较差
	软层	很慢	短	不透水	弹塑性力学	中边坡,需处理	中等跨度硐室,支护	中-低等高度坝,处理	差
碎裂结构	镶嵌	快速	短	裂隙透水	离散介质力学	低边坡,需局部处理	支护,加固	大面积强化处理	差
	碎裂	很慢	很短	裂隙透水	离散单元、塑性力学	需处理			很差
	松软	很慢	很短	孔隙透水	塑性流变力学				极差

注：H 为高度；a 为倾角；B 为宽度。

1. 节理状岩体结构

该类岩体是以结晶岩类为主的岩石，具有结晶连接，由造岩矿物组成，较少软弱片状矿物，很少黏土物质。原生裂隙在原有基础上进一步发展，并受轻微或一般水平构造影响，产生节理裂隙、小型错动面或断层，通常为场地的3、4级结构面；贯穿场地的1、2级断裂或软弱结构面稀少；次生和浅表层演化微弱；具有裂隙地下水，很少承压水。这类岩体具有Ⅰ~Ⅲ类工程岩体分级质量。

2. 层状岩体结构

该类岩体是以层状沉积岩类为主的岩石，具有胶结连接，由岩质颗粒组成，泥质胶结物中富含黏土物质。硬岩与软岩层常形成互层或夹层结构。软弱层状岩体主要由薄层软岩构成，黏土物质成层分布。该类结构曾在构造作用下产生褶皱，以及在原生裂隙的基础上进一步发展，并产生构造裂隙和断裂，通常为场地的3、4级结构面；贯穿场地的1、2级断裂或软弱结构面稀少；后期次生和浅表层演化微弱；具有裂隙或脉状地下水，有时遇承压水层。这类岩体一般为Ⅱ~Ⅲ类工程岩体分级质量，差的可降为Ⅳ类。

3. 碎裂岩体结构

原生块状或层状岩体受到强烈的构造作用及强烈的次生和浅表演化作用，产生强烈的变形和碎裂化，岩石松弛，裂隙张开，伴随矿物组分的蜕变和黏土组分增多，岩石软化，其中黏土条带泥化，张开裂隙产生泥质充填。碎裂岩体一般构成工程场地最差的部位，有时就是1、2级软弱结构面。这类岩体工程岩体质量分级为Ⅲ~Ⅴ类。

除了岩体结构以外，通过边坡岩（土）性以及边坡岩层产状等特征也可以对边坡结构进行分类，边坡结构分类的主要发展历程如表7.14所示。

表 7.14　边坡（坡体）结构分类发展历程

年份	研究者	类别
1959	孙玉科和徐义芳	岩质、半岩质、黏性土质、砂性土质、特殊边坡
1962	Terzaghi	块状边坡、层状边坡、断层带边坡
1994	张倬元等	软弱基座体、碎块状体、块状体、层状结构、类均质体结构边坡
1998	赵肃菖和马惠民	基座式、层状、破碎状、眼球状、类均质体结构、松软体边坡
2004	伍法权	层状结构坡、块状结构坡、碎裂结构坡、散体结构坡
2004	陈祖煜	层状和非层状边坡
2005	殷跃平	顺层、软硬层互层、崩滑堆积、溶塌角砾岩、层状碎裂岩质边坡
2006	杨涛	基座式、层状、似眼球状、块状、松散碎裂状、类均质体结构边坡
2008	周德培等	陡倾层状、顺倾层状、反倾层状、顺倾似层状、松散碎裂状、块状边坡
2015	陈龙飞	近水平层状、顺向层状、反向层状、斜向层状、正交边坡、硬质岩、硬岩夹软岩、软硬互层、软岩夹硬岩、软质岩边坡

　　1959 年，我国学者孙玉科和徐义芳根据岩体的内部颗粒联系及工程地质性质首次将边坡划分为岩质、半岩质、黏性土质、砂性土质和特殊边坡；自 1962 年 Terzaghi 将边坡划分为块状、层状、断层带边坡以来，边坡结构的概念不断深化，分类也趋于细致化、具体化；之后张倬元等在 1994 年根据岩体特征及岩体改造程度相结合，将边坡结构划分为软弱基座体、碎块状体、块状体、层状结构和类均质体结构边坡；1998 年，赵肃菖和马惠民提出将边坡结构划分为基座式、层状、破碎状、眼球状、类均质体结构、松软体边坡六类；2004 年，伍法权将边坡结构划分为层状介质坡和非层状介质边坡，其中非层状介质边坡包括块状结构坡、碎裂结构坡和散体结构坡；同年，陈祖煜将边坡结构分为了层状和非层状边坡；2005 年，殷跃平根据对三峡库区的边坡调查结果，将边坡结构划分为顺层、软硬层互层、崩滑堆积、溶塌角砾岩、层状碎裂岩质边坡五大类；2006 年，杨涛认为边坡结构指的是岩土体的分布、排列与其临空面的组合，在此基础上将边坡结构划分为基座式、层状、似眼球状、块状、松散碎裂状和类均质体结构边坡；2008 年，周德培等根据坡体结构与岩体结构之间的差异，将边坡结构划分为陡倾层状、顺倾层状、反倾层状、顺倾似层状、松散碎裂状和块状边坡；2015 年，陈龙飞将层状岩质边坡结构进一步划分为近水平层状、顺向层状、反向层状和斜向层状等类型。

　　自然资源部、中国地质调查局编制的《地质灾害调查技术要求（1 ∶ 50000）》（DD 2019—08）、《地质灾害风险调查评价技术要求（1 ∶ 50000）（试行）》按照岩土体类型将边坡划分为土质边坡，岩质边坡，崩、滑堆积体边坡和岩土复合边坡。在此基础上，根据基岩层面倾向与地形坡向组合关系将岩质边坡进一步划分为 6 个亚类（表 7.15）：顺向坡、切向坡、横向坡、逆向坡、近水平层状坡、块状岩体边坡，其中顺向坡又可以根据岩层倾角与边坡倾角的关系分为伏倾坡、层面坡和飘倾坡。

表 7.15　岩质边坡结构分类

边坡类型		岩层倾向与坡向的夹角 / (°)	岩层倾角与边坡倾角关系
顺向坡	伏倾坡	< 30	岩层倾角大于边坡倾角
	层面坡		岩层倾角等于边坡倾角
	飘倾坡		岩层倾角小于边坡倾角
切向坡		30~60，120~150	
横向坡		60~120	
逆向坡		150~180	
近水平层状坡		—	
块状岩体边坡		—	

资料来源：《地质灾害调查技术要求（1∶50000）》（DD 2019—08）；《地质灾害风险调查评价技术要求（1∶50000）（试行）》。近水平层状坡表示岩层倾角小于5°的边坡，块状岩体边坡无明显的层理构造，主要受节理控制。

7.1.3　边坡特征及分类

　　川藏交通廊道雅安—林芝段，途经四川省雅安、天全、泸定、康定、雅江、理塘、巴塘、白玉，跨越金沙江后进入西藏自治区，经贡觉、察雅、昌都、八宿、洛隆、波密到达林芝，沿线共修建约70座隧道，形成相邻隧道进出口边坡共144处。在多次现场考察的基础上，本章对各隧道进出口边坡的特征进行汇总（附录3），并根据不同的特征对边坡进行分类。

1. 边坡高度

　　现场考察共获取144处隧道进出口边坡的高度，根据表7.8对研究区边坡的类型与数量进行了划分及统计（图7.12）。其中，特高边坡44处，占比30.56%；超高边坡31处，占比21.53%；高边坡65处，占比45.14%；中边坡4处，占比2.78%。由统计结果可知，研究区高边坡、超高边坡和特高边坡占比超过90%，中、低边坡占比小于10%。

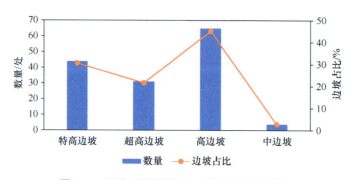

图 7.12　研究区隧道进出口边坡高度分布情况

2. 边坡坡度

根据表 7.9，按隧道进出口边坡坡度对边坡的类型与数量进行了划分及统计（图 7.13）。其中，陡坡数量较多，共 65 处，占比 45.14%；斜坡共 53 处，占比 36.81%；悬崖和缓坡占比较少，悬崖共 9 处，占比 6.25%，缓坡共 4 处，占比 2.78%。

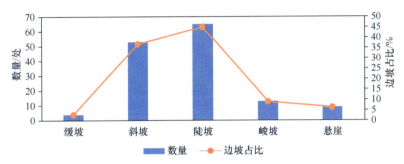

图 7.13　研究区隧道进出口边坡坡度分布情况

3. 边坡岩体结构

结合王思敬（2009）和谷德振（1979）对岩体结构的分类方法，对隧道进出口边坡的岩体结构进行分类统计，如图 7.14 所示。其中，块状结构边坡共 37 处（占比 25.69%），层状结构边坡共 105 处（占比 72.92%），散体结构边坡共 2 处（占比 1.39%），偶见碎裂结构岩体。

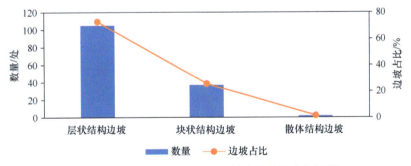

图 7.14　研究区隧道进出口边坡岩体结构分布情况

7.2　川藏交通廊道隧道进出口边坡变形破坏形式

本节旨在分析隧道进出口边坡的变形破坏现象及特征，阐明隧道进出口边坡的变形破坏机制并预测未来演化趋势，厘定隧道进出口边坡在天然重力、降雨、强烈地震、工程扰动等条件下发生变形破坏后的潜在灾害类型和致灾模式，以期为川藏交通廊道隧道进出口边坡的稳定性评价提供参考依据。

7.2.1 边坡变形破坏基本形式

边坡岩体整体或代表性的变形、破坏方式称为边坡变形破坏模式，包括边坡岩体变形破坏的力学机制和力学过程。根据研究侧重点不同，边坡变形破坏模式的分类方法也有所不同（表 7.16）。王兰生将边坡变形破坏模式归纳为 7 种：蠕滑 – 拉裂、滑移 – 压致拉裂、滑移 – 拉裂、滑移 – 弯曲、弯曲 – 拉裂（倾倒）、塑流 – 拉裂和复合破坏（张倬元等，1994）。孙玉科和姚宝魁（1983）将边坡变形破坏模式归纳为 5 种：金川模式——反倾边坡的倾倒破坏、葛洲坝模式——沿水平岩层的整体性滑动、塘岩光模式——顺层边坡的快速滑动破坏、白灰厂模式——坐落式平推滑坡和盐池河模式——具滑移倒塌特点的山崩。黄润秋（2008）将边坡变形破坏模式归纳为 6 种：滑移 – 拉裂 – 剪断"三段式"机制、"挡墙溃屈"机制、倾倒变形机制、压缩 – 倾倒变形机制、阶梯状蠕滑 – 拉裂机制和高应力 – 强卸荷深部破裂机制。

表 7.16 边坡变形破坏模式分类方法

年份	研究者	边坡变形破坏类别
1980	王兰生	蠕滑 – 拉裂、滑移 – 压致拉裂、滑移 – 拉裂、滑移 – 弯曲、弯曲 – 拉裂（倾倒）、塑流 – 拉裂和复合破坏
1983	孙玉科和姚宝魁	金川模式——反倾边坡的倾倒破坏、葛洲坝模式——沿水平岩层的整体性滑动、塘岩光模式——顺层边坡的快速滑动破坏、白灰厂模式——坐落式平推滑坡和盐池河模式——具滑移倒塌特点的山崩
2008	黄润秋	滑移 – 拉裂 – 剪断"三段式"机制、"挡墙溃屈"机制、倾倒变形机制、压缩 – 倾倒变形机制、阶梯状蠕滑 – 拉裂机制和高应力 – 强卸荷深部破裂机制

同一边坡变形体中，也可能包含两种或多种变形模式，它们可通过不同方式复合。同样，某一变形模式也可在演化过程中转化为另一种模式。边坡变形破坏模式与边坡岩（土）体结构类型之间存在着一定的联系（表 7.17）（张倬元等，1994）。通过对各类模式的形成和演化规律进行研究，可达到系统评价预测边坡稳定性的目的。

表 7.17 边坡岩（土）体结构类型与变形破坏方式对照表（张倬元等，1994）

类型	主要特征		主要模式	可能破坏方式
	结构及产状	外形		
I 均质或似均质体边坡	均质的土质或半岩质边坡，包括碎裂状或碎块体边坡	决定于土、石性质或天然休止角	蠕滑 – 拉裂	转动型滑坡或滑塌
II 层状体边坡	II₁ 平缓层状体边坡 $\alpha=0\sim\pm\varphi_r$	$\alpha<\beta$	滑移 – 压致拉裂	平推式滑坡、转动型滑坡
	II₂ 缓倾外层状体边坡 $\alpha=\varphi_r\sim\varphi_p$	$\alpha\approx\beta$	滑移 – 拉裂	顺层滑坡或块状滑坡
	II₃ 中倾外层状体边坡 $\alpha=\varphi_p\sim40°$	$\alpha\geq\beta$	滑移 – 弯曲	顺层 – 切层滑坡
	II₄ 陡倾外层状体边坡 $\alpha=40°\sim60°$	$\alpha\geq\beta$	弯曲 – 拉裂	崩塌或切层转动型滑坡

类型	主要特征		主要模式	可能破坏方式
	结构及产状	外形		
II 层状体边坡	II₅陡立－倾内层状斜体边坡 $\alpha > 60°\sim$倾内		弯曲－拉裂（浅部）蠕滑－拉裂（深部）	崩塌，深部切层转动型滑坡
	II₆变角倾外层状体边坡 上陡，下缓（$\alpha < \varphi_\mathrm{r}$）	$\alpha \leqslant \beta$	滑移－弯曲	顺层转动型滑坡
III 块状体边坡	可根据结构面组合线产状按 II 类方案细分		滑移－拉裂为多见	
IV 软弱基座体边坡	IV₁平缓软弱基座体边坡；IV₂缓倾内软弱基底体边坡	一般情况上陡下（软弱基底）缓	塑流－拉裂	扩离，块状滑坡；崩塌，转动型滑坡（深部）

注：φ_r、φ_p 为软弱面的残余（或起动）和基本摩擦角；α 为软弱面倾角；β 为边坡坡角。

根据岩体结构控制论的观点，边坡变形破坏的形式主要根据边坡的工程地质模型进行判定（孙广忠，1988）。

1. 对于有明显控制性结构面的边坡工程地质模型，它们的变形破坏形式取决于结构面的形态产状及其与边坡产状的组合关系

王存玉和王思敬（1987）的研究表明：在动荷载作用下，顺层边坡的变形破坏形式主要表现为顺层面的滑动；反倾边坡的变形破坏形式主要表现为岩层的倾倒、弯曲和弯折；岩层水平边坡则主要在顶部和斜坡面附近的岩层产生拉开、拉裂和层间错动，首先是沿垂直于或斜交于层面的节理、裂隙等软弱部位岩层被拉开，其次是完好的岩层被拉断、开裂并产生层间错动。

2. 对于那些无明显控制性结构面的边坡

例如，边坡在动荷载作用下的变形破坏形式不仅有沿滑面（平面或者圆弧形）的永久位移（Newmark，1965），也须考虑由孔隙水压力的累积作用可能导致的塑性流动和液化流滑。

3. 对于那些节理裂隙发育，但没有明显控制性结构面发育的岩质边坡

需要利用空间精测线测量的方法，测量节理裂隙的产状，然后利用赤平极射投影的方法进行统计，做出节理裂隙的极点图和密度图，获取该边坡发育的节理裂隙优势组数（祁生文等，2007）。

1）赤平投影法是一种用来表示线、面的方位及其相互之间的角距关系和运动轨迹，把物体三维空间的几何要素（面、线）投影到平面上进行研究的一种方法

在工程实践中，赤平投影分析在将各个相关结构面组合进行分析后，引入摩擦锥、黏结力摩擦锥、外部力影响几个概念，从而表示自然坡面、设计开挖坡面、软弱

夹层面、岩层面、断层面、劈理、流面及节理裂隙等结构面的空间位置（王俊杰等，2012）。在边坡稳定性研究中，相应的几何关系、数学关系、力学关系能够表示出可能滑移面与坡面的空间关系，进而初步判定边坡的稳定性。借助赤平投影图进行岩质边坡领域的稳定性分析，能够使问题变得更加直观，从而使分析更具有效性、实用性和便捷性。

赤平投影法通常采用上半球投影，即以南极为发射点，将球面上的物体几何要素投影于赤道平面上，用于表示岩体的结构面、工程开挖面、工程作用力、岩体的滑移方向、滑动力和抗滑力等，在作图时，不考虑直线和平面的空间位置，只表示它们的空间方向而将直线和平面一并平移至投影球中心，作为它们的赤平极射投影（莫先恒和唐名富，2007）。该方法通常采用吴氏网来辅助绘制，吴氏网由基圆、经线、纬线组成。经线是通过球心、走向为南北、倾向东或西、倾角0°~90°的一系列平面在赤平投影圆上构成的经向大圆弧。纬线由一系列东西走向、并不通过球心的直立平面与球面相交的小圆投影组成。经线起着度量倾角的作用，纬线起着度量方位角的作用。

2）在此基础上可将边坡的破坏形式分成下面4种基本情形进行判断（图7.15）（罗国煜等，1989）

（1）结构面在极点上近均匀分布，边坡岩体结构近乎散体结构，在这种情形下，边坡的可能破坏形式为曲面形状。

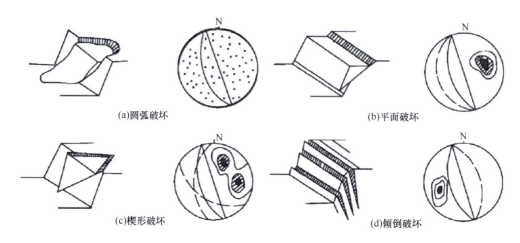

(a)圆弧破坏　　　　　　　　　　　　　　　(b)平面破坏

(c)楔形破坏　　　　　　　　　　　　　　　(d)倾倒破坏

图7.15　边坡变形破坏模式及赤平投影表达（罗国煜等，1989）

（2）只有一组优势结构面，结构面的倾向与边坡的倾向基本一致，倾角小于边坡角，则边坡的可能破坏形式为平面形状。数学表达式的简单判据如式（7.1）所示：

$$\phi_f > \phi > \varphi \tag{7.1}$$

式中，ϕ_f为边坡坡角；ϕ为结构面的倾角；φ为结构面的内摩擦角。

（3）具有多组优势结构面，边坡的破坏形式可按 Mankland 的方法进行简化判断。Mankland 方法是基于一个简单的破坏条件：两组结构面组合交线的倾向与边坡面一致，楔形破坏体的组合交线在坡面出露，其倾角小于坡角，结构面的抗剪强度只考虑内摩擦角 φ，认为 φ 小于组合交线的倾角 ϕ 时，边坡可能发生楔形体破坏。数学表达式判据为

$$\phi_f > \phi_i > \varphi \tag{7.2}$$

式中，ϕ_i 为结构面组合交线的倾角。

（4）只有一组优势结构面，但结构面的倾向与边坡的倾向相反，则边坡可能发生倾倒形式的破坏。

由于以上没有考虑结构面的内聚力 C，而且没有考虑地震惯性力及其他因素的影响，只考虑了边坡发生平面破坏形式和楔形体破坏形式的岩体结构条件，具体的稳定性判断要进行定量分析。在考虑以上因素的基础上，祁生文等（2007）把边坡的工程地质模型及其可能的变形破坏形式归纳为表 7.18。

表 7.18　边坡的工程地质模型及其可能的变形破坏形式（祁生文等，2007）

	有明显控制性结构面的边坡					无明显控制性结构面的边坡	
	水平岩层边坡	顺层边坡	岩层反倾边坡	滑坡改造边坡	基覆结构边坡	均质土坡	散体岩质边坡
边坡变形主要破坏类型	垂向拉裂和层间错动	沿着层面滑动	倾倒、弯曲、弯折和溃屈	沿既有滑坡面滑动、塑性流动和液化流滑	沿基覆界面滑动、塑性流动和液化流滑	曲面或者平面滑动、塑性流动和液化流滑	曲面滑动、楔形体滑动、崩塌型

7.2.2　边坡变形破坏形式预测

基于 7.2.1 节所述，针对川藏交通廊道隧道进出口边坡的岩体结构特征，对现场科考调查，共获取 41 处边坡岩体结构面信息。基于变形破坏形式及赤平投影表达之间的关系（图 7.15），分析边坡倾向与优势结构面的关系，初步判定 31 处边坡为基本稳定，结构面普遍与坡面呈大角度相交，在自然条件下较为稳定。

各边坡的赤平投影图及变形破坏形式见图 7.16。利用赤平投影对边坡变形破坏形

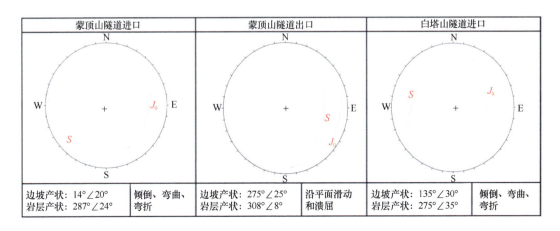

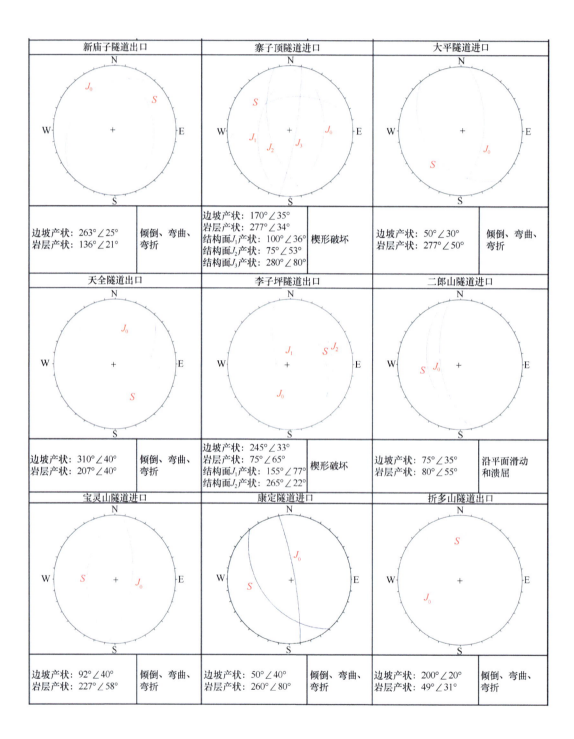

新庙子隧道出口		寨子顶隧道进口		大平隧道进口	
边坡产状：263°∠25° 岩层产状：136°∠21°	倾倒、弯曲、弯折	边坡产状：170°∠35° 岩层产状：277°∠34° 结构面J_1产状：100°∠36° 结构面J_2产状：75°∠53° 结构面J_3产状：280°∠80°	楔形破坏	边坡产状：50°∠30° 岩层产状：277°∠50°	倾倒、弯曲、弯折
天全隧道出口		李子坪隧道出口		二郎山隧道进口	
边坡产状：310°∠40° 岩层产状：207°∠40°	倾倒、弯曲、弯折	边坡产状：245°∠33° 岩层产状：75°∠65° 结构面J_1产状：155°∠77° 结构面J_2产状：265°∠22°	楔形破坏	边坡产状：75°∠35° 岩层产状：80°∠55°	沿平面滑动和溃屈
宝灵山隧道进口		康定隧道进口		折多山隧道出口	
边坡产状：92°∠40° 岩层产状：227°∠58°	倾倒、弯曲、弯折	边坡产状：50°∠40° 岩层产状：260°∠80°	倾倒、弯曲、弯折	边坡产状：200°∠20° 岩层产状：49°∠31°	倾倒、弯曲、弯折

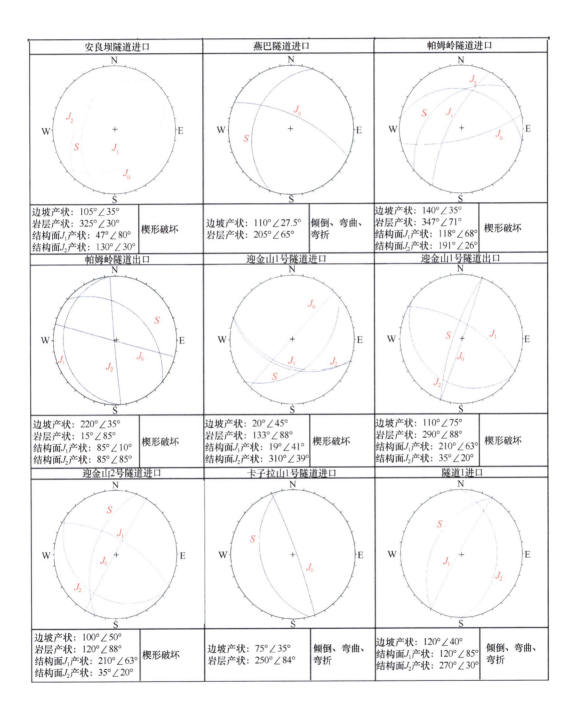

安良坝隧道进口		燕巴隧道进口		帕姆岭隧道进口	
边坡产状：105°∠35° 岩层产状：325°∠30° 结构面J_1产状：47°∠80° 结构面J_2产状：130°∠30°	楔形破坏	边坡产状：110°∠27.5° 岩层产状：205°∠65°	倾倒、弯曲、弯折	边坡产状：140°∠35° 岩层产状：347°∠71° 结构面J_1产状：118°∠68° 结构面J_2产状：191°∠26°	楔形破坏
帕姆岭隧道出口		迎金山1号隧道进口		迎金山1号隧道出口	
边坡产状：220°∠35° 岩层产状：15°∠85° 结构面J_1产状：85°∠10° 结构面J_2产状：85°∠85°	楔形破坏	边坡产状：20°∠45° 岩层产状：133°∠88° 结构面J_1产状：19°∠41° 结构面J_2产状：310°∠39°	楔形破坏	边坡产状：110°∠75° 岩层产状：290°∠88° 结构面J_1产状：210°∠63° 结构面J_2产状：35°∠20°	楔形破坏
迎金山2号隧道进口		卡子拉山1号隧道进口		隧道1进口	
边坡产状：100°∠50° 岩层产状：120°∠88° 结构面J_1产状：210°∠63° 结构面J_2产状：35°∠20°	楔形破坏	边坡产状：75°∠35° 岩层产状：250°∠84°	倾倒、弯曲、弯折	边坡产状：120°∠40° 结构面J_1产状：120°∠85° 结构面J_2产状：270°∠30°	倾倒、弯曲、弯折

197

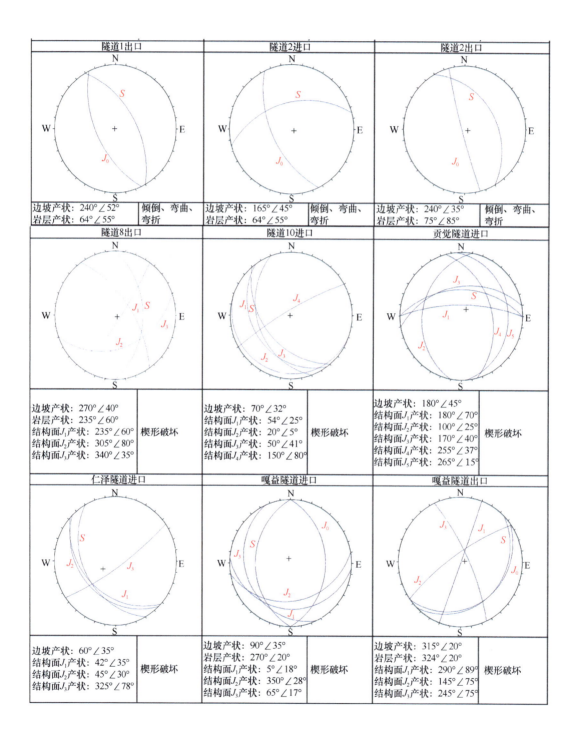

隧道1出口	隧道2进口	隧道2出口
边坡产状：240°∠52° 岩层产状：64°∠55° / 倾倒、弯曲、弯折	边坡产状：165°∠45° 岩层产状：64°∠55° / 倾倒、弯曲、弯折	边坡产状：240°∠35° 岩层产状：75°∠85° / 倾倒、弯曲、弯折

隧道8出口	隧道10进口	贡觉隧道进口
边坡产状：270°∠40° 岩层产状：235°∠60° 结构面J_1产状：235°∠60° 结构面J_2产状：305°∠80° 结构面J_3产状：340°∠35° / 楔形破坏	边坡产状：70°∠32° 结构面J_1产状：54°∠25° 结构面J_2产状：20°∠5° 结构面J_3产状：50°∠41° 结构面J_4产状：150°∠80° / 楔形破坏	边坡产状：180°∠45° 结构面J_1产状：180°∠70° 结构面J_2产状：100°∠25° 结构面J_3产状：170°∠40° 结构面J_4产状：255°∠37° 结构面J_5产状：265°∠15° / 楔形破坏

仁泽隧道进口	嘎益隧道进口	嘎益隧道出口
边坡产状：60°∠35° 结构面J_1产状：42°∠35° 结构面J_2产状：45°∠30° 结构面J_3产状：325°∠78° / 楔形破坏	边坡产状：90°∠35° 结构面J_1产状：5°∠18° 结构面J_2产状：350°∠28° 结构面J_3产状：65°∠17° / 楔形破坏	边坡产状：315°∠20° 岩层产状：324°∠20° 结构面J_1产状：290°∠89° 结构面J_2产状：145°∠75° 结构面J_3产状：245°∠75° / 楔形破坏

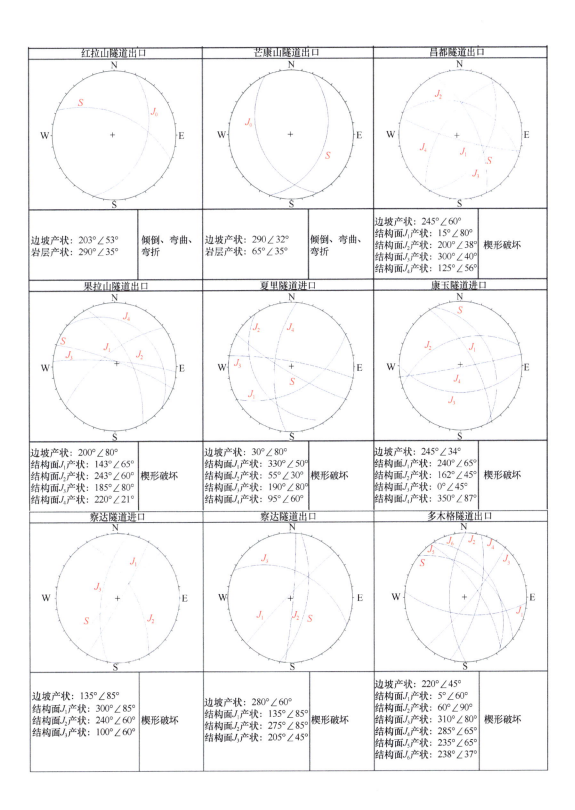

红拉山隧道出口		芒康山隧道出口		昌都隧道出口	
边坡产状：203°∠53° 岩层产状：290°∠35°	倾倒、弯曲、弯折	边坡产状：290°∠32° 岩层产状：65°∠35°	倾倒、弯曲、弯折	边坡产状：245°∠60° 结构面J_1产状：15°∠80° 结构面J_2产状：200°∠38° 结构面J_3产状：300°∠40° 结构面J_4产状：125°∠56°	楔形破坏
果拉山隧道出口		夏里隧道进口		康玉隧道进口	
边坡产状：200°∠80° 结构面J_1产状：143°∠65° 结构面J_2产状：243°∠60° 结构面J_3产状：185°∠80° 结构面J_4产状：220°∠21°	楔形破坏	边坡产状：30°∠80° 结构面J_1产状：330°∠50° 结构面J_2产状：55°∠30° 结构面J_3产状：190°∠80° 结构面J_4产状：95°∠60°	楔形破坏	边坡产状：245°∠34° 结构面J_1产状：240°∠65° 结构面J_2产状：162°∠45° 结构面J_3产状：0°∠45° 结构面J_4产状：350°∠87°	楔形破坏
察达隧道进口		察达隧道出口		多木格隧道出口	
边坡产状：135°∠85° 结构面J_1产状：300°∠85° 结构面J_2产状：240°∠60° 结构面J_3产状：100°∠60°	楔形破坏	边坡产状：280°∠60° 结构面J_1产状：135°∠85° 结构面J_2产状：275°∠85° 结构面J_3产状：205°∠45°	楔形破坏	边坡产状：220°∠45° 结构面J_1产状：5°∠60° 结构面J_2产状：60°∠90° 结构面J_3产状：310°∠80° 结构面J_4产状：285°∠65° 结构面J_5产状：235°∠65° 结构面J_6产状：238°∠37°	楔形破坏

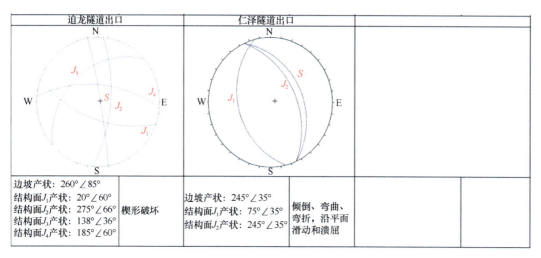

道龙隧道出口	仁泽隧道出口	
边坡产状：260°∠85° 结构面J_1产状：20°∠60° 结构面J_2产状：275°∠66° 楔形破坏 结构面J_3产状：138°∠36° 结构面J_4产状：185°∠60°	边坡产状：245°∠35° 结构面J_1产状：75°∠35° 结构面J_2产状：245°∠35° 倾倒、弯曲、 弯折，沿平面 滑动和溃屈	

图 7.16　各隧道进出口边坡赤平投影分析图

S 为边坡产状；J_0 为岩层产状

式初步分析发现（表 7.19），主要存在以下三种破坏形式：①倾倒、弯曲、弯折；②楔形破坏；③沿平面滑动和溃屈。

表 7.19　研究区边坡的可能变形破坏形式统计表

	倾倒、弯曲、弯折	楔形破坏	沿平面滑动和溃屈	复合型破坏
数量 / 处	16	22	2	1
数量占比 /%	39.02	53.66	4.88	2.44

研究区 41 处隧道进出口边坡的分析结果表明：可能变形破坏形式为倾倒、弯曲、弯折与楔形破坏，占比分别为 39.02% 和 53.66%。

7.3　川藏交通廊道隧道进出口边坡稳定性定量评价

边坡稳定性定量评价是指根据边坡变形破坏形式利用岩体物理力学参数，采用极限平衡数值模拟方法对边坡稳定性进行计算，当稳定性系数大于 1 时，则认为边坡稳定，反之则认为边坡不稳定[①]。由于岩体存在不连续性和多尺度性，岩体的变形强度参数难以获取。因此，通常采用工程岩体质量分级方法，在岩体质量定性分析及相关指标定量分析的基础上，将岩体质量分为不同级别；然后利用经验公式求取岩体变形强度参数，进而开展稳定性评价。

基于 7.2.2 节对川藏交通廊道隧道进出口边坡的工程地质条件及变形破坏形式的分析结果，本节结合国际岩体分级标准（BQ）和改进的各向异性岩体分级标准（A-BQ）两种方法对岩体质量进行分级，采用地质强度指标（GSI）法进行岩体强度参数估算，基于强

---

① 《建筑边坡工程技术规范》（GB 50330—2013）

度折减理论采用有限差分法对重要边坡进行数值模拟分析，最终对各隧道进出口边坡稳定性做出定量评价。

7.3.1　边坡岩体质量评价

1. 工程岩体质量分级方法概述

根据工程类别，工程岩体质量评价主要包括地下工程围岩质量分级、边坡工程岩体质量评价和坝基工程岩体质量评价三大类。该研究经历了近一个世纪的发展，其中地下工程岩体质量评价研究较其他工程开展得更早、更完善。

20 世纪 70 年代以前，国际上的岩体质量评价多偏重于单指标定性或定量分类，可靠性低，具有代表性的有 Deere（1964）的岩石质量指标（RQD）分类等。70 年代以后，岩体质量分类由定性向定量、由单因素向多因素方向发展，代表性的方法有挪威的 Barton 的岩体质量分类 Q 系统（Barton，2013；Bar and Barton，2017；Barton et al.，1974）、南非的 Bieninawski（1973）的岩体质量评价（RMR）法分类、Hoek 和 Brown（1997）的 GSI 围岩分类等。

我国对岩体质量评价的研究始于 20 世纪 60~70 年代，1979 年中国科学院地质研究所谷德振和黄鼎成在大量岩体工程实践的基础上，提出了岩体质量分类方法——"Z 系统"（谷德振，1979；谷德振和黄鼎成，1979）。随后，各个国家及各行业也逐渐提出了自己的岩体质量分类标准，包括《水利水电工程地质勘察规范》地下硐室围岩 HC 分类[①]、《工程岩体分级标准》的 BQ 分类（邬爱清和柳赋铮，2012）、中国水利水电边坡工程登记小组的 CSMR 分类（陈祖煜，2004），雅典国立科技大学 Saroglou、中国科学院地质与地球物理研究所祁生文和郭松峰等对 RMR 分级方法进行修正，提出了适合各向异性岩体的 ARMR 分级方法等（Saroglou et al.，2019），Sonmez 等（2004）基于 GSI 建立了边坡工程中弹性模量和岩石强度之间的关系。

其中，BQ 法是一种通用的岩体质量分类方法，已经作为岩体分级的国家标准推广执行，并规定：工程岩体分级，应采用定性与定量相结合的方法，分两步进行，先确定岩体基本质量 BQ，再结合具体工程的特点确定岩体级别。1994 年颁布的中华人民共和国国家标准《工程岩体分级标准》（邬爱清和柳赋铮，2012），是在总结了国内外各种岩体分级方法和大量工程实践的基础上提出的，属于国家最高层次的基础标准，适用于各行业、各类型岩石工程的岩体分级，是制定各行各业岩体分级标准的基本依据。该标准中确定了 BQ 分类法，突出工程岩体的共性，即岩体基本质量，采用定性和定量相结合的方法分级，此方法有较强的科学性和实用性。在边坡稳定性研究中，该方法较适用于非层状边坡的岩体质量评价分析。2014 年，在 1994 年标准的基础上颁布了更新的《工程岩体分级标准》（GB/T 50218-2014）。

由于层状边坡岩体的结构具有方向性，岩体强度、变形甚至渗透等性质在不同方

[①]《水利水电工程地质勘察规范》（GB 50487—2008）

向上显示出差异，具有岩体的各向异性。青藏高原及其周边分布着大量的沉积岩及副变质岩，由3.4节可知，川藏交通廊道砂岩、板岩、大理岩、片麻岩、千枚岩等典型各向异性岩体占70%以上。而现有的岩体质量分类方法大多是基于各向同性条件的假设而制定的，并不适用于各向异性岩体工程，容易导致岩体质量评价出现偏差，支护措施不当，造成巨大的经济损失甚至威胁生命安全。因此，中国科学院地质与地球物理研究所郭松峰和祁生文等开发了一种基于国家标准BQ的各向异性系统A-BQ，以解决各向异性岩体的分类问题，包括各向异性程度和岩体质量（Guo et al.，2020）。常见的几种工程岩体质量分类方法见附录4。

2. 研究区隧道进出口边坡岩体质量评价方法

本书根据研究区隧道进出口边坡的岩体结构及边坡结构特征，结合研究区岩体质量概况及现场调研结果，以国标BQ法为基础，对隧道进出口边坡开展岩体质量评价，采用A-BQ法对具有各向异性特征的层状边坡岩体质量进行评价。

1）非层状边坡的岩体质量评价方法

BQ值应根据分级因素的定量指标 R_c 和 K_v，按下式计算：

$$BQ=100+3R_c+250K_v \tag{7.3}$$

式中，R_c 为岩石饱和单轴抗压强度，MPa；K_v 为岩体完整性程度的定量指标，应采用实测值。使用该式时，应符合下列规定：

当 $R_c > 90K_v+30$ 时，应以 $R_c=90K_v+30$ 代入计算BQ值；

当 $K_v > 0.04R_c+0.4$ 时，应以 $K_v=0.04R_c+0.4$ 代入计算BQ值。

岩体基本质量指标BQ值是以103个典型工程为抽样总体，采用多元逐步回归和判别分析法进行计算，同时考虑地下水、主要结构面产状及天然应力的影响，建立修正后的BQ表达式，然后根据BQ值对岩体质量进行分级（表7.20）。

表7.20　BQ方法的岩体质量分级（邬爱清和柳赋铮，2012）

岩体质量级别	岩体质量的定性特征	岩体基本质量指标BQ值
I	坚硬岩，岩体完整	>550
II	坚硬岩，岩体较完整；较坚硬岩，岩体完整	451~550
III	坚硬岩，岩体较破碎；较坚硬岩或软、硬互层，岩体较完整；较软岩，岩体完整	351~450
IV	坚硬岩，岩体破碎；较坚硬岩，岩体较破碎或破碎；较软岩或较硬岩互层，且以软岩为主，岩体完整或较破碎；软岩，岩体较完整或完整	251~350
V	较软岩，岩体破碎；软岩，岩体较破碎或破碎；全部极软岩及全部极破碎岩	<250

下面以两处边坡为例说明，易贡隧道进口和拉月隧道进口边坡所处大地构造单元均为伯舒拉岭岩浆弧，距嘉黎－察隅断裂较近，近年来断裂带仍在活动，且均属于高陡复杂非层状岩质边坡（图7.17）。

易贡隧道进口边坡主要含黑云母二长花岗岩，属于块状结构超高陡坡，具有5组结构面，有潜在楔形破坏趋势。拉月隧道进口边坡主要含片麻岩和片岩，属于块状结

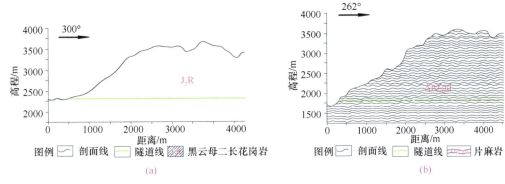

图 7.17　典型高陡复杂非层状岩质边坡工程地质剖面图

(a) 易贡隧道进口边坡；(b) 拉月隧道进口边坡

构超高近直立边坡，具有 5 组结构面，有潜在复杂的楔形破坏趋势。采用 BQ 法进行岩体质量评价的结果见表 7.21。

表 7.21　典型高陡复杂非层状岩体边坡结构特征

边坡名称	岩性	岩体结构	边坡类型	结构面组数	变形破坏趋势	BQ 值	岩体质量级别
易贡隧道进口	黑云母二长花岗岩	块状结构	超高陡坡	5	楔形破坏	322	IV级
拉月隧道进口	片麻岩和片岩	块状结构	超高近直立	5	复杂的楔形破坏	434	III级

2）层状边坡岩体质量评价方法

层状边坡属于各向异性岩体，其岩体质量评价采用考虑各向异性的 A-BQ 岩体质量评价方法。A-BQ 法纳入了两组基本评级因子，包括强度各向异性和结构各向异性。岩体的各向异性程度以最大质量得分与最小质量得分之比表征，并由围岩应力进行调整，岩体质量得分取决于各向异性结构显现的关键因素以及应力状态和地下水条件的校正因子；岩体的质量用质量得分来表征，并分为五个等级。

BQ 法中采用单轴饱和抗压强度 R_c 作为强度参数，在 A-BQ 中则采用最大和最小单轴饱和抗压强度（R_{cmax} 和 R_{cmin}）。R_{cmax} 可以通过垂直于各向异性平面的点荷载试验确定，R_{cmin} 可以通过平行于各向异性平面的点荷载试验确定。$I_{s(50)}$ 为直径 50 mm 的岩石试件点荷载强度（Franklin，1985；Singh et al.，2012）。中国铁道科学研究院基于大量岩石力学试验提出方程，建立了 R_{cmax} 和 R_{cmin} 与各向异性点载荷强度指标之间的关系（邬爱清和柳赋铮，2012）。

$$R_{cmax} = 22.82 I_{s(50)\perp}^{0.75} \tag{7.4}$$

$$R_{cmin} = 22.82 I_{s(50)\parallel}^{0.75} \tag{7.5}$$

式中，R_c 是通过在各向异性平面的不同加载方向上对饱和完整岩石样品进行单轴压缩试验而确定的；$I_{s(50)\perp}^{0.75}$ 和 $I_{s(50)\parallel}^{0.75}$ 分别为垂直和平行于各向异性平面下在轴向和径向压缩试验中获取的 $I_{s(50)}$（Saroglou and Tsiambaos，2007）。当难以确定 R_c 的实验值时，可根据干燥条件下的单轴抗压强度 $\sigma_{c\text{-dry}}$ 确定（Vásárhelyi and Van，2006）。

$$R_c = 0.759\sigma_{c\text{-dry}} \tag{7.6}$$

岩体中结构面发育程度由岩体完整性指数 K_v 决定。岩体完整性可通过多种参数进行评估，包括节理间距、岩体质量分级（RQD）、体积节理数（J_v）、节理组数（J_n）、节理长度（J_L）和块体体积（V_b）等。在 A-BQ 中，不同方向的 K_v 的最大值和最小值由式（7.7）和式（7.8）确定。

$$K_{v\text{-an}} = \frac{V_{m\text{-an}}^2}{V_r^2} \tag{7.7}$$

$$K_{v\text{-ra}} = \frac{V_{m\text{-ra}}^2}{V_r^2} \tag{7.8}$$

式中，$K_{v\text{-an}}$ 为源于各向异性结构的完整性指数；$K_{v\text{-ra}}$ 为由除各向异性结构之外的其他不连续性导致的完整性指数；V_r 为完整岩石的纵波速度，通过对岩心进行超声波测试来确定；$V_{m\text{-an}}$ 和 $V_{m\text{-ra}}$ 为岩体的纵波速度，分别通过垂直和平行于各向异性结构的原位波速测量来确定。

岩体完整性可根据 K_v 分为五类（表 7.22），如果难以在现场进行原位速度测量，则也可以采用各向异性结构的间距来大致确定（Saroglou et al.，2019），同时也可以考虑源于各向异性结构的 RQD（RQD_{an}）（Deere，1964）。对于除了各向异性结构之外的其他结构面，可以采用排除各向异性结构的修正 RQD（RQD_{ra}）和体积节理数（$J_{v\text{-ra}}$）来确定（表 7.23）。

表 7.22　各向异性结构的岩体完整性指数 $K_{v\text{-an}}$ 的确定方法（Guo et al.，2020）

各向异性结构面间距	RQD_{an}	$K_{v\text{-an}}$	描述
>1m	90~100	0.75~1	完整
0.4~1m	75~90	0.55~0.75	较完整
0.2~0.4m	50~75	0.35~0.55	较破碎
0.04~0.2m	25~50	0.15~0.35	破碎
<0.04m	0~25	0~0.15	极破碎

表 7.23　非各向异性结构面贡献的岩体完整性指数 $K_{v\text{-ra}}$ 的确定方法（Guo et al.，2020）

$J_{v\text{-ra}}$	RQD_{ra}	$K_{v\text{-ra}}$
<3m^{-3}	90~100	0.75~1
3~10m^{-3}	75~90	0.55~0.75
10~20m^{-3}	50~75	0.35~0.55
20~35m^{-3}	25~50	0.15~0.35
>35m^{-3}	0~25	0~0.15

为了排除结构面密集发育的高强度岩体带来的影响，当岩体强度较高时，应遵循以下条件（邬爱清和柳赋铮，2012）：

$$\text{当 } R_{cmax} > 90K_{v\text{-ra}} + 30 \text{ 时，} R_{cmax} = 90K_{v\text{-ra}} + 30 \tag{7.9}$$

$$\text{当 } R_{cmin} > 90K_{v\text{-an}} + 30 \text{ 时，} R_{cmin} = 90K_{v\text{-an}} + 30 \tag{7.10}$$

而为了减少结构面不发育的低强度岩体带来的影响，当岩体强度较低时，应遵循以下条件：

$$当 K_{v\text{-}ra} > 0.04R_{cmax} + 0.4 时，\quad K_{v\text{-}ra} = 0.04R_{cmax} + 0.4 \tag{7.11}$$

$$当 K_{v\text{-}an} > 0.04R_{cmin} + 0.4 时，\quad K_{v\text{-}an} = 0.04R_{cmin} + 0.4 \tag{7.12}$$

参照 BQ 法中的岩体分类方程，各向异性岩体在不同方向上 A-BQ 的最大值和最小值可分别由式（7.13）和式（7.14）确定。

$$\text{A-BQ}_{max} = 100 + 3R_{cmax} + 250K_{v\text{-}ra} \tag{7.13}$$

$$\text{A-BQ}_{min} = 100 + 3R_{cmin} + 250K_{v\text{-}an} \tag{7.14}$$

用 A-BQ 最大值和最小值的比值来表示各向异性程度指标 I_{BQan}。

$$I_{BQan} = \frac{\text{A-BQ}_{max}}{\text{A-BQ}_{min}} \tag{7.15}$$

参考岩石的各向异性分类方法（Saroglou and Tsiambaos，2007），将岩体的各向异性程度分为五个等级（表 7.24），阈值范围由大量岩石试验测试而得。

表 7.24　根据 I_{BQan} 的各向异性程度分类（Guo et al.，2020）

I_{BQan}	分级	描述
≤1.05	A	各向同性岩体
1.01~1.5	B	弱各向异性岩体
1.5~2.0	C	中等各向异性岩体
2.0~2.5	D	强烈各向异性岩体
>2.5	E	极强各向异性岩体

研究表明，围压对各向异性程度有明显的影响（郭松峰等，2013；Guo et al.，2020；Nasseri et al.，2003；Ramamurthy and Arora，1994；Vutukuri and Hossain，1995；Zhou et al.，2014），岩石的各向异性程度会随着围压的增加而降低。Saroglou 等（2019）建议各向异性程度的分类根据围压进行修正，据此对各向异性程度的分级进行调整（表 7.25）。

表 7.25　围压修正（Guo et al.，2020）

围压	σ_3/σ_c	修正
低	<0.15	不用修正
中等	0.15~0.4	各向异性等级降一级
高	>0.4	各向异性等级降二级

边坡工程中，需采用各向异性结构的倾向（α_2）、各向异性结构的倾角（γ_2）和边坡倾角（γ_s）来确定边坡工程各向异性岩体质量 A-BQ$_s$。当 $\alpha_2 \geqslant 30°$，$\gamma_2 \leqslant 20°$，$\gamma_2 > \gamma_s$ 时，A-BQ$_s$=A-BQ$_{max}$；当 $\alpha_2 \leqslant 10°$，$\gamma_2 \geqslant 35°$，$\gamma_2 < \gamma_s$ 时，A-BQ$_s$=A-BQ$_{min}$；其他条件下：

$$\text{A-BQ}_s = 1/2(\text{A-BQ}_{max} + \text{A-BQ}_{min}) \tag{7.16}$$

根据修正所得的 A-BQ$_s$ 将各向异性岩体质量分为五个等级，如表 7.26 所示。

表 7.26　各向异性岩体质量分类（Guo et al.，2020）

A-BQ$_s$	岩体质量级别	描述
>550	I	极好
451~550	II	好
351~450	III	中等
251~350	IV	差
≤250	V	极差

3. 边坡岩体质量评价

基于以上分析过程，本书对重点关注的川藏交通廊道隧道进出口边坡岩体质量进行评价分级，各隧道进出口边坡的岩体质量分级结果位置分布见图 7.18。其中，非层状边坡 34 处，6 处边坡评价为 I 级，13 处为 II 级，13 处为 III 级，2 处为 IV 级；层状边坡 64 处，2 处为 I 级，24 处为 II 级，21 处为 III 级，17 处为 IV 级（表 7.27）。

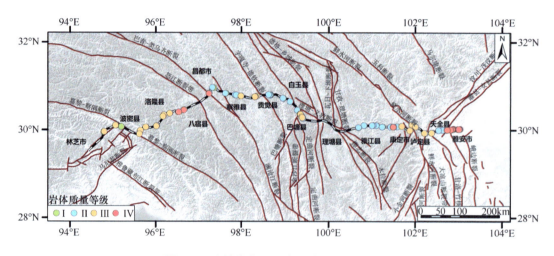

图 7.18　边坡岩体质量分级结果位置分布图

表 7.27　研究区隧道进出口边坡岩体质量分级结果

岩体质量级别	边坡名称	边坡数量 /处	占比 /%
I	朱岗山隧道进口、红拉山隧道出口、芒康山隧道出口、易贡隧道出口、通麦隧道进口、通麦隧道出口、迫龙隧道进口、鲁朗隧道进口	8	8.16
II	天全隧道出口、王家林隧道出口、新房子隧道进口、垭口隧道出口、对门山隧道进口、对门山隧道出口、二郎山隧道进口、郭达山隧道进口、郭达山隧道出口、安良坝隧道进口、高尔寺隧道进口、高尔寺隧道出口、帕姆岭隧道进口、帕姆岭隧道出口、旺甲隧道进口、白孜村隧道出口、马鞍山隧道出口、迎金山 1 号隧道进口、迎金山 1 号隧道出口、迎金山 2 号隧道进口、迎金山 2 号隧道出口、卡子拉山 1 号隧道进口、德达隧道出口、隧道 3 出口、隧道 6 出口、隧道 7 出口、隧道 8 进口、隧道 8 出口、隧道 9 进口、隧道 9 出口、贡觉隧道进口、嘎益隧道进口、嘎益隧道出口、红拉山隧道进口、芒康山隧道进口、昌都隧道进口、昌都隧道出口	37	37.76

岩体质量级别	边坡名称	边坡数量 / 处	占比 /%
III	李子坪隧道出口、二郎山隧道进口、宝灵山隧道进口、宝灵山隧道出口、康定隧道进口、康定隧道出口、折多山隧道进口、折多山隧道出口、东俄洛 1 号隧道出口、隧道 1 进口、隧道 1 出口、隧道 2 进口、隧道 2 出口、隧道 3 进口、贡觉隧道出口、仁泽隧道进口、仁泽隧道出口、隧道 10 进口、塔如隧道出口、果拉山隧道出口、康玉隧道进口、康玉隧道出口、察达隧道进口、察达隧道出口、伯舒拉岭隧道进口、伯舒拉岭隧道出口、多吉隧道进口、多吉隧道出口、多木格隧道进口、多木格隧道出口、易贡隧道进口、追龙隧道出口、拉月隧道进口、拉月隧道出口	34	34.69
IV	蒙顶山隧道进口、蒙顶山隧道出口、白塔山隧道进口、白塔山隧道出口、新庙子隧道进口、新庙子隧道出口、尖峰山隧道进口、尖峰山隧道出口、寨子顶隧道进口、寨子顶隧道出口、大平隧道进口、大平隧道出口、天全隧道进口、王家林隧道进口、东俄洛 2 号隧道进口、东俄洛 2 号隧道出口、邦达隧道进口、夏里隧道进口、夏里隧道出口	19	19.39

7.3.2　边坡岩体强度参数估算方法

在 7.3.1 节对岩体质量的定性分析及相关指标定量分析的基础上，将各隧道进出口的岩体质量进行分级，为进一步对典型边坡进行数值模拟分析，需要确定岩石的强度参数。

GSI 岩体分类体系是一种直接对节理岩体进行分类来确定其力学参数的方法。通过对岩体节理面特征和岩体结构的调查，结合室内的岩石力学试验，根据边坡岩体的 GSI 取值、岩体的经验抗压强度和密度，运用 Hoek-Brown 强度准则可以对边坡岩体的强度和变形参数（黏聚力 c、摩擦角 φ 和杨氏模量 E）进行估算（Hoek and Brown，1997，2019；Hoek et al.，2005；Marinos and Hoek，2000）。方法如下式所示：

$$c = \frac{\sigma_c \left[(1+2\alpha)s + (1-\alpha)m_b\sigma_{3n} \right] (s + m_b\sigma_{3n})^{\alpha-1}}{(1+\alpha)(2+\alpha)\sqrt{1 + \left[6\alpha m_b (s + m_b\sigma_{3n})^{\alpha-1} \right] / \left[(1+\alpha)(2+\alpha) \right]}} \tag{7.17}$$

$$\varphi = \sin^{-1}\left[\frac{6\alpha m_b (s + m_b\sigma_{3n})^{\alpha-1}}{2(1+\alpha)(2+\alpha) + 6\alpha m_b (s + m_b\sigma_{3n})^{\alpha-1}} \right] \tag{7.18}$$

$$E = \left(1 - \frac{D}{2}\right)\sqrt{\frac{\sigma_c}{100}} \times 10^{\left(\frac{\text{GSI}-10}{40}\right)} \tag{7.19}$$

式中各参数取值及计算方法如下。

（1）σ_c 可通过现场测量、室内试验或根据《工程地质手册（第四版）》（《工程地质手册》编委会，2007）取值，见表 7.28。

（2）对各向同性岩体，可通过对现场岩体结构、节理间距及节理面粗糙程度进行考察，根据图 7.19 可对隧道进出口边坡的岩体 GSI 进行取值。

对于各向异性岩体，GSI 可通过 A-BQ$_s$ 获得。RMR 是国际常用的岩体分级方法，其数值与 BQ 值具有一定关系，大量的实测资料统计分析表明，BQ 值与 RMR 值呈

表 7.28　常见岩石力学强度指标

岩石名称	抗压强度 σ_c/MPa	抗拉强度 σ_t/MPa	内摩擦角 φ/（°）	黏聚力 c/MPa
花岗岩	100~250	7~25	45~60	14~50
流纹岩	180~300	15~30	45~60	10~50
闪长岩	100~250	10~25	53~55	10~50
安山岩	100~250	10~20	45~50	10~40
辉长岩	180~300	15~36	50~55	10~50
辉绿岩	200~350	15~35	55~60	25~60
玄武岩	150~300	10~30	48~55	20~60
石英岩	150~350	10~30	50~60	20~60
片麻岩	50~200	5~20	30~50	3~5
千枚岩、片岩	10~100	1~10	26~65	1~20
板岩	60~200	7~15	45~60	2~20
页岩	10~100	2~10	15~30	3~20
砂岩	20~200	4~25	35~50	8~40
砾岩	10~150	2~15	35~50	8~50
石灰岩	50~200	5~20	35~50	10~50
白云岩	80~250	15~25	35~50	20~50
大理岩	100~250	7~20	35~50	15~30

资料来源：《工程地质手册（第四版）》。

线性关系（蔡斌等，2001），通过式（7.20）拟合的关系式即可获取岩体的 RMR 值。

$$RMR=(0.089\times BQ)+21.375 \tag{7.20}$$

对于各向异性岩体，BQ 值可以用 $A-BQ_s$ 来代替，而 Hoek 等通过将 RMR 与 GSI 联系起来，使 GSI 的取值具有了普遍适用性。RMR 和 GSI 的基本关系如式（7.21）所示（张东旭，2016）：

$$GSI=RMR-5 \tag{7.21}$$

（3）α 通过 GSI 计算，见式（7.22）：

$$\alpha = \frac{1}{2}+\frac{1}{6}\left(e^{-\frac{GSI}{15}}-e^{-\frac{20}{3}}\right) \tag{7.22}$$

（4）s 通过 GSI 计算，见式（7.23）：

$$s = \exp\left(\frac{GSI-100}{9-3D}\right) \tag{7.23}$$

式中，D 为岩体扰动系数，取 $D=0.5$。

（5）m_i 通过查表 7.29 可得（Marinos and Hoek，2000）。

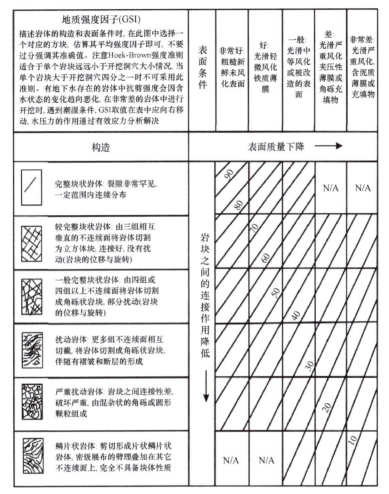

图 7.19　岩体地质强度指标（GSI）定量描述（Hoek and Brown，2019）

N/A 表示不适用

表 7.29　**GSI 分类各种岩石 m_i 建议取值表**（Marinos and Hoek，2000）

岩类	级	组	纹理			
			粗	中等	细	很细
沉积岩		碎屑状	砾岩 22	砂岩 19	粉砂岩 9	泥岩 4
			——杂砂岩 18——			
		有机岩	——滑石 7——			
	非碎屑状		——煤 8~21——			
		碳酸岩	角砾岩 20	粉晶灰岩 10	微晶灰岩 8	
		化学岩		石膏岩 16	硬石膏 13	
变质岩	非叶理状		大理岩 9	角页岩 19	石英岩 24	
	微叶理状		混合岩 30	角闪石 25~31	糜棱岩 6	
	叶理状 *		片麻岩 33	片岩 4~8	千枚岩 10	板岩 9

209

岩类	级	组	纹理			
			粗	中等	细	很细
火山岩	亮		花岗岩 33 花岗闪长岩 33		流纹岩 16 石英安山岩 17	黑曜石 19
	暗		闪长岩 28 辉长岩 27 苏长岩 22	灰绿岩 19	安山岩 19 玄武岩 17	
	喷出火山碎屑岩		集块岩 20	角砾岩 18	凝灰岩 15	

* 此值是针对压缩试验中主应力方向垂直于层理或叶理的情况，如果沿着软弱面破坏，m_i 值将显著不同。

（6）m_b 通过 m_i 计算，见式（7.24）：

$$m_b = m_i \exp\left(\frac{\mathrm{GSI} - 100}{28 - 14D}\right) \tag{7.24}$$

式中，D 为岩体扰动系数，反映岩体受开挖、爆破等扰动的程度，取 0~1。

（7）对于边坡，σ_{3n} 参照 Hoek and Brown（2019）计算。

（8）常见岩石的相对密度见表 7.30。

表 7.30　常见岩石相对密度

岩石名称	相对密度	岩石名称	相对密度	岩石名称	相对密度
花岗岩	2.50~2.84	玄武岩	2.50~3.30	煤	1.35
正长岩	2.50~2.90	凝灰岩	2.50~2.70	片麻岩	2.68~3.01
闪长岩	2.60~3.10	砾岩	2.67~2.71	花岗片麻岩	2.60~2.80
辉长岩	2.70~3.20	砂岩	2.60~2.75	角闪片麻岩	3.07
橄榄岩	2.90~3.40	细砂岩	2.70	石英片岩	2.60~2.80
斑岩	2.60~2.80	黏土砂岩	2.68	绿泥石片岩	2.80~2.90
玢岩	2.60~2.90	砂质页岩	2.72	黏土质片岩	2.40~2.80
辉绿岩	2.60~3.10	页岩	2.57~2.77	板岩	2.70~2.90
流纹岩	2.65	石灰岩	2.40~2.80	大理岩	2.70~2.90
粗面岩	2.40~2.70	泥质灰岩	2.70~2.80	石英岩	2.53~2.84
响岩	2.40~2.70	白云岩	2.70~2.90	蛇纹岩	2.40~2.80
安山岩	2.40~2.80	石膏	2.70~2.30		

资料来源：《工程地质手册（第四版）》。

7.3.3　边坡稳定性定量分析及评价

基于以上岩体质量评价及强度参数计算结果、边坡稳定性定性分析及评价，可以为边坡的工程地质工作做出较为准确的判断。在进行边坡稳定性计算评价时，岩体及结构面参数的取值可通过岩石及结构面物理力学试验结果和 GSI 岩体强度参数进行估算，同时结合工程经验类比和规范参数类比等手段进行综合取值，以极限平衡法作为基本的定量评价计算方法。本章采用 FLAC3D 软件，利用显示有限差分方法进行边坡岩（土）体的非线性力学行为计算，有助于解决大变形、大应变、非线性及非稳定系统（其至大面积屈服、失稳或完全塌方）等问题。

本章以川藏交通廊道卡子拉山 1 号隧道进口边坡为例，介绍边坡稳定性数值模拟计算评价的过程，该边坡具体位置见图 7.20。

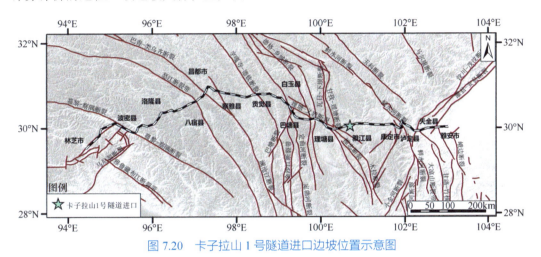

图 7.20　卡子拉山 1 号隧道进口边坡位置示意图

卡子拉山 1 号隧道进口边坡地势较高，位于河流西侧的阶地上，坡底地势十分平坦；坡面存在植被覆盖，多为草本，乔木零散分布；所在地层为上三叠统雅江组（T_3y^3）钙质粉砂岩夹石英砂岩（表 7.31）；边坡底部分布有冲洪积相的现代河流河漫滩沉积物，主要为卵砾石以及中粗砂，年代均为全新世 Q_4；岩体结构面发育，主要发育有卸荷裂隙以及构造裂隙，岩体为层状碎裂结构；隧道进口边坡为反倾结构，不利于沿层理滑动，但通过遥感影像解译和现场调查发现，隧道进口东南侧有两处滑坡体，滑坡堆积体约 40 m³，坡体上发育马刀树，如图 7.21 所示。从高精度遥感图中可观察到明显滑坡边界，后缘陡坎，因此建议进行进一步评价。

表 7.31　卡子拉山 1 号隧道进口边坡结构特征

边坡名称	岩性	岩体结构	边坡类型	结构面组数	可能的变形破坏形式
卡子拉山 1 号隧道进口	钙质粉砂岩夹石英砂岩	层状碎裂	特高陡坡	1	倾倒破坏

根据 7.3.1 节和 7.3.2 节，结合现场实测和边坡岩体质量分级结果，获取边坡岩体的 GSI 值及变形强度参数取值范围，如表 7.32 所示。

1. 工况荷载参数取值

对该地区边坡的计算主要考虑自然工况，本次边坡计算主要涉及的岩体为钙质粉砂岩夹石英砂岩。根据《水利水电工程边坡设计规范》（SL 386—2007）、《建筑边坡工程技术规范》（GB 50330—2013），不同工况下边坡的安全系数取值范围如表 7.33 所示。

图 7.21　卡子拉山 1 号隧道进口马刀树（镜向 270°）

表 7.32　GSI 和变形强度参数取值

边坡名称	GSI	σ_c/MPa	m_i	D	c/MPa	φ/（°）	E/GPa
卡子拉山 1 号隧道进口	20~30	10~50	9	0.5	0.32~0.89	10.14~20.95	0.42~1.68

注：c 为黏聚力；φ 为内摩擦角；E 为弹性模量；σ_t 为单轴抗压强度。下同。

表 7.33　边坡的安全系数取值范围表

运用条件	边坡级别				
	1	2	3	4	5
正常运用条件	1.25~1.30	1.20~1.25	1.15~1.20	1.10~1.15	1.05~1.10
非常运用条件 I	1.20~1.25	1.15~1.20	1.10~1.15	1.05~1.10	
非常运用条件 II	1.10~1.15	1.05~1.10		1.00~1.05	

　　由于边坡稳定性对廊道修建、人员安全以及后期运营有着极大影响，所以廊道工程对边坡稳定性要求较高，边坡级别应按照 1~2 级，设计安全系数应适当提高。边坡安全系数综合取值应为 1.25。

2. 边坡变形和整体稳定性 FLAC 数值分析

　　结合现场实际情况，隧道进出口边坡建立相应的剖面模型。为了消除边界效应需确定各个模型的计算区域（x 方向距离，z 方向距离），并建立边坡 2.5 维剖面模型，对边坡中存在的结构面设置实体单元，岩体力学参数取均值。计算时主要考虑自然工况，计算过程体现为①模型生成与参数定义：建立边坡模型并设置岩体力学参数；②初始应力场生成：采用弹性模型，赋岩体力学参数（只涉及弹性力学参数），固定边界条件后加载自重生成初始应力场以模拟边坡形成过程，由于这一阶段的弹性变形是形成边坡所产生的弹性变形，后续的稳定性计算需清除这一阶段所产生的弹性变形，以区别于随后破坏产生的变形；③弹塑性计算：采用弹塑性模型，赋岩体力学参数。

根据边坡工程地质剖面图（图 7.22）建立的边坡模型如图 7.23 所示。建模时考虑计算效率，模型从坡表至坡体深部，网格大小线性增大，材料属性统一按砂岩岩体参数赋值，模型共 7142 个节点，3434 个单元；边界条件为：固定模型底面边界 Z 方向速度以及左右边界 X 方向速度为 0，固定模型所有节点 Y 方向速度为 0。

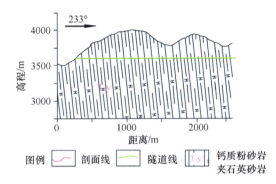

图 7.22　卡子拉山 1 号隧道进口边坡工程地质剖面图

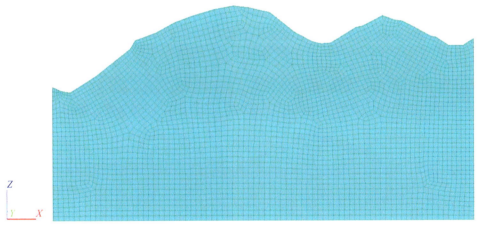

图 7.23　卡子拉山 1 号隧道进口边坡模型

X、Y、Z 表示方向，下同

竖向位移分布如图 7.24 所示，卡子拉山 1 号隧道进口剖面在自重作用下，竖向抬升变形主要集中在左侧山谷处，最大值为 2.386×10^{-2} m，而竖向下沉变形主要发生在山脊，最大值为 1.092×10^{-2} m，整体呈协调变形趋势。

水平向位移分布如图 7.25 所示，卡子拉山 1 号隧道进口剖面在自重作用下，水平位移主要集中在中部河谷处，最大值为 $7.4364.0 \times 10^{-3}$ m，方向指向坡外。

塑性区分布如图 7.26 所示，卡子拉山 1 号隧道进口剖面在自重作用下，坡顶及其两侧河谷区可能出现局部浅表破坏。

剪应变增量分布如图 7.27 所示，卡子拉山 1 号隧道进口剖面在自重作用下，剪应

图 7.24　自然工况竖向位移分布图（卡子拉山 1 号隧道进口剖面）

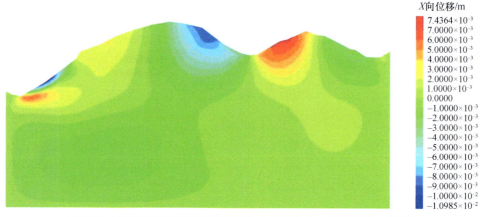

图 7.25　自然工况水平向位移分布图（卡子拉山 1 号隧道进口剖面）

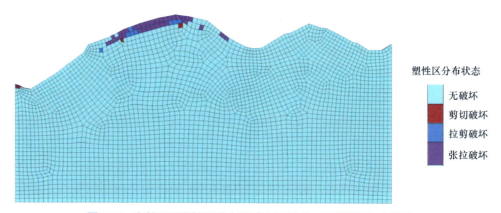

图 7.26　自然工况塑性区分布图（卡子拉山 1 号隧道进口剖面）

变增量主要集中在左侧河谷区，最大值为 2.6009，形成潜在滑移面。

综上所述，在自重作用下，对卡子拉山 1 号隧道进口剖面进行分析，其位移矢量较大，存在一定的塑性区，左侧河谷存在较大剪应变增量，主要集中于浅表部位置，有整体滑动的可能，整体稳定性差。

图 7.27 自然工况剪应变增量分布图（卡子拉山 1 号隧道进口剖面）

3. 典型高陡复杂边坡整体稳定性数值模拟分析结果

运用快速拉格朗日差分法数值模拟分析软件，对边坡做出稳定性评价，利用强度折减法计算得到各个边坡的稳定性系数，按照《建筑边坡工程技术规范》（GB 50330—2013）中边坡稳定性状态划分表，卡子拉山 1 号隧道进口边坡的数值模拟稳定性系数为1.035，远低于安全系数 1.25，判定边坡稳定性评价结果为不稳定。由于模拟工况为自然条件，实际隧道开挖过程中会对边坡安全性产生工程扰动影响，因此结合现场考察及岩体结构分级结果，对边坡的稳定性分级进行综合评价后确定结果为不稳定，见表 7.34。

表 7.34 边坡整体稳定性数值模拟分析及评价成果

边坡名称	边坡特征	工况	安全系数	稳定性系数	判定稳定性
卡子拉山 1 号隧道进口	存在大面积塑性区，左侧河谷存在剪应变增量，主要集中于浅表部位，会产生整体性的滑动，整体稳定性差	自然工况	1.25	1.035	不稳定

7.4 川藏交通廊道隧道进出口边坡稳定性预测结果及灾变防控建议

7.4.1 边坡稳定性及危险性评价结果

1. 边坡稳定性评价结果讨论

根据 7.1 节 ~7.3 节对边坡结构及其变形破坏模型进行定性分析，结合岩体质量分级及数值模拟计算定量分析方法对研究区隧道进出口边坡进行稳定性评价，各边坡稳定性分级如图 7.28 所示，稳定性分级结果统计见表 7.35。其中，"稳定"和"基本稳定"边坡占大多数，有 113 处；"欠稳定"边坡有新房子隧道进口等 22 处，评价结果为"不稳定"和"极不稳定"边坡共有 9 处：塔如隧道出口、二郎山隧道出口、迫龙隧道进口、卡子拉山 1 号隧道进口、隧道 2 进口、易贡隧道出口、通麦隧道进口、拉月隧道出口、红拉山隧道出口（极不稳定），需关注潜在地质灾害风险并采取相应的工程防范措施。

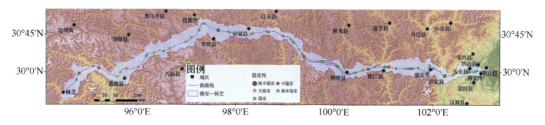

图 7.28　川藏交通廊道（雅安—林芝段）隧道进出口边坡稳定性分级图

表 7.35　研究区隧道进出口边坡稳定性分级结果

稳定性分级	边坡名称	边坡数量/处	占比/%
稳定（稳定性系数＞1.25）	蒙顶山隧道进口、蒙顶山隧道出口、白塔山隧道进口、白塔山隧道出口、新庙子隧道进口、新庙子隧道出口、尖峰山隧道进口、寨子顶隧道出口、大平隧道进口、大平隧道出口、天全隧道进口、天全隧道出口、垭口隧道进口、垭口隧道出口、朱岗山隧道进口、郭达山隧道出口、安良坝隧道进口、帕姆岭隧道出口、马鞍山隧道进口、马鞍山隧道出口、迎金山1号隧道出口、卡子拉山1号隧道出口、卡子拉山2号隧道进口、卡子拉山2号隧道出口、巴隆翁隧道进口、巴隆翁隧道出口、理塘隧道进口、毛垭坝1号隧道进口、毛垭坝1号隧道出口、毛垭坝2号隧道进口、毛垭坝2号隧道出口、毛垭坝3号隧道进口、毛垭坝3号隧道出口、毛垭坝4号隧道进口、毛垭坝4号隧道出口、德达隧道进口、隧道1进口、隧道2出口、隧道3进口、隧道4出口、隧道5进口、隧道5出口、隧道6进口、隧道9进口、隧道9出口、贡觉隧道进口、贡觉隧道出口、隧道10进口、隧道10出口、汪布2号隧道出口、嘎益隧道进口、嘎益隧道出口、昌都隧道进口、邦达隧道出口、果拉山隧道进口、通麦隧道出口、追龙隧道进口	57	39.58
基本稳定（1.15＜稳定性系数≤1.25）	尖峰山隧道出口、寨子顶隧道进口、王家林隧道进口、王家林隧道出口、新房子隧道出口、对门山隧道进口、对门山隧道出口、李子坪隧道出口、宝灵山隧道进口、宝灵山隧道出口、郭达山隧道进口、康定隧道进口、康定隧道出口、折多山隧道进口、折多山隧道出口、安良坝隧道出口、燕巴隧道进口、燕巴隧道出口、新都桥隧道进口、新都桥隧道出口、东俄洛1号隧道进口、东俄洛1号隧道出口、东俄洛2号隧道进口、高尔寺隧道进口、高尔寺隧道出口、帕姆岭隧道进口、白孜村隧道进口、白孜隧道出口、迎金山1号隧道进口、迎金山2号隧道进口、迎金山2号隧道出口、理塘隧道出口、德达隧道出口、隧道3出口、隧道6出口、隧道7进口、隧道7出口、隧道8进口、隧道8出口、仁泽隧道进口、仁泽隧道出口、红拉山隧道进口、芒康山隧道进口、芒康山隧道出口、邦达隧道进口、康玉隧道进口、康玉隧道出口、察达隧道出口、伯舒拉岭隧道进口、多吉隧道出口、多木格隧道出口、追龙隧道出口、鲁朗隧道进口、鲁朗隧道出口、色季拉山隧道进口、色季拉山隧道出口	56	38.89
欠稳定（1.05＜稳定性系数≤1.15）	新房子隧道进口、朱岗山隧道出口、李子坪隧道进口、二郎山隧道进口、东俄洛2号隧道出口、旺甲隧道出口、隧道1出口、隧道4进口、汪布1号隧道进口、汪布1号隧道出口、汪布2号隧道进口、塔如隧道进口、昌都隧道出口、果拉山隧道出口、夏里隧道进口、夏里隧道出口、察达隧道进口、伯舒拉岭隧道出口、多吉隧道进口、多木格隧道出口、易贡隧道进口、拉月隧道进口	22	15.28
不稳定（1.00＜稳定性系数≤1.05）	塔如隧道出口、二郎山隧道出口、追龙隧道进口、卡子拉山1号隧道进口、隧道2进口、易贡隧道出口、通麦隧道进口、拉月隧道出口	8	5.56
极不稳定（稳定性系数≤1.00）	红拉山隧道出口	1	0.69

　　根据川藏交通廊道隧道进出口边坡稳定性及断裂带分布，绘制隧道进出口边坡稳定性分级图（图 7.29）：穿越鲜水河断裂带、金沙江断裂带、澜沧江断裂带、巴青－类乌齐断裂带、怒江断裂带、嘉黎－察隅断裂带的隧道进出口边坡稳定性较差，隧道进出口边坡的欠稳定程度与活动断裂存在正相关性。

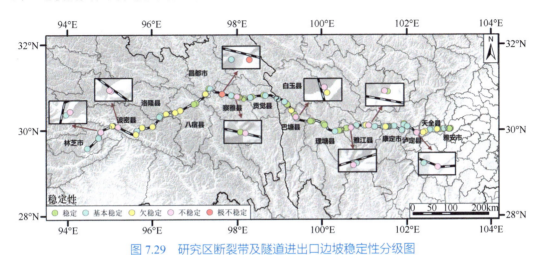

图 7.29　研究区断裂带及隧道进出口边坡稳定性分级图

　　基于上述川藏交通廊道隧道进出口边坡在地形地貌上的显著差异，岩性、地质构造、边坡变形破坏模式及边坡结构复杂性的不同，本章大致将川藏交通廊道隧道进出口边坡从东向西依次划分为以下 10 段，如图 7.30 所示。

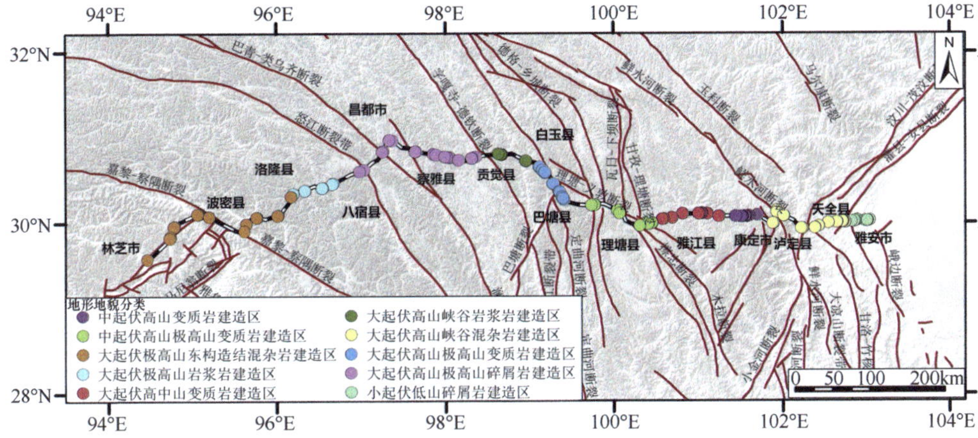

图 7.30　研究区隧道进出口边坡分段图

　　（1）小起伏低山碎屑岩建造区（雅安蒙顶山隧道—天全垭口隧道进口）；
　　（2）大起伏高山峡谷混杂岩建造区（天全垭口隧道出口—折多山隧道进口边坡）；
　　（3）中起伏高山变质岩建造区（折多山隧道出口边坡—高尔寺隧道进口边坡）；
　　（4）大起伏高中山变质岩建造区（高尔寺隧道出口边坡—卡子拉山 2 号隧道进口边坡）；

（5）中起伏高山极高山变质岩建造区（卡子拉山 2 号隧道出口边坡—德达隧道进口边坡）；

（6）大起伏高山极高山变质岩建造区（德达隧道出口边坡—隧道 7 进口边坡）；

（7）大起伏高山峡谷岩浆岩建造区（隧道 7 出口边坡—贡觉隧道进口边坡）；

（8）大起伏高山极高山碎屑岩建造区（贡觉隧道出口边坡—果拉山隧道进口边坡）；

（9）大起伏极高山岩浆岩建造区（果拉山隧道出口边坡—察达隧道出口边坡）；

（10）大起伏极高山东构造结混杂岩建造区（伯舒拉岭隧道进口边坡—色季拉山隧道出口边坡）。

2. 边坡崩滑灾害危险性及稳定性结果比较

根据第 5 章中川藏交通廊道崩滑灾害危险性的评估结果，获取了川藏交通廊道隧道进出口边坡的崩滑灾害危险性，见表 7.36。其中，33 处边坡处于危险性极高区，28 处边坡处于危险性高区，32 处边坡处于危险性中等区，28 处边坡处于危险性低区，23 处边坡处于危险性极低区。

表 7.36　研究区隧道进出口边坡崩滑灾害危险性结果

危险性分级	边坡名称	边坡数量 / 处	占比 /%
极低	蒙顶山隧道进口、蒙顶山隧道出口、白塔山隧道进口、白塔山隧道出口、新庙子隧道进口、新庙子隧道出口、尖峰山隧道进口、寨子顶隧道进口、垭口隧道进口、折多山隧道出口、理塘隧道出口、毛垭坝 4 号隧道进口、毛垭坝 4 号隧道出口、德达隧道出口、贡觉隧道出口、仁泽隧道进口、隧道 10 进口、汪布 1 号隧道出口、汪布 2 号隧道进口、汪布 2 号隧道出口、塔如隧道进口、红拉山隧道进口、果拉山隧道进口	23	15.97
低	尖峰山隧道出口、寨子顶隧道进口、大平隧道进口、天全隧道进口、天全隧道出口、王家林隧道进口、新房子隧道进口、新房子隧道出口、垭口隧道出口、对门山隧道出口、安良坝隧道进口、东俄洛 1 号隧道进口、东俄洛 2 号隧道进口、帕姆岭隧道进口、迎金山 2 号隧道进口、德达隧道进口、贡觉隧道进口、汪布 1 号隧道进口、塔如隧道出口、嘎益隧道进口、嘎益隧道出口、芒康山隧道进口、邦达隧道出口、康玉隧道进口、康玉隧道出口、伯舒拉岭隧道进口	28	19.44
中等	大平隧道出口、王家林隧道进口、对门山隧道出口、朱岗山隧道出口、李子坪隧道进口、康定隧道进口、折多山隧道进口、安良坝隧道出口、燕巴隧道出口、新都桥隧道进口、新都桥隧道出口、高尔寺隧道进口、高尔寺隧道出口、白孜村隧道进口、马鞍山隧道进口、迎金山 1 号隧道进口、迎金山 1 号隧道出口、迎金山 2 号隧道出口、卡子拉山 1 号隧道进口、卡子拉山 2 号隧道进口、毛垭坝 1 号隧道出口、毛垭坝 2 号隧道进口、毛垭坝 3 号隧道进口、毛垭坝 3 号隧道出口、隧道 1 进口、隧道 9 出口、仁泽隧道出口、隧道 10 出口、昌都隧道进口、夏里隧道出口、多吉隧道进口	32	22.22
高	朱岗山隧道进口、李子坪隧道出口、二郎山隧道进口、宝灵山隧道进口、宝灵山隧道出口、康定隧道进口、帕姆岭隧道出口、旺甲隧道进口、马鞍山隧道出口、卡子拉山 1 号隧道出口、卡子拉山 2 号隧道出口、巴隆翁隧道进口、毛垭坝 1 号隧道进口、毛垭坝 2 号隧道出口、隧道 2 出口、隧道 3 出口、隧道 4 进口、隧道 4 出口、隧道 5 进口、隧道 6 出口、隧道 7 出口、隧道 9 进口、芒康山隧道进口、邦达隧道进口、察达隧道出口、多吉隧道出口、易贡隧道进口、通麦隧道进口	28	19.44
极高	二郎山隧道出口、郭达山隧道进口、郭达山隧道出口、东俄洛 2 号隧道出口、白孜村隧道出口、巴隆翁隧道出口、理塘隧道进口、隧道 1 出口、隧道 2 进口、隧道 3 进口、隧道 5 出口、隧道 6 进口、隧道 7 进口、隧道 8 进口、隧道 8 出口、红拉山隧道出口、昌都隧道出口、果拉山隧道出口、夏里隧道进口、察达隧道进口、伯舒拉岭隧道出口、多木格隧道进口、多木格隧道出口、易贡隧道出口、通麦隧道出口、迫龙隧道进口、迫龙隧道出口、拉月隧道进口、拉月隧道出口、鲁朗隧道进口、鲁朗隧道出口、色季拉山隧道进口、色季拉山隧道出口	33	22.93

通常边坡所处区域危险性越低，边坡越稳定。通过对边坡崩滑灾害危险性及稳定性评价结果进行比较发现，崩滑灾害危险性评价偏高的隧道进出口边坡仅 7 处（图 7.31），分别为新房子隧道进口、卡子拉山 1 号隧道进口、汪布 1 号隧道进口、汪布 1 号隧道出口、汪布 2 号隧道进口、塔如隧道进口和塔如隧道出口边坡。崩滑灾害危险性评价模型的准确率达到 95.14%，验证了该模型的可靠性，说明该评价结果可为川藏交通廊道崩滑灾害减灾决策提供依据。

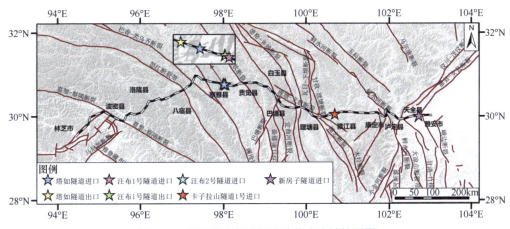

图 7.31　崩滑灾害危险性评价偏高边坡位置图

7.4.2　边坡灾变防控建议

边坡灾变类型复杂，危害程度不同，边坡治理是一项技术复杂、施工困难的灾变防治工程。边坡防控的主要目的是消除其可能产生的危害。本章通过对川藏交通廊道（雅安—林芝段）隧道进出口边坡进行现场考察和高精度遥感图像解译，分析得到了隧道进出口边坡变形破坏现象及特征，结合定量分析方法对边坡的稳定性进行了分级评价。针对稳定性较差的边坡，建议制定优化选线方案；而对于不能避开的欠稳定边坡工程，应制定合理的防控方案，尽可能做到一次根治，不留后患。由于隧道进出口普遍位于边坡中部或者上部，针对隧道进出口的边坡通常采用锚网支护、预应力锚杆锚索、抗滑桩支护和喷混支护等防治措施（丘金兴，2021）。基于此，本节以研究区隧道进出口边坡为研究对象，分别针对滑坡、崩塌、泥石流等动力地质灾害及地震、强降雨和工程开挖扰动条件下可能造成的不同边坡灾害提出防控建议（见附录 2）。

1. 欠稳定边坡

欠稳定边坡自东向西分别为：新房子隧道进口、朱岗山隧道出口、李子坪隧道进口、二郎山隧道进口、东俄洛 2 号隧道出口、旺甲隧道出口、隧道 1 出口、隧道 4 进口、汪布 1 号隧道进口、汪布 1 号隧道出口、汪布 2 号隧道进口、塔如隧道进口、昌都隧道出口、果拉山隧道出口、夏里隧道进口、夏里隧道出口、察达隧道进口、伯舒拉岭隧道出口、多吉隧道进口、多木格隧道进口、易贡隧道进口和拉月隧道进口边坡。以上隧道进出口边坡在地震、强降雨和工程开挖扰动条件下，滑坡体发生复活失稳的可能性较大，建议制定优化选线方案，或针对可能复活的滑坡体采取锚网支护措施。

2. 不稳定边坡

不稳定边坡自东向西分别为：塔如隧道出口、二郎山隧道出口、迫龙隧道进口、卡子拉山1号隧道进口、隧道2进口、易贡隧道出口、通麦隧道进口、拉月隧道出口。研究结果表明：应注意地震、强降雨和工程开挖扰动条件下边坡可能发生的破坏，以及对隧道进出口构筑物形成的威胁。因此，建议在廊道边坡工程考察中开展进一步详勘，若无法避开，建议针对边坡的不同变形破坏形式，对隧道进出口边坡工程设计合理的抗滑桩支护方案。

3. 极不稳定边坡

极不稳定边坡为红拉山隧道出口边坡，通过遥感分析发现边坡附近发育有三处滑坡，虽然目前表现稳定，但是在隧道地震、强降雨和工程开挖扰动条件下边坡可能发生倾倒破坏，从而对隧道出口构筑物造成威胁。因此，建议在廊道边坡工程勘察中开展进一步研究，制定优化选线方案，或对山体或滑坡体实行针对性加固措施，并且对隧道出口工程采取抗滑桩支护措施，并加强喷混支护。

7.5 典型隧道进出口边坡稳定性分析

本节选取了10处典型的高陡复杂边坡详述其稳定性评价过程，典型边坡位置分布见图7.32，下文自东向西逐一列举案例。

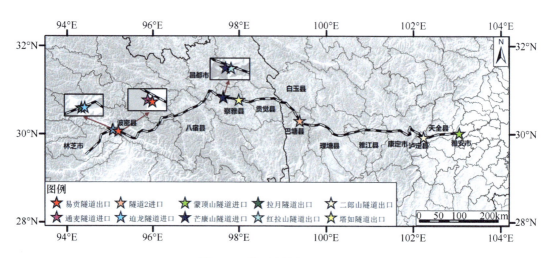

图 7.32 典型边坡位置分布图

7.5.1　蒙顶山隧道进口边坡

1. 基本工程地质条件

拟建蒙顶山隧道长 2970 m，最大埋深 199 m。隧道出口位于雅安市雨城区姚桥镇金凤村东侧，隧道进口位于雅安市雨城区姚桥镇北侧。根据中国气象局公布数据，1981~2010 年，雅安市年降水量在 1000~1750 mm，8 月平均降水量最大，达 460 mm，12 月平均降水量最小，达 30 mm。该市年平均气温在 15℃左右，最高气温在 7~8 月，平均温度 22~30℃，最低气温在 12 月至次年 1 月，最低气温 3~10℃，如图 7.33 所示。

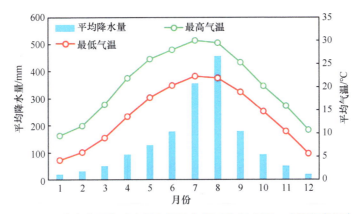

图 7.33　雅安市平均降水量和平均气温（资料来源：中国气象局）

雅安市河流属长江流域岷江水系。境内除名山区朱场河、临溪河、两合水，分别从北边、东北边、东边流出境，汇入岷江外，其余河流以大相岭为天然分水岭，形成北部的青衣江水系和南部的大渡河水系。由于该地区降水丰沛，因而水系发育，水网密集。图 7.34 为拟建川藏交通廊道蒙顶山隧道进口边坡，边坡最高处约 900 m，最低处约

图 7.34　拟建蒙顶山隧道进口边坡（镜向 184°）

红色方框指示隧道进出口位置，下同

610 m，分水岭最大坡高约 300 m。坡面低矮灌木覆盖，坡向 14°，平均坡度 15°~20°，上陡下缓，坡面较为平整，地势相对较平缓，边坡高度和坡度较小，坡前发育有冲沟。

该边坡所在大地构造单元巴颜喀拉前陆盆地，距龙门山前山断裂带较近，近年来断裂带仍在活动。雅安地区的地震较为活跃，据记载，震级在 4 级以下的小震较多，4 级以上的地震较少；5.0~5.9 级地震共有 3 次；6.0 级以上地震有 3 次，分别为 1327 年天全≥6 级地震、1941 年泸定—天全一带 6 级地震和 1970 年大邑 6.2 级地震；7.0 级以上地震有 2013 年 4 月 20 日在芦山县发生的里氏 7.0 级地震 1 次。此外，2008 年 5 月 12 日在汶川县发生的里氏 8.0 级特大地震对雅安北部地区影响也较大。线路经过区域基本地震动峰值加速度为 0.10~0.15 g。

根据现场调查结果绘制蒙顶山隧道进口边坡工程地质剖面图，如图 7.35 所示，该边坡结构为层状结构，边坡岩性主要为红褐色砂质泥岩，中 – 强风化。

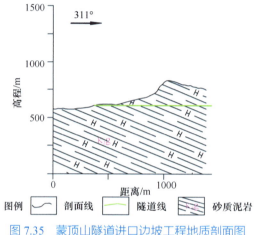

图 7.35　蒙顶山隧道进口边坡工程地质剖面图

311° 表示走向。下同

2. 边坡变形破坏形式

根据隧道进口边坡倾向倾角以及岩层产状和图 7.36 赤平投影分析发现，该边坡具有横向坡特征，边坡结构对边坡滑动没有促进作用。经调查，拟建蒙顶山隧道进口所在边坡坡度较小，边坡变形失稳可能性较小。

高精度遥感解译和现场实地考察未发现隧道进口邻域内发育有滑坡、崩塌、泥石流等动力地质现象。由于边坡的坡度较缓，坡表植被发育，未发现有控制边坡稳定的断裂构造等，因此根据工程地质类比分析，未来隧道进口邻域内发生崩滑流灾害的可能性较小，受崩滑流灾害影响的风险较低。

3. 岩体质量及强度参数

该边坡岩体结构特征见表 7.37，采用 A-BQ 法进行岩体质量评价为Ⅳ级，GSI 为 42.63。

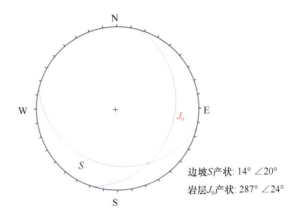

边坡S产状: 14° ∠20°

岩层J_0产状: 287° ∠24°

图 7.36　蒙顶山隧道进口边坡稳定性赤平投影分析结果

表 7.37　蒙顶山隧道进口边坡结构特征

边坡名称	岩性	岩体结构	边坡类型	结构面组数	变形破坏趋势	GSI
蒙顶山隧道进口	砂质泥岩	层状结构	超高斜坡	1	倾倒、弯曲、弯折	42.63

根据表 7.29 得 m_i 取值为 4；查询《工程地质手册》σ_c 取值 5~40 MPa，扰动状况为部分扰动，D=0.5。根据 7.3.2 节，得蒙顶山隧道进口边坡岩体黏聚力 c=0.22~0.66 MPa，内摩擦角 φ=11.46°~20.91°，弹性模量 E=1.09~3.11 GPa。

4. 自然工况稳定性数值模拟分析

根据边坡剖面建模，蒙顶山隧道进口边坡模型网格剖分如图 7.37 所示。建模时考虑计算效率，模型从坡表至坡体深部，网格大小线性增大，材料属性统一按砂质泥岩岩体参数的均值赋值，共 3734 个节点，1775 个单元，边界条件为：固定模型底面边界 Z 方向速度以及左右边界 X 方向速度为 0，固定模型底部边界以及所有节点 Y 方向速度为 0。

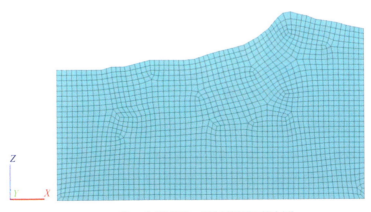

图 7.37　蒙顶山隧道进口边坡模型网格剖分

223

竖向位移分析：如图 7.38 所示，蒙顶山隧道进口剖面在自重作用下，竖向变形主要集中在坡体后缘的沉降变形及坡脚位置的抬升，其最大值为 0.8266 m，呈协调变形趋势。

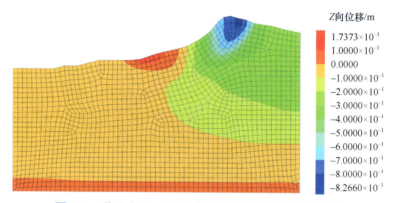

图 7.38　蒙顶山隧道进口边坡自然工况竖向位移分布图

水平向位移分析：如图 7.39 所示，蒙顶山隧道进口剖面在自重作用下，水平变形主要集中在坡脚位置，其最大值为 0.698 m，呈协调变形趋势。

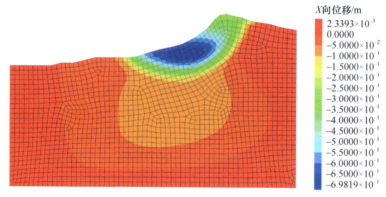

图 7.39　蒙顶山隧道进口边坡自然工况水平向位移分布图

塑性区分析：如图 7.40 所示，蒙顶山隧道进口边坡在自重作用下，塑性区范围小，边坡整体稳定性较好。

剪应变增量分析：如图 7.41 所示，蒙顶山隧道进口边坡在自重作用下，剪应变增量集中在坡顶，最大值为 5.0037×10^{-4}。

5. 边坡整体稳定性评价结果

运用快速拉格朗日差分法数值模拟分析软件，计算可知蒙顶山隧道进口边坡整体稳定性好；利用强度折减法计算得到边坡在自重作用下的稳定性系数为 1.434，根据《建筑边坡工程技术规范》（GB 50330—2013）中边坡稳定性状态划分表可知，该边坡属于稳定边坡。因此，结合现场考察及岩体结构分级结果，对边坡的稳定性分级进行

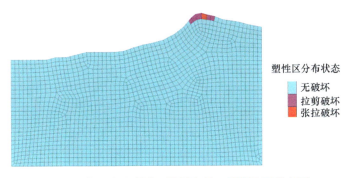

图 7.40 蒙顶山隧道进口边坡自然工况塑性区分布图

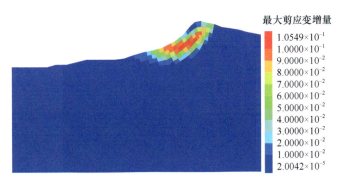

图 7.41 蒙顶山隧道进口边坡自然工况剪应变增量分布图

综合评价，判定该边坡为稳定边坡。

7.5.2 二郎山隧道出口边坡

1. 基本工程地质条件

拟建二郎山隧道位于雅安市天全县和甘孜藏族自治州泸定县境内，长度为 14705 m，最大埋深 1749 m。

根据中国气象局公布数据，1981~2010 年，泸定县年降水量为 670.9 mm，8 月平均降水量最大，达 348 mm，1 月平均降水量最小，为 24 mm。该县年平均气温在 16.4℃左右，7 月达到月平均最高气温，为 28.5℃，1 月为月平均最低气温，为 2.8℃，如图 7.42 所示。

拟建二郎山隧道出口位于甘孜藏族自治州泸定县北面，出口高程约 1681 m，坡高约 1000 m，坡度 35°～45°，坡向 288°。边坡岩性为元古界闪长岩（δ_2），地处扬子西缘前陆盆地，构造活跃。如图 7.43 所示，该隧道坡表为较为低矮的灌丛覆盖，偶见高大的乔木，表层为土石混合体，风化严重，棱角明显磨圆度差，岩性为混杂岩（灰岩、大理岩、片麻岩、中-基性侵入岩的低级变质）。

该隧道出口附近平硐岩体较为破碎，风化严重，见图 7.44。表层为崩塌滑坡形成的块碎石堆积体，岩性混杂，如图 7.45 所示。

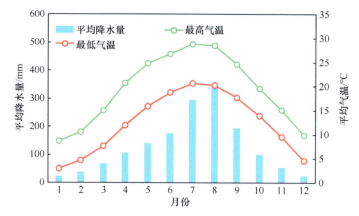

图 7.42　泸定县平均降水量和平均气温（资料来源：中国气象局）

图 7.43　二郎山隧道出口边坡（镜向 78°）

图 7.44　二郎山隧道出口平硐上游侧

图 7.45　二郎山隧道出口边坡北侧滑坡堆积体（镜向 165°）

　　泸定县地处扬子西缘前陆盆地，构造活动强烈，岩体破碎。该边坡所在区域自雍正三年（1725 年）开始有文字记载地震史料以来的 300 余年里共发生破坏性地震 20 余次。其中，破坏性最大、损失惨重的强震三次，即雍正三年、乾隆五十一年（1786 年）和 1955 年发生的分别为 7.0 级和 7.0 级以上的强烈地震。记录在册的资料显示，中 – 强破坏性地震 12 次。线路经过区域基本地震动峰值加速度值为 0.2 g。

　　根据现场调查结果绘制二郎山隧道出口边坡工程地质剖面图，如图 7.46 所示。

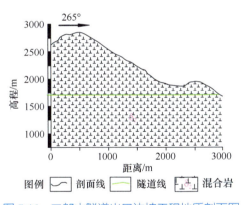

图 7.46　二郎山隧道出口边坡工程地质剖面图

　　该边坡所在区域地下水以基岩裂隙水和孔隙水为主。其中，基岩裂隙水主要赋存于破碎岩体的构造裂隙和风化裂隙中，呈脉状、带状分布，植被覆盖较为茂密，降水入渗条件和地下水径流条件良好，因此基岩裂隙水埋藏较深，局部地势低缓处或河岸沟口地带见裂隙水出露，水量小，季节变化大。孔隙水主要赋存于第四系松散层中，接受冰雪融水、大气降水和河水的补给，河漫滩冲洪积层中的孔隙水与河水连通性好，随河水的涨落而升降，水量丰富。

2. 边坡变形破坏形式

现场考察发现二郎山隧道出口所在山脊两侧各发育一处大滑坡，如图 7.47 所示，均为高位浅层滑坡。经过现场校核和遥感解译结果，发现其高位滑坡后缘特征明确，两侧边界在对岸观察较为清晰。解译点右侧仍存在一处滑坡，解译指示的滑坡边界范围偏小，如图 7.48 和图 7.49 所示。经调查，该处边坡岩体较破碎，坡度较陡，在强降

图 7.47　二郎山隧道出口滑坡坡体（镜向 60°）

黄色曲线为滑坡边界

图 7.48　二郎山隧道出口滑坡坡体（镜向 75°）

黄色曲线为滑坡边界

图 7.49　二郎山隧道出口滑坡坡体（镜向 65°）

黄色曲线为滑坡边界

雨及工程开挖扰动条件下，滑坡体发生复活失稳的可能性大，且在强震作用下易发生高位崩滑。

3. 岩体质量及强度参数

该边坡岩体结构特征见表 7.38，根据实测及岩体质量评价结果，GSI 取值范围为 10~30。

表 7.38　二郎山隧道出口边坡结构特征

边坡名称	岩性	岩体结构	边坡类型	变形破坏趋势	GSI 取值范围
二郎山隧道出口	闪长岩等	块状结构	高陡坡	高位滑坡	10~30

根据表 7.29 得 m_i 取值为 9~28；结合现场实测和《工程地质手册》σ_c 取值 30~45 MPa，扰动状况为部分扰动，D=0.5。根据 7.3.2 节，得二郎山隧道出口边坡岩体黏聚力 c=0.49~2.16 MPa，内摩擦角 φ=8.55°~23.5°，弹性模量 E=0.41~1.59 GPa。

4. 自然工况稳定性数值模拟分析

二郎山隧道出口边坡模型网格剖分如图 7.50 所示，模型尺寸和坡面倾向与工程地质剖面图完全一致。考虑到计算效率，将模型厚度设置为网格单元的最小边长（30 m），模型共 4292 个节点，2499 个单元，边界条件为：固定模型底面边界 Z 方向速度以及左右边界 X 方向速度为 0，固定模型底部边界以及所有节点 Y 方向速度为 0。材料属性统一按岩体参数的均值赋值。

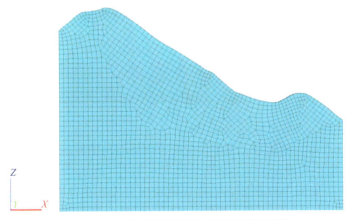

图 7.50　二郎山隧道出口边坡模型网格剖分

竖向位移分析：如图 7.51 所示，二郎山隧道出口边坡在自重应力作用下，坡肩位置出现了一定的沉降变形，其最大值为 $1.5741×10^{-2}$ m；在隧道口上方平台位置出现了轻微的鼓胀抬升，最大值为 $2.4923×10^{-2}$ m，其余位置竖向变形不明显。

水平向位移分析：如图 7.52 所示，二郎山隧道出口边坡在自重应力作用下，水平向变形主要集中在坡肩位置和隧道口上方平台位置。坡肩变形方向与坡向相同，其最

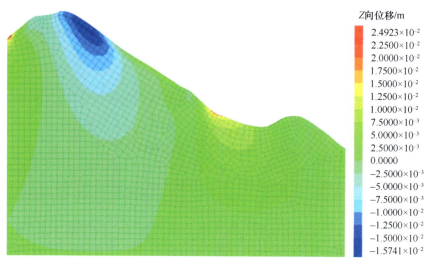

图 7.51　二郎山隧道出口边坡自然工况竖向位移分布图

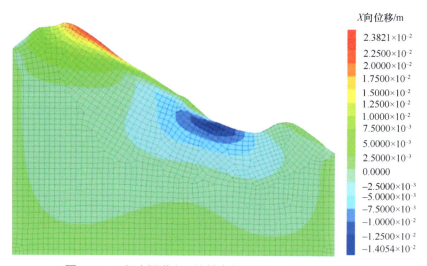

图 7.52　二郎山隧道出口边坡自然工况水平向位移分布图

大值为 $2.3821×10^{-2}$ m；隧道口上方平台变形方向与坡向相反，最大值为 $1.4054×10^{-2}$ m，其余位置竖向变形不明显。

塑性区分析：如图 7.53 所示，二郎山隧道出口边坡在自重应力作用下，河谷边坡的顶部和中部表层零星位置出现了塑性破坏区，但是并未贯通。

剪应变增量分析：如图 7.54 所示，二郎山隧道出口边坡在自重应力作用下，坡内剪应力增量在隧道口上方平台处达到最大值 $6.5052×10^{-1}$，在后期扰动下可能发生剪切滑移。

综上所述，在自然工况下，对二郎山隧道出口边坡进行分析发现，其变形矢量较大，隧道口上方平台处剪切破坏区域出现局部变形，存在发生滑动的可能性，边坡整体稳定性一般。

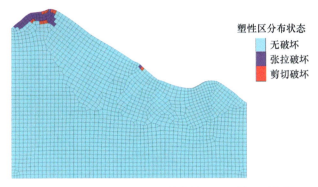

图 7.53　二郎山隧道出口边坡自然工况塑性区分布图

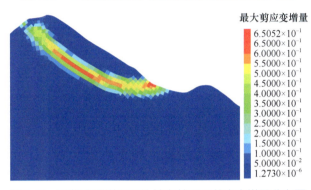

图 7.54　二郎山隧道出口边坡自然工况剪应变增量分布图

5. 边坡整体稳定性评价结果

基于 FLAC3D 软件利用强度折减法计算得到二郎山隧道出口边坡在自然工况下的稳定性系数为 1.027。廊道边坡属于永久边坡中的一级边坡，根据《建筑边坡工程技术规范》（GB 50330—2013）中边坡稳定性状态划分表可知，该边坡属于不稳定边坡。在自重应力条件下，二郎山隧道出口边坡浅表处零星存在塑性破坏区域，在后期工程扰动下可能会产生整体性的剪切滑动，边坡整体稳定性一般。因此，根据现场考察及有限差分模拟结果，对二郎山隧道出口边坡的稳定性分级进行综合评价，判定该边坡为不稳定边坡，应在后期开挖过程中对应力集中区域及时进行支护。由于坡体内部岩体质量变好，岩体参数增大，边坡稳定性应当有所提高。

7.5.3　隧道 2 进口边坡

1. 基本工程地质条件

隧道 2 进口边坡位于四川省甘孜藏族自治州巴塘县德达乡下德达村西北侧约 2600 m，距离巴塘县约 41 km。根据中国气象局公布数据，1981~2010 年，巴塘县年降水量在 400~600 mm，7 月平均降水量最大，达 132.5 mm，1 月平均降水量最小，达

0.1 mm。该县年平均气温在 14℃左右，月平均最高气温 22℃，月平均最低气温 6℃，如图 7.55 所示。

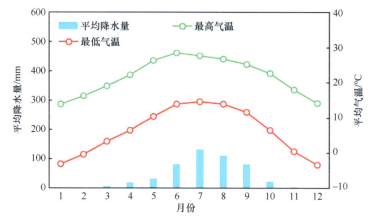

图 7.55 巴塘县平均降水量和平均气温（资料来源：中国气象局）

巴塘县境内河流均属金沙江水系，金沙江由北向南贯穿县境西部。金沙江在巴塘县全长 167.1km，平均流量为 943m³/s，年总径流量为 297.19 亿 m³。县内还有大小湖泊107 个，小河溪流 50 余条，其中集水面积在 100km² 的有 19 条，可利用河川年径流量达 19.6 亿 m³。

该县地处川西北高原山区。沙鲁里山脉高耸于县境东部，横断山脉纵贯全县。北部党结曾然峰海拔 6060m，为全县最高点，其余诸峰多在 5000m 左右。最低处为县境西南角贡波乡美荣龙村，海拔 2240m。全县平均海拔 3300m 以上，东北部属山原区，中部和西北部属高山峡谷区，西南部属金沙江干旱河谷区。

隧道 2 进口边坡坡顶海拔约 4046 m，坡底海拔约 3526 m，隧道进口海拔约 3656 m，拔河高度约 130 m，图 7.56 为隧道 2 进口边坡。

图 7.56 隧道 2 进口边坡（镜向 301°）

根据地质图资料，隧道 2 进口边坡所在地层主要为上三叠统曲嘎寺组（T_3q）和中三叠统义敦群（$T_{1-2}Y$），曲嘎寺组（T_3q）岩性为浅色结晶灰岩、介壳灰岩夹砂板岩、基性火山岩，底部含砾岩，岩层产状为 64°∠55°；义敦群（$T_{1-2}b$）岩性为千枚岩、变质砂板岩，夹灰岩、中酸－基性火山岩，岩层产状为 69°∠42°。

新近纪以来，区内新构造活动强烈，地震活动较为频繁，主要表现为地壳区域性间歇上升，并伴有强烈的水平挤压。局部地区有较大幅度沉降，构造活动频繁，断裂发育，地热活动强烈。由于金沙江的侵蚀下切作用，岸坡地形陡峻，节理裂隙发育，岩体较破碎，降水入渗条件良好。边坡岩体主要含变质岩屑砂岩、板岩、千枚岩（图 7.57），属于川藏交通廊道隧道典型的层状碎裂结构、超高陡坡，具有潜在倾倒、弯曲和弯折破坏的趋势（表 7.39）。

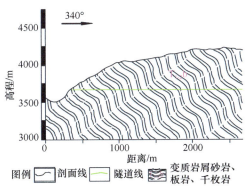

图 7.57　隧道 2 进口边坡工程地质剖面图

表 7.39　隧道 2 进口边坡结构特征

边坡名称	岩性	岩体结构	边坡类型	变形破坏趋势
隧道 2 进口	变质岩屑砂岩、板岩、千枚岩	层状碎裂结构	超高陡坡	倾倒、弯曲和弯折

2. 边坡变形破坏形式

通过遥感影像共解译边坡体范围内有 3 处滑坡，分别为 H3101、H3102、H3103，如表 7.40 所示。H3101 滑坡位于隧道进口的边坡上，H3102 滑坡位于隧道进口西侧，H3103 滑坡是 H3102 滑坡上的次级滑坡。遥感影像揭示出滑坡的持续活动性，因此隧道 2 进口边坡的稳定性将受到威胁。

表 7.40　隧道 2 进口边坡周边滑坡遥感解译特征

滑坡编号	分布高程 /m	长度 /m	宽度 /m	滑动方向 /（°）	滑坡体坡度 /（°）
H3101	3520~3820	620	300	146	29
H3102	3520~3823	710	320	169	27
H3103	3517~3663	230	90	141	27

3. 岩体质量及强度参数

该边坡的岩体质量评价参数见表 7.41。

表 7.41　隧道 2 进口边坡岩体 A-BQ 岩体质量评价参数

评价参数	数值
R_{cmax}/MPa	74.13
R_{cmin}/MPa	22.77
$K_{v\text{-}ra}$	0.75
$K_{v\text{-}an}$	0.55
ABQ_{max}	509.89
ABQ_{min}	305.81
I_{BQan}	1.67
围压修正	无须修正
各向异性程度	C
岩体质量级别	III 类岩体

据室内试验结果，该边坡岩石 $\sigma_{c\text{-}dry}$ 的最大值和最小值分别为 97.66 MPa 和 30 MPa，通过式（7.4）和式（7.5）计算得到 R_{cmax} 和 R_{cmin} 分别为 74.13 MPa 和 22.77 MPa。

据现场节理间距考察结果可知，$K_{v\text{-}ra}$ 和 $K_{v\text{-}an}$ 分别为 0.75 和 0.55。

通过式（7.13）和式（7.14）计算得到 A-BQ_{max} 和 A-BQ_{min} 分别为 509.89 和 305.81。

通过式（7.15）计算得到 I_{BQan} 为 1.67，根据表 7.24 可知属于 C 类中等各向异性岩体。

根据 α_2、γ_2 和 γ_s 可知，该边坡岩体属于其他条件，通过式（7.16）计算得到 A-BQ_s=407.85。查表 7.31 可知该边坡岩体质量为 III 类描述为"中等"的岩体。

根据 7.3.2 节，计算得到该边坡岩体黏聚力 c=0.33~1.05 MPa，内摩擦角 φ=9.77°~21.92°，弹性模量 E=0.42~1.91 GPa。

4. 自然工况稳定性数值模拟分析

隧道 2 进口边坡模型网格剖分如图 7.58 所示，模型尺寸和坡面倾向与工程地质剖面图完全一致。考虑到计算效率，将模型厚度设置为网格单元的最小边长（30 m），模型共 3744 个节点，2464 个单元，边界条件为：固定模型底面边界 Z 方向速度以及左右边界 X 方向速度为 0，固定模型底部边界以及所有节点 Y 方向速度为 0。材料属性统一按闪长岩岩体参数赋值。

竖向位移分析：如图 7.59 所示，隧道 2 进口边坡在自重应力作用下，竖向变形主要集中在 U 形河谷的边坡中部，其最大沉降值为 2.8215×10^{-2} m；在河谷底部出现了轻微的鼓胀抬升，最大值为 2.2767×10^{-2} m，其余位置竖向变形不明显。

水平向位移分析：如图 7.60 所示，隧道 2 进口边坡在自重应力作用下，水平向变

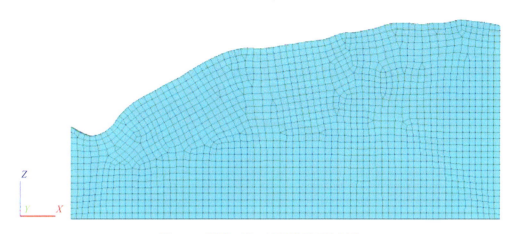

图 7.58　隧道 2 进口边坡模型网格剖分

图 7.59　隧道 2 进口边坡自然工况竖向位移分布图

图 7.60　隧道 2 进口边坡自然工况水平向位移分布图

形主要集中在 U 形河谷的边坡中部的浅层位置，其最大值为 5.5402×10^{-2} m，其余位置水平向变形不明显。

塑性区分析：如图 7.61 所示，隧道 2 进口边坡在自重应力作用下，河谷边坡的坡顶、坡肩和中下部表层位置部分区域发生了塑性破坏。

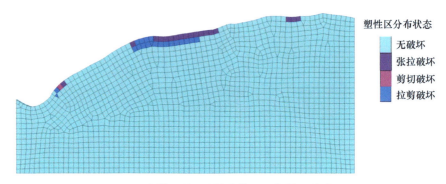

图 7.61　隧道 2 进口边坡自然工况塑性区分布图

剪应变增量分析：如图 7.62 所示，隧道 2 进口边坡在自重应力作用下，剪应变增量主要集中在坡脚，形成潜在滑动面，最大值为 1.4678×10^{-1}，在后期扰动下存在发生剪切滑移的可能。

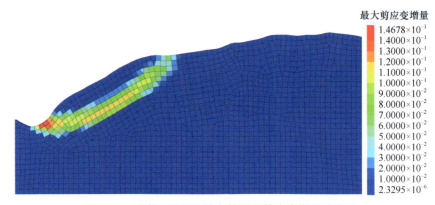

图 7.62　隧道 2 进口边坡自然工况剪应变增量分布图

5. 边坡整体稳定性评价结果

基于 FLAC3D 软件利用强度折减法计算得到隧道 2 进口边坡在自然工况下的稳定性系数为 1.035。廊道边坡属于永久边坡中的一级边坡，根据《建筑边坡工程技术规范》（GB 50330—2013）中边坡稳定性状态划分表可知，该边坡属于不稳定边坡。在自重应力条件下，隧道 2 进口边坡中下部的表层位置存在塑性破坏区域，坡脚位置的剪应变增量明显加大，在后期工程扰动下可能会产生整体性的剪切滑动，边坡整体稳定性较差。因此，根据现场考察及有限差分模拟结果，对隧道 2 进口边坡的稳定性分级进行综合评价，判定该边坡为不稳定边坡，应在后期开挖过程中及时进行支护。

7.5.4　塔如隧道出口边坡

1. 基本工程地质条件

拟建塔如隧道出口位于昌都市察雅县仁达村北部约 4 km，隧道出口高程 4143 m，隧道长 2320 m，最大埋深 382 m，隧道穿越山体地表峰值高程 4493 m，边坡坡顶海拔约 4110 m。

根据中国气象局公布数据，察雅县属高原温带半干旱季风气候，日照充足，干湿分明，气候温和；年平均气温 11℃，1 月平均气温 –1℃，7 月平均气温 19℃；河谷地带在日平均气温 5℃ 以上持续时间为 300~330 天；平均无霜期 180 天；平均年降水量为 350mm，大部分集中在 7~9 月。

拟建塔如隧道出口边坡位于河谷左岸，坡顶拔河高度约为 200 m，坡体坡角约为 30°，坡向 260°。边坡上部坡度较缓，约 20°，中下部坡度开始变陡，坡度约为 30°。坡面植被稀疏，主要为高山草甸和低矮灌木，坡面可观察冻融塌陷形成的阶梯状台阶。坡面坡积物主要为有机质和碎块石（5~20 cm），结构较松散，厚度 50~100 cm（图 7.63）。

图 7.63　拟建塔如隧道出口边坡（镜向 310°）

该边坡所在地层为上三叠统阿堵拉组（$T_3 a$），泥质粉砂岩夹岩屑砂岩（图 7.64）。边坡距金沙江断裂北段——字嘎寺 – 德钦断裂（金沙江西界断裂）较近，该断裂在近期处于活动状态。研究区属青藏高原断块区，新构造运动十分强烈，最直观的表现为强烈的大面积间歇性隆升和块体的侧向滑移及块体边界断裂的走滑位移活动，地震活动性强，地震灾害较严重。据统计，该区 $M_s 4.7$ 级以上地震 55 次，包括 $M_s 4.7 \sim 4.9$ 级

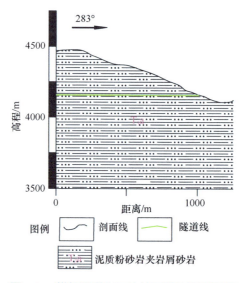

图 7.64　塔如隧道出口边坡工程地质剖面图

地震 14 次、M_s5.0~5.9 级地震 32 次、M_s6.0~6.9 级地震 7 次、M_s7.0~7.9 级地震 2 次。其中，2 次 7.0~7.9 级强震分别为 1642~1654 年西藏洛隆西北 7 级地震和 1870 年 4 月 11 日四川巴塘 7 级地震。塔如隧道经过区域基本地震动峰值加速度值为 0.15 g。

　　坡体基岩变形强烈，发育大大小小不同尺度的褶皱，褶皱产状变化剧烈，褶皱两翼可形成有利于边坡失稳的顺倾结构面。边坡中的地下水为孔隙水和裂隙水，主要赋存于坡体第四系沉积物以及构造裂隙和风化裂隙中，呈脉状、带状分布，节理裂隙发育，岩体较破碎，降水入渗条件良好。

　　该隧道口左侧发育一处滑坡，滑坡体厚度超过 10 m（图 7.65），滑坡沿土岩分界面滑动。隧道口发育数处残坡积物，地层变形强烈，岩体较为破碎，边坡岩体挤压变形较为明显（图 7.66）。

图 7.65　塔如隧道出口边坡及左侧滑坡（镜向 93°）

图 7.66　塔如隧道出口边坡上方小型向斜

2. 边坡变形破坏形式

由于塔如隧道出口边坡岩体构造运动强烈，褶皱极为发育，岩体容易沿着层理面发生剪切、滑脱破坏，在岩层产状较陡处还容易发生崩塌与碎落。且该边坡邻域内发育 1 处滑坡，未来在强降雨、地震及工程施工扰动条件下隧道出口邻域内发生崩滑流灾害的风险较大。

3. 岩体质量及强度参数

该边坡岩体结构特征见表 7.42，根据实测及岩体质量评价结果，GSI 取值范围为 10.00~47.61。

表 7.42　塔如隧道出口边坡结构特征

边坡名称	岩性	岩体结构	边坡类型	变形破坏趋势	GSI 取值范围
塔如隧道出口	泥质粉砂岩夹岩屑砂岩	层状碎裂结构	特高斜坡	崩滑	10.00~47.61

坡体岩性为泥质粉砂岩夹岩屑砂岩。根据表 7.29 得 m_i 取值为 9，基于现场实测及《工程地质手册》σ_c 取值 2.5~9 MPa，扰动状况为部分扰动，D=0.5。根据 7.3.2 节，得塔如隧道出口边坡岩体黏聚力 c=0.09~0.57 MPa，内摩擦角 φ=5.31°~17.96°，弹性模量 E=0.12~1.96 GPa。

4. 自然工况稳定性数值模拟分析

塔如隧道出口边坡模型网格剖分如图 7.67 所示，模型尺寸和坡面倾向与工程地质剖面图完全一致。考虑到计算效率，将模型厚度设置为网格单元的最小边长（20 m），模型共 5286 个节点，2538 个单元，边界条件为：固定模型底面边界 Z 方向速度以及左右边界 X 方向速度为 0，固定模型底部边界以及所有节点 Y 方向速度为 0。材料属性统一按泥质粉砂岩夹岩屑砂岩岩体参数的均值赋值。

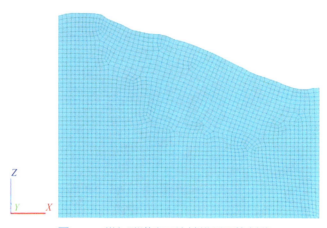

图 7.67　塔如隧道出口边坡模型网格剖分

竖向位移分析：如图 7.68 所示，塔如隧道出口边坡在自重应力作用下，坡肩位置出现了一定的竖向沉降变形，其最大值为 0.12416 m，其余位置竖向变形不明显。

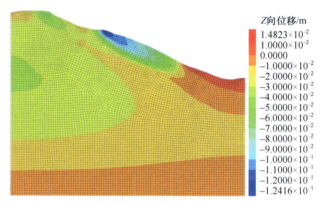

图 7.68　塔如隧道出口边坡自然工况竖向位移分布图

水平向位移分析：如图 7.69 所示，塔如隧道出口边坡在自重应力作用下，水平向变形主要集中在坡肩位置，坡肩变形最大值为 0.2098 m，其余位置水平向变形不明显。

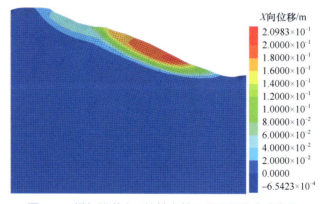

图 7.69　塔如隧道出口边坡自然工况水平位移分布图

塑性区分析：根据图 7.70 所示情况，塔如隧道出口边坡在自重应力作用下，山顶浅表出现了塑性破坏区。

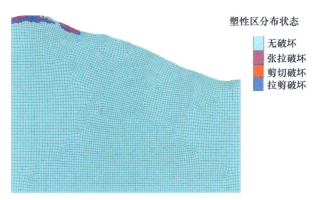

图 7.70　塔如隧道出口边坡自然工况塑性区分布

剪应变增量分析：如图 7.71 所示，塔如隧道出口边坡在自重应力影响下，坡顶及河谷处剪应变增量加大，并达到最大值 7.9321×10^{-2}，坡内存在潜在滑移面，在后期扰动下可能发生剪切滑移。

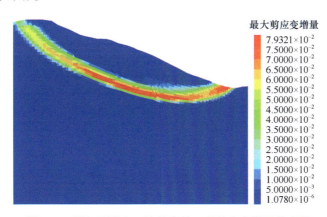

图 7.71　塔如隧道出口边坡自然工况剪应变增量分布图

5.边坡整体稳定性评价结果

基于 FLAC3D 软件利用强度折减法计算得到塔如隧道出口边坡在自然工况下的稳定性系数为 1.039。廊道边坡属于永久边坡中的一级边坡，根据《建筑边坡工程技术规范》（GB 50330—2013）中边坡稳定性状态划分表可知，该边坡属不稳定边坡。在自重应力作用下，塔如隧道出口边坡坡顶处存在塑性破坏区域，坡顶和河谷处剪应变增量加大，并达到最大值，在后期工程扰动下具有发生剪切滑动的可能，边坡整体稳定性一般。因此，根据现场考察及有限差分模拟结果，对塔如隧道出口边坡的稳定性分级进行综合评价，判定该边坡为不稳定边坡，应在后期开挖过程中及时进行支护。应当说明的是，预估坡体内部岩体质量提高，岩体参数变大，边坡稳定性应当提高。

7.5.5 红拉山隧道出口边坡

1. 基本工程地质条件

拟建红拉山隧道位于昌都市察雅县王卡乡夺巴村对岸，长度为 16260 m，最大埋深 1315 m。该隧道与前述塔如隧道等均位于察雅县，自然地理与气象水文条件相似。该处边坡地势相对较平缓，地形相对起伏在 600 m 左右，属于丘陵 – 地貌单元。图 7.72 为川藏交通廊道红拉山隧道出口边坡，坡向 290°，平均坡度 35°，坡高超 500 m；植被覆盖较少，主要为高山草本植物和低矮灌木丛等。

图 7.72　红拉山隧道出口边坡（镜向 113°）

隧道出口处岩层主要为上三叠统阿堵拉组（T_3a）泥质粉砂岩夹岩屑砂岩，可见粗砂岩成分层，边坡产状 203°∠53°。

红拉山隧道出口边坡大地构造位置上处于昌都弧后前陆盆地，受到金沙江断裂北段的字嘎寺 – 德钦断裂的影响，近年来该断裂带仍在活动。红拉山隧道经过区域基本地震动峰值加速度值为 0.15 g。

经调查，红拉山隧道出口左侧发育 3 处滑坡，滑坡体平均深度不足 10 m，右侧基本稳定。顺层滑坡对修筑大桥存在一定影响，对隧道出口影响程度较小（图 7.73）。

该边坡地下水主要为基岩裂隙水和孔隙水。其中，基岩裂隙水主要赋存于构造裂隙和风化裂隙中，呈脉状、带状分布；孔隙水主要赋存于两岸第四系松散层中，接受冰雪融水、大气降水和河水的补给。

2. 边坡变形破坏形式

根据隧道出口边坡的倾向、倾角以及岩层产状和赤平投影分析（图 7.74）发现，地层与边坡呈大角度相交，不利于沿层面滑动，但隧道进口开挖时可能造成扰动破坏，从而产生倾倒、弯曲和弯折。

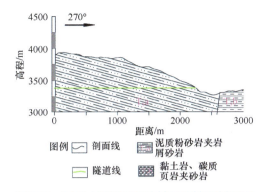

图 7.73　红拉山隧道出口边坡工程地质剖面图

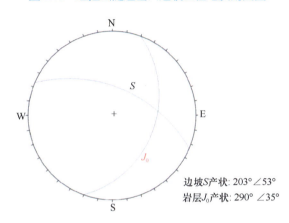

边坡 S 产状: 203°∠53°

岩层 J_0 产状: 290° ∠35°

图 7.74　红拉山隧道出口边坡稳定性赤平投影分析结果

3. 岩体质量及强度参数

该边坡岩体结构特征见表 7.43，根据现场考察和岩体质量分级结果，GSI 取值为 20~30。根据 7.3.2 节所述方法计算获得岩体力学参数取值范围（表 7.44）。

表 7.43　红拉山隧道出口边坡结构特征

边坡名称	岩性	岩体结构	边坡类型	结构面组数	可能的变形破坏形式
红拉山隧道出口	泥质粉砂岩夹岩屑砂岩	层状碎裂结构	特高峻坡	1	倾倒、弯曲和弯折

表 7.44　红拉山隧道出口边坡岩体的 GSI 值及变形强度参数取值

边坡名称	GSI	σ_c/MPa	m_i	c/MPa	φ/ (°)	E/GPa
红拉山隧道出口	20~30	2.5~40.4	9	0.18~0.86	5.92~19.05	0.21~1.51

4. 自重作用稳定性数值模拟分析

对该地区边坡的计算主要考虑自然工况，本次边坡计算主要涉及的岩体为砂岩。根据《水利水电工程边坡设计规范》（SL 386—2007）、《建筑边坡工程技术规范》（GB 50330—2013），不同工况下边坡的安全系数取值范围如表 7.33 所示。

红拉山隧道出口边坡模型网格剖分如图 7.75 所示，模型尺寸和坡面倾向与工程地质剖面图完全一致。建模时考虑计算效率，模型从坡表至坡体深部，网格大小线性增大，材料属性统一按泥质粉砂岩夹岩屑砂岩岩体参数的均值赋值，模型共 7050 个节点，3362 个单元，边界条件为：固定模型底面边界 Z 方向速度以及左右边界 X 方向速度为 0，固定模型底部边界以及所有节点 Y 方向速度为 0。

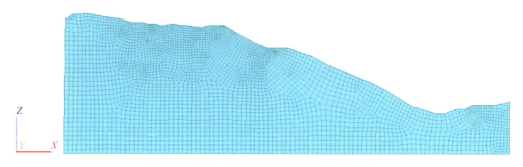

图 7.75　红拉山隧道出口边坡模型网格剖分

竖向位移分析：如图 7.76 所示，红拉山隧道出口边坡剖面在自重作用下，竖向变形量主要集中在坡体后缘，最大沉降值为 1.9215×10^{-2} m。

图 7.76　红拉山隧道出口边坡自然工况竖向位移分布图

水平向位移分析：如图 7.77 所示，红拉山隧道出口剖面在自重作用下，水平向变形主要集中在坡体后缘和坡体中部，最大值为 1.2012×10^{-2} m，方向指向坡外，呈协调变形趋势。

塑性区分析：如图 7.78 所示，红拉山隧道出口剖面在自重作用下，坡肩表部及平台内部产生零星的塑性破坏。

剪应变增量分析：如图 7.79 所示，红拉山隧道出口边坡在自重作用下，剪应变增量主要集中在坡脚，存在潜在滑动面，最大值为 1.8203×10^{-1}。

综上所述，在自重作用下，对红拉山隧道出口边坡进行分析，其变形量较大，存在一定范围塑性区，存在整体性的滑动的可能，边坡整体稳定性差。

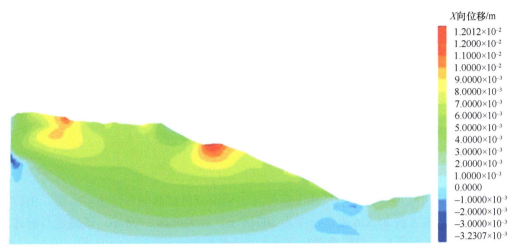

图 7.77　红拉山隧道出口边坡自然工况水平向位移分布图

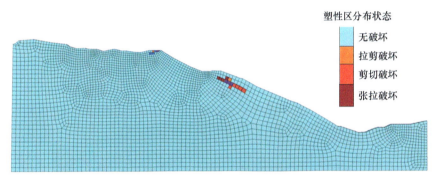

图 7.78　红拉山隧道出口边坡自然工况塑性区分布图

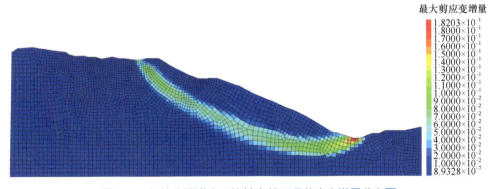

图 7.79　红拉山隧道出口边坡自然工况剪应变增量分布图

5. 边坡整体稳定性评价结果

运用快速拉格朗日差分法数值模拟分析软件，计算可知红拉山隧道出口边坡存在一定范围塑性区，存在整体性的滑动的可能，边坡整体稳定性差；利用强度折减法计算得到边坡在自然工况下的稳定性系数为 0.998，根据《建筑边坡工程技术规范》

（GB 50330—2013）中边坡稳定性状态划分表可知，该边坡属于不稳定边坡。由于模拟工况为自然条件，实际隧道开挖过程中会对边坡安全性产生工程扰动影响，且数值模型的岩体结构较为完整。因此，根据现场考察及岩体结构分级结果，对边坡的稳定性分级进行综合评价，判定该边坡为极不稳定边坡。

7.5.6　芒康山隧道进口边坡

1. 基本工程地质条件

拟建芒康山隧道进口位于昌都市察雅县田妥镇夺巴村西侧和协地村东侧，出口位于昌都市区东南方约 25 km 处，长度为 30714 m，最大埋深 1728 m。该隧道与前述塔如隧道等均位于察雅县，自然地理与气象水文条件相似。

芒康山隧道进口边坡地势上陡下缓，上部坡脚约为 25°，中下部逐渐变缓，坡度约为 10°，植被覆盖较少，主要为高山草本植物等（图 7.80）。

图 7.80　芒康山隧道进口边坡（镜向 251°）

芒康山隧道进口边坡所在岩层主要为上三叠统阿堵拉组（T_3a）泥质粉砂岩夹岩屑砂岩，可见粗砂岩成分层，地层褶皱发育，岩层产状 240°∠45°。该边坡大地构造位置上处于昌都弧后前陆盆地，受到澜沧江断裂的影响，近年来该断裂带仍在活动。芒康山隧道经过区域基本地震动峰值加速度值为 0.20 g。所处地区海拔较高，坡高约 150 m，边坡产状 90°∠25°。除层理面外，还可见发育两组结构面，产状分别为 J_1：37°∠79°、J_2：149°∠85°，主要发育有卸荷裂隙、风化裂隙及构造裂隙，岩体结构为层状结构，部分破碎。地下水主要为基岩裂隙水和孔隙水，主要赋存于坡体第四系沉积物以及构造裂隙和风化裂隙中，呈脉状、带状分布，节理裂隙发育，岩体较破碎，降水入渗条件良好，芒康山隧道进口边坡工程地质剖面图如图 7.81 所示。

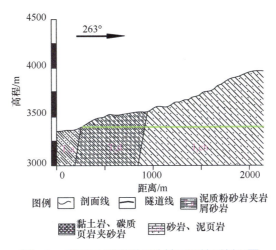

图 7.81　芒康山隧道进口边坡工程地质剖面图

2. 边坡变形破坏形式

由于拟建芒康山隧道进口边坡的岩性主要为泥质粉砂岩夹岩屑砂岩，力学强度相对较低。边坡岩体节理裂隙发育，主要发育有层面 J_0 与两组结构面 J_1 和 J_2。根据图 7.82 赤平投影分析图可知，岩层层面 J_0 反倾向坡内（岩层产状 240°∠45°），说明边坡属于反倾结构，有发生倾倒的可能性。结构面 J_1、J_2 与坡面呈大角度相交，二者与坡面块体交线较陡，在自然状况下较稳定，但隧道开挖边坡变陡时可能发生块体滑动导致岩石破坏，因此在强降雨、地震情况下有发生失稳的可能。

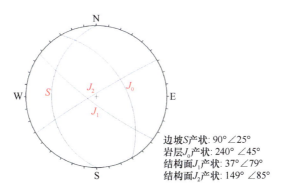

边坡 S 产状: 90°∠25°
岩层 J_0 产状: 240°∠45°
结构面 J_1 产状: 37°∠79°
结构面 J_2 产状: 149°∠85°

图 7.82　芒康山隧道进口边坡稳定性赤平投影分析结果

3. 岩体质量及强度参数

该边坡岩体结构特征见表 7.45，根据现场实测及岩体质量分级结果，GSI 取值为 30.00~56.51。

根据表 7.29 得 m_i 取值为 9，查询《工程地质手册》σ_c 取值 2.5~50 MPa，扰动状况为部分扰动，$D=0.5$。根据 7.3.2 节，得芒康山隧道进口边坡岩体黏聚力 $c=0.11$~0.33 MPa，内摩擦角 $\varphi=12.75°$~$23.36°$，弹性模量 $E=0.11$~0.84 GPa。

247

表 7.45   芒康山隧道进口边坡结构特征

边坡名称	岩性	岩体结构	边坡类型	结构面组数	变形破坏趋势	GSI 取值范围
芒康山隧道进口	泥质粉砂岩夹岩屑砂岩	层状结构	超高逆向坡	2	复杂的楔形破坏	30.00~56.51

4. 自然工况稳定性数值模拟分析

芒康山隧道进口边坡模型网格剖分如图 7.83 所示，模型尺寸和坡面倾向与工程地质剖面图完全一致。建模时考虑计算效率，模型从坡表至坡体深部，网格大小线性增大，材料属性统一按泥质粉砂岩夹岩屑砂岩岩体参数的均值赋值，模型共 7010 个节点，3376 个单元，边界条件为：固定模型底面边界 Z 方向速度以及左右边界 X 方向速度为 0，固定模型底部边界以及所有节点 Y 方向速度为 0。

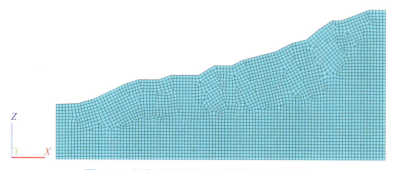

图 7.83   芒康山隧道进口边坡模型网格剖分

竖向位移分析：如图 7.84 所示，芒康山隧道进口边坡在自重作用下，竖向变形主要集中在山体后缘及坡脚位置，其最大沉降值为 2.23m，呈协调变形趋势。

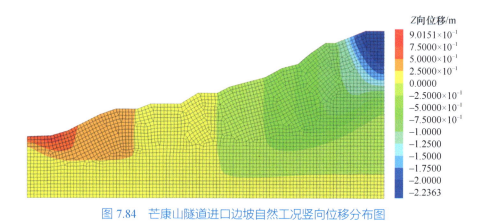

图 7.84   芒康山隧道进口边坡自然工况竖向位移分布图

水平向位移分析：如图 7.85 所示，芒康山隧道进口边坡在自重作用下，水平变形主要集中在坡体内侧，其最大值为 1.374 m，方向与坡脚相反，呈协调变形趋势。

塑性区分析：如图 7.86 所示，芒康山隧道进口边坡在自重作用下，边坡坡顶浅层出现零星塑性区。

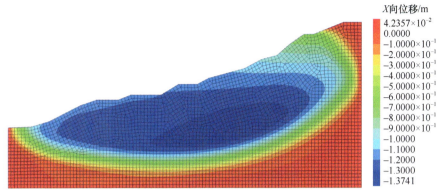

图 7.85　芒康山隧道进口边坡自然工况水平向位移分布图

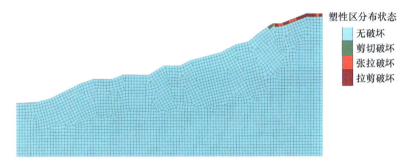

图 7.86　芒康山隧道进口边坡自然工况塑性区分布图

　　剪应变增量分析：如图 7.87 所示，芒康山隧道进口边坡在自重作用下，剪应变增量主要集中在坡内，形成潜在滑动面，最大值为 3.9712×10^{-1}。

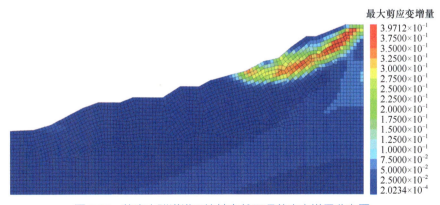

图 7.87　芒康山隧道进口边坡自然工况剪应变增量分布图

5. 边坡整体稳定性评价结果

　　运用快速拉格朗日差分法数值模拟分析软件，计算可知芒康山隧道进口边坡存在零星的塑性区，利用强度折减法计算得到边坡在自然工况下的稳定性系数为 1.25，查《建筑边坡工程技术规范》（GB 50330—2013）中边坡稳定性状态划分表可知，该边坡属于稳定边坡。因此，根据现场考察及岩体结构分级结果，对边坡的稳定性分级进行综合评价，判定该边坡为基本稳定边坡。

7.5.7 易贡隧道出口边坡

1. 基本工程地质条件

拟建易贡隧道位于林芝市波密县，隧道长度为 42485 m，最大埋深 1396 m。隧道进口位于波密县岗美村附近，隧道出口位于国道 318 附近的茶隆隆巴曲内。根据中国气象局公布数据，1981~2010 年，波密县年均降水量为 890.9 mm，6 月平均降水量最大，达 136.3 mm，1 月平均降水量最小，为 5.2 mm。该县年平均气温 10.2℃，6~9 月平均最高气温均超过 20℃，11 月至次年 2 月平均最低气温达 0℃以下。1981~2010 年波密县平均降水量与平均气温如图 7.88 所示。

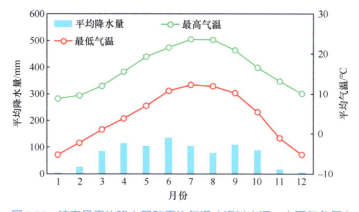

图 7.88 波密县平均降水量和平均气温（资料来源：中国气象局）

易贡隧道出口位于茶隆隆巴曲左岸边坡，沟谷幽深。出口处高程为 2531 m。沟中巨石矗立，水流清澈见底，水势湍急，激起白色浪花，属高山峡谷地貌。边坡山体高陡，坡顶拔河高度约为 1400 m，坡度约 45°，坡向 295°。图 7.89 为川藏交通廊道易贡隧道出口边坡，坡体下部植被覆盖茂盛，为原始森林，坡体上部主要为高大乔木。

该边坡所处大地构造单元为伯舒拉岭岩浆弧，距嘉黎－察隅断裂较近，近年来该断裂带仍在活动。第四纪以来，受到青藏高原持续隆升的影响，隧道所处地区地震活跃。至今区域范围内共记录到破坏性地震 157 次，其中 8 级以上地震 1 次，7.0~7.9 级地震 2 次，6.0~6.9 级地震 19 次，5.0~5.9 级地震 77 次，4.7~4.9 级地震若干次，最大地震是 1950 年 8 月 15 日西藏察隅、墨脱 8.6 级地震。东构造结东部边界附近及其内部有大量历史强震震中分布，其中 6.0~6.9 级地震就有 3 次。易贡隧道进口区域基本地震动峰值加速度值为 0.30 g，隧道出口区域基本地震动峰值加速度值为 0.20 g。

由于边坡表面被茂密植被覆盖，未见基岩，未能获得基岩和结构面产状。根据现场调查结果绘制易贡隧道出口边坡工程地质剖面图如图 7.90 所示。

图 7.89 拟建易贡隧道出口边坡（镜向 130°）

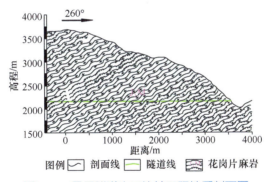

图 7.90 易贡隧道出口边坡工程地质剖面图

2. 边坡变形破坏形式

根据地质图可知，拟建易贡隧道出口边坡所在地层为下念青唐古拉岩群 a 岩组：花岗片麻岩、夹片岩、大理岩，坡面有第四系堆积物。力学强度中等，在地表水、地下水及植被根劈作用的协同因素影响下容易风化产生裂隙，岩体结构劣化，强度弱化。该边坡岩体卸荷作用强烈，现场存在大块碎石及滑坡堆积体，因此遇强降雨、地震情况存在崩滑风险。

3. 岩体质量及强度参数

该边坡岩体结构特征见表 7.46，结合现场实测及岩体质量分级结果，GSI 为 20~30。

根据表 7.29 得 m_i 取值为 4~33，基于现场实测及《工程地质手册》σ_c 取值 10~70 MPa，扰动状况为部分扰动，$D=0.5$。根据 7.3.2 节，得易贡隧道出口边坡岩体黏聚

力 c=0.32~2.74 MPa，内摩擦角 φ=5.24°~27.77°，弹性模量 E=0.42~1.98 GPa。

表 7.46　易贡隧道出口边坡结构特征

边坡名称	岩性	岩体结构	边坡类型	变形破坏趋势	GSI 取值范围
易贡隧道出口	花岗片麻岩等	块状结构	高陡坡	崩滑	20~30

4. 自然工况稳定性数值模拟分析

易贡隧道出口边坡模型网格剖分如图 7.91 所示，模型尺寸和坡面倾向与工程地质剖面图完全一致。考虑到计算效率，将模型厚度设置为网格单元的最小边长（30 m），模型共 6699 个节点，5265 个单元，边界条件为：固定模型底面边界 Z 方向速度以及左右边界 X 方向速度为 0，固定模型底部边界以及所有节点 Y 方向速度为 0。材料属性统一按岩体参数的均值赋值。

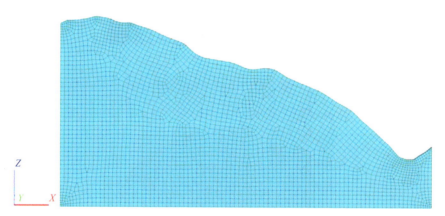

图 7.91　易贡隧道出口边坡模型网格剖分

竖向位移分析：如图 7.92 所示，易贡隧道出口边坡在自重应力作用下，坡顶位置出现了一定的竖向变形，其最大沉降值为 0.56881 m，其余位置竖向变形不明显。

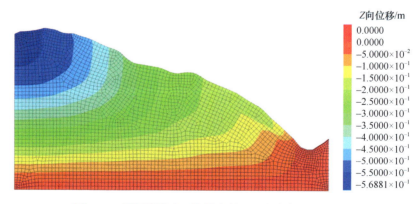

图 7.92　易贡隧道出口边坡自然工况竖向位移分布图

水平向位移分析：如图 7.93 所示，易贡隧道出口边坡在自重应力作用下，水平向变形主要集中在坡肩位置和边坡靠近河谷区域。坡肩变形方向与边坡靠近河谷区域变形方向相反，坡肩变形最大值为 1.0882×10^{-2} m；边坡靠近河谷区域变形最大值为 2.3386×10^{-1} m。

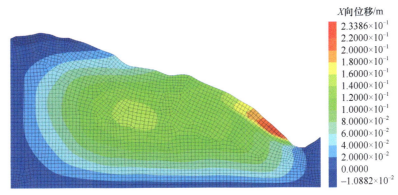

图 7.93　易贡隧道出口边坡自重作用水平向位移分布图

塑性区分析：根据图 7.94 所示情况，易贡隧道出口边坡在自重作用下，坡肩、坡体中部及河谷表层出现了塑性破坏区。

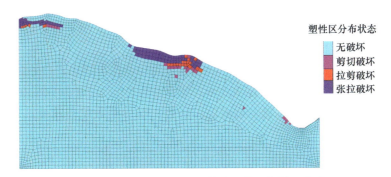

图 7.94　易贡隧道出口边坡自重作用塑性区分布

剪应变增量分析：如图 7.95 所示，易贡隧道出口边坡在自重应力作用下，河谷边坡坡脚的剪应变增量加大，并达到最大值 1.8249，在后期扰动下可能发生剪切滑移。

5. 边坡整体稳定性评价结果

基于 FLAC3D 软件利用强度折减法计算得到易贡隧道出口边坡在自然工况下的稳定性系数为 1.02。廊道边坡属于永久边坡中的一级边坡，根据《建筑边坡工程技术规范》（GB 50330—2013）中边坡稳定性状态划分表可知，该边坡属于不稳定边坡。在自重应力条件下，易贡隧道出口坡肩近表层存在塑性破坏区域，河谷边坡坡脚的剪应变增量加大，并达到最大值，在后期工程扰动下可能会产生整体性的剪切滑动，边坡整体稳定性一般。因此，根据现场考察及有限差分模拟结果，对易贡隧道出口边坡的稳定性

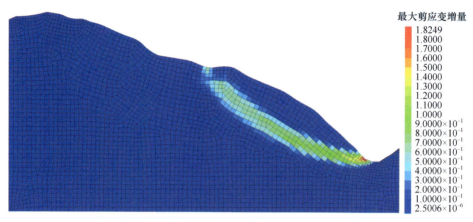

图 7.95　易贡隧道出口边坡自重作用剪应变增量分布图

分级进行综合评价，判定该边坡为不稳定边坡，在后期开挖过程中应及时进行支护。

7.5.8　通麦隧道进口边坡

1. 基本工程地质条件

拟建通麦隧道位于林芝市波密县通麦镇，长度为 12392 m，最大埋深 1532 m。隧道进口位于波密县通麦镇曲村，出口位于林芝市波密县通麦镇。该隧道与前述易贡隧道等均位于波密县，自然地理与气象水文条件相似。

通麦隧道进口位于察隆隆巴曲右岸，沟谷深邃，拟建通麦隧道进口处高程为 2429 m。边坡山体陡峭，坡顶拔河高度约为 1200 m，坡度约为 35°，边坡倾向 130°，地势陡峻，属于高山峡谷单元。图 7.96 为通麦隧道进口边坡，坡体植被覆盖茂盛，可见高大乔木和竹等植被。

图 7.96　通麦隧道进口边坡（镜向 311°）

该进口边坡所在地层为念青唐古拉岩群 a 岩组：片麻岩、夹片岩、大理岩，坡面有第四系堆积物。所属大地构造单元为伯舒拉岭岩浆弧，距嘉黎 – 察隅断裂较近，近年来该断裂带仍在活动。第四纪以来，受到青藏高原持续隆升的影响，隧道所处地区地震活跃。通麦隧道进口区域基本地震动峰值加速度为 0.20 g，隧道出口区域基本地震动峰值加速度为 0.20 g。根据现场调查结果绘制通麦隧道进口边坡工程地质剖面图如图 7.97 所示。

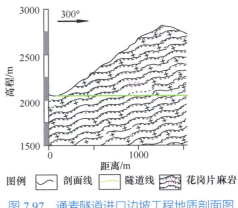

图 7.97　通麦隧道进口边坡工程地质剖面图

2. 边坡变形破坏形式

该边坡位于察隆隆巴曲右岸，地处沟谷卸荷带，基岩为花岗片麻岩，表层为风化严重的第四系滑坡堆积土体，强度较弱。虽植被茂盛，但近前考察发现该边坡有滑坡痕迹，现场有大块碎石。如遇地震与强降雨，应考虑存在有滑坡或落石的可能性。

3. 岩体质量及强度参数

该边坡岩体结构特征见表 7.47，根据实测及岩体质量分级结果，GSI 为 20~30。

表 7.47　通麦隧道进口边坡结构特征

边坡名称	岩性	岩体结构	边坡类型	变形破坏趋势	GSI 取值范围
通麦隧道进口	花岗片麻岩等	块状结构	高陡坡	滑坡或落石	20~30

根据表 7.29 得 m_i 取值为 4~33，基于现场实测及《工程地质手册》σ_c 取值 10~43 MPa，扰动状况为部分扰动，$D=0.5$。根据 7.3.2 节，得通麦隧道进口边坡岩体黏聚力 $c=0.27~1.82$ MPa，内摩擦角 $\varphi=5.99°~26.86°$，弹性模量 $E=0.42~1.56$ GPa。

4. 自然工况稳定性数值模拟分析

通麦隧道进口边坡模型网格剖分如图 7.98 所示，模型尺寸和坡面倾向与工程地质剖面图完全一致。建模时考虑计算效率，模型从坡表至坡体深部，网格大小线性增大，材料属性统一按岩体参数的均值赋值，模型共 4940 个节点，2346 个单元，边界条件为：

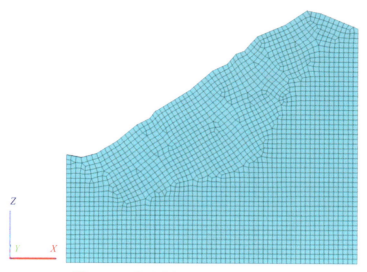

图 7.98　通麦隧道进口边坡模型网格剖分

固定模型底面边界 Z 方向速度以及左右边界 X 方向速度为 0，固定模型底部边界以及所有节点 Y 方向速度为 0。

竖向位移分析：如图 7.99 所示，通麦隧道进口边坡在自重作用下，竖向变形主要集中在坡体后缘及坡脚位置，其最大沉降值为 0.73886 m，方向指向坡内，呈协调变形趋势。

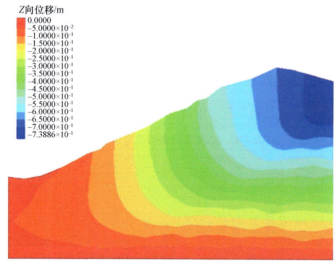

图 7.99　通麦隧道进口边坡自然工况竖向位移分布图

水平向位移分析：如图 7.100 所示，通麦隧道进口边坡在自重作用下，水平向坡外最大变形量为 6.6426×10^{-3} m。

塑性区分析：如图 7.101 所示，通麦隧道进口边坡在自重作用下，边坡坡顶及中下部浅层存在零星分布的塑性区，并未出现贯通。

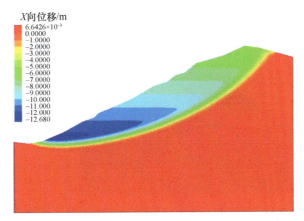

图 7.100　通麦隧道进口边坡自然工况水平向位移分布图

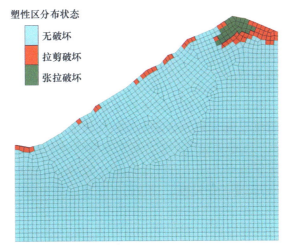

图 7.101　通麦隧道进口边坡自然工况塑性区分布图

剪应变增量分析：如图 7.102 所示，通麦隧道进口边坡在自重作用下，剪应变增量主要集中在坡脚，形成潜在滑动面，最大值为 0.70931。

综上所述，在自然工况下，对通麦隧道进口边坡进行分析，其变形量较大，坡体后缘呈拉伸状态，存在潜在滑动面，出现剪切破坏的坡脚区域出现较大变形，存在整体性的滑动的可能，边坡整体稳定性差。

5. 边坡整体稳定性评价结果

运用快速拉格朗日差分法数值模拟分析软件，计算可知通麦隧道进口边坡存在一定的塑性区，坡体后缘呈拉伸状态，出现剪切破坏的坡脚区域出现较大变形，会产生整体性的滑动，边坡整体稳定性差；利用强度折减法计算得到边坡在自然工况下的稳定性系数为 1.043，根据《建筑边坡工程技术规范》（GB 50330—2013）中边坡稳定性状态划分表可知，该边坡属于不稳定边坡。根据现场考察及岩体结构分级结果，对边

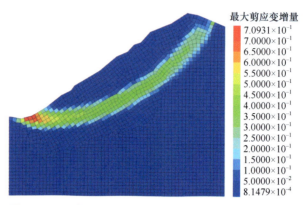

图 7.102　通麦隧道进口边坡自然工况剪应变增量分布图

坡的稳定性分级进行综合评价，判定该边坡为不稳定边坡。

7.5.9　迫龙隧道进口边坡

1. 基本工程地质条件

拟建迫龙隧道位于林芝市波密县，隧道长度为 604 m，最大埋深 149 m，隧道进口和出口均位于林芝市波密县通麦镇。该隧道与前述通麦隧道等均位于波密县，自然地理与气象水文条件相似。隧道处坡度陡峭，属于高山峡谷单元。

隧道进口边坡邻近帕隆藏布江，进口处高程为 2237 m，坡顶拔河高度约为 200 m，坡度 70°，坡向 81°；坡表覆盖层较厚，边坡植被茂盛，多为高大乔木（图 7.103）。

图 7.103　迫龙隧道进口边坡（镜向 260°）

迫龙隧道边坡所处大地构造单元为伯舒拉岭岩浆弧，距嘉黎 – 察隅断裂较近，近年来该断裂带仍在活动。第四纪以来，受到青藏高原持续隆升的影响，隧道所处地区地震活跃。迫龙隧道进口区域基本地震动峰值加速度为 0.20 g。迫龙隧道边坡工程地质剖面图如图 7.104 所示。

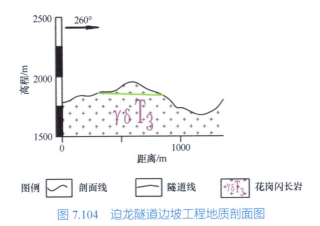

图 7.104　迫龙隧道边坡工程地质剖面图

2. 边坡变形破坏形式

拟建迫龙隧道进口边坡的岩性主要为花岗闪长岩，所在地层为念青唐古拉岩群 a 岩组：片麻岩、夹片岩、大理岩，坡面有第四系堆积物。

高精度遥感解译和现场实地考察未发现迫龙隧道进口邻域内发育有滑坡、崩塌、泥石流等动力地质现象。坡表植被发育，未发现有控制边坡稳定的断裂构造等。

3. 岩体质量及强度参数

该边坡岩体结构特征见表 7.48，根据实测及岩体质量分级结果，GSI 取值范围为 10~20。

表 7.48　迫龙隧道进口边坡结构特征

边坡名称	岩性	岩体结构	边坡类型	GSI 取值范围
迫龙隧道进口	花岗闪长岩等	块状结构	超高峻坡	10~20

根据表 7.29 得 m_i 取值为 4~33，基于现场实测及《工程地质手册》σ_c 取值 5~22 MPa，扰动状况为部分扰动，D=0.5。根据 7.3.2 节，得迫龙隧道进口边坡岩体黏聚力 c=0.04~0.31 MPa，内摩擦角 φ=6.79°~31.42°，弹性模量 E=0.17~0.63 GPa。

4. 自然工况稳定性数值模拟分析

迫龙隧道进口边坡模型网格剖分如图 7.105 所示，模型尺寸和坡面倾向与工程地质剖面图完全一致。考虑到计算效率，将模型厚度设置为网格单元的最小边长（20 m），模型共 2910 个节点，1356 个单元，边界条件为：固定模型底面边界 Z 方向速度以及左右边界 X 方向速度为 0，固定模型底部边界以及所有节点 Y 方向速度为 0。材料属性统一按花岗闪长岩岩体参数赋值。

竖向位移分析：如图 7.106 所示，迫龙隧道进口边坡在自重应力作用下，坡顶和河谷边坡中部出现了一定的竖向变形，坡顶沉降变形最大值为 0.24416 m，河谷底抬升变

259

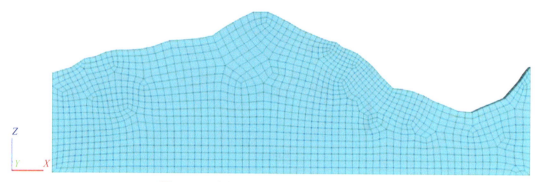

图 7.105　迫龙隧道进口边坡模型网格剖分

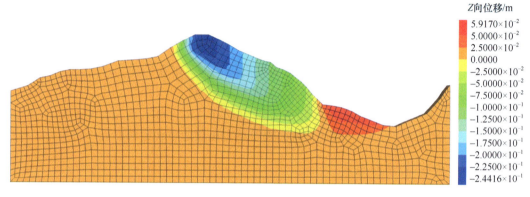

图 7.106　迫龙隧道进口边坡自然工况竖向位移分布图

形最大值为 5.9170×10^{-2} m，其余位置竖向变形不明显。

　　水平向位移分析：如图 7.107 所示，迫龙隧道进口边坡在自重应力作用下，水平向变形主要集中在河谷边坡中部。河谷边坡中部变形方向指向坡外，河谷边坡中部变形最大值为 3.1526×10^{-1} m，其余位置水平向变形不明显。

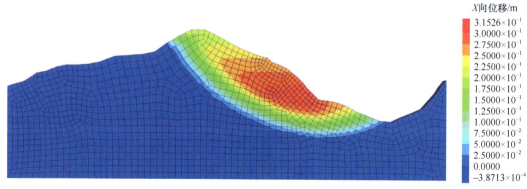

图 7.107　迫龙隧道进口边坡自然工况水平向位移分布图

　　塑性区分析：根据图 7.108 所示情况，迫龙隧道进口边坡在自重应力作用下，坡顶和坡肩表面出现了部分塑性破坏区。

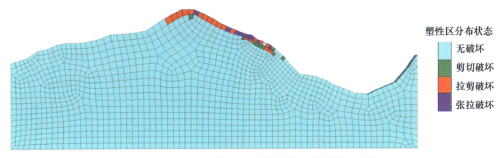

图 7.108　迫龙隧道进口边坡自然工况塑性区分布

剪应变增量分析：如图 7.109 所示，迫龙隧道进口边坡在自重应力作用下，河谷边坡中部的剪应变增量加大，形成潜在滑动面，并达到最大值 9.5308×10^{-1}，在后期扰动下可能发生剪切滑移。

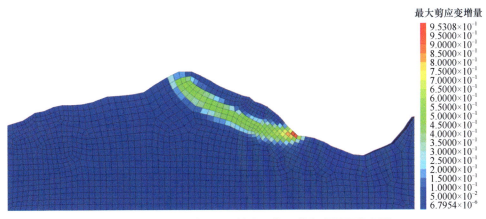

图 7.109　迫龙隧道进口边坡自重作用剪应变增量分布图

5. 边坡整体稳定性评价结果

基于 FLAC3D 软件利用强度折减法计算得到迫龙隧道进口边坡在自然工况下的稳定性系数为 1.035。廊道边坡属于永久边坡中的一级边坡，根据《建筑边坡工程技术规范》（GB 50330—2013）中边坡稳定性状态划分表可知，该边坡属于不稳定边坡。在自重应力条件下，迫龙隧道进口边坡坡顶和坡肩表面存在塑性破坏区域，河谷边坡中部的剪应变增量加大，并达到最大值，在后期工程扰动下可能会产生整体性的剪切滑动，边坡整体稳定性一般。因此，根据现场考察及有限差分模拟结果，对迫龙隧道进口边坡的稳定性分级进行综合评价，判定该边坡为不稳定边坡，应在后期开挖过程中及时进行支护。

7.5.10　拉月隧道出口边坡

1. 基本工程地质条件

拟建拉月隧道出口位于林芝市巴宜区鲁朗镇东久村之间。林芝市位于西藏自治区东南部，距离自治区首府拉萨市 400 余千米，国道 318 和省道 306 贯穿林芝境内。

根据中国气象局公布数据，1981~2010 年，巴宜区年均降水量为 692.5 mm，7 月平均降水量最大，达 143.3 mm，12 月平均降水量最小，达 1.0 mm。该区年平均气温多在 10.3℃，6~9 月平均最高气温超过 20°，11 月至次年 2 月平均最低气温达 0℃以下，如图 7.110 所示。

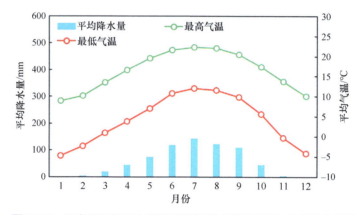

图 7.110　巴宜区平均降水量和平均气温（资料来源：中国气象局）

该区域河流属于雅鲁藏布江水系。波密至鲁朗段区域内河流水系较为发育，涉及的河流主要有帕隆藏布、彼得藏布、拉月藏布、拉月曲、鲁朗河等。帕隆藏布为雅鲁藏布江的主要支流，其源头发源于冰川，水流量较大、水量充沛。拉月隧道出口位于东久曲的左岸，此处河谷深切，流水湍急，一条乡间公路从坡脚通过。拟建拉月隧道出口高程为 3012 m，出口边坡坡顶拔河高度约为 900 m，坡度总体约为 60°，坡向 215°，坡面起伏粗糙，怪石嶙峋，局部形成绝壁甚至倒坡，属于高山峡谷地貌景观。图 7.111 为拉月隧道出口边坡，基岩裸露，坡体上部主要为稀疏高大乔木。

该边坡所在地层为念青唐古拉岩群 b 岩组：片麻岩、花岗质混合岩夹大理岩，坡面有第四系堆积物。所处大地构造单元为雅鲁藏布江蛇绿混杂岩带，距嘉黎 – 察隅断裂较近，近年来该断裂带仍在活动。第四纪以来，受到青藏高原持续隆升的影响，隧道所处地区地震活跃，该区域基本地震动峰值加速度为 0.20 g。

根据现场调查结果绘制拉月隧道出口边坡工程地质剖面图，如图 7.112 所示，该边坡属于块状结构高峻坡。边坡基岩岩性主要为花岗片麻岩和片岩，未见显著片理结构特征，力学强度较高，在寒冻风化、地表水、地下水及植被根劈作用的协同因素影响下容易风化产生裂隙，岩体结构劣化，强度弱化。

2. 边坡变形破坏形式

该边坡紧邻东久曲，受结构面切割严重。边坡岩体节理裂隙发育，主要发育五组结构面，第一组结构面 J_1 产状为 193° ∠ 68°，间距为 20~50 cm，延伸较好；第二组结构面 J_2 产状为 330° ∠ 58°，间距为 10~100 cm，延伸较好，蚀变带宽约 20 cm；第三

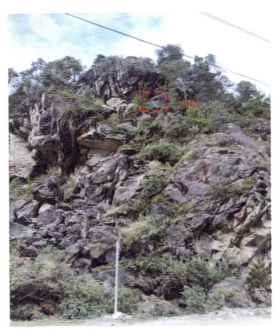

图 7.111　拉月隧道出口边坡（镜向 58°）

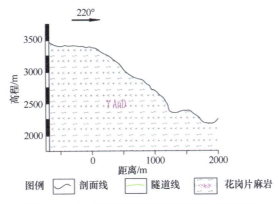

图 7.112　拉月隧道出口边坡工程地质剖面图

组结构面 J_3 产状为 260°∠67°，间距为 40~50 cm，延伸较好；第四组结构面 J_4 产状为 188°∠69°，平直延伸好，间距为 20~30 cm；第五组结构面 J_5 产状为 36°∠49°，间距为 20~25 cm。坡体基岩较破碎，对节理结构面进行赤平投影分析（图 7.113），结构面 J_1、J_3、J_4 与边坡倾向相同，呈斜交，同时倾角大于坡角，因此不容易形成滑移面；结构面 J_2 与结构面 J_1、J_4 形成的楔形体有沿其交线滑移的可能；结构面 J_5 与边坡倾向相反，且延伸较短，对边坡稳定性影响较小。

根据现场考察发现，拉月隧道出口左侧 800m 有小型滑坡，滑坡台阶明显，且伴有崩塌而致落石堆积，并且附近有滑坡发育。结合高精度遥感解译和现场实地深入考察发现，隧道出口上游侧和下游侧均发育有滑坡、崩塌等动力地质现象。因此，拉月隧道出口开挖时可能造成扰动破坏，从而产生局部溜滑。同时，由于该边坡高度和坡

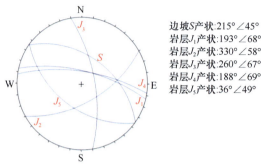

边坡S产状:215°∠45°
岩层J_1产状:193°∠68°
岩层J_2产状:330°∠58°
岩层J_3产状:260°∠67°
岩层J_4产状:188°∠69°
岩层J_5产状:36°∠49°

图 7.113　拉月隧道出口边坡赤平投影分析结果

度相对较高,在强降雨、地震情况下存在发生失稳的可能性,需要对边坡整体稳定性进行深入评估。

3. 岩体质量及强度参数

该边坡岩体结构特征见表 7.49,根据现场实测及岩体质量分级结果,GSI 为 30~40。

表 7.49　拉月隧道出口边坡结构特征

边坡名称	岩性	岩体结构	边坡类型	结构面组数	变形破坏趋势	GSI 取值范围
拉月隧道出口	花岗片麻岩等	块状结构	特高峻坡	5	复杂的楔形破坏	30~40

根据表 7.29 得 m_i 取值为 4~33,基于现场实测及《工程地质手册》σ_c 取值 10~65 MPa,扰动状况为部分扰动,D=0.5。根据 7.3.2 节,得拉月隧道出口边坡岩体黏聚力 c=0.38~2.69 MPa,内摩擦角 φ=7.59°~33.76°,弹性模量 E=0.75~3.41 GPa。

4. 自然工况稳定性数值模拟分析

拉月隧道出口边坡模型网格剖分如图 7.114 所示,模型尺寸和坡面倾向与工程地

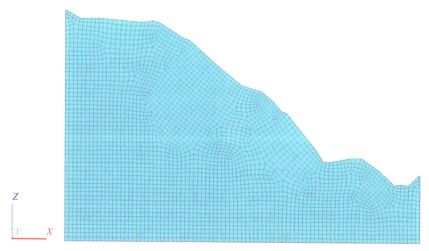

图 7.114　拉月隧道出口边坡模型网格剖分

质剖面图完全一致。建模时考虑计算效率，模型从坡表至坡体深部，网格大小线性增大，材料属性统一按岩体参数的均值赋值，模型共 6946 个节点，3335 个单元，边界条件为：固定模型底面边界 Z 方向速度以及左右边界 X 方向速度为 0，固定模型底部边界以及所有节点 Y 方向速度为 0。

竖向位移分析：如图 7.115 所示，拉月隧道出口边坡在自重作用下，竖向变形主要集中在坡体后缘及坡脚位置，其最大沉降值为 4.1601×10^{-2} m，方向指向坡内，呈协调变形趋势。

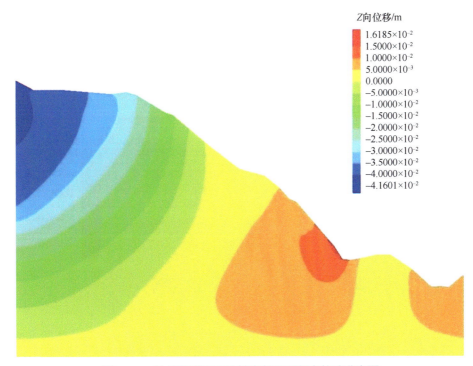

图 7.115　拉月隧道出口边坡自然工况竖向位移分布图

水平向位移分析：如图 7.116 所示，拉月隧道出口边坡在自重作用下，水平变形主要集中在坡脚位置，其最大值为 1.0986×10^{-2} m，方向朝坡外；坡体后缘变形方向与坡脚相反，呈协调变形趋势。

塑性区分析：如图 7.117 所示，拉月隧道出口边坡在自重作用下，边坡坡顶和坡肩出现零星塑性破坏区。

剪应变增量分析：如图 7.118 所示，拉月隧道出口边坡在自重作用下，剪应变增量集中在坡脚，最大值为 4.2179×10^{-1}。

综上所述，在自然工况下，对拉月隧道出口边坡进行分析，其变形量较大，坡脚出现较大变形，有发生滑动的可能性，边坡整体稳定性差。

5. 边坡整体稳定性评价结果

运用快速拉格朗日差分法数值模拟分析软件，计算可知拉月隧道出口边坡存在部

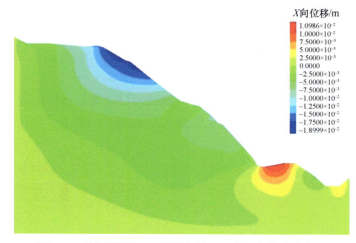

图 7.116　拉月隧道出口边坡自然工况水平向位移分布图

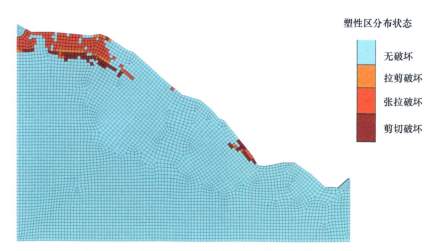

图 7.117　拉月隧道出口边坡自然工况塑性区分布图

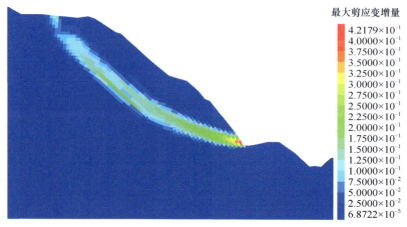

图 7.118　拉月隧道出口边坡自然工况剪应变增量分布图

分塑性区，坡脚出现较大变形，可能产生整体性的滑动，边坡整体稳定性差；利用强度折减法计算得到边坡在自然工况下的稳定性系数为 1.039，根据《建筑边坡工程技术规范》（GB 50330—2013）中边坡稳定性状态划分表可知，该边坡属于不稳定边坡。根据现场考察及岩体结构分级结果，对边坡的稳定性分级进行综合评价，判定该边坡为不稳定边坡。

参考文献

蔡斌, 喻勇, 吴晓铭. 2001. 《工程岩体分级标准》与Q分类法、RMR分类法的关系及变形参数估算. 岩石力学与工程学报, (S1): 1677-1679.

陈龙飞. 2015. 层状岩质斜坡坡体结构及其效应研究. 兰州: 兰州大学.

陈祖煜. 2004. 岩质高边坡稳定分析方法和软件系统. 北京: 中国水利水电科学研究院.

《工程地质手册》编委会. 2007. 工程地质手册. 4版. 北京: 中国建筑工业出版社.

谷德振. 1979. 岩体工程地质力学基础. 北京: 科学出版社.

谷德振, 黄鼎成. 1979. 岩体结构的分类及其质量系数的确定. 水文地质工程地质, (2): 8-13.

郭松峰, 祁生文, 黄晓林. 2013. 岩体强度各向异性及其转化的应力条件. 岩石力学与工程学报, 32(S2): 3222-3227.

黄润秋. 2008. 岩石高边坡发育的动力过程及其稳定性控制. 岩石力学与工程学报, (8): 1525-1544.

姜德义, 王国栋. 2003. 高速公路工程边坡的工程地质分类. 重庆大学学报(自然科学版), 26(11): 113-116.

金德濂. 2000. 水利水电工程边坡的工程地质分类(上). 西北水电, (1): 10-15, 67.

罗国煜, 吴浩, 王培清. 1989. 岩坡优势面分析理论与方法. 水文地质工程地质, (2): 1-5.

罗元华, 伍法权. 2004. 三峡水库区岩土体高切坡的基本特点与防灾方法. 中国地质灾害与防治学报, 15: 115-118.

莫先恒, 唐名富. 2007. 赤平投影分析原理及在矿山地灾评估中的应用. 中国水运, (10): 150-151.

祁生文, 伍法权, 严福章, 等. 2007. 岩质边坡动力反应分析. 北京: 科学出版社.

丘金兴. 2021. 匀山美庐古滑坡识别与稳定性分析及综合治理. 广州: 广州大学.

宋胜武, 徐光黎, 张世殊, 等. 2012. 论水电工程边坡分类. 工程地质学报, 20(1): 123-130.

孙广忠. 1988. 岩体结构力学. 北京: 科学出版社.

孙玉科, 徐义芳. 1959. 引洮渠道土质(岩石)边坡的工程地质分类. 地质科学, (11): 332-336.

孙玉科, 姚宝魁. 1983. 我国岩质边坡变形破坏的主要地质模式. 岩石力学与工程学报, (1): 67-76.

王存玉, 王思敬. 1987. 边坡模型振动试验研究//岩体工程地质力学问题(七). 北京: 科学出版社: 5.

王俊杰, 訾新梨, 刘丹丹. 2012. 赤平投影在某隧道进口边坡岩体稳定性分析中的应用. 内江科技, 33(6): 95.

王思敬. 2009. 论岩石的地质本质性及其岩石力学演绎. 岩石力学与工程学报, 28(3): 433-450.

邬爱清, 柳赋铮. 2012. 国标《工程岩体分级标准》的应用与进展. 岩石力学与工程学报, 31(8): 1513-1523.

杨涛. 2006. 工程高边坡病害空间预测理论及其应用. 成都: 西南交通大学.

殷跃平. 2005. 三峡库区边坡结构及失稳模式研究. 工程地质学报, (2): 145-154.

张东旭. 2016. 地质强度指标量化方法综述. 矿产与地质, 30(6): 1024-1029.

张倬元, 王士天, 王兰生, 等. 1994. 工程地质分析原理. 北京: 地质出版社.

赵肃菖, 马惠民. 1998. 论坡体结构与坡体病害类型. 兰州: 兰州滑坡泥石流学术研讨会.

周德培, 钟卫, 杨涛. 2008. 基于坡体结构的岩质边坡稳定性分析. 岩石力学与工程学报, 27(4): 687-695.

Bar N, Barton N. 2017. The Q-slope method for rock slope engineering. Rock Mechanics and Rock Engineering, 50(12): 3307-3322.

Barton N, Lien R, Lunde J. 1974. Engineering classification of rock masses for the design of tunnel support. Rock Mechanics, 6(4): 189-236.

Barton N. 2013. Shear strength criteria for rock, rock joints, rockfill and rock masses: Problems and some solutions. Journal of Rock Mechanics and Geotechnical Engineering, 5(4): 249-261.

Bieninawski Z T. 1973. The science of rock mechanics. Engineering Geology, 7(1).

Deere D U. 1964. Technical description of rock cores for engineering purpose. Rock Mechanics and Engineering Geology, 1(1): 17-22.

Franklin J. 1985. Suggested method for determining point load strength. International Journal of Rock Mechanics and Mining Sciences & Geomechanics Abstracts, 22(2): 51-60.

Guo S, Qi S W, Saroglou C. 2020. A-BQ, a classification system for anisotropic rock mass based on China National Standard. Journal of Central South University, 27(10): 3090-3102.

Hoek E, Brown E T. 1997. Practical estimates of rock mass strength. International Journal of Rock Mechanics and Mining Sciences, 34(8): 1165-1187.

Hoek E, Brown E T. 2019. The Hoek-Brown failure criterion and GSI-2018 edition. Journal of Rock Mechanics and Geotechnical Engineering, 11(3): 445-463.

Hoek E, Marinos P G, Marinos V P. 2005. Characterisation and engineering properties of tectonically undisturbed but lithologically varied sedimentary rock masses. International Journal of Rock Mechanics and Mining Sciences, 42(2): 277-285.

Marinos P, Hoek E. 2000. GSI: A geologically friendly tool for rock mass strength estimation. Melburne: ISRM International Symposium.

Nasseri M, Rao K S, Ramamurthy T, et al. 2003. Anisotropic strength and deformational behavior of Himalayan schists. International Journal of Rock Mechanics and Mining Sciences, 40(1): 3-23.

Newmark N M. 1965. Effects of earthquakes on dams and embankments. Geotechnique, 15(2): 139-160.

Ramamurthy T, Arora V. 1994. Strength predictions for jointed rocks in confined and unconfined states. International Journal of Rock Mechanics and Mining Sciences & Geomechanics Abstracts, 31(1): 9-22.

Saroglou C, Qi S W, Guo S F, et al. 2019. ARMR, a new classification system for the rating of anisotropic rock masses. Bulletin of Engineering Geology and the Environment, 78(5): 3611-3626.

Saroglou H, Tsiambaos G. 2007. Classification of anisotropic rocks. Lisbon: 11th ISRM Congress.

Singh T, Kainthola A, Venkatesh A, et al. 2012. Correlation between point load index and uniaxial compressive strength for different rock types. Rock Mechanics and Rock Engineering, 45(2): 259-264.

Sonmez H, Gokceoglu C, Ulusay R. 2004. Indirect determination of the modulus of deformation of rock masses based on the GSI system. International Journal of Rock Mechanics and Mining Sciences, 41(5): 849-857.

Terzaghi K. 1962. Stability of steep professor karl slopes on hard unweathered rock. Geotechnique, 12(4): 251-270.

Vásárhelyi B, Van P. 2006. Influence of water content on the strength of rock. Engineering Geology, 84(1-2): 70-74.

Vutukuri V, Hossain S F. 1995. Modification to the original Hoek-Brown strength criterion. Rock Foundation: 133-137.

Zhou Y, Wu S C, Gao Y G, et al. 2014. Macro and meso analysis of jointed rock mass triaxial compression test by using equivalent rock mass (ERM) technique. Journal of Central South University, 21(3): 1125-1135.

附　录

附录1 川藏交通廊道隧道岩爆和大变形潜势预测图

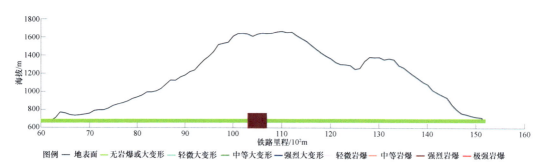

附图 1.1 尖峰山隧道岩爆和大变形潜势预测图

彩色条带为隧道位置，里程为沿廊道到雅安距离，下同

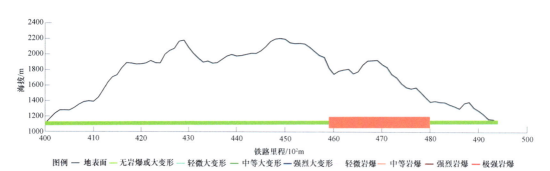

附图 1.2 对门山隧道岩爆和大变形潜势预测图

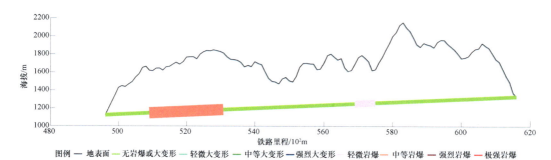

附图 1.3 朱岗山隧道岩爆和大变形潜势预测图

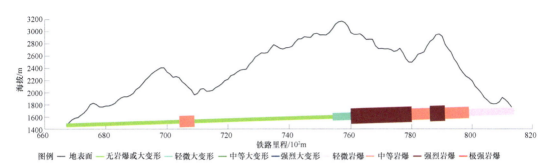

附图 1.4　二郎山隧道岩爆和大变形潜势预测图

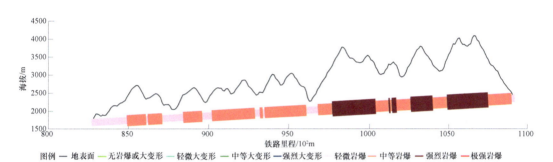

附图 1.5　宝灵山隧道岩爆和大变形潜势预测图

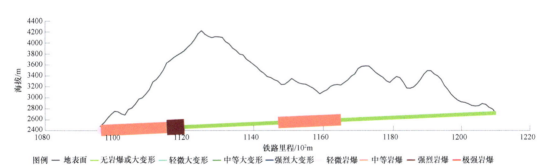

附图 1.6　郭达山隧道岩爆和大变形潜势预测图

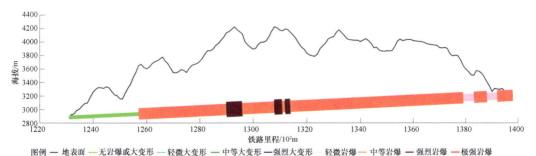

附图 1.7　康定隧道岩爆和大变形潜势预测图

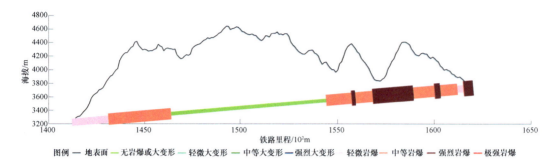

附图 1.8　折多山隧道岩爆和大变形潜势预测图

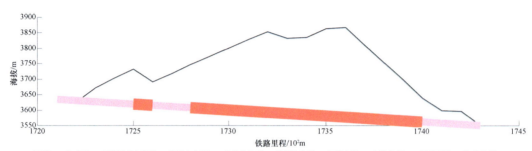

附图 1.9　安良坝隧道岩爆和大变形潜势预测图

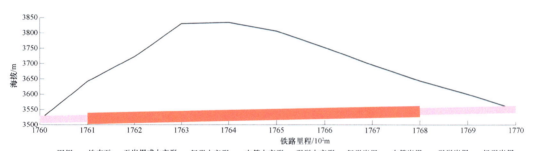

附图 1.10　燕巴隧道岩爆和大变形潜势预测图

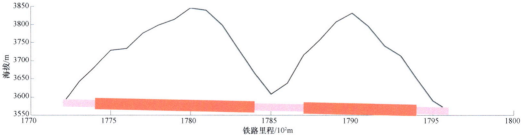

附图 1.11　新都桥隧道岩爆和大变形潜势预测图

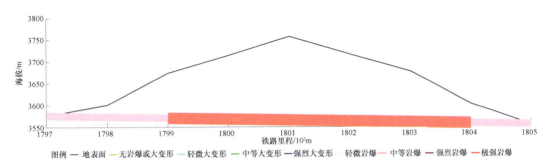

附图 1.12　东俄洛 1 号隧道岩爆和大变形潜势预测图

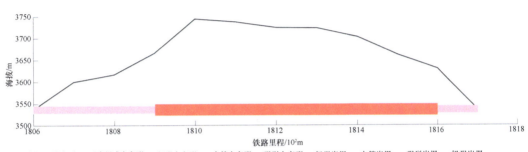

附图 1.13　东俄洛 2 号隧道岩爆和大变形潜势预测图

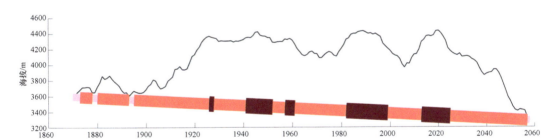

附图 1.14　高尔寺隧道岩爆和大变形潜势预测图

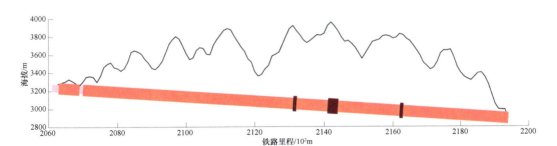

附图 1.15　帕姆岭隧道岩爆和大变形潜势预测图

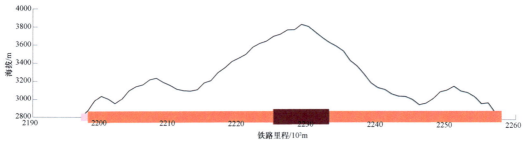

附图 1.16　旺甲隧道岩爆和大变形潜势预测图

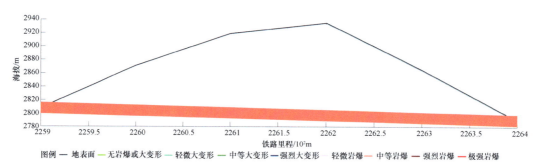

附图 1.17　白孜村隧道岩爆和大变形潜势预测图

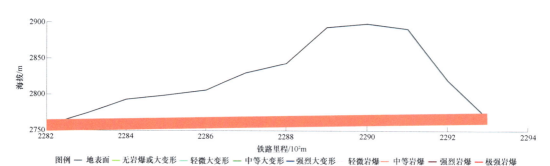

附图 1.18　马鞍山隧道岩爆和大变形潜势预测图

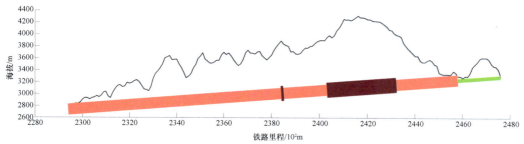

附图 1.19　迎金山 1 号隧道岩爆和大变形潜势预测图

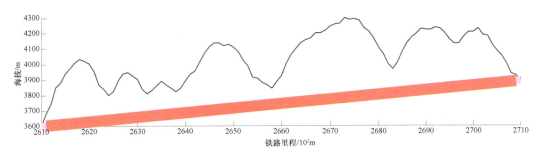

附图 1.20　卡子拉山 1 号隧道岩爆和大变形潜势预测图

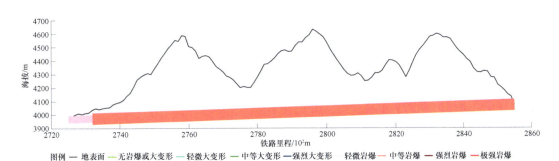

附图 1.21　卡子拉山 2 号隧道岩爆和大变形潜势预测图

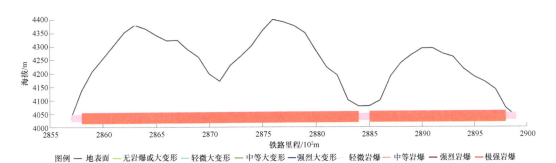

附图 1.22　巴隆翁隧道岩爆和大变形潜势预测图

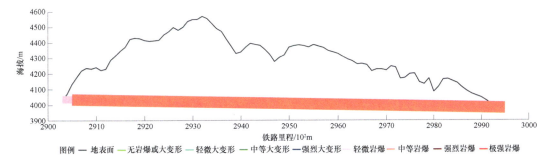

附图 1.23　理塘隧道岩爆和大变形潜势预测图

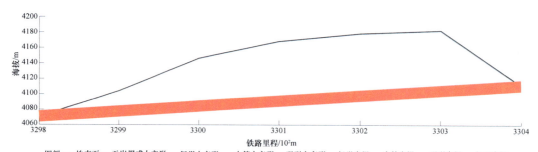

图例 —— 地表面 —— 无岩爆或大变形 —— 轻微大变形 —— 中等大变形 —— 强烈大变形 —— 轻微岩爆 —— 中等岩爆 —— 强烈岩爆 —— 极强岩爆

附图 1.24 毛垭坝 1 号隧道岩爆和大变形潜势预测图

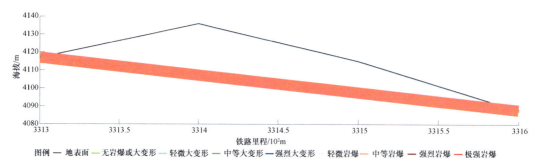

图例 —— 地表面 —— 无岩爆或大变形 —— 轻微大变形 —— 中等大变形 —— 强烈大变形 —— 轻微岩爆 —— 中等岩爆 —— 强烈岩爆 —— 极强岩爆

附图 1.25 毛垭坝 2 号隧道岩爆和大变形潜势预测图

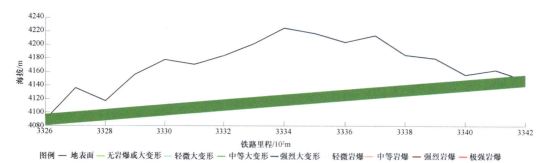

图例 —— 地表面 —— 无岩爆或大变形 —— 轻微大变形 —— 中等大变形 —— 强烈大变形 —— 轻微岩爆 —— 中等岩爆 —— 强烈岩爆 —— 极强岩爆

附图 1.26 毛垭坝 3 号隧道岩爆和大变形潜势预测图

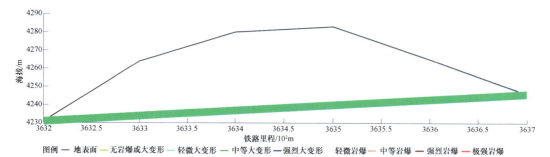

图例 —— 地表面 —— 无岩爆或大变形 —— 轻微大变形 —— 中等大变形 —— 强烈大变形 —— 轻微岩爆 —— 中等岩爆 —— 强烈岩爆 —— 极强岩爆

附图 1.27 毛垭坝 4 号隧道岩爆和大变形潜势预测图

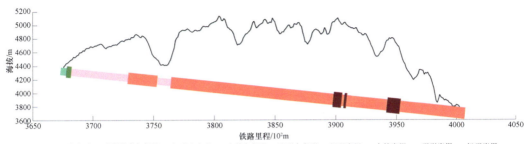

附图 1.28　德达隧道岩爆和大变形潜势预测图

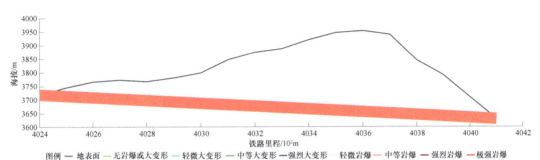

附图 1.29　隧道 1 岩爆和大变形潜势预测图

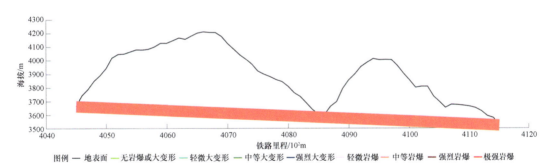

附图 1.30　隧道 2 岩爆和大变形潜势预测图

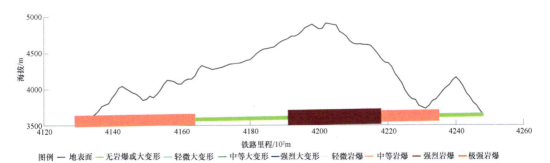

附图 1.31　隧道 3 岩爆和大变形潜势预测图

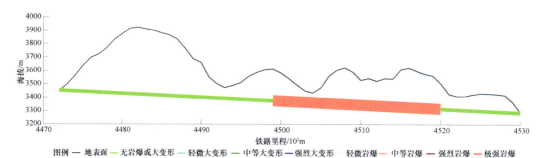

附图 1.32　隧道 6 岩爆和大变形潜势预测图

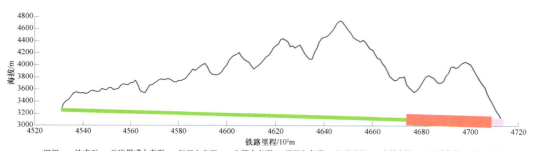

附图 1.33　隧道 7 岩爆和大变形潜势预测图

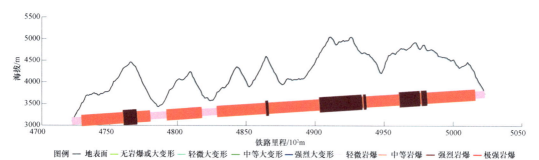

附图 1.34　隧道 8 岩爆和大变形潜势预测图

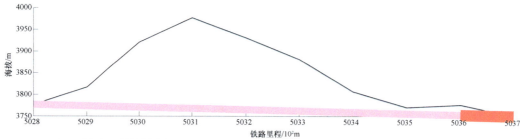

附图 1.35　隧道 9 岩爆和大变形潜势预测图

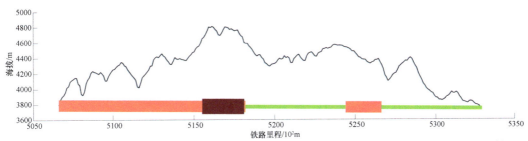

附图 1.36　贡觉隧道岩爆和大变形潜势预测图

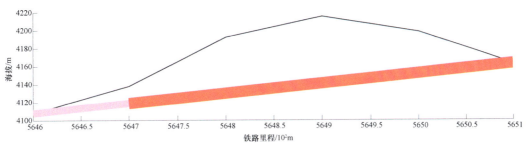

附图 1.37　汪布 1 号隧道岩爆和大变形潜势预测图

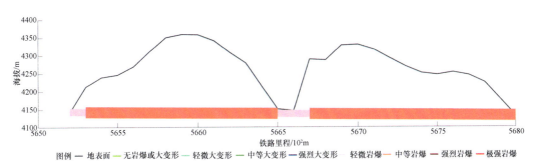

附图 1.38　汪布 2 号隧道岩爆和大变形潜势预测图

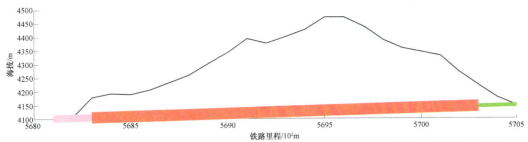

附图 1.39　塔如隧道岩爆和大变形潜势预测图

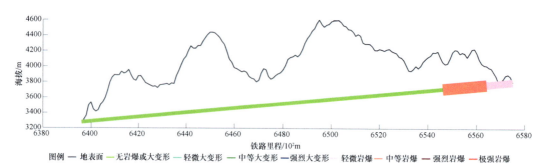

附图 1.40　昌都隧道岩爆和大变形潜势预测图

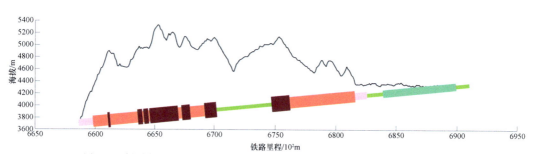

附图 1.41　邦达隧道岩爆和大变形潜势预测图

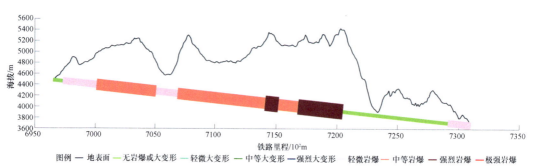

附图 1.42　果拉山隧道岩爆和大变形潜势预测图

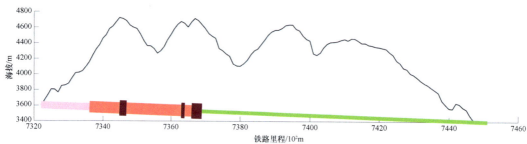

附图 1.43　夏里隧道岩爆和大变形潜势预测图

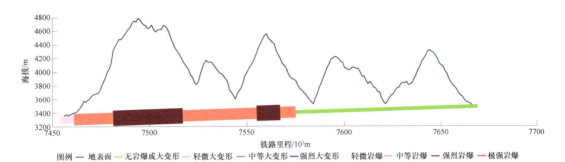

附图 1.44　康玉隧道岩爆和大变形潜势预测图

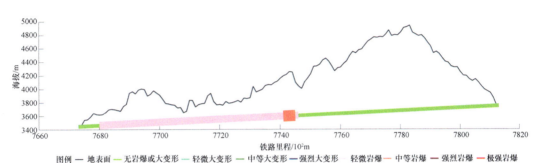

附图 1.45　察达隧道岩爆和大变形潜势预测图

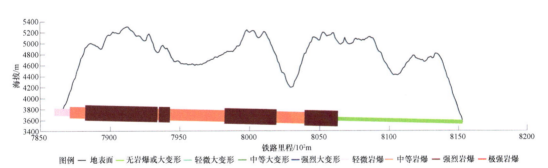

附图 1.46　伯舒拉岭隧道岩爆和大变形潜势预测图

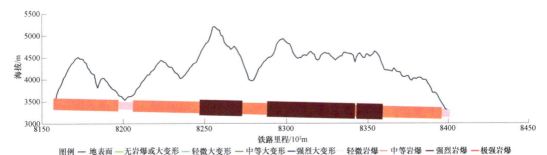

附图 1.47　多吉隧道岩爆和大变形潜势预测图

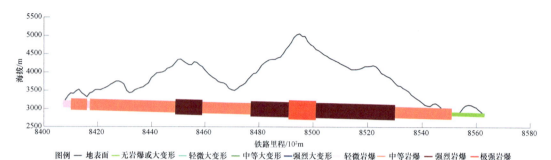

附图 1.48　多木格隧道岩爆和大变形潜势预测图

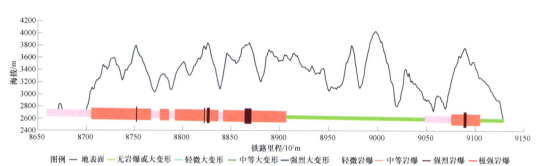

附图 1.49　易贡隧道岩爆和大变形潜势预测图

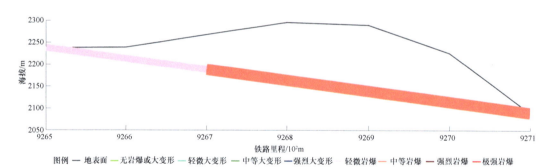

附图 1.50　迫龙隧道岩爆和大变形潜势预测图

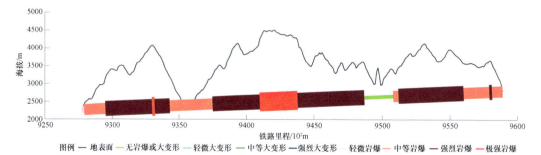

附图 1.51　拉月隧道岩爆和大变形潜势预测图

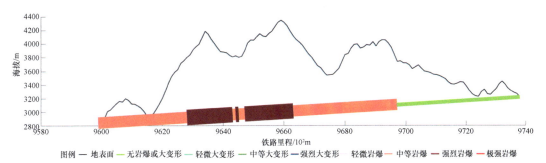

附图 1.52　鲁朗隧道岩爆和大变形潜势预测图

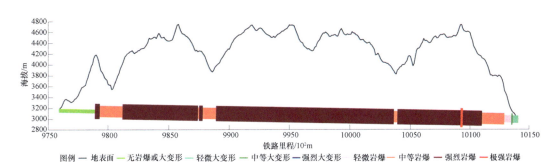

附图 1.53　色季拉山隧道岩爆和大变形潜势预测图

附录 2 川藏交通廊道各隧道进出口边坡基础地质资料

附表 2.1 川藏交通廊道各隧道进出口边坡基础地质资料

分段号	序号	隧道名称	地理位置	隧道口高程/m	隧道地表最高值/m	隧道最深埋深/m	地形起伏度/m	地层岩性	断裂体系	边坡特征	构造格架	水文地质条件	岩体结构	岩体质量分级	危险性	稳定性
	1	蒙顶山隧道进口	雅安市雨城区姚桥镇北侧	611	810	199	185	砂质泥岩	龙门山前山断裂	坡体植被较茂盛，第四系地层较厚，未找到岩体结构面出露	巴颜喀拉前陆盆地	降水入渗条件良好	层状	IV	极低	稳定
	2	蒙顶山隧道出口	雅安市雨城区姚桥镇金凤村东侧	639	810	199	185	红褐色泥岩	龙门山前山断裂		巴颜喀拉前陆盆地	降水入渗条件良好	层状碎裂	IV	极低	稳定
	3	白塔山隧道进口	雅安市雨城区金凤村西侧	642	679	37	36.5	砂质泥岩	龙门山前山断裂	边坡体上部台阶状陡坡，中上部出露一处基岩露头	巴颜喀拉前陆盆地	降水入渗条件良好	层状碎裂	IV	极低	稳定
	4	白塔山隧道出口	雅安市雨城区北郊白塔村东侧	643	679	37	36.5	红褐泥色岩	龙门山前山断裂	上部植被茂密，下部为农作物。坡面局部呈现低洼地形，经过后期农耕改造，形成多级台阶。表层现耕植土，间距10～20cm，红褐色，可见风化碎屑，大者粒径2～3cm，小者粒径3～5mm。下伏泥岩，局部有出露。中—强风化	巴颜喀拉前陆盆地	降水入渗条件良好	层状碎裂	IV	极低	稳定
①	5	新庙子隧道进口	雅安市雨城区北郊镇（2019年已撤销）白塔村东侧	656	691	35	28.5	红色泥岩夹钙质粉砂岩	龙门山前山断裂	边坡所在大地构造单元巴颜喀拉前陆盆地，距龙门山山前断裂带较近。近年来断裂带仍在活动。由于坡体植被茂盛，地层较厚，未调查到岩体结构面出露	巴颜喀拉前陆盆地	降水入渗条件良好	层状碎裂	IV	极低	稳定
	6	新庙子隧道出口	雅安市雨城区北郊镇（2019年已撤销）桥梭村西侧	669	691	35	28.5	红色泥岩夹钙质粉砂岩	龙门山前山断裂		巴颜喀拉前陆盆地	降水入渗条件良好	层状碎裂	IV	极低	稳定
	7	头峰山隧道进口	雅安市雨城区北郊镇（2019年已撤销）桥梭村西侧	664	1683	1019	1009	红色泥岩夹粉砂岩、页岩	龙门山前山断裂	中厚层构造，层厚10～15cm，岩层厚约60cm中发育泥化软弱夹层	巴颜喀拉前陆盆地	降水入渗条件良好	层状碎裂	IV	极低	稳定
	8	头峰山隧道出口	雅安市天全县多功多功村东侧	684	1683	1019	1009	砂质泥岩	龙门山前山断裂	弱风化。发育软弱夹层，厚度为50～60cm，含水率高	巴颜喀拉前陆盆地	降水入渗条件良好	层状碎裂	IV	低	基本稳定
	9	寨子顶隧道进口	雅安市天全县多功乡（2019年已撤销）多功村西侧	685	981	296	294.5	砂质泥岩	龙门山前山断裂		巴颜喀拉前陆盆地	降水入渗条件良好	层状碎裂	IV	低	基本稳定
	10	寨子顶隧道出口	雅安市天全县兴乐乡功切山村东侧	688	981	296	294.5	红色泥岩夹粉砂岩、页岩	龙门山前山断裂	表层为碎块石和耕植土混合体，分选性差，次磨圆，可见球状风化现象，直径为20～50cm	巴颜喀拉前陆盆地	降水入渗条件良好	层状碎裂	IV	极低	稳定

续表

分段号	序号	隧道名称	地理位置	隧道口里程/m	隧道地表高程值/m	隧道最大埋深/m	地形起伏度/m	地层岩性	断裂体系	边坡特征	构造格架	水文地质条件	岩体结构	岩体质量分级	危险性	稳定性
	11	大平隧道进口	雅安市天全县乐英乡盐店村东北侧	688	738	50	46.5	红色泥岩夹粉砂岩、页岩	龙门山前山断裂	坡表层为耕植土，黏性大，含水率较高	巴颜喀拉前陆盆地	降水入渗条件良好	层状	IV	低	稳定
	12	大平隧道出口	雅安市天全县乐英乡乐塘村南侧	695	738	50	46.5	红色泥岩夹粉砂岩、页岩	龙门山前山断裂		巴颜喀拉前陆盆地	降水入渗条件良好	碎裂	IV	中等	稳定
	13	天全隧道进口	雅安市天全县始阳镇南侧	687	1330	643	538	红色泥岩夹钙质粉砂岩	龙门山前山断裂	坡体表层为耕植土，厚10～20cm。坡体前缘未经求河流流过	巴颜喀拉前陆盆地	降水入渗条件良好	层状	IV	低-中等	稳定
	14	天全隧道出口	雅安市天全县宁康专线西侧	897	1330	643	538	钙质砂岩夹泥岩、粉砂岩	龙门山前山断裂	在坡脚处有河流经过，坡脚被侵蚀	扬子西缘前陆盆地	降水入渗条件良好	层状	II	低-中等	稳定
①	15	王家林隧道进出口	雅安市天全县思经乡(2019年撤销，设立思经镇)瓦窑坡西侧	929	1238	319	314	红色砂岩、泥岩	龙门山前山断裂		扬子西缘前陆盆地	降水入渗条件良好	层状碎裂	IV	中等	基本稳定
①	16	王家林隧道进出口	雅安市天全县思经乡(2019年撤销，设立思经镇)王家林东侧	919	1238	319	314	钙质粉砂岩夹粉红色泥岩	龙门山前山断裂		扬子西缘前陆盆地	降水入渗条件良好	层状	II	低	基本稳定
	17	新房子隧道进出口	雅安市天全县思经乡(2019年撤销，设立思经镇)王家林西侧	947	1050	103	103	钙质粉砂岩夹粉红色泥岩	龙门山前山断裂		扬子西缘前陆盆地	降水入渗条件良好	层状	II	低	欠稳定
	18	新房子隧道进出口	雅安市天全县思经乡(2019年撤销，设立思经镇)王家林西侧	947	1050	103	103	紫红色泥岩夹岩屑砂岩	龙门山前山断裂		扬子西缘前陆盆地	降水入渗条件良好	层状	II	低	基本稳定
	19	坝口隧道进口	雅安市天全县思经乡(2019年撤销，设立思经镇)王家林西侧	954	1639	685	642.5	紫红色泥岩夹岩屑砂岩	龙门山前山断裂		扬子西缘前陆盆地	降水入渗条件良好	层状	II	极低	稳定
	20	坝口隧道出口	雅安市天全县思经乡(2019年撤销，设立思经镇)庙湾头东侧	1039	1639	685	642.5	钾长花岗岩	龙门山前山断裂		扬子西缘前陆盆地	降水入渗条件良好	块状	II	低	稳定
②	21	对门山隧道进出口	雅安市天全县思经乡(2019年撤销，设立思经镇)庙湾头西侧	1119	2203	1084	1076	钾长花岗岩	龙门山前山断裂	该处河谷较窄，呈V形，边坡底部无河流阶地发育	扬子西缘前陆盆地	降水入渗条件良好	块状	II	低-中等	基本稳定
	22	对门山隧道进出口	雅安市天全县紫石乡(2019年撤销，设立喇叭河镇)两河口东侧	1135	2203	1084	1076	花岗岩、二长花岗岩	龙门山前山断裂		扬子西缘前陆盆地	降水入渗条件良好	块状	II	中等	基本稳定

续表

分段	序号	隧道名称	地理位置	隧道口里程/m	隧道进口高程/m	隧道最高值/m	隧道最深埋深/m	地形起伏度/m	地层岩性	断裂体系	边坡特征	构造格架	水文地质条件	岩体结构	岩体质量分级	危险性	稳定性
	23	朱岗山隧道进口	雅安市天全县喇叭河镇长坪头村东北部	1155	2141	986	897.5		花岗岩、二长花岗岩	龙门山山前山断裂	地下水为孔隙水和裂隙水,主要赋存于坡体第四系沉积物以及构造裂隙和风化裂隙中,呈脉状、带状分布,节理裂隙发育,岩体较破碎	扬子西缘前陆盆地	降水入渗条件良好	块状	I	高	稳定
	24	朱岗山隧道出口	雅安市天全县喇叭河镇李子坪东北方向	1332	2141	986	897.5		花岗岩、二长花岗岩	鲜水河断裂带长度:350km 断裂带宽度:200~300m 走向:320°~330° 塔西断裂		扬子西缘前陆盆地	降水入渗条件良好 降水入渗条件良好	块状		中等-高	欠稳定
	25	李子坪隧道进口	雅安市天全县喇叭河镇李子坪	1361	2022	661	614.5		花岗岩、二长花岗岩	鲜水河断裂带长度:350km 断裂带宽度:200~300m 走向:320°~331° 塔西断裂		扬子西缘前陆盆地	降水入渗条件良好 降水入渗条件良好	块状		中等-高	欠稳定
②	26	李子坪隧道出口	雅安市天全县两路乡(2019年撤销,设立喇叭河镇)两路口村东侧	1454	2022	661	614.5		灰黑色粉砂岩-泥岩	鲜水河断裂带长度:350km 断裂带宽度:200~300m 走向:332° 塔西断裂		扬子西缘前陆盆地	降水入渗	层状	III	高	基本稳定
	27	二郎山隧道进口	雅安市天全县两路乡两路口村西侧	1447	3196	1749	1632		灰黑色粉砂岩-泥岩	鲜水河断裂带长度:350km 断裂带宽度:200~300m 走向:333° 塔西断裂		扬子西缘前陆盆地	降水入渗条件良好	层状	III	高-极高	欠稳定
	28	二郎山隧道出口	甘孜藏族自治州泸定县北面	1681	3196	1749	1632		闪长岩	雅拉河断裂	表层为土石混合体,棱角明显磨圆度差	扬子西缘前陆盆地	降水入渗条件良好	块状	II	极高	不稳定
	29	宝灵山隧道进口	甘孜藏族自治州泸定县下庄子村西北角	1702	4053	2351	2027		闪长岩	雅拉河断裂	构造活动强烈,强震频繁,岩体破碎,为地质灾害的发育提供了条件。通过现场调查发现宝灵山隧道进口处边坡发育有NW向逆断层,倾向277°,倾角58°,隧道进口位于断层上盘	扬子西缘前陆盆地	降水入渗条件良好	块状	III	高-极高	基本稳定

续表

分段	序号	隧道名称	地理位置	隧道口高程/m	隧道地表最高值/m	隧道最大埋深/m	地形起伏度/m	地层岩性	断裂体系	边坡特征	构造格架	水文地质条件	岩体结构	岩体质量分级	危险性	稳定性
	30	宝灵山隧道出口	甘孜藏族自治州康定市瓦斯子村西侧	2350	4053	2351	2027	斜长花岗岩	中谷断裂		雅江残余盆地	降水入渗条件良好	块状	III	高	基本稳定
	31	郭达山隧道进口	甘孜藏族自治州康定市瓦斯子村西侧	2400	4195	1795	1620.5	斜长花岗岩	中谷断裂		雅江残余盆地	降水入渗条件良好	块状	II	极高	基本稳定
	32	郭达山隧道出口	甘孜藏族自治州康定市鱼司通	2749	4195	1795	1620.5	黑云母花岗岩	中谷断裂		雅江残余盆地	降水入渗条件良好	块状	II	极高	稳定
②	33	康定隧道进口	甘孜藏族自治州康定市雅拉乡新兴村西侧	2819	4230	1411	1226.5	含白云质石英砂岩	中谷断裂		雅江残余盆地	降水入渗条件良好	层状	III	高	基本稳定
	34	康定隧道出口	甘孜藏族自治州康定市炉城镇（2016年已撤销）折多塘村西侧	3188	4230	1411	1226.5	黑云母花岗岩	中谷断裂		雅江残余盆地	降水入渗条件良好	块状	III	中等－高	基本稳定
	35	折多山隧道进口	甘孜藏族自治州康定市城镇折多塘村东侧	3228	4617	1389	1136	黑云母花岗岩	折多塘断裂	在边坡下部分布有湖积相冲洪积物，主要为沙、砾、黏土层等。边坡附近未见大构造断裂发育，未见明显边坡变形	雅江残余盆地	降水入渗条件良好	块状	III	中等	基本稳定
	36	折多山隧道出口	甘孜藏族自治州康定市瓦泽乡（2019年已撤销）水桥村	3734	4617	1389	1136	深灰色粉砂质板岩	暂无大型活动断裂	边坡表部为冻融活动强烈，形成冻融梯田	雅江残余盆地	降水入渗条件良好	层状	III	极低－低	基本稳定
	37	安良坝隧道进口	甘孜藏族自治州康定市新都桥镇8.5km附近	3579	3864	318	301.5	灰色板岩、千枚岩夹石英砂岩	暂无大型活动断裂	坡体被节理切割强烈，呈破碎状，坡脚处可见崩塌堆积体、块石粒径约1m	雅江残余盆地	降水入渗条件良好	层状	II	低	稳定
③	38	安良坝隧道出口	甘孜藏族自治州康定市新都桥镇8.5km附近	3546	3864	318	301.5	灰色板岩、千枚岩夹石英砂岩	暂无大型活动断裂		雅江残余盆地	降水入渗条件良好	层状	III	中等	基本稳定
	39	燕巴隧道进口	甘孜藏族自治州康定市新都桥镇东6km附近	3528	3825	297	293	灰色板岩、千枚岩夹石英砂岩	暂无大型活动断裂	燕巴隧道边坡附近无较大活动断裂发育	雅江残余盆地	降水入渗条件良好	层状	III	低－中等	基本稳定
	40	燕巴隧道出口	甘孜藏族自治州康定市新都桥镇东6km附近	3536	3825	297	293	灰色板岩、千枚岩夹石英砂岩	暂无大型活动断裂		雅江残余盆地	降水入渗条件良好	层状	III	中等	基本稳定
	41	新都桥隧道进口	甘孜藏族自治州康定市新都桥镇东3～5km	3539	3884	345	334.5	灰色板岩、千枚岩夹石英砂岩	暂无大型活动断裂		雅江残余盆地	降水入渗条件良好	层状	III	中等	基本稳定

续表

分段	序号	隧道名称	地理位置	隧道口高程/m	隧道地表最高值/m	隧道最深埋深/m	地形起伏度/m	地层岩性	断裂体系	边坡特征	构造格架	水文地质条件	岩体结构	岩体质量分级	危险性	稳定性
	42	新都桥隧道出口	甘孜藏族自治州康定市新都桥镇东3~5km	3560	3884	345	334.5	灰色板岩、千枚岩夹石英砂岩	暂无大型活动断裂		雅江残余盆地	降水入渗条件良好	层状		中等	基本稳定
	43	东俄洛1号隧道进口	甘孜藏族自治州康定市新都桥镇东2km附近	3571	3766	212	203.5	灰色板岩、千枚岩夹石英砂岩	暂无大型活动断裂		雅江残余盆地	降水入渗条件良好	层状		低	基本稳定
③	44	东俄洛1号隧道出口	甘孜藏族自治州康定市新都桥镇东2km附近	3554	3766	212	203.5	灰色板岩、千枚岩夹石英砂岩	暂无大型活动断裂		雅江残余盆地	降水入渗条件良好	层状	III	低-中等	基本稳定
	45	东俄洛2号隧道进口	甘孜藏族自治州康定市新都桥镇东1km附近	3549	3740	191	190	灰色板岩、千枚岩夹石英砂岩	暂无大型活动断裂		雅江残余盆地	降水入渗条件良好	层状碎裂	IV	低	基本稳定
	46	东俄洛2号隧道出口	甘孜藏族自治州康定市新都桥镇东1km附近	3551	3740	191	190	灰色板岩、千枚岩夹石英砂岩	暂无大型活动断裂		雅江残余盆地	降水入渗条件良好	层状碎裂	IV	极高	欠稳定
	47	高尔寺隧道进口	甘孜藏族自治州康定市新都桥镇	3553	4436	1215	1049	灰色板岩、千枚岩夹石英砂岩	暂无大型活动断裂	坡脚切割较为破碎	雅江残余盆地	降水入渗条件良好	层状碎裂	II	中等	基本稳定
	48	高尔寺隧道出口	甘孜藏族自治州雅江县木泽西村	3221	4436	1215	1049	深灰色板岩夹石英砂岩	暂无大型活动断裂		雅江残余盆地				中等	基本稳定
	49	帕姆岭隧道进口	甘孜藏族自治州雅江县木泽西村	3231	3926	1040	867.5	深灰色板岩夹石英砂岩	暂无大型活动断裂		雅江残余盆地	降水入渗条件良好	层状		低	基本稳定
④	50	帕姆岭隧道出口	甘孜藏族自治州雅江县八角楼乡北侧	2886	3926	1040	867.5	深灰色板岩夹石英砂岩	暂无大型活动断裂		雅江残余盆地	降水入渗条件良好	层状碎裂	II	高-极高	稳定
	51	旺甲隧道进口	甘孜藏族自治州雅江县八角楼乡北侧	2888	3826	1055	996.5	深灰色板岩夹石英砂岩	暂无大型活动断裂	边坡附近未发育大型活动断裂	雅江残余盆地	降水入渗条件良好	层状	II	中等-高	不稳定
	52	旺甲隧道出口	甘孜藏族自治州雅江县呷拉乡(2019年撤乡设镇)	2771	3826	1055	996.5	灰色板岩夹石英砂岩	暂无大型活动断裂		雅江残余盆地	降水入渗条件良好	层状		高	欠稳定

续表

分段号	序号	隧道名称	地理位置	隧道口高程/m	隧道地表最高值/m	隧道最深埋深/m	地形起伏度/m	地层岩性	断裂体系	边坡特征	构造格架	水文地质条件	岩体结构	岩体质量分级	危险性	稳定性
	53	白孜村隧道进口	甘孜藏族自治州雅江县呷拉乡白孜村东南侧	2762	2911	175	162	灰色板岩夹石英砂岩	暂无大型活动断裂		雅江残余盆地	降水入渗条件良好	层状		中等-高	基本稳定
	54	白孜村隧道出口	甘孜藏族自治州雅江县呷拉乡白孜村东南侧	2736	2911	175	162	灰色板岩夹石英砂岩	暂无大型活动断裂	边坡附近未发育较大活动断裂	雅江残余盆地	降水入渗条件良好	层状	II	极高	基本稳定
	55	马鞍山隧道进口	甘孜藏族自治州雅江县呷拉乡脚泥堡村	2724	2881	157	131.5	深灰色板岩夹石英砂岩	暂无大型活动断裂		雅江残余盆地	降水入渗条件良好	层状		中等	稳定
	56	马鞍山隧道出口	甘孜藏族自治州雅江县呷拉乡呷村村	2775	2881	157	131.5	深灰色板岩夹石英砂岩	暂无大型活动断裂	邻近地区暂无大型活动断裂	雅江残余盆地	降水入渗条件良好	层状	II	高	稳定
	57	迎金山1号隧道进口	甘孜藏族自治州雅江县呷拉乡呷村村	2769	4393	1624	1373.5	深灰色板岩、千枚岩夹石英砂岩	暂无大型活动断裂		雅江残余盆地	降水入渗	层状碎裂		中等	基本稳定
④	58	迎金山1号隧道出口	甘孜藏族自治州雅江县丙俄洛乡（2015年撤乡设镇）俄达东果东北侧	3270	4393	1624	1373.5	岩屑石英砂岩	暂无大型活动断裂	边坡植被十分发育。该处边坡底地势较狭窄，在边坡底部分布有冲洪积相的现代河流慢滩沉积物，主要为卵砾石以及中粗砂，年代部分为 Q_4。坡体表面植被较茂密	雅江残余盆地	降水入渗	层状碎裂	II	中等-高	稳定
	59	迎金山2号隧道进口	甘孜藏族自治州雅江县俄洛乡俄拉	3293	4536	1243	1068.5	岩屑石英砂岩	暂无大型活动断裂		雅江残余盆地	降水入渗条件良好	层状碎裂		低-中等	基本稳定
	60	迎金山2号隧道出口	甘孜藏族自治州雅江县红龙乡（2016年撤乡设镇）俄路咨堆村东侧	3642	4536	1243	1068.5	钙质粉砂岩夹石英砂岩	暂无大型活动断裂		雅江残余盆地	降水入渗条件良好	层状	II	中等	基本稳定
	61	卡子拉山1号隧道进口	甘孜藏族自治州雅江县红龙乡俄洛村	3649	4351	702	554	钙质粉砂岩夹石英砂岩	暂无大型活动断裂	暂无大型活动断裂	雅江残余盆地	降水入渗条件良好	层状碎裂	II	中等	不稳定
	62	卡子拉山1号隧道出口	甘孜藏族自治州理塘县戈乡托仁村	3945	4351	702	554	灰色石英砂岩、板岩互层	暂无大型活动断裂		雅江残余盆地	降水入渗条件良好	层状		高	稳定
	63	卡子拉山2号隧道进口	甘孜藏族自治州理塘县东来二村西侧	3951	4621	670	613	深灰色板岩夹石英砂岩	暂无大型活动断裂		雅江残余盆地	降水入渗条件良好	层状		中等	稳定

续表

分段号	序号	隧道名称	地理位置	隧道口高程/m	隧道地表最高值/m	隧道最深埋深/m	地形起伏度/m	地层岩性	断裂体系	边坡特征	构造格架	水文地质条件	岩体结构	岩体质量分级	危险性	稳定性
⑤	64	卡子拉山2号隧道出口	甘孜藏族自治州理塘县戈乡托仁村东南侧	4065	4621	670	613	粉砂质板岩夹石英砂岩	暂无大型活动断裂		雅江残余盆地	降水入渗条件良好	层状		高	稳定
	65	巴隆翁隆道进口	甘孜藏族自治州理塘县戈乡托仁村东南侧	4069	4423	410	382	粉砂质板岩夹石英砂岩	木拉断裂		雅江残余盆地	降水入渗条件良好	层状		高	稳定
	66	巴隆翁隆道出口	甘孜藏族自治州理塘县戈乡托仁村东南侧约6km	4013	4423	410	382	深灰色粉砂质板岩夹石英砂岩	木拉断裂		雅江残余盆地	降水入渗条件良好	层状		极高	稳定
	67	理塘隧道进口	甘孜藏族自治州理塘县戈乡托仁村东南侧约57m	4014	4537	543	533	深灰色粉砂质板岩夹石英砂岩	木拉断裂		雅江残余盆地	降水入渗条件良好	层状		极高	稳定
	68	理塘隧道出口	甘孜藏族自治州理塘县城东南侧约5.4km	3994	4537	543	533	深灰色粉砂质板岩夹石英砂岩	理塘-德巫断裂		雅江残余盆地	降水入渗条件良好	层状		极低-低	基本稳定
⑤	69	毛娅坝1号隧道进口	甘孜藏族自治州理塘县禾尼乡格村西北侧约7.6km	4063	4150	87	81	灰黑色板岩夹石英砂岩	理塘-义敦断裂		沙鲁里山-义敦岛弧带	降水入渗条件良好	层状		高	稳定
	70	毛娅坝1号隧道出口	甘孜藏族自治州理塘县禾尼乡格村西北侧约92m	4075	4150	87	81	灰黑色板岩夹石英砂岩	理塘-义敦断裂		沙鲁里山-义敦岛弧带	降水入渗条件良好	层状		中等	稳定
	71	毛娅坝2号隧道进口	甘孜藏族自治州理塘县高城镇多里村附近	4091	4124	33	32.5	灰黑色板岩夹石英砂岩	理塘-义敦断裂		沙鲁里山-义敦岛弧带	降水入渗条件良好	层状		中等	稳定
	72	毛娅坝2号隧道出口	甘孜藏族自治州理塘县高城镇多里村附近	4092	4124	33	32.5	灰黑色板岩夹石英砂岩	理塘-义敦断裂		沙鲁里山-义敦岛弧带	降水入渗条件良好	层状		高	稳定
	73	毛娅坝3号隧道进口	甘孜藏族自治州理塘县高城镇多里村附近	4103	4180	77	66.5	灰黑色板岩夹石英砂岩	理塘-义敦断裂		沙鲁里山-义敦岛弧带	降水入渗条件良好	层状		中等	稳定
	74	毛娅坝3号隧道出口	甘孜藏族自治州理塘县高城镇多里村附近	4124	4180	77	66.5	灰黑色板岩夹石英砂岩	理塘-义敦断裂		沙鲁里山-义敦岛弧带	降水入渗条件良好	层状		中等-高	稳定

续表

分段号	序号	隧道名称	地理位置	隧道口高程/m	隧道地表最高值/m	隧道最深埋深/m	地形起伏度/m	地层岩性	断裂体系	边坡特征	构造格架	水文地质条件	岩体结构	岩体质量分级	危险性	稳定性
	75	毛铷坝4号隧道进口	甘孜藏族自治州巴塘县德达乡牧业村附近	4231	4286	55	46.5	灰黑色板岩，粉砂岩	理塘-义敦断裂		沙鲁里山-义敦岛弧带	降水入渗条件良好	层状		极低	稳定
	76	毛铷坝4号隧道出口	甘孜藏族自治州巴塘县德达乡牧业村附近	4248	4286	55	46.5	灰黑色板岩，粉砂岩	赠科-硕曲断裂，走向：NNW		沙鲁里山-义敦岛弧带	降水入渗条件良好	层状		极低-低	稳定
⑤	77	德达隧道进口	甘孜藏族自治州巴塘县德达乡牧业村附近	4317	5150	1442	1137.5	灰黑色板岩夹石英砂岩	赠科-硕曲断裂，走向：NNW	靠近德格-乡城断裂	沙鲁里山-义敦岛弧带	降水入渗条件良好	层状		极低	稳定
	78	德达隧道出口	甘孜藏族自治州巴塘县德达乡上德达村和德达村	3708	5150	1442	1137.5	变质岩屑砂岩，板岩，千枚岩	德格-乡城断裂		中咀碳酸盐台地	降水入渗条件良好	层状	II	低-中等	基本稳定
	79	隧道1进口	甘孜藏族自治州巴塘县东北侧	3689	3937	270	259	变质岩屑砂岩，板岩，千枚岩	德格-乡城断裂		中咀碳酸盐台地	降水入渗条件良好	层状碎裂	III	中等	稳定
	80	隧道1出口	甘孜藏族自治州巴塘县东北侧	3667	3937	270	259	变质岩屑砂岩，板岩，千枚岩	德格-乡城断裂		中咀碳酸盐台地	降水入渗条件良好	层状碎裂	III	极高	欠稳定
	81	隧道2进口	甘孜藏族自治州巴塘县东北侧	3670	4226	695	625.5	变质岩屑砂岩，板岩，千枚岩	德格-乡城断裂		中咀碳酸盐台地	降水入渗条件良好	层状碎裂	III	极高	不稳定
⑥	82	隧道2出口	甘孜藏族自治州巴塘县东北侧	3531	4226	695	625.5	变质岩屑砂岩，板岩，千枚岩	德格-乡城断裂		中咀碳酸盐台地	降水入渗条件良好	层状碎裂	III	高-极高	稳定
	83	隧道3进口	甘孜藏族自治州巴塘县茶洛乡宗马贯村	3533	4889	1356	1293	变质岩屑砂岩，板岩，千枚岩	德格-乡城断裂		中咀碳酸盐台地	降水入渗条件良好	层状碎裂	III	极高	稳定
	84	隧道3出口	甘孜藏族自治州巴塘县措拉乡（2020年撤乡设镇）西北17km	3659	4889	1356	1293	灰色砂岩，粉砂岩，页岩	德格-乡城断裂		金沙江俯冲增生杂岩带	降水入渗条件良好	层状破碎	II	高-极高	基本稳定
	85	隧道4进口	甘孜藏族自治州巴塘县措拉乡西北17km附近	3653	4584	1085	1008	灰色砂岩，粉砂岩，页岩	德格-乡城断裂		金沙江俯冲增生杂岩带	降水入渗条件良好	层状		高-极高	欠稳定
	86	隧道4出口	甘孜藏族自治州白玉县沙马乡	3499	4584	1085	1008	砖红色砾岩，砂岩，夹泥质灰岩	德格-乡城断裂		金沙江俯冲增生杂岩带	降水入渗条件良好	层状		高-极高	稳定

续表

分段号	序号	隧道名称	地理位置	隧道口高程/m	隧道地表最高值/m	隧道最深埋深/m	地形起伏度/m	地层岩性	断裂体系	边坡特征	构造格架	水文地质条件	岩体结构	岩体质量分级	危险性	稳定性
	87	隧道5进口	甘孜藏族自治州白玉县沙马乡德托村东北侧	3522	4054	614	573	砖红色砾岩、砂岩、夹泥质灰岩	德格-乡城断裂		金沙江俯冲增生杂岩带	降水入渗条件良好	层状		高-极高	稳定
	88	隧道5出口	甘孜藏族自治州白玉县盖玉乡（2020年檀乡设镇）火把村南侧约3.5km	3440	4054	614	573	角闪片岩、千枚岩、结晶灰岩	德格-乡城断裂		金沙江俯冲增生杂岩带	降水入渗条件良好	层状		极高	稳定
	89	隧道6进口	甘孜藏族自治州白玉县盖玉乡火把村北侧约32km	3465	3888	631	527	灰色砂岩、粉砂岩、页岩	德格-乡城断裂		金沙江俯冲增生杂岩带	降水入渗条件良好	层状		极高	稳定
	90	隧道6出口	甘孜藏族自治州白玉县盖玉乡瓦岗村西南侧约2.4km	3257	3888	631	527	浅黄色白云质结晶灰岩	德格-乡城断裂		金沙江俯冲增生杂岩带	降水入渗条件良好	层状	II	高-极高	基本稳定
⑥	91	隧道7进口	甘孜藏族自治州白玉县盖玉乡瓦岗村西南侧约2.4km	3286	4711	1738	1581.5	浅黄色白云质结晶灰岩	德格-乡城断裂		金沙江俯冲增生杂岩带	降水入渗条件良好	层状		极高	基本稳定
	92	隧道7出口	昌都市贡觉县罗麦乡古巴村东侧约5km	2973	4711	1738	1581.5	董俄错花岗闪长岩侵入岩体（细粒）	理塘断裂带：理塘-义敦断裂		金沙江俯冲增生杂岩带	降水入渗条件良好	块状	II	高	基本稳定
	93	隧道8进口	昌都市贡觉县罗麦乡古巴村东侧约4.5km	3083	4989	1906	1576.5	董俄错花岗闪长岩侵入岩体（细粒）	金沙江断裂北段：字嘎寺-德钦断裂（金沙江西界断裂）	近年来断裂带仍在活动	金沙江俯冲增生杂岩带	降水入渗条件良好	块状	II	极高	基本稳定
	94	隧道8出口	昌都市贡觉县则巴乡卫通村东侧	3742	4989	1906	1576.5	董俄错花岗闪长岩侵入岩体（细粒）	金沙江断裂北段：字嘎寺-德钦断裂（金沙江西界断裂）		江达-德钦陆缘弧带	降水入渗条件良好	块状	II	极高	基本稳定
	95	隧道9进口	昌都市贡觉县则巴乡果龙村东部约2.6km	3728	3916	188	184.5	董俄错花岗闪长岩侵入岩体（细粒）	金沙江断裂北段：字嘎寺-德钦断裂（金沙江西界断裂）		江达-德钦陆缘弧带	降水入渗条件良好	块状	II	高	稳定
	96	隧道9出口	昌都市贡觉县则巴乡果龙村东部约1.7km	3735	3916	188	184.5	辉长岩、辉绿岩	金沙江断裂北段：字嘎寺-德钦断裂（金沙江西界断裂）		江达-德钦陆缘弧带	降水入渗条件良好	块状	II	中等	稳定

续表

分段段	序号	隧道名称	地理位置	隧道口里程/m	隧道地表最高值/m	隧道最深埋深/m	地形起伏度/m	地层岩性	断裂体系	边坡特征	构造格架	水文地质条件	岩体结构	岩体质量分级	危险性	稳定性
	97	贡觉隧道进口	昌都市贡觉县则巴乡卫通村西部约1km	3783	4767	1017	1000.5	细粒辉长岩、块状玄武岩	金沙江断裂北段：字嘎寺－德钦断裂（金沙江西界断裂）	近年来断裂带仍在活动	江达－德钦陆缘弧岩带	降水入渗条件良好	块状	II	低	稳定
	98	贡觉隧道出口	昌都市贡觉县洛镇俄底村东部1.7km	3750	4767	1017	1000.5	红色砂岩	金沙江断裂北段：字嘎寺－德钦断裂（金沙江西界断裂）		昌都弧后前陆陆盆地	降水入渗条件良好	层状碎裂	III	极低－低	稳定
⑥	99	仁泽隧道进口	昌都市贡觉县莫洛镇多吉村东部2.1km	3785	3876	91	45.5	紫红、杂色钙质粉砂岩	金沙江断裂北段：字嘎寺－德钦断裂（金沙江西界断裂）	表层由于卸荷与风化作用呈现碎裂状，坡脚位置尤为明显	昌都弧后前陆陆盆地	降水入渗条件良好	层状碎裂	III	极低－低	基本稳定
	100	仁泽隧道出口	昌都市贡觉县莫洛镇多吉村东部2.4km	3876	3876	91	45.5	紫红、杂色钙质粉砂岩	金沙江断裂北段：字嘎寺－德钦断裂（金沙江西界断裂）		昌都弧后前陆陆盆地	降水入渗条件良好	层状碎裂	III	中等－高	基本稳定
	101	隧道10进口	昌都市贡觉县西侧	3806	4478	672	431	紫红、杂色钙质粉砂岩	金沙江断裂北段：字嘎寺－德钦断裂（金沙江西界断裂）	断裂在近明处于活动状态，岩体破碎程度较高。坡体表面散土石混合体覆盖	昌都弧后前陆陆盆地	降水入渗条件良好	层状	III	极低	稳定
	102	隧道10出口	昌都市贡觉县南侧	4288	4478	672	431	岩屑砂岩、泥质粉砂岩	金沙江断裂北段：字嘎寺－德钦断裂（金沙江西界断裂）		昌都弧后前陆陆盆地	降水入渗条件良好	层状		中等	稳定
	103	汪布1号隧道进口	昌都市贡觉县南侧	4135	4205	70	61	岩屑砂岩	暂无邻近大型活动断裂		昌都弧后陆盆地	降水入渗条件良好	层状		低	欠稳定
	104	汪布1号隧道出口	昌都市贡觉县南侧	4153	4205	70	61	岩屑砂岩	暂无邻近大型活动断裂		昌都弧后陆盆地	降水入渗条件良好	层状		极低	欠稳定
⑦	105	汪布2号隧道进口	昌都市察雅县香堆镇仁达村北部偏东约60°	4155	4342	232	209.5	岩屑砂岩	暂无邻近大型活动断裂		昌都弧后前陆陆盆地	降水入渗条件良好	层状		极低	欠稳定
	106	汪布2号隧道出口	昌都市察雅县香堆镇仁达村北部偏东约36°	4110	4342	232	209.5	泥质粉砂岩夹岩屑砂岩	暂无邻近大型活动断裂		昌都弧后前陆陆盆地	降水入渗条件良好	层状		极低－低	稳定
	107	塔伽隧道进口	昌都市察雅县扩达乡扩达五村西南部约4.5km	4111	4493	382	366	泥质粉砂岩夹岩屑砂岩	暂无邻近大型活动断裂		昌都弧后前陆陆盆地	降水入渗条件良好	层状		极低	欠稳定

续表

分段号	序号	隧道名称	地理位置	隧道口高程/m	隧道地表最高值/m	隧道最深埋深/m	地形起伏度/m	地层岩性	断裂体系	边坡特征	构造格架	水文地质条件	岩体结构	岩体质量分级	危险性	稳定性
	108	塔如隧道出口	昌都市察雅县香堆镇仁达村北部约4km	4143	4493	382	366	泥质粉砂岩夹岩屑砂岩	暂无邻近大型活动断裂	断裂在近期处于活动状态，坡体基岩变形强烈。发育大大小小同尺度的褶皱。边坡中的地下水为孔隙水和裂隙水，主要赋存于坡体第四系沉积物以及构造裂隙和风化裂隙中，呈脉状、带状分布，节理裂隙发育，岩体较破碎	昌都弧后前陆盆地	降水入渗条件良好	层状碎裂	III	低	不稳定
	109	嘎益隧道进口	昌都市察雅县达乡扩达九村南部11km	4152	4680	626	577	泥质粉砂岩夹岩屑砂岩	暂无邻近大型活动断裂	近年来断裂带仍在活动。边坡体所处地区海拔较高，但边坡高差较小，变形强烈，可见各级尺度的褶皱	昌都弧后前陆盆地	降水入渗条件良好	层状碎裂	II	低	稳定
	110	嘎益隧道出口	昌都市察雅县达乡扩达五村西南部约4.5km	4054	4680	626	577	泥质粉砂岩夹岩屑砂岩	暂无邻近大型活动断裂		昌都弧后前陆盆地	降水入渗条件良好	层状碎裂	II	低	稳定
	111	红拉山隧道进口	昌都市察雅县北部扩达乡日椎居民点对岸	4043	5067	1315	1169.5	黏土岩、碳质页岩夹砂岩	暂无邻近大型活动断裂		昌都弧后前陆盆地	降水入渗条件良好	层状碎裂	II	极低-低	基本稳定
⑦	112	红拉山隧道出口	昌都市察雅县王卡乡夯巴村对岸	3752	5067	1315	1169.5	泥质粉砂岩夹岩屑砂岩	澜沧江断裂	近年来断裂带仍在活动	昌都弧后前陆盆地	降水入渗条件良好		I	极高	极不稳定
	113	芒康山隧道进口	昌都市察雅县王卡乡夯巴村西侧和协地村东侧	3770	5020	1728	1489	泥质粉砂岩夹岩屑砂岩	澜沧江断裂		昌都弧后前陆盆地	降水入渗条件良好	层状	II	高	基本稳定
	114	芒康山隧道出口	昌都市东南方约25km处	3292	5020	1728	1489	黏土岩夹砂岩	澜沧江断裂	近年来断裂带仍在活动。边坡体所处地区海拔较高，但边坡顶为一平台，整体无明显变形迹象	昌都弧后前陆盆地	降水入渗条件良好		I	低-中等	基本稳定
	115	昌都隧道进口	昌都市卡诺镇加卡村南侧	3275	4599	1324	1099.5	黏土岩夹砂岩	澜沧江断裂	近年来断裂带仍在活动	昌都弧后前陆盆地	降水入渗条件良好	层状	II	中等	稳定
	116	昌都隧道出口	昌都市吉塘镇列巴村西侧	3724	4599	1324	1099.5	细粒二长花岗岩	巴青-类乌齐断裂与澜沧江断裂		昌都弧后前陆盆地	降水入渗条件良好	块状	II	极高	欠稳定
	117	邦达隧道进口	昌都市吉塘镇列巴村西侧	3656	5114	1458	1117	细粒二长花岗岩	巴青-类乌齐断裂与澜沧江断裂		类乌齐-竹卡结合弧缘带	降水入渗条件良好	块状	IV	高-极高	基本稳定
	118	邦达隧道出口	昌都市邦达镇	4338	5114	1458	1117	大理岩、变质砂岩	巴青-类乌齐断裂		类乌齐-竹卡结合弧缘带	降水入渗条件良好	层状		低	稳定
	119	果拉山隧道进口	昌都市邦达镇	4476	5402	1835	1380.5	云母石英片岩	巴青-类乌齐断裂	邻近巴青-类乌齐断裂，构造作用强烈，边坡岩体破碎	澜沧江俯冲增生杂岩带	降水入渗条件良好	层状		极低	稳定

续表

分段号	序号	隧道名称	地理位置	隧道洞口高程/m	隧道地表最高值/m	隧道最大埋深/m	地形起伏度/m	地层岩性	断裂体系	边坡特征	构造格架	水文地质条件	岩体结构	岩体质量分级	危险性	稳定性
	120	果拉山隧道出口	昌都市八宿县同卡镇郎巴村南	3567	5402	1835	1380.5	二长花岗岩	巴青-类乌齐断裂	邻近巴青-类乌齐断裂，构造作用强烈，边坡岩体破碎程度较高	澜沧江俯冲增生杂岩带	降水入渗条件良好	块状	III	极高	欠稳定
	121	夏里隧道进口	昌都市八宿县同卡镇怒江右岸	3653	4740	1365	1226	灰白色黑云母二长花岗岩	怒江断裂	邻近怒江断裂，构造作用用强烈，边坡岩体存在楔形破环，花岗岩侵入到基性岩中，岩体发生破碎强烈，岩体发生强风化，表面发生绿帘石化蚀变，蚀变带厚度为5~8cm	怒江大洋俯冲增生杂岩带	降水入渗条件良好	块状	IV	极高	欠稳定
	122	夏里隧道出口	昌都市八宿县扎宗村附近	3375	4740	1365	1226	变质灰岩、白云岩	怒江断裂	边坡邻近怒江断裂、构造作用强烈	怒江大洋俯冲增生杂岩带	降水入渗条件良好	层状碎裂	IV	中等	欠稳定
⑧	123	康玉隧道进口	昌都市八宿县扎宗村	3371	4726	1355	1303	变质灰岩、白云岩	怒江断裂	邻近怒江断裂、构造作用强烈，变质灰岩结构面较为发育	怒江大洋俯冲增生杂岩带	降水入渗条件良好	层状碎裂	III	低-中等	基本稳定
	124	康玉隧道出口	林芝市波密县康玉乡瓦塘村附近	3475	4726	1355	1303	角闪黑云二长花岗岩	暂无大型活动断裂	附近无大型活动断裂	伯舒拉岭岩浆弧	降水入渗条件良好	块状	III	低-中等	基本稳定
	125	蔡达隧道进口	林芝市波密县康玉乡那村附近	3495	5031	1536	1424	角闪黑云二长花岗岩	暂无大型活动断裂	边坡附近无大型活动断裂	伯舒拉岭岩浆弧	降水入渗条件良好	块状	III	极高	欠稳定
	126	蔡达隧道出口	林芝市波密县康玉乡欧那村附近	3719	5031	1536	1424	花岗闪长岩	暂无大型活动断裂		伯舒拉岭岩浆弧	降水入渗条件良好	块状	III	高-极高	基本稳定
	127	伯舒拉岭隧道进口	林芝市波密县康玉乡欧那村附近	3850	5296	1638	1542	板岩、变质粉砂岩	暂无大型活动断裂	邻近怒江断裂，构造作用强烈	伯舒拉岭岩浆弧	降水入渗条件良好	层状碎裂	III	低	欠稳定
	128	伯舒拉岭隧道出口	林芝市波密县多吉乡通麦村附近	3658	5296	1638	1542	变细砂岩与板岩互层，表层夹灰白云岩	暂无大型活动断裂	边坡位于伯舒拉岭岩浆弧，无大型活动断裂	伯舒拉岭岩浆弧	降水入渗条件良好	层状	III	极高	欠稳定
	129	多吉隧道进口	林芝市波密县多吉乡通根村附近	3524	5252	1813	1770.5	变细砂岩与板岩互层	暂无大型活动断裂	边坡位于伯舒拉岭岩浆弧，无大型活动断裂	伯舒拉岭岩浆弧	降水入渗条件良好	层状	III	中等-高	欠稳定
⑨	130	多吉隧道出口	林芝市波密县多吉镇东侧	3439	5252	1813	1770.5	灰岩、鳓鲕状灰岩	嘉黎-察隅断裂	边坡位于伯舒拉岭岩浆弧，察隅断裂	伯舒拉岭岩浆弧	降水入渗条件良好	层状	III	高	基本稳定
	131	多木格隧道道进口	林芝市波密县多吉乡格咙村西北部	3473	5020	2182	1864.5	变安山岩、变安质凝灰岩	嘉黎-察隅断裂	边坡位于伯舒拉岭岩浆弧、察隅断裂	伯舒拉岭岩浆弧	降水入渗条件良好	块状	III	极高	欠稳定
	132	多木格隧道出口	林芝市波密县倾多镇古通村	2838	5020	2182	1864.5	变细砂岩与板岩互层	嘉黎-察隅断裂	边坡位于伯舒拉岭岩浆弧、察隅断裂	伯舒拉岭岩浆弧	降水入渗条件良好	层状碎裂	III	极高	基本稳定

续表

分段序号	分序号	隧道名称	地理位置	隧道口高程/m	隧道地表最高值/m	隧道最深埋深/m	地形起伏度/m	地层岩性	断裂体系	边坡特征	构造格架	水文地质条件	岩体结构	岩体质量分级	危险性	稳定性
	133	易贡隧道进口	林芝市波密县扎木镇岗美村附近	2684	3927	1396	1319.5	黑云母二长花岗岩	嘉黎-察隅断裂	边坡所处大地构造单元为伯舒拉岭岩浆弧，距嘉黎-察隅断裂带较近，近年来断裂带仍在活动	伯舒拉岭岩浆弧	降水入渗条件良好	块状	III	高-极高	欠稳定
	134	易贡隧道出口	国道318附近的茶隆巴曲内	2531	3927	1396	1319.5	花岗片麻岩等	嘉黎-察隅断裂	边坡所处大地构造单元为伯舒拉岭岩浆弧，距嘉黎-察隅断裂带较近，近年来断裂带仍在活动	伯舒拉岭岩浆弧	降水入渗条件良好	块状	I	极高	不稳定
	135	通麦隧道进口	林芝市波密县通麦镇曲村	2429	3764	1532	1433.5	花岗片麻岩等	嘉黎-察隅断裂	边坡所属大地构造单元为伯舒拉岭岩浆弧，距嘉黎-察隅断裂带较近，近年来断裂带仍在活动。边坡底部有滑坡堆积体，有大块碎石	伯舒拉岭岩浆弧	降水入渗条件良好	块状	I	高-极高	不稳定
	136	通麦隧道出口	林芝市波密县通麦镇	2232	3764	1532	1433.5	片麻岩、片岩等	嘉黎-察隅断裂	边坡所处大地构造单元为伯舒拉岭岩浆弧，距嘉黎-察隅断裂带较近，近年来断裂带仍在活动	伯舒拉岭岩浆弧	降水入渗条件良好	块状	I	极高	稳定
⑨	137	迫龙隧道进口	林芝市波密县通麦镇	2237	2300	149	106	花岗闪长岩、片麻岩、片岩等	嘉黎-察隅断裂		伯舒拉岭岩浆弧	降水入渗条件良好	块状	I	极高	稳定
	138	迫龙隧道出口	林芝市波密县通麦镇	2151	2300	149	106	片麻岩、片岩等	嘉黎-察隅断裂		伯舒拉岭岩浆弧	降水入渗条件良好	块状	III	极高	基本稳定
	139	拉月隧道进口	林芝市波密县通麦镇	2226	4561	2335	1942	片麻岩、片岩等	嘉黎-察隅断裂	边坡所处大地构造单元为伯舒拉岭岩浆弧，距嘉黎-察隅断裂带较近，近年来断裂带仍在活动	伯舒拉岭岩浆弧	降水入渗条件良好	块状	III	极高	欠稳定
	140	拉月隧道出口	林芝市巴宜区鲁朗镇东久大村之间	3012	4561	2335	1942	花岗片麻岩等	嘉黎-察隅断裂		雅鲁藏布江蛇绿混杂岩带	降水入渗条件良好	块状	III	极高	不稳定
	141	鲁朗隧道进口	林芝市巴宜区鲁朗镇东久大村之间	2891	4329	1438	1254.5	花岗片麻岩	雅鲁藏布江断裂	边坡所处大地构造单元为雅鲁藏布江蛇绿混杂岩带，距雅鲁藏布江断裂带近，近年来断裂带仍在活动	雅鲁藏布江蛇绿混杂岩带	降水入渗条件良好	块状	I	极高	基本稳定
	142	鲁朗隧道出口	林芝市巴宜区鲁朗镇大村东南方向	3258	4329	1438	1254.5	花岗片麻岩	雅鲁藏布江断裂		雅鲁藏布江蛇绿混杂岩带	降水入渗条件良好	块状	III	极高	基本稳定
	143	色季拉山隧道进口	林芝市巴宜区鲁朗镇西南侧	3186	4747	1759	1660	深厚第四系坡积物与崩塌块石	雅鲁藏布江断裂	边坡所处大地构造单元为雅鲁藏布江蛇绿混杂岩带，距雅鲁藏布江断裂带近，近年来断裂带仍在活动	雅鲁藏布江蛇绿混杂岩带	降水入渗条件良好	散体	I	极高	基本稳定
	144	色季拉山隧道出口	林芝市巴宜区尼池村附近	2988	4747	1759	1660	深厚第四系坡积物，可见碎石圆度一般块石	雅鲁藏布江断裂	边坡所处大地构造单元为雅鲁藏布江蛇绿混杂岩带，距雅鲁藏布江断裂带近，近年来断裂带仍在活动	雅鲁藏布江蛇绿混杂岩带	降水入渗条件良好	散体	I	极高	基本稳定

附录 3　川藏交通廊道各隧道进出口边坡岩体结构资料

附表 3.1　川藏交通廊道各隧道进出口边坡岩体结构资料

分段	序号	隧道名称	结构面	GSI	m_i	σ_c/MPa	扰动状况	黏聚力 c/MPa	内摩擦角 φ/(°)	倾向结构	坡高	边坡 S 倾向/(°)	边坡 S 倾角/(°)	岩层 J_0 倾向/(°)	岩层 J_0 倾角/(°)	结构面 倾向/(°)	结构面 倾角/(°)
	1	蒙顶山隧道进口	卸荷裂隙、构造裂隙、地层层面	42.63	4	5~40	部分扰动，D=0.5	0.22~0.66	11.46~20.91	反倾结构	超高	14	20	287	24		
	2	蒙顶山隧道出口	卸荷裂隙、构造裂隙、地层层面	20~60	4		部分扰动，D=0.5			顺倾倾结构	超高	275	25	308	8		
	3	白塔山隧道进口	卸荷裂隙、构造裂隙、地层层面	20~40	4	11.8	部分扰动，D=0.5	1.06~1.57	7.31~12.66	反倾结构	中	135	30	275	35		
	4	白塔山隧道出口	卸荷裂隙、构造裂隙、地层层面	20~40	4	11.8	部分扰动，D=0.5	1.06~1.57	7.31~12.66	顺倾结构	高	295	35	275	35		
	5	新庙子隧道进口	卸荷裂隙、构造裂隙、地层层面	20~40	4		部分扰动，D=0.5			顺倾倾结构	高						
	6	新庙子隧道出口	卸荷裂隙、构造裂隙、地层层面	20~40	4	11.8	部分扰动，D=0.5	1.06~1.57	7.31~12.66	反倾结构	中	263	25	136	21		
	7	尖峰山隧道进口	卸荷裂隙、构造裂隙、地层层面	20~60	4	11.8	部分扰动，D=0.5	1.06~1.57	7.31~12.66	顺倾结构	高	129	35	116	37	J_1 215 J_2 323	61 69
①	8	尖峰山隧道出口	卸荷裂隙、构造裂隙、地层层面	20~60	4	11.8	部分扰动，D=0.5	1.06~2.08	7.31~19.62	顺倾结构	特高	250	30	270	31		
	9	蒌子顶隧道进口	卸荷裂隙、构造裂隙、地层层面	20~60	4	11.8	部分扰动，D=0.5	1.06~2.08	7.31~19.62	反倾结构	超高	170	35	277	34	J_1 100 J_2 75 J_3 280	36 53 80
	10	蒌子顶隧道出口	卸荷裂隙、构造裂隙、地层层面	20~60	4	11.8	部分扰动，D=0.5	1.06~2.08	7.31~19.62	顺倾结构	超高	240	25	277	50		
	11	大平隧道进口	卸荷裂隙、构造裂隙、地层层面	20~60	4	11.8	部分扰动，D=0.5	1.06~2.08	7.31~19.62	反倾结构	高	50	30	277	50		
	12	大平隧道出口	卸荷裂隙、构造裂隙、地层层面	20~60	4	11.8	部分扰动，D=0.5	1.06~2.08	7.31~19.62	反倾结构	高	330	20	277	50		
	13	天全隧道进口	卸荷裂隙、构造裂隙、地层层面	20~60	4	11.8	部分扰动，D=0.5	1.06~2.08	7.31~19.62	反倾结构	特高	37	25	86	50		

续表

分段	序号	隧道名称	结构面	GSI	m_i	σ_c/MPa	扰动状况	黏聚力 c/MPa	内摩擦角 φ/(°)	倾向结构	坡高	边坡 S 倾向/(°)	边坡 S 倾角/(°)	岩层 J_0 倾向/(°)	岩层 J_0 倾角/(°)	结构面 倾向/(°)	结构面 倾角/(°)
	14	天全隧道出口	卸荷裂隙、构造裂隙	60~80	9	20	部分扰动，D=0.5	2.76~3.25	32.15~42.03	斜交坡结构	高	310	40	207	40		
	15	王家林隧道进口	卸荷裂隙、构造裂隙、地层层面	20~60	4	11.8	部分扰动，D=0.5	1.06~2.08	7.31~19.62	斜交坡结构	高	130	45	82	63	J_1 4 J_2 48	36 29.5
①	16	王家林隧道出口	卸荷裂隙、构造裂隙	60~80	9	20	部分扰动，D=0.5	2.76~3.25	32.15~42.03		超高						
	17	新房子隧道进口	卸荷裂隙、构造裂隙	60~80	11	10	部分扰动，D=0.5	1.28~1.5	35.57~45.43		超高						
	18	新房子隧道出口									超高						
	19	城口隧道进口									特高						
	20	城口隧道出口	卸荷裂隙、构造裂隙	60~80	33	100	部分扰动，D=0.5	8.16~9.18	53.77~61.81		高						
	21	对门山隧道进口	卸荷裂隙、构造裂隙	60~80	33	100	部分扰动，D=0.5	8.16~9.18	53.77~61.81		超高						
	22	对门山隧道出口								—	特高						
	23	朱岗山隧道进口	卸荷裂隙、构造裂隙	75~85	33	100	部分扰动，D=0.5	8.41~9.43	55.92~63.59		特高						
	24	朱岗山隧道出口									特高						
	25	李子坪隧道进口									特高						
②	26	李子坪隧道出口	卸荷裂隙、构造裂隙	55~75	10	25	部分扰动，D=0.5	3.17~3.75	31.48~41.37		超高	245	33	75	65	J_1 155 J_2 265	77 22
	27	二郎山隧道进口	卸荷裂隙、构造裂隙	55~75	10	25	部分扰动，D=0.5	3.17~3.75	31.48~41.37	顺倾结构	超高	75	35	80	55		
	28	二郎山隧道出口	卸荷裂隙、构造裂隙	10~30	9~28	30~45	部分扰动，D=0.5	0.49~2.16	8.55~23.50		特高						
	29	宝灵山隧道进口	卸荷裂隙、构造裂隙	40~60	28	10	部分扰动，D=0.5	7.53~8.78	41.50~51.23		特高	92	40	277	58		
	30	宝灵山隧道出口	卸荷裂隙、构造裂隙	40~60	33	100	部分扰动，D=0.5	7.05~8.16	44.29~53.77		特高	310	40	141	30	J_1 141 J_2 78 J_3 260	30 26 66

续表

分段号	序号	隧道名称	结构面	GSI	m_i	σ_{ci}/MPa	扰动状况	黏聚力 c/MPa	内摩擦角 φ/(°)	倾向结构	坡高	边坡 S 倾向/(°)	边坡 S 倾角/(°)	岩层 J_0 倾向/(°)	岩层 J_0 倾角/(°)	结构面 倾向/(°)	结构面 倾角/(°)
②	31	郭达山隧道进口	卸荷裂隙、构造裂隙	60~80	33	100	部分扰动，D=0.5	8.16~9.18	53.77~61.81		特高						
	32	郭达山隧道出口									超高						
	33	康定隧道进口	卸荷裂隙、构造裂隙	40~60	19	20	部分扰动，D=0.5	1.75~2.07	34.84~44.91	反倾结构	特高	50	40	260	80		
	34	康定隧道出口	卸荷裂隙、构造裂隙	40~60	33	100	部分扰动，D=0.5	7.05~44.3	8.16~53.77		高	167	30	286	20	J_1 286 / J_2 20	J_1 20 / J_2 18
	35	折多山隧道进口	卸荷裂隙、构造裂隙	40~60	33	100	部分扰动，D=0.5	7.05~8.16	44.29~53.77		高						
	36	折多山隧道出口	卸荷裂隙、构造裂隙	40~60	9	60	部分扰动，D=0.5	6.67~8.27	22.77~32.15		超高	200	20	49	31		
	37	安良坝隧道进口	卸荷裂隙、构造裂隙	60~80	9	20	部分扰动，D=0.5	2.76~3.475	32.15~42.03	反倾结构	超高	105	35	325	30	J_1 47 / J_2 130	J_1 80 / J_2 30
	38	安良坝隧道出口									超高						
	39	燕巴隧道进口									反倾结构	特高	110	27.5	205	65		
	40	燕巴隧道出口									超高						
	41	新都桥隧道进口									特高						
	42	新都桥隧道出口									特高						
③	43	东酪洛1号隧道进口									超高						
	44	东酪洛1号隧道出口	卸荷裂隙、构造裂隙	50~65	10	10	部分扰动，D=0.5	1.21~1.39	29.06~36.42		超高						
	45	东酪洛2号隧道进口	卸荷裂隙、构造裂隙	20~40	10	10	部分扰动，D=0.5	0.78~1.08	15.5~24.35		超高	50	35	170	85	J_1 235 / J_2 110	J_1 48 / J_2 17
	46	东酪洛2号隧道出口	卸荷裂隙、构造裂隙	20~40	9	60	部分扰动，D=0.5	4.79~6.67	14.3~22.77		高	275	30	235	85	J_1 235 / J_2 110	J_1 48 / J_2 17
	47	高尔寺隧道进口	卸荷裂隙、构造裂隙	60~80	10	10	部分扰动，D=0.5	0.78~1.08	15.5~24.35		超高	80	45	145	88	J_1 325 / J_2 33	J_1 25 / J_2 40
④	48	高尔寺隧道出口									特高						

续表

分段	序号	隧道名称	结构面	GSI	m_i	σ_c/MPa	扰动状况	黏聚力 c/MPa	内摩擦角 φ/(°)	倾向结构	边坡 S 坡高	边坡 S 倾向/(°)	边坡 S 倾角/(°)	岩层 J_0 倾向/(°)	岩层 J_0 倾角/(°)	结构面	结构面 倾向/(°)	结构面 倾角/(°)
	49	啪姆岭隧道进口	卸荷裂隙、构造裂隙	60～80	19	20	部分扰动，D=0.5	2.07～2.36	44.91～54.15		高	140	35	347	71	J_1	118	68
																J_2	191	26
	50	啪姆岭隧道出口									超高	220	35	15	85	J_1	85	10
																J_2	85	85
	51	旺甲隧道进口	卸荷裂隙、构造裂隙	60～80	9	20	部分扰动，D=0.5	2.76～3.475	32.15～42.03		超高							
	52	旺甲隧道出口									特高							
	53	白孜村隧道进口									超高							
	54	白孜村隧道出口	卸荷裂隙、构造裂隙	60～80	9	20	部分扰动，D=0.5	2.76～3.475	32.15～42.03		超高							
	55	马鞍山隧道进口									超高							
④	56	马鞍山隧道出口	卸荷裂隙、构造裂隙	60～80	9	20	部分扰动，D=0.5	8.27～9.75	32.15～42.03		超高							
	57	迎金山1号隧道进口	卸荷裂隙、构造裂隙	60～80	19	20	部分扰动，D=0.5	2.07～2.36	44.91～54.15		高	20	45	133	88	J_1	19	41
																J_2	310	39
	58	迎金山1号隧道出口									高	110	75	290	88	J_1	210	63
																J_2	35	20
	59	迎金山2号隧道进口	卸荷裂隙、构造裂隙	60～80	19	20	部分扰动，D=0.5	2.07～2.36	44.91～54.15		高	110	50	120	88	J_1	210	63
																J_2	35	20
	60	迎金山2号隧道出口									特高							
	61	卡子拉山1号隧道进口	卸荷裂隙、构造裂隙	20～30	9	10～50	部分扰动，D=0.5	0.32～0.89	10.14～20.95		特高	75	35	250	84			
	62	卡子拉山1号隧道出口									特高							
	63	卡子拉山2号隧道进口									特高							

续表

分段	序号	隧道名称	结构面	GSI	m_i	σ_c/MPa	扰动状况	黏聚力 c/MPa	内摩擦角 φ/(°)	倾向结构	坡高	边坡 S 倾向/(°)	边坡 S 倾角/(°)	岩层 J_0 倾向/(°)	岩层 J_0 倾角/(°)	结构面 倾向/(°)	结构面 倾角/(°)
	64	卡子拉山2号隧道出口									特高						
	65	巴隆翁隧道进口									特高						
	66	巴隆翁隧道出口									特高						
	67	理塘隧道进口									特高						
	68	理塘隧道出口									特高						
	69	毛娅坝1号隧道进口									高						
⑤	70	毛娅坝1号隧道出口									高						
	71	毛娅坝2号隧道进口									高						
	72	毛娅坝2号隧道出口									高						
	73	毛娅坝3号隧道进口									高						
	74	毛娅坝3号隧道出口									高						
	75	毛娅坝4号隧道进口									高						
	76	毛娅坝4号隧道出口									高						
	77	德达隧道进口									特高						
	78	德达隧道出口	卸荷裂隙、构造裂隙	60~80	19	20	部分扰动，D=0.5	2.07~2.36	44.91~54.14		特高	48	25	83	42		
	79	隧道1进口	卸荷裂隙、构造裂隙	60~80	10	10	部分扰动，D=0.5	1.33~1.56	33.94~43.82		特高	120	40	120	85	J_1 120 J_2 270	85 30
⑥	80	隧道1出口	卸荷裂隙、构造裂隙	60~80	10	10	部分扰动，D=0.5	1.33~1.56	33.94~43.82		特高	240	52	64	55		
	81	隧道2进口	卸荷裂隙、构造裂隙	20~30	9	10~65	部分扰动，D=0.5	0.33~1.05	9.77~21.92		特高	165	45	64	55		
	82	隧道2出口	卸荷裂隙、构造裂隙	60~80	9	10	部分扰动，D=0.5	1.38~1.63	32.15~42.03		高	240	35	75	85		
	83	隧道3进口	卸荷裂隙、构造裂隙	60~80	9	20	部分扰动，D=0.5	2.76~3.25	32.15~42.03		超高						

续表

分段	序号	隧道名称	结构面	GSI	m_i	σ_c/MPa	扰动状况	黏聚力 c/MPa	内摩擦角 φ/(°)	倾向结构	坡高	边坡 S 倾向/(°)	边坡 S 倾角/(°)	岩层 J_0 倾向/(°)	岩层 J_0 倾角/(°)	结构面	倾向/(°)	倾角/(°)
	84	隧道 3 出口	卸荷裂隙、构造裂隙	60~80	10	10	部分扰动，D=0.5	1.33~1.56	33.94~43.82		特高							
	85	隧道 4 出口									特高							
	86	隧道 4 出口									特高							
	87	隧道 5 进口									特高							
⑥	88	隧道 5 出口									特高							
	89	隧道 6 进口									特高							
	90	隧道 6 出口	卸荷裂隙、构造裂隙	60~80	10	100	部分扰动，D=0.5	13.78~16.26	32.15~42.03		超高							
	91	隧道 7 进口									特高							
	92	隧道 7 出口	卸荷裂隙、构造裂隙	60~80	10	33	部分扰动，D=0.5	8.16~9.18	53.77~61.81		特高	288	50			J_1	320	18
																J_2	140	75
																J_3	350	40
	93	隧道 8 进口	卸荷裂隙、构造裂隙	60~80	10	33	部分扰动，D=0.5	8.16~9.18	53.77~61.81		特高	130	30			J_1	235	85
																J_2	170	70
⑦																J_3	140	45
																J_4	310	20
	94	隧道 8 出口	卸荷裂隙、构造裂隙	60~80	33	100	部分扰动，D=0.5	8.16~9.18	53.77~61.81		特高	270	40			J_1	235	60
																J_2	305	80
																J_3	340	35
	95	隧道 9 进口	卸荷裂隙、构造裂隙	60~80	33	100	部分扰动，D=0.5	8.16~9.18	53.77~61.81		超高	90	50			J_1	65	88
																J_2	153	40
																J_3	323	46
	96	隧道 9 出口	卸荷裂隙、构造裂隙	60~80	27	100	部分扰动，D=0.5	17.83~20.15	50.66~59.17		特高	310	45			J_1	300	45
																J_2	320	40
																J_3	85	88

续表

分段	序号	隧道名称	结构面	GSI	m_i	σ_c/MPa	扰动状况	黏聚力 c/MPa	内摩擦角 φ/(°)	倾向结构	边坡 S 坡高	边坡 S 倾向/(°)	边坡 S 倾角/(°)	岩层 J_0 倾向/(°)	岩层 J_0 倾角/(°)	结构面	倾向/(°)	倾角/(°)
⑦	97	贾觉隧道进口	卸荷裂隙、构造裂隙	60~80	27	180	部分扰动，D=0.5	16.05~18.13	50.66~59.17		超高	180	45			J_1	180	70
																J_2	100	25
																J_3	170	40
																J_4	255	37
																J_5	265	15
	98	贾觉隧道出口	卸荷裂隙、构造裂隙	60~80	19	20	部分扰动，D=0.5	2.07~2.36	44.91~54.14		中							
	99	仁泽隧道进口	卸荷裂隙、构造裂隙、风化裂隙	60~80	19	20	部分扰动，D=0.5	2.07~2.36	44.91~54.14		高	60	35			J_1	42	35
																J_2	45	30
																J_3	325	78
	100	仁泽隧道出口									高	245	35			J_1	75	35
																J_2	245	45
⑧	101	隧道 10 进口	卸荷裂隙、构造裂隙	60~80	8	20	部分扰动，D=0.5	2.56~3.461	29.15~36.01		高	40	32			J_1	54	25
																J_2	20	5
																J_3	50	41
																J_4	150	80
	102	隧道 10 出口									特高							
	103	汪布 1 号隧道进口									高							
	104	汪布 1 号隧道出口									高							
	105	汪布 2 号隧道进口									超高							
	106	汪布 2 号隧道出口									超高							
	107	塔如隧道进口									特高							
	108	塔如隧道出口	卸荷裂隙、构造裂隙	10.00~47.61	9	2.5~9.0	部分扰动，D=0.5	0.09~0.57	5.31~17.96		特高							

续表

分段	序号	隧道名称	结构面	GSI	m_i	σ_c/MPa	扰动状况	黏聚力 c/MPa	内摩擦角 φ/(°)	倾向结构	坡高	边坡 S 倾向/(°)	边坡 S 倾角/(°)	岩层 J_0 倾向/(°)	岩层 J_0 倾角/(°)	结构面	结构面 倾向/(°)	结构面 倾角/(°)
	109	嘎益隧道进口	卸荷裂隙、构造裂隙	60~80	9	20	部分扰动，D=0.5	2.76~3.25	32.15~42.03		超高	90	35	275	20	J_1	5	18
																J_2	350	28
																J_3	65	17
	110	嘎益隧道出口									超高	315	20	324	20	J_1	290	89
																J_2	145	75
																J_3	245	75
	111	红拉山隧道进口	卸荷裂隙、构造裂隙	60~80	9	20	部分扰动，D=0.5	2.76~3.25	32.15~42.03		超高	120	40	45	70	J_1	145	55
																J_2	290	10
	112	红拉山隧道出口									超高	203	53	290	35			
	113	芒康山隧道进口	卸荷裂隙、构造裂隙	30.00~56.51	9	2.50~50.00	部分扰动，D=0.5	0.11~0.33	12.75~23.36		超高	90	25	240	45	J_1	37	79
																J_2	145	85
	114	芒康山隧道出口									中	290	32	65	35			
⑧	115	昌都隧道进口									超高							
	116	昌都隧道出口	卸荷裂隙、构造裂隙	60~75	6	10	部分扰动，D=0.5	1.49~1.66	23.33~27.85		特高	245	60			J_1	15	80
																J_2	200	38
																J_3	300	40
																J_4	125	56
	117	邦达隧道进口	卸荷裂隙、构造裂隙	30~40	33	100	部分扰动，D=0.5	6.39~7.05	38.98~44.29		特高	330	55			J_1	185	84
																J_2	135	71
																J_3	143	34
																J_4	80	20
	118	邦达隧道出口									特高							
	119	果拉山隧道进口									高	30	35	220	60	J_1	17	36
																J_2	250	75
																J_3	320	18
																J_4	195	45

续表

分段	序号	隧道名称	结构面	GSI	m_i	σ_c/MPa	扰动状况	黏聚力 c/MPa	内摩擦角 φ/(°)	倾向结构	边坡 S 坡高	边坡 S 倾向/(°)	边坡 S 倾角/(°)	岩层 J_0 倾向/(°)	岩层 J_0 倾角/(°)	结构面	结构面 倾向/(°)	结构面 倾角/(°)
	120	果拉山隧道出口	4组结构面	40~50	33	100	部分扰动, D=0.5	7.05~7.63	44.29~49.21		特高	200	80			J_1	143	65
																J_2	243	60
																J_3	185	80
																J_4	220	21
	121	夏里隧道进口	卸荷裂隙、构造裂隙, 存在楔形破坏	30~40	33	100	部分扰动, D=0.5	6.39~7.05	38.98~44.29		特高	30	80			J_1	330	50
																J_2	55	30
																J_3	190	80
																J_4	95	60
⑨	122	夏里隧道出口	优势结构面有4组	30~40	8	50	部分扰动, D=0.5	4.96~5.74	16.93~21.07		特高	310	35			J_1	240	65
																J_2	162	45
																J_3	0	45
																J_4	350	87
	123	康玉隧道进口	4组优势结构面, 主要拓卸荷裂隙、构造裂隙	40~60	8	50	部分扰动, D=0.5	5.74~7.17	21.07~30.19		超高	245	34			J_1	240	65
																J_2	162	45
																J_3	0	45
																J_4	350	87
	124	康玉隧道出口	共2组优势结构面, 主要为构造裂隙	55~75	33	100	部分扰动, D=0.5	7.9~8.92	51.53~59.94		超高	295	75			J_1	165	82
																J_2	240	85
	125	絮达隧道进口	卸荷裂隙、构造裂隙	40~60	33	100	部分扰动, D=0.5	7.05~8.16	44.29~53.77		特高	135	85			J_1	300	85
																J_2	240	60
																J_3	100	60
	126	絮达隧道出口	卸荷裂隙、构造裂隙	40~55	33	100	部分扰动, D=0.5	7.05~7.9	44.29~51.53		特高	280	60			J_1	135	85
																J_2	275	85
																J_3	205	45

续表

分段	序号	隧道名称	结构面	GSI	m_i	σ_c/MPa	扰动状况	黏聚力 c/MPa	内摩擦角 φ/(°)	倾向结构	坡高	边坡 S 倾向/(°)	边坡 S 倾角/(°)	岩层 J_0 倾向/(°)	岩层 J_0 倾角/(°)	结构面	结构面 倾向/(°)	结构面 倾角/(°)
⑨	127	伯舒拉岭隧道进口	3组结构面	35～55	9	60	部分扰动，D=0.5	6.24～7.88	20.57～29.73		特高	320	60			J_1	235	85
																J_2	315	50
																J_3	115	65
	128	伯舒拉岭隧道出口	发育5组结构面，主要为卸荷裂隙、构造裂隙	45～65	9	40	部分扰动，D=0.5	4.73～5.77	25.03～34.61		超高	235	70			J_1	40	45
																J_2	280	64
																J_3	295	75
																J_4	130	30
																J_5	26	74
	129	多吉隧道进口	结构面主要为构造裂隙	45～65	9	40	部分扰动，D=0.5	4.73～5.77	25.03～34.61		特高	85	50			J_1	194	70
																J_2	240	75
																J_3	73	45
⑩	130	多吉隧道出口		40～60	10	50	部分扰动，D=0.5	5.40～6.64	24.35～33.94		特高	240	50			J_1	55	85
																J_2	305	55
																J_3	150	85
																J_4	145	30
	131	多木格隧道进口	5组结构面，结构面主要为构造裂隙	40～50	18	100	部分扰动，D=0.5	8.91～9.78	33.92～39.02		特高	75	65			J_1	35	57
																J_2	10	85
																J_3	143	85
																J_4	213	68
	132	多木格隧道出口	6组结构面，结构面主要为构造裂隙	35～55	9	40	部分扰动，D=0.5	4.16～5.26	20.57～29.73		特高	220	45			J_1	5	60
																J_2	60	90
																J_3	310	80
																J_4	285	65
																J_5	235	65
																J_6	238	37

续表

分段	序号	隧道名称	结构面	GSI	m_i	σ_c/MPa	扰动状况	黏聚力 c/MPa	内摩擦角 φ/(°)	倾向结构	坡高	边坡 S 倾向/(°)	边坡 S 倾角/(°)	岩层 J_0 倾向/(°)	岩层 J_0 倾角/(°)	结构面	结构面 倾向/(°)	结构面 倾角/(°)
	133	易贡隧道进口	卸荷裂隙、构造裂隙	40~60	33	100	部分扰动, D=0.5	7.05~8.16	44.29~53.77		超高	80	40			J_1	320	80
																J_2	295	80
																J_3	70	23
																J_4	113	32
																J_5	91	44
	134	易贡隧道出口	卸荷裂隙、构造裂隙	20~30	4~33	10~70	部分扰动, D=0.5	0.32~2.74	5.24~27.77		特高							
	135	通麦隧道进口	卸荷裂隙、构造裂隙	20~30	4~33	10~43	部分扰动, D=0.5	0.27~1.82	5.99~26.86		特高							
	136	通麦隧道出口	卸荷裂隙、构造裂隙	80~100	33	50	部分扰动, D=0.5	4.59~5.09	61.81~68.37		特高							
⑩	137	泊龙隧道进口	卸荷裂隙、构造裂隙	10~20	4~33	5~22	部分扰动, D=0.5	0.04~0.31	6.79~31.42		超高							
	138	泊龙隧道出口	卸荷裂隙、构造裂隙	40~60	33	50	部分扰动, D=0.5	7.05~8.16	44.29~53.77		特高	260	85			J_1	20	60
																J_2	275	66
																J_3	138	36
																J_4	185	60
	139	拉月隧道进口	卸荷裂隙、构造裂隙	40~60	33	50	部分扰动, D=0.5	3.52~4.08	44.29~53.77		超高	95	85			J_1	95	75
																J_2	195	38
																J_3	275	45
																J_4	10	30
																J_5	25	80

续表

分段	序号	隧道名称	结构面	GSI	m_i	σ_c/MPa	扰动状况	黏聚力 c/MPa	内摩擦角 φ/(°)	倾向结构	坡高	边坡S 倾向/(°)	边坡S 倾角/(°)	岩层J_0 倾向/(°)	岩层J_0 倾角/(°)	结构面	倾向/(°)	倾角/(°)
	140	拉月隧道出口	卸荷裂隙、构造裂隙	30~40	4~33	10~65	部分扰动，D=0.5	0.38~2.69	7.59~33.76		特高	215	45			J_1	193	68
																J_2	330	58
																J_3	260	67
																J_4	188	69
⑩	141	鲁朗隧道进口	卸荷裂隙、构造裂隙	80~100	33	50	部分扰动，D=0.5	4.59~5.09	61.81~68.37		特高					J_5	36	49
	142	鲁朗隧道出口									超高							
	143	色季拉山隧道进口									特高							
	144	色季拉山隧道出口									高							

附录 4　工程岩体质量分类方法

附表 4.1　工程岩体质量分类方法

方法	参数	相关公式	相关图表	应用领域
Q 系统	岩石质量指标 (RQD)	$Q = \mathrm{RQD}/J_n \cdot J_r/J_a \cdot J_w/\mathrm{SRF}$	Q 系统围岩分类等级表	隧道、矿山、地基
	节理组数 J_n		岩石质量指标 (RQD) 取值表	
	节理粗糙度 J_r		节理组数 J_n 取值表	
	节理蚀变系数 J_a	式中，RQD/J_n 表示岩体的完整性；J_r/J_a 表示节理的充填特征以及风化蚀变程度；J_w/SRF 表示水、地应力对岩体质量的折减	节理粗糙度 J_r 取值表	
	节理含水折减系数 J_w		节理蚀变系数 J_a 取值表	
	应力折减系数 (SRF)		节理含水折减系数 J_w 取值表	
			应力折减系数 SRF 取值表	
RMR 系统	岩石的单轴抗压强度 R_1	$\mathrm{RMR} = R_1 + R_2 + R_3 + R_4 + R_5 + R_6$	RMR 分类法岩体质量分类表	隧道、矿井、边坡、地基
	岩石的质量指标 (RQD) R_2		RMR 分类参数及评分值	
	结构面间距 R_3	RMR 为各种指标的评分数值之和（具体见表 RMR 分类参数及评分值），同时考虑主要结构面方位 (R_6) 对其修正。对于结构面状况 (R_4)，可以采用结构面状况 (R_4) 分类的具体说明列表进行详细评分	结构面状况 (R_4) 分类的具体说明列表	
	结构面状况 R_4		主要结构面影响修正表	
	地下水状况 R_5		结构面方向对工程的影响	
	结构面方位 R_6			
GSI 系统	岩体结构的节理间距	运用 GSI 岩体分类系统来确定岩体的 GSI 值，然后结合 Hoek-Brown 强度准则对岩体参数进行计算	岩体地质强度指标 GSI 定量描述	所有地下挖掘
	结构面的 JRC 值	$$\sigma_1 = \sigma_3 + \sigma_c \left(m_b \frac{\sigma_3}{\sigma_c} + s \right)^{\alpha}$$ 式中，σ_1、σ_3 分别为最大主应力、最小主应力；σ_c 为岩块的单轴抗压强度；m_b、s、α 为岩体的 Hoek-Brown 常数	标准粗糙程度剖面及其 JRC 值	

311

续表

方法	参数	相关公式	相关图表	应用领域
GSI 系统	结构面的 JRC 值	$$m_b = m_i \exp\left(\frac{GSI-100}{28-14D}\right)$$ $$s = \exp\left(\frac{GSI-100}{9-3D}\right)$$ $$\alpha = \frac{1}{2} + \frac{1}{6}\left(e^{-\frac{GSI}{15}} - e^{-\frac{20}{3}}\right)$$ $$E_m = \left(1-\frac{D}{2}\right)\sqrt{\frac{\sigma_{ci}}{100}} \times 10^{\frac{GSI-10}{40}} \quad (\sigma_{ci} < 100\text{MPa})$$ $$E_m = \left(1-\frac{D}{2}\right) \times 10^{\frac{GSI-10}{40}} \quad (\sigma_{ci} > 100\text{MPa})$$ 式中，m_i 为完整岩石的 Hoek-Brown 常数；D 为岩体扰动系数，一般不扰动取 0，部分扰动取 0.5，完全扰动取 1		所有地下挖掘
Z 系统	岩体的完整性 / 结构面的抗剪强度 / 岩块的强度	$$Z = K_V \times f \times S$$ 式中，K_V 为完整性系数，$K_V = V_p^2/V_r^2$；V_p 为弹性波在岩石中传播的纵波速度；V_r 为弹性波在同类岩石中所构成的岩体中的纵波速度；f 为结构面的摩擦系数，$f = \tan\varphi$；φ 为结构面摩擦角；S 为岩块的坚强性系数，$S=R_c/100$；R_c 为岩石的单轴饱和抗压强度	Z 系统岩体质量分级方法	隧道、矿山、地基
国标 BQ 系统	主要结构面类型与延伸性 / 边坡内地下水发育程度 / 结构面产状与坡面关系	$$[BQ]=100(K_4 + \lambda K_5)$$ $$K_5 = F_1 \times F_2 \times F_3$$ 式中，λ 为边坡工程主要结构面类型与延伸性修正系数；K_5 为边坡工程地下水影响修正系数；F_1 为反映边坡主要结构面产状影响的系数；F_2 为反映主要结构面倾角影响的系数；F_3 为反映边坡坡倾向与主要结构面倾向关系影响的系数	边坡工程主要结构面类型望延伸性修正系数 λ / 边坡工程地下水影响修正系数	通用的岩体质量分类方法
CSMR 系统	单轴抗压强度 / RQD / 节理条件 / 节理间距 / 地下水	$$CSMR = \alpha RMR - \lambda F_1 F_2 F_3 + F_4$$ $$\alpha = 0.57+0.45/Y$$ F_1、F_3 反映了边坡面与控制结构面之间倾向和倾角之间的差别；F_2 反映了结构面倾角；F_4 为反映爆破开挖方法的系数；α 为高度修正系数；λ 为结构面条件系数；H 为坡高；$Y=H/H$，H 为坡高，H 为临界高度 80m 系数 λ 描述控制结构面条件，该控制结构面也是 F_1、F_2、F_3 评分的依据	不连续面产状调整结构面调整系数	隧道、矿山、地基

附　录

续表

方法	参数	相关公式	相关图表	应用领域
	岩石强度各向异性	$R_{cmax} = 22.82 I_{s(50)\perp}^{0.75}$ $R_{cmin} = 22.82 I_{s(50)\parallel}^{0.75}$ 式中，$I_{s(50)\perp}^{0.75}$ 和 $I_{s(50)\parallel}^{0.75}$ 表示垂直和平行于岩体固有各向异性面（如层理、片麻理等）的荷载下取的 $I_{s(50)}$，当难以获取 R_c 的实验数据，可根据干燥条件下的单轴抗压强度确定：$R_c = 0.759 \sigma_{c-dry}$	各向异性结构的岩体完整性指数 $K_{v\text{-}an}$ 的确定方法 非各向异性结构的岩体完整性指数 $K_{v\text{-}an}$ 的确定方法	
A-BQ 系统	结构各向异性	$K_{v\text{-}an} = \dfrac{V_{m\text{-}an}^2}{V_t^2}$ $K_{v\text{-}ra} = \dfrac{V_{m\text{-}ra}^2}{V_t^2}$ 式中，$K_{v\text{-}an}$ 为源于各向异性结构的完整性指数；$K_{v\text{-}ra}$ 为由除各向异性结构之外的其他不连续性导致的完整性指数；V_t 为完整岩石的纵波波速度；$V_{m\text{-}an}$ 和 $V_{m\text{-}ra}$ 为岩体的纵波速度。岩体完整性可根据完整性指数 K_v 分为五类 A-BQ$_{max}$ = 100 + 3R_{cmax} + 250$K_{v\text{-}ra}$ A-BQ$_{min}$ = 100 + 3R_{cmin} + 250$K_{v\text{-}an}$ $I_{BQan} = \dfrac{A\text{-}BQ_{max}}{A\text{-}BQ}$ 岩体的各向异性程度根据 I_{BQan} 分为五个等级	根据 I_{BQan} 的各向异性程度分类	隧道、边坡（各向异性岩体质量评价）

313

附录5 科考日志

本次科考的参与人员有：第一批科考团队一行共 14 人，包括中国科学院地质与地球物理研究所祁生文研究员、黄晓林副研究员、侯晓坤副研究员、熊峰博士后、张琳鑫博士研究生；中国地质调查局自然资源航空物探遥感中心刘春玲教授级高级工程师、余江宽工程师；绍兴文理学院沙鹏副教授、王天佐讲师、管圣功讲师；中国地质大学（北京）杨国香副教授、臧明东副教授、樊垚江硕士研究生；天津城建大学刘志豪本科生。第二批科考团队一行共 6 人，包括中国科学院地质与地球物理研究所祁生文研究员、邹宇高级工程师、熊峰博士后、宋帅华博士后、刘方翠博士研究生、台大平博士研究生。第三批科考团队一行共 11 人，包括中国科学院地质与地球物理研究所祁生文研究员、李丽慧研究员、郭松峰副研究员、黄晓林副研究员、梁宁助理研究员、郑博文高级工程师、宋帅华博士后、李金轩硕士研究生；中国地质大学（北京）刘昊碑硕士研究生；山东科技大学李萍硕士研究生、薛媛硕士研究生。

第一批科考团队的考察时间始于 2020 年 8 月 12 日，终于 8 月 25 日，共计 14 天，考察线路总长接近 900 km。科考全体人员沿国道 318 途经雅安市、天全县、泸定县、康定市、雅江县、理塘县、巴塘县、甘孜州、白玉县 9 个重要市（州、县）（附表 5.1）。

附表 5.1　第一批野外科考团队日程安排表

日期（年-月-日）	地点	科考内容
2020-8-12	北京—成都 成都—雅安	抵达成都，经成都到达雅安
2020-8-13	雅安	白塔山隧道、蒙顶山隧道、新庙子隧道进出口段及尖峰山隧道进口段工程地质条件调查和地质灾害遥感解译验证
2020-8-14	雅安—天全	寨子顶隧道、尖峰山隧道、大平隧道进出口段及王家林隧道进口段工程地质条件调查和地质灾害遥感解译验证
2020-8-15	天全	王家林隧道出口段、新房子隧道进口段、垭口隧道出口段、对门山隧道进口段工程地质条件调查和地质灾害遥感解译验证
2020-8-16	天全—泸定	下雨，内业整理工作
2020-8-17	泸定—康定	拟建康定隧道出口段、拟建折多山隧道进口段、拟建折多山隧道出口段、拟建安良坝隧道进口段工程地质条件调查和地质灾害遥感解译验证
2020-8-18	康定—新都桥	拟建燕巴隧道进口段斜坡、拟建东俄洛 1 号隧道出口段斜坡、拟建东俄洛 2 号隧道进口段斜坡、拟建东俄洛 2 号隧道出口段斜坡、拟建高尔寺隧道进口段斜坡、拟建帕姆岭隧道进口段斜坡、拟建旺甲隧道进口段斜坡、拟建帕姆岭隧道出口段斜坡工程地质条件调查和地质灾害遥感解译验证
2020-8-19	新都桥—雅江	拟建白孜村隧道出口段、马鞍山隧道出口段、迎金山 1 号隧道进口段及卡子拉山 1 号隧道进口段工程地质条件调查和地质灾害遥感解译验证
2020-8-20	雅江—巴塘	拟建德达隧道出口段、拟建巴塘车站段、隧道 1 进出口段、隧道 2 出口段、隧道 3 进出口段工程地质条件调查和地质灾害遥感解译验证

日期（年-月-日）	地点	科考内容
2020-8-21	巴塘	拟建隧道6出口段斜坡工程地质条件调查和地质灾害遥感解译验证，隧道7洞身段斜坡平硐调查
2020-8-22	巴塘—盖玉	拟建隧道6出口段斜坡工程地质条件调查和地质灾害遥感解译验证，隧道7洞身段斜坡平硐调查
2020-8-23	盖玉—雅江	主要科考结束，6人返程
	盖玉—甘孜	主要科考结束，祁生文带队进行拟建隧道7出口段斜坡、隧道8进口段斜坡工程地质条件调查和地质灾害遥感解译验证
2020-8-24	雅江—成都	6人返回成都，乘飞机返回出发地
	甘孜—雅安	主要科考结束，祁生文带队返程
2020-8-25	雅安—成都	乘飞机返回出发地

第二批科考团队的考察时间始于2020年9月19日，终于10月7日，共计19天，借助相机、激光测距仪等设备对拟建川藏交通廊道可到达的59个隧道进出口段边坡进行野外工程地质条件调查，拍摄相片、视频文件400余份，初步判断边坡稳定状态。调查内容包括岩土体性质及其含水状态调查，节理岩体产状、基岩露头、边坡形态及边坡破坏迹象调查，地质灾害遥感验证等。此外，科考团队对线路上典型滑坡进行重点调查，如拟建寨子顶隧道进口滑坡体、拟建王家林隧道出口滑坡体、拟建二郎山隧道出口滑坡体、拟建高尔寺隧道出口滑坡体、拟建卡子拉山1号隧道进口滑坡体等（附表5.2）。

附表5.2　第二批野外科考团队日程安排表

日期（年-月-日）	地点	科考内容
2020-9-19	北京—成都成都—映秀	抵达成都，经成都到达映秀
2020-9-20	映秀—马尔康	工程地质条件调查、地质灾害遥感解译验证
2020-9-21	马尔康—甘孜	工程地质条件调查、地质灾害遥感解译验证
2020-9-22	甘孜—江达	工程地质条件调查、地质灾害遥感解译验证
2020-9-23	江达—贡觉	工程地质条件调查、地质灾害遥感解译验证
2020-9-24	贡觉	拟建贡觉隧道出口段、拟建仁泽隧道进口段、拟建仁泽隧道出口段、拟建隧道X进口段工程地质条件调查和地质灾害遥感解译验证
2020-9-25	贡觉—昌都	对已完成的考察点进行资料整理
2020-9-26	昌都	拟建昌都隧道进口段、芒康山隧道出口段工程地质条件调查和地质灾害遥感解译验证
2020-9-27	昌都—洛隆	拟建果拉山隧道进口段、夏里隧道进口段、果拉山隧道出口段、夏里隧道出口段、察达隧道进口段、康玉隧道出口段、察达隧道出口段和伯舒拉岭隧道进口段工程地质条件调查和地质灾害遥感解译验证
2020-9-28	洛隆—八宿	对已完成的考察点进行资料整理
2020-9-29	八宿—波密	拟建伯舒拉岭隧道出口段、多吉隧道进口段、多吉隧道出口段、多木格隧道进口段工程地质条件调查和地质灾害遥感解译验证
2020-9-30	波密—林芝	拟建多木格隧道出口段、易贡隧道进口段、通麦隧道进口段、易贡隧道出口段、通麦隧道出口段、迫龙隧道进口段、迫龙隧道出口段、拉月隧道进口段、拉月隧道出口段和鲁朗隧道进口段工程地质条件调查和地质灾害遥感解译验证

续表

日期（年-月-日）	地点	科考内容
2020-10-1	林芝—古乡	拟建色季拉山隧道出口段、色季拉山隧道进口段和鲁朗隧道出口段工程地质条件调查和地质灾害遥感解译验证
2020-10-2	古乡—察雅	对已完成的考察点进行资料整理
2020-10-3	察雅	拟建塔如隧道出口段、嘎益隧道进口段、嘎益隧道出口段、红拉山隧道进口段、红拉山隧道出口段和芒康山隧道进口段工程地质条件调查和地质灾害遥感解译验证
2020-10-4	察雅—巴塘	对已完成的考察点进行资料整理
2020-10-5	巴塘—甘孜	拟建迎金山2号隧道进口段和迎金山1号隧道出口段工程地质条件调查和地质灾害遥感解译验证
2020-10-6	甘孜—雅安	拟建李子坪隧道出口段、二郎山隧道进口段、朱岗山隧道进口段和对门山隧道出口段工程地质条件调查和地质灾害遥感解译验证
2020-10-7	雅安—成都	科考队员返程

第三批科考团队的考察时间始于2021年4月12日，终于4月26日，共计15天，对川藏交通廊道隧道进出口边坡进行野外补充工程地质条件调查，对隧道穿越金沙江断裂带、澜沧江断裂带、怒江断裂带等进出口高陡边坡进行了系统考察，拍摄照片、视频文件300余份，调查了进出口边坡岩石强度、结构面产状及边坡破坏迹象；研判了邦达、昌都、芒康山、红拉山、嘎益、仁泽、贡觉、隧道10、隧道9、隧道7等隧道进出口边坡稳定状态（附表5.3）。

附表5.3　第三批野外科考团队日程安排表

日期（年-月-日）	地点	科考内容
2021-4-12	北京—成都	抵达成都
2021-4-13	成都—林芝	抵达林芝
2021-4-14	林芝—八宿	工程地质条件调查
2021-4-15	八宿—察雅	考察邦达隧道进口段、昌都隧道出口段边坡工程地质条件调查和工程稳定性判别
2021-4-16	察雅	嘎益隧道进出口段边坡工程地质条件调查和工程稳定性判别
2021-4-17	察雅	红拉山隧道进出口段边坡工程地质条件调查
2021-4-18	察雅—昌都	芒康山隧道进口段边坡工程地质条件调查和稳定性判别
2021-4-19	昌都	芒康山隧道出口段、昌都隧道进口段边坡工程地质条件调查
2021-4-20	昌都—贡觉	考察仁泽隧道进口段、贡觉隧道出口段边坡工程地质条件，判别边坡稳定性
2021-4-21	贡觉	考察贡觉隧道进口段、隧道10出口段边坡工程地质条件，判别边坡稳定性
2021-4-22	贡觉	考察隧道10进口段、隧道9出口段边坡工程地质条件，判别边坡自然灾害
2021-4-23	贡觉—巴塘	工程地质条件调查
2021-4-24	巴塘—白玉	隧道7出口段、隧道8进口段边坡工程稳定性调查，判别边坡稳定性
2021-4-25	白玉—成都	对已完成的考察点进行资料整理
2021-4-26	成都—北京	科考队员返程

科考过程中，因研究区气候多变、多日降雨，许多道路被雨水冲毁，沿河道路被河水覆盖，科考队员迎难而上，跋山涉水，力争到达每一个拟建隧道进出口边坡进行实地考察（附图5.1），获得了重要的现场资料，为后续分析提供了有力的数据支撑。

附图 5.1　科考队员徒步前往拟建东俄洛隧道进出口观测点